모국어 말하기 교육
: 산출 전략 및 평가

Teaching Talk: Strategies for Production and Assessment

언어교육 07

Teaching Talk: Strategies f
Teaching Talk: Strategies for Produc
Teaching Talk: Strategies for Production and

모국어
말하기 교육
산출 전략 및 평가

Teaching Talk
: Strategies for Production and Assessment

앤더슨·브롸운·쉴콕·율 지음 / 김지홍·서종훈 뒤침

Teaching Talk: Strategies for Production and Assessment
Teaching Talk: Strategies for Production and Assessment

글로벌콘텐츠

뒤친이 머릿글

  말하기 교육은 미국에서 행동주의 심리학의 영향을 받아 처음 네 영역의 언어 훈련을 마련한 흐름 및 영국에서 모국어 교육에 대한 전반적인 감사의 결과물로서 출간된 불럭(Bullock, 1975) 보고서에서 언급된 반성의 결과로 나온 것이다. 미국의 행동주의 심리학은 구조주의 언어학의 직접적인 응용으로서 입말 중심의 '기술주의' 언어학을 토대로 세워져 있다. 사뭇 다양한 흐름들이 태어났다 사그라져서 번역자가 이해하기로는 2014년 현재 언어교육의 주류가 의사소통 중심 언어교육(CLT)과 유럽 연합에서 제시한 통합 모형(CEF)이다. 전자는 의사소통을 촉진하기 위해 가장 중요한 것이 일련의 과제라는 사실을 자각하여 최근에 과제 중심 언어교육(Task-based Language Teaching)이라고도 불린다.

  그런데 이것들이 우연히 제2 언어교육을 대상으로 논의되고 있다는 점을 간과해서는 안 된다. 이른바 학습자들의 언어 사용에 대한 기본적인 기능을 향상시켜 주려는 데 목표가 있다. 언어와 언어 사용에는 이런 기능뿐만 아니라 더 중요한 것이 들어 있다. 이른바 가치나 이념의 문제이다. 그렇다면 모어 또는 자국어 언어교육에서는 어디에 초점이 모아져 있어야 할까? 기능뿐만 아니라 또한 가치나 이념에도 무게가 실려야 하며, 특히 후자가 우리의 실제 사회생활을 구속하고 지배하고 있는 것이다. 이런 점에 대한 자각을 하도록 강조하는 것이 담화교육 또는 비판적 담화 분석(Critical Discourse Analysis)이다.

  우리나라에서 말하기 교육은 매우 늦게 1998년도부터 시행된 제7

차 교육과정에 와서야 관심 사항으로 부각되었다. 급박하고 요란스럽게 말하기 교육을 생활국어와 화법이라는 독립 교과목 속에 담아 놓았다. 20년이 더 지난 현시점에서 과연 교실 수업에서 연습한 뒤에 실생활에 응용할 수 있는 내용을 담고 있는지, 말하기 단원을 가르치는 교사들이 쉽게 해당 원리를 자각하고 학습자들에게 그 원리들을 터득할 수 있도록 도움을 줄 수 있는지에 대한 반성이 필요하다. 더욱이 학습자 중심의 교육으로 전환하였다고 말하면서도, 학습자가 자신의 향상을 스스로 가늠할 수 있도록 해 주어야 함에도 불구하고, 우리나라 교육과정에서 가장 허무한 것이 '평가'이다. 여느 교과서에 일련의 과제를 해결하면서 과제마다 제대로 풀었는지를 자기 점검하거나 짝끼리 평가하거나 모둠이나 학급에서 평가할 수 있도록 평가표가 제시되어 있는가? 전혀 그렇지 않다. 껍데기 말뿐이지 실용적이지도 않고, 실속도 없다. 의사소통 중심 언어교육에서는 과제와 시험 문제가 서로 구별되지 않는다. 수업에 이용하면 과제로 불리고, 시험이나 검사에 이용되면 시험 문제로 불리는 것이다. 또한 과제를 마련하는 일이나 시험을 출제하는 일이나 똑같이 development(시험 출제, 과제 마련, 성적 향상, 인성 발달, 계발, 개발, 사진 현상 등)로 불릴 뿐이다.

뒤늦게 번역된 이 책은 의사소통 언어교육의 초기 저작이다. 그렇지만 그 가치는 아주 분명하고 높다. 말하기 교육이 과연 성공할 수 있는지를 놓고서, 두 사람의 심리학자 및 두 사람의 언어학자가 긴밀히 서로 협력하면서, 언어교육 역사상 처음으로 말하기 교육이 가능하며, 유형별로 등급화된 과제들을 써서 진행되어야 말하기 능력이 향상됨을 밝혀낸 책이기 때문이다. 그들이 대상으로 삼은 학습자들은 모어로서 영어를 쓰는 스코틀런드 중학교 학생들의 말하기 교육이다. 이 조사 연구의 결과로서 일련의 과제들이 어떤 유형으로 나뉘며, 어떻게 등급화되어야 하는지를 비로소 파악할 수 있게 되었다. 이 모형은 다시 외국어로서 영어 말하기 교육에도 그대로 전이되었다. 근본적으로 말하기 능력을 말하는 과정에 관련된 여러 상위 능력들을 공통적으로 활용하는 일이기 때문이다. 이것이 바로 오늘날 과제 중심 언어교육(TBLT)의 중요한 씨알이 되었던 것이다.

이 책에서 네 사람의 저자는 로만 야콥슨이 드러낸 언어 기능들이 너무 복잡하고 서로 중첩되어 있어서, 이를 언어교육에 응용할 수 없음을 비판하고, 과감하게 두 축으로 나누어 놓았다. 의사소통이 정보를 전달해 주는(transactional) 축과 서로 간에 친분을 도탑게 쌓아 나가는(interactional) 축으로 충분한 것이다(Brown and Yule, 1983, 『담화 분석(*Discourse Analysis*)』, CUP). 그런데 이 책에서는 정보 전달용 말하기가 구조화되고 등급화될 수 있으며, 이런 단계에 따라 교육되고 점차적으로 향상이 이뤄짐을 입증할 수 있었다. 당시의 수준에서는 친분 쌓는 의사소통은 열외이며, 스스로 적당히 알아서 써 나가면 되는 듯이 관념하였다.

그동안 말하기와 관련하여 여러 분야에서 현저한 발전이 이뤄졌다. 의사소통 전반을 놓고서 그 밑바닥 원리를 찾아내는 일이 본격적으로 미국 스텐포드 대학 심리학과 클락 교수에 의해서 이뤄졌다(Clark, 1996; 김지홍 뒤침, 2009, 『언어 사용 밑바닥에 깔린 원리』, 도서출판 경진). 여기에서는 친분 쌓은 의사소통도 특정한 원리를 중심으로 진행되어 나가며, 이 측면이 정보를 전달해 주는 의사소통까지도 뒷받침해 줄 수 있다는 사실이 본격적으로 클락 교수에 의해서 논의되었다. 클락 교수는 의사소통 형식이 닫힌 얼개와 열린 얼개가 얽어 짜이면서 진행되지만, 그 밑바닥에는 공평성(equity) 원리와 체면(face)의 원리가 들어 있다고 논의하였다. 더욱 중요한 것은 상호작용 사회학을 열었던 고프먼(E. Goffman)의 체면 원리인데, 이를 충실히 어림치기 결정이 가능해지도록 다시 상대방의 자율성(autonomy)을 높이거나 낮추는 원리 및 상대방의 자존심(self-respect)을 높이거나 낮추는 원리로 나눠 놓았다. 이런 원리들을 찾아냄으로써 임의의 의사소통 의도가 어떤 방향으로 작동하는지를 가늠할 뿐만 아니라, 그런 의도의 귀결이나 목표도 예상해 볼 기반이 생기는 것이다.

여기서 한 걸음 더 나아가면, 개개인의 의사소통뿐만 아니라 언제나 사회생활을 통해 삶을 살아나가는 우리들에게는 작든 크든 자신이 속한 하위집단이 있고, 그 집단이 공유하는 이념이 있는데, 경제 및 문화 영역의 하부구조를 반영해 주는 특정 집단의 이념은 늘 차이진 다른 집단들과 갈등을 빚지만 이를 교묘하게 숨기거나 위장하기 일쑤이다. 이런 측면은 낱말 선택이나 문장 표현뿐만 아니라, 같이 수반되는 딸림언어(para-linguistic) 표현에도 반영되어 나타난다. 이런 과정을 예리하게 주목하고 학습자들로 하여금 현상과 실체의 괴리를 부각하여 부당하게 손상 받는 우리의 권리를 되찾는 일을 학교 수업의 언어교육으로 강조하여 가르치자는 흐름이 페어클럽(N. Fairclough) 교수의 비판적 담화 분석이다.

- 페어클럽, 2001; 김지홍 뒤침, 2011, 『언어와 권력』, 도서출판 경진
- 페어클럽, 2003; 김지홍 뒤침, 2012, 『담화 분석 방법』, 도서출판 경진
- 페어클럽, 1995; 이원표 뒤침, 2004, 『대중매체 담화 분석』, 한국문화사

언어교육은 이제 학습자가 '스스로 바스락거리는 일'이라는 구성주의 이념을 충실히 구현하고 있다. 구성주의의 뿌리는 인간 기억 연구의 아버지로 불리는 바아틀릿이 밝혀낸 재구성(reconstruction) 개념이다(F. Barttlett(1932, 1995 재간), 『기억해 내는 일(Remembering)』, CUP). 학습자 중심 언어교육이 성공하려면, 스스로 과제를 풀어 가면서 동시에 자신이 해결한 결과에 대한 평가를 할 수 있어야 한다. 이는 의사소통이 실패를 딛고서 차츰 의사소통 간격을 줄여 나가려는 능동적 활동으로도 부른다. 임의의 과제의 성공 여부를 평가하는 체계는 심리 측정학(psychometrics)에서 만들어 낸 중요한 개념을 받아들여 구성된다.

영어권에서는 대체로 바크먼 교수와 파머 교수의 모형을 따르는 듯하다(최근 나온 Bachman and Palmer(2010), 『실천 가능한 언어 평가(*Language Assessment in Practice*)』, OUP를 보기 바람). 케임브리지 대학 출판부(CUP)

에서 펴낸 일련의 평가 총서들도 또한 그러한데, 미국의 바크먼 교수와 영국의 올더슨(Alderson) 교수가 총서 편집자이다. 그 핵심은 구성물(constructs) 영역 및 이에 따른 명세내역(specifications)들을 확정하는 일이다. 이것이 충분히 그리고 합리적으로 이뤄졌는지에 대해서는 마지막으로 신뢰도(reliability)와 타당도(validity)로써 다시 측정하게 된다. 이런 내용들에 대해서는 기존에 나와 있는 여러 논의들을 참고하면서 충실히 얽어낼 수 있다. 말하기 평가와 듣기 평가에 대해서는 케임브리지 총서 중에서 루오마(Luoma, 2001; 김지홍 뒤침, 2013), 『말하기 평가』(글로벌콘텐츠)와 벅(Buck, 2001; 김지홍 뒤침, 2013), 『듣기 평가』(글로벌콘텐츠)를 읽어 보고, 로스트(Rost, 2011; 허선익 뒤침, 2014), 『듣기 교육과 현장조사연구』(글로벌콘텐츠)도 참고하기 바란다.

현장에서 말하기 교육을 어떻게 가르칠지를 예비 교사들에게 가르치기 위해서는 원리나 이론을 이해하고 그 내용을 구현하는 방법을 터득할 수 있어야 한다. 이미 여러 책자들이 나와 있지만, 객관적이고 합리적인 방식으로 말하기 교육의 문을 열었던 이 번역본이 오늘날에도 언어교육에 종사하는 여러 사람들에게 긴요하게 읽혀져야 하겠다는 판단에서, 부족한 능력도 돌아보지 않은 채 만용을 부려 필요한 몇 가지 역주들을 붙이고서 출간한다. 뒤친이가 이 책을 처음 접하였을 때 충격을 받고 참으로 많은 생각에 휩싸였듯(우리 국어교육이 얼마나 주먹구구인지 부끄러웠다), 독자들도 이 책으로부터 큰 힘을 얻어 스스로 언어교육에 확신을 가질 수 있기를 희망하면서 어눌한 글을 접는다. 최근에 나온 허선익(2013), 『국어교육을 위한 말하기의 기본개념』(도서출판 경진)도 함께 읽어 보기 바란다.

2014년 저물 무렵
김지홍·서종훈 적다

일러두기

영어 철자로 쓰인 사람 이름의 한글 표기 방식

이 책에 있는 외국의 인명과 지명 표기는 '한글 맞춤법'을 따르지 않는다. 맞춤법에서는 대체로 중국어와 일본어는 '표면 음성형'으로 적고, 로마자 표기는 '기저 음소형'으로 적도록 규정하였다. 그렇지만 이 책에서는 이런 '이중 기준'이 모순이라고 느낀다. 한자 발음을 제외하고서는, 외국어 표기를 일관되게 모두 '표면 음성형'으로 적는 것이 옳다고 본다. 글로벌콘텐츠에서 출간하는 『영어 말하기 교육』뿐만 아니라, 또한 『말하기 평가』와 『듣기 평가』에서도 모두 이런 원칙을 따르고 있다.

외국어 인명의 표기에서 한글 맞춤법이 고려하지 못한 중요한 속성이 있다. 우리말은 '음절 박자'(syllable-timed) 언어이다. 그러나 영어는 갈래가 전혀 다른 '강세 박자'(stress-timed) 언어에 속한다. 즉, 영어에서 강세가 주어지지 않는 소리는 표면 음성형이 철자의 소리와는 아주 많이 달라져 버린다. 이런 핵심적인 차이를 전혀 고려하지 못한 채, 대체로 철자 대응에 의존하여 발음을 정해 놓았다. 그 결과 원래 발음에서 달라져 버리고, 두 가지 다른 발음으로 인하여 서로 다른 사람을 가리키는 듯이 오해받기 일쑤이다. 번역자는 이런 일이 줄어들기를 희망하며, 영미권 이름들에 대하여 '표면 음성형' 표기를 원칙으로 삼았다(철자를 읽는 방식이 아님). 영미권에서는 이미 다수의 발음 사전이 출간되어 있다. 번역자는 영미권 인명의 표면 음성형을 찾기 위하여 네 종류의 영어 발음사전을 참고하였다.

① Abate(1999), *The Oxford Desk Dictionary of People and Places*, Oxford University Press.
② Wells(2000), *Longman Pronunciation Dictionary*, Longman Publishers.
③ Upton et al.(2001), *Oxford Dictionary of Pronunciation*, Oxford University Press.
④ Roach et al.(2006), *Cambridge English Pronouncing Dictionary*, Cambridge University Press.

모든 로마자 이름이 이들 사전에 모두 다 들어 있는 것은 아니다. 그럴 경우에는 두 가지 방법을 썼다. 하나는 각국의 이름에 대한 발음을 들을 수 있는 누리집을 이용하는 것이다. 특히, forvo에서 도움을 받거나(http://www.forvo.com), 구글 검색을 통해서 동영상 파일들을 보고 들으면서 정하였다. 다른 하나는 경상대학교 영어교육과에 있는 런던 출신의 마리 기오또(M.J. Guilloteaux) 교수에게서 RP(용인된 발음)를 듣고 표기해 두었다.

영어권 화자들은 자신의 이름에 대한 로마자 표기에 대하여 오직 하나의 발음만을 지녀야 한다고 고집을 세우지 않는 특성이 있다. 영어 철자 자체가 로마로부터 수입된 것이고, 다른 민족들에 의해서 같은 철자라 하더라도 발음이 달리 나옴을 인정하기 때문이다. 한 가지 예로, John이란 이름은 나라별로 여러 가지 발음을 지닌다. 쫜, 장, 후안, 요한, 이봔(러시아 발음) 등이다. 뿐만 아니라, 급격히 영미권으로 다른 민족들이 옮겨가 살면서, 자신의 이름을 자신의 생각대로 철자를 적어 놓았기 때문에, CNN 방송국 아나운서가 특정한 이름을 발음하지 못하여 쩔쩔 매었던 우스운 경우까지도 생겨난다. 그렇다고 하여, 이는 영어 철자 이름을 아무렇게나 발음해도 된다는 뜻이 아니다. 번역자는 가급적 영미권 화자들이 발음하는 표면 음성형을 따라 주는 것이 1차적이라고 본다. 따라서 이 책에서 번역자가 표기한 한글 표면 음성형만이 유일한 발음임을 뜻하는 것이 아니라, 가능한 발음 가운데 유력 후보임을 나타낼 뿐임을 이해하여 주기 바란다.

감사의 글

우리 네 사람의 저자는 '입말 영어 구사 능력'(Competence in Spoken English)을 연구할 수 있도록 지원해 준 스코틀런드 교육부에 감사드린다. 이 책에 보고된 말하기 수행내용은 대부분 그 연구로부터 나온 것이다. 그곳에서 주장된 의견들은 저자들의 것이며, 반드시 스코틀런드 교육부의 의견과 일치하는 것은 아니다. 또한 여러 학교를 찾아갈 수 있도록 해 준 로티안(Lothian) 지역 교육청의 도움에도 감사드린다.

여러 사람들이 이 책자에 대해 다양한 방식으로 이바지하였다. 특히 우리는 샐리 브롸운(Sally Brown), 조우 캐스키아니(Joe Casciani), 젭 도드즈(Jeff Dodds), 뤼춰드 엘리스(Richard Ellis), 케이 에이 하이슬롭(K.A. Hyslop), 마뤼온 로(Marion Law), 캐머론 먹밀런(Cameron McMillan), 콜린 피콕(Colin Peacock), 나이쥘 쉐드볼트(Higel Shadbolt), 힐러뤼 스미드(Hilary Smith), 스튜윗 스미드(Stewart Smith), 스탠 스티븐(Stan Stephen), 존 영(John Young), 이 연구의 자문위원회 위원들, 여러 스코틀런드 중등학교의 교직원과 학생들, 그뿐만 아니라 한 분 한 분 언급하기에 너무나 많은 현장 교사들께도 감사드린다. 우리가 여기서 주장한 바에 대해 반드시 그분들이 모두 동의하는 것은 아니다.

목차

뒤친이 머릿글_____4

일러두기_____9

감사의 글_____12

개관_____17

| 제1장 | 입말_____27

1.1. 언어교육에서의 입말 ···································· 27

1.2. 잡담: 청자와 관련된 이야기 ···················· 31

1.3. 정보와 관련된 이야기 ······························· 39

1.4. 무엇을 가르칠 것인가 ······························· 44

1.5. '짤막한 발언기회'와 '기다란 발언기회' ·········· 49

1.6. 글말에 영향을 입은 말하기 ······················ 54

1.7. 정보 전달용 긴 발언기회 ························· 60

| 제2장 | 입말 차이와 사회계층의 차이_____61

2.1. 방언과 표준 영어 ··································· 62

2.2. 언어와 사회계층 ··································· 71

2.3. '언어를 지님' ···································· 77

2.4. 언어박탈 및 실어증에 대한 여러 이론 ·········· 80

2.5. 교실 수업에서의 '입말 능력' 향상 ·············· 93

| 제3장 | 의사소통 압박감과 등급 나누기____97

3.1. 교육적 접근 ·· 97
3.2. 화자 및 청자 사이의 정보간격 ·· 97
3.3. 청자 ··· 101
3.4. 과제 유형 ·· 107
3.5. 입력물(input)의 조건 ·· 113
3.6. 과제 중심 접근의 일반적 장점들 ···································· 117

| 제4장 | 과제 유형____129

4.1. 정보 관련 말하기를 이끌어 내는 과제 중심 접근법 ············· 129
4.2. 난이도를 높여 주는 과제들의 얼개 ································· 161
4.3. 말하기의 목적: 난이도 상에서 목적의 효과 ···················· 163
4.4. 요약 과제 ·· 165
4.5. 협동하여 풀기 과제 ·· 175

| 제5장 | 평가____181

5.1. 기준 선택 ·· 181
5.2. 평가 기준을 이용하는 첫 번째 연구 ······························· 182
5.3. 평가 기준을 확정하여 썼던 두 번째 연구 ······················· 187
5.4. 학생 각자의 녹음 기록을 만드는 이유 ··························· 191
5.5. 녹음 내용의 채점, 그리고 실제 절차 ······························· 194
5.6. 도형 그리기 과제의 채점 ·· 196
5.7. 모눈 홈판 위에서 도형 만들기 과제의 채점 ····················· 200
5.8. 서사 이야기 과제의 채점 ·· 206
5.9. 자동차 충돌 과제의 채점 ·· 237

5.10. '추상적' 과제의 채점 ···································· 248

5.11. 오직 연습한 것만 검사하기 ························· 254

5.12. 요약해 놓기 과제 ······································· 255

5.13. 협동하여 풀기 과제: 지도 과제 ················· 261

| 제6장 | 도움이 되는 조건들: 문제를 극복해 나가기_____265

6.1. 과제들에 대한 연습 ···································· 266

6.2. 수행을 향상시키기 위한 모둠별 작업 ··········· 294

6.3. 다른 과제 유형을 위한 과제 조건들을 놓고서

제안된 조절 내용 ······································· 307

6.4. 교실 수업 실천을 위한 함의 ······················ 325

6.5. 결론 ·· 327

<부록 1> 과제들에 대한 묘사와 예시_____331

<부록 2> 채점표(protocol)_____347

<부록 3> 평가 실험에 대한 기술적인 세부사항_____357

<부록 4> 언어의 산출과 이해에 대한 '다중 처리' 모형(김지홍, 2012)_____369

<부록 5> 말하기에 드러난 '쉼(pause)' 인식 양상 연구(서종훈, 2013)_____401

참고 문헌 및 ⁺더 읽을거리_____433

찾아보기_____435

지은이와 뒤친이 소개_____439

개관

　교사들을 위하여 조사연구 전문가들이 쓴 책자는 '상아탑 정신'의 구현을 목표로 세워 놓고서, 많은 수의 학생들을 고려하지 않음으로써 몇몇 학생들만 학습 동기가 부여된 교실 수업에서 일어나는 여러 가지 문제점을 인식하는 데 실패한다. 그런 책자들이 대부분 무미건조하고 과도하게 기술적이며, 너무 이론적이고 분명히 응용력을 결여하고 있는 듯하다.

　이런 위험에도 불구하고, 우리는 조사연구 결과에 대한 보고로서 이 책자를 출판하고 있다. 이 책은 입말 산출에[1] 관심을 둔 교과과정을 짜고자 하는 교사라면 누구든 관심을 가질 것으로 믿는다.

　임의의 교과과정의 계발할 경우에, 아마 특히 언어 교과과정 계발의 경우에,[2] 근본적인 문제점 가운데 하나는 원리가 깃들어 있는 '등

---

1) 이 책에서 제1장 4절에 있는 원저자 각주 하나를 제외하고서, 주석들은 모두 뒤친이들이 달아 놓은 것이다. 각각 '[역주]'와 '[원저자 각주]'로 적어 구별해 놓기로 한다. [역주] 구어나 구두언어나 음성언어 또는 문어나 서사언어나 문자언어라는 낯선 한자어를 물리치고 쉬운 토박이말 '입말'과 '글말'로 바꾸었고, 장르와 그룹이란 외래어도 알기 쉽게 토박이말 '갈래'와 '모둠'으로 바꾸어 놓은 분은 경상대학교 국어교육과에서 국어교육의 토대를 마련해 놓으신 김수업 선생이다. 다음 책들에서 아름다운 글을 읽으면서 국어교육이 나가야 할 길을 깨칠 수 있다.
　　• 김수업(2006, 2쇄 2012), 『배달말 가르치기』, 휴머니스트.
　　• 김수업(2006), 『말꽃 타령』, 지식산업사.
　　• 김수업(2002), 『배달말꽃: 갈래와 속살』, 지식산업사.
　　• 김수업(2009, 2쇄 2013), 『우리말은 서럽다』, 휴머니스트.
2) [역주] 우리나라에서는 아직 중등학교에서 학교별로 각 교과목의 교과과정을 짜는 일이 없고, 오직 나라에서 짜 주는 것으로 치부한다. 그러나 현장에서 학습자들의 수준과 동기 등을 제대로 파악할 수 있는 주체는 일차적으로 현장의 교사들이다. 일정하게

급화'의 문제일 것이다. 이는 좀 더 어려운 과제를 수행하기 이전에 미리 좀 더 쉬운 과제들을 풀 수 있도록 마련해 주는 일이다. 그렇게 함으로써 학생들이 특정한 기술을 숙달하고 일정 범위의 응용에서 그 것을 숙달하였음을 시범적으로 보여줄 수 있고, 이어 그 토대 위에서 계속 향상을 이뤄나갈 수 있다. 이 책에서는 안전한 '등급화 원리'들에 의거하는 말하기 교과과정이 어떻게 계발될 수 있는지를 구체적으로 찾아내는 데에 관심을 가진다. 이 책에서의 논의는 학생들이 가장 쉽게 잘 할 수 있는 과제들을 찾아내는 일, 그리고 그런 과제를 제대로 수행하도록 학생들을 도와주는 일에 초점을 둔다. 다음 사항들이 이 책에서 세운 목표이다.

- 말하기에서 학생들의 수행에 영향을 주는 것으로 우리가 찾아낸 일부 변인들을 서술해 주고,
- 학생들의 수행이 어떻게 진단되고 평가될 수 있을지를 보여 주며,
- 학생의 수행을 향상시키도록 교사들이 어떻게 학생을 도와줄 수 있는 지를 보여 주고자 한다.

우리가 실행한 작업은 광범위하며, 다양한 목적들을 달성하기 위하여 입말을 이용하고 있는 다수의 학생들에 대한 수행 내용을 분석해 놓은 결과로부터 나온다. 우리 작업의 상당량은 통제된 실험 환경에서 산출된 언어의 서술 형태로 되어 있다.

그런 조사연구의 결과가 중요한 교육적 함의를 지니는 것으로 보이

합의된 토대 위에서 교과과정이 학교별로 학습자들의 수준과 동기들을 고려하면서 짜는 일이 가장 학습 효과를 거둘 수 있다. 영국에서는 1980년대 말 대처 정부 시절에 와서야 처음으로 국가 수준의 교육과정을 마련하였는데, 이것도 '구현 얼개'(Framework)를 함께 제시해 줌으로써, 학교별로 수석교사를 중심으로 하여 교과과정과 교과서(수업 교재)를 설계하도록 배려되어 있다. 마치 우리나라 대학에서 각 학과마다 교과과정과 교재들을 자율적으로 결정하는 일과 같다. 영국에서는 이런 일이 중등학교에서 학교마다 수석교사를 중심으로 하여 관련 교사들이 함께 결정하는 것이다.

는 경우에는, 실험 방법에 대한 상당량의 세부사항들을 본문 속에 포함시켜 놓았다. 그렇지만 결과들에 대한 통계분석과 함께 전문 기술적인 설명들은 본문에서 제외하여 그 대신 〈부록 3〉에 포함해 놓았다. 한편으로 전문적인 내용을 읽는 데 친숙하지 않은 독자를 따분하게 만드는 일과, 다른 한편으로 우리의 논의들이 단순한 직관보다는 신중한 조사와 관찰에 바탕을 두었음에 의심을 품는 독자를 확신시키는 일 사이에서, 이런 방식으로 절충점을 얻었기를 희망한다.

우리는 '과제 중심' 접근(task-based approach) 속에서 광범위한 활동들의 사례를 제공한다.3) 특정한 과제를 어떤 것이든 서술하는 데에,

---

3) [역주] 1980년대에서부터 20년이 넘게 언어교육에서 주도적인 흐름은 '의사소통 중심' 언어교육과정(Communicative Language Teaching, CLT)이다. 이것과 반대쪽에 암기를 강조하는 '문법 번역(grammar translation)' 언어교육이 있다. 후자의 경우, 우리나라에서는 중국 양나라 소명 태자의『문선』(文選, 글들을 뽑아 모음)의 모형을 그대로 모방하여 유명한 글을 암기하고 응용하는 교육만을 염두에 두었었다. 광복 이후 6차 교육과정까지의 국어교육도 크게 우리말로 쓰여진 글들을 다수 모아 놓아 대체로 이런 모습을 벗어나지 않았었다. 서구에서는 주로 라틴어의 영향을 받는 언어교육들을 가리키며, 기계적 암기 학습(rote learning)이라고 부르는 방식을 썼다.

여기에 대한 첫 반발로서 1950년대에 행동주의자들의 '말하고 듣기' 언어교육(Audio-lingualism, 청화교육)이 나왔다. 이 흐름은 구조주의 또는 기술 언어학 모형을 따르며, 자극과 반응의 원리를 적용하여 점차 내재화시키는 방식을 학습법으로 강조한 바 있다. 여기서 네 가지 언어교육의 영역(듣기 말하기 읽기 쓰기)을 처음 확립되었고, 이 영역들을 따로따로 교육해야 한다고 굳게 믿었다. 특히 세계대전을 치르면서 젊은 군인들에게 언어교육을 시켜야 할 필요성 때문에 이 흐름은 미국에서 크게 성행한 바 있다. 그렇지만 언어학 내부에서 구조주의의 결함 및 심리학 흐름에서 행동주의의 한계들이 크게 부각되면서, 이런 흐름에 반론들이 급격히 많아졌다. 1970년대에서부터는 생활 속에서 필요한 기능을 뒷받침하는 실용적인 요구들이 크게 부각되면서 차츰 언어교육이 의사소통 중심 언어교육(Communicative Language Teaching, CLT)으로 바뀌어 나가게 되었다.

미국에서는 실용주의자 듀이(Dewey)에게서부터 유래하는 '학습자 중심' 또는 '수행 중심'과도 서로 관련되는데, 대체로 촘스키(Chomsky) 교수의 이론 언어학(생성문법)에 반발하여 사회언어학을 열어간 하임즈(Hymes) 등의 생각을 언어교육에 적용한 흐름이 있고, 애리조너 대학 구드먼(Kenneth Goodman) 교수에 의해서 특히 읽기 교육을 중심으로 주도된 '총체 언어'(Whole Language) 교육 흐름이 있다. 영국에서는 1975년 모국어 교육을 감사한 결과를 출간한 '불럭 보고서'(『삶을 위한 언어(A Language for Life)』, Her Majesty's Stationary Office)를 기점으로 하여, 호킨즈(Hawkins, 1987 revised, 『언어 자각 개론(Awareness of Language: An Introduction)』, Cambridge University Press)에서 비롯되는 흐름이 생겨났고, 영국병을 고치려고 한 대처 정부에서 처음 도입된 '국가 차원의 교육과정'에서 담화 교육이 강조되었다. 특히 유럽 통합의 논의와 더불어 의사소통 중심 언어교육(CLT)이 대세로 자리를 잡아 왔고, 2000년대 이후의 발전 모습이 바로 의

다른 수많은 것들 가운데에서 단 한 가지 가능성만을 예시하고 있다. 〈부록 1〉에서는 우리가 학생들에게 썼던 일정 범위의 추가 과제들을 개관한다. 그런 과제들이 어떤 종류의 언어를 이끌어 내는 데 이용될 수 있는지, 다시 말하여, 그 과제들이 어떤 종류의 언어를 훈련할 수 있게 하는지에 대한 논의도 함께 이뤄진다. 우리는 어떤 과제들이 객관적으로 평가될 수 있는 언어수행내용을 산출하는지를 찾아낸다. 〈부록 2〉에서 우리는 교재에서 논의된 과제 종류들에 대하여 일정 범위의 평가 내용체계를 예시한다. 각각의 경우에, 일단 교사가 어느 특정 과제가 어떤 종류의 언어를 학생에게 요구하는지를 살펴보았다면, 학생이 이런 종류의 언어를 산출하는 데 어려움이 어떤 것이든 있는지 여부, 그리고 어려움이 있다면 교사가 그 학생의 수행을 개선하도록 도와 줄 수 있는지 여부를 알아보기 위해서, 여기서 예시해

사소통을 촉진시켜 주는 과제 변인에 더욱 초점을 모으는 '과제 중심' 언어교육(Task-based Language Teaching, 흔히 'TBLT'로 줄여 부름)이다. 언어교육 흐름이 어떻게 발전되어 왔는지에 대해서는 뤼처드즈·롸줘즈(Richards and Rodgers, 2001; 전병만 외 뒤침 2003), 『외국어 교육 접근 방법과 교수법』(케임브리지)을 참고하기 바란다. 뒤친이들은 과제 중심 언어교육이 앞으로 우리 국어교육이 실천해 나가야 할 방향이라고 믿는다. 이 번역서 『모국어 말하기 교육』은 자매서인 『영어 말하기 교육』과 함께 과제 중심 언어교육(TBLT)의 주춧돌로서 자주 거론된다. 과제의 등급화 원리를 처음으로 논의하였기 때문이다. 과제 중심 언어교육의 문헌들은 시작되는 언어 자각에 대한 교육 및 의사소통 중심 언어교육(CLT)의 문헌과 공통 관심사 때문에 일부 겹친다. 최근 들어, 특히 '과제 중심 언어교육'이란 이름으로 영어권에서 나온 책자들은 계속 출간되고 있는데, 뒤친이들의 판단으로는 다음 책들이 도움이 크다(단, 이하에서 Cambridge University Press는 CUP로 줄이고, Oxford University Press는 OUP로 줄여 쓰기로 함).

- 스키언(Peter Skehan, 1998), 『언어 학습에 대한 인지적 접근(*A Cognitive Approach to Language Learning*)』, OUP.
- 엘리스(Rod Ellis, 2003), 『과제 중심 언어교육 및 학습(*Task-based Language Teaching and Learning*)』, OUP.
- 누넌(David Nunan, 2004 개정판), 『과제 중심 언어교육(*Task-Based Language Teaching*)』, CUP.
- 브뢴든 엮음(Kris Vadn den Branden, 2006), 『과제 중심 언어교육: 이론에서부터 실천까지(*Task-Based Language Education: From Theory to Practice*)』, CUP.
- 윌리스 부부(Dave Willis and Jane Willlis, 2007), 『과제 중심 교육 실행하기(*Doing Task-based Teaching*)』, OUP.
- 브뢴든·바이게잇·노뤼스 엮음(K. Branden, M. Bygate, and J. Norris, 2009), 『과제 중심 언어교육: 독본(*Task-based Language Teaching: A reader*)』, John Benjamins.

주는 진단 평가의 유형들을 이용할 수 있음을 보여 주는 데 관심이 있다.

이 책에서 우리의 주요 관심은 제한적인 것이다. 우리는 일반적으로 입말을 사용하는 학생의 능력이 개선될 수 있고, 이것이 어떻게 실행될 수 있는지를 자세히 보여 주고자 한다. 우리가 시도하지 않은 것은, 여기서 논의하는 입말 교과과정의 특정한 측면을 교사가 어떻게 좀 더 일반적인 교육과정 속으로 포함시켜야 하는지에 대한 제안이다. 이것이 오직 하나의 교과목 영역(가령, 영어 교과)에만 관련되어 있지 않음이 분명한 듯하기 때문이다. 한편, 학생들의 입말 사용 기술들을 향상시키는 것이 1차적인 모국어(영어) 교사들의 책임일 듯하다. 그렇지만 다른 한편으로, 다른 교과 영역의 교사들에게도 동등하게 학생들이 분명하고 도움이 되게 이야기를 진행할 수 있도록 해야 함을 요구할 듯하다. '여러 교과과정에 걸쳐 있는' 말하기는 마치 '여러 교과과정에 걸쳐 있는' 글쓰기처럼 받아들여야 할 올바른 견해인 듯하다.4) 우리는 어떤 교과목에서도, 심지어 영어에서도, 완벽한 수업이 이 책에서 서술하는 그런 종류의 연습에 바쳐져야 한다고는 단언

---

4) [역주] 서구 사회에서는 일찍부터 수사학을 가르치는 전통이 있었는데, 모든 학문의 영역에 걸쳐 있었다. 왜냐하면 수사학이 생각을 설득력 있게 연설로 말해 주는 일(oracy, 말하는 힘)이라고 여겼기 때문이다. 희랍 시대에 아리스토텔레스『수사학』이 있고, 이를 그대로 받아들여 로마 시대에 키케로『수사학』이 나왔는데, 우리말로 읽을 수 있다(이종오·김용석 뒤침(2007~2008),『아리스토텔레스 수사학』I~III, 리젬; 안재원 뒤침(2006),『(키케로)수사학: 말하기의 규칙과 체계』, 길).

그 당시에는 이 책에서 주제로 삼는 일상적인 말하기를 가르치는 것이 아니라, 다음 세 갈래의 연설이 가장 중요한 갈래로 여겨졌었다.

① 광장에 모인 대중들을 상대로 하여 어떤 정책을 결정할 수 있도록 하는 '정치 연설'
② 공적인 연회 장소에서 한 사람을 칭찬하거나 비난하는 '수식 연설'
③ 법정에서 재판에 관련된 사람들에게 호소력 있게 설득하는 '법정 연설'

한편, 15세기부터 인쇄문화가 널리 퍼진 다음에는, 글쓰기에 대한 교육도 중요한 몫을 차지하게 되었는데, 지금도 중등학교 교실에서 '관련 낱말 총괄 사전'(thesaurus) 등을 이용하면서 문장들의 매끄럽고 멋진 연결을 만들어 내도록 연습을 시키고 있다. 이는 흔히 담화의 전개 방식에서 문장과 문장을 이어주는 미시차원의 '통사 결속'(cohesion)에 해당하며, 이것들이 모여 다시 거시차원의 '의미 연결'(coherence)이 이뤄지도록 자주 연습을 시켜야 하는 것이다.

하지 않는다. 그것은 명백히 부적절할 것이며, 학생들이 곧 아주 따분해지게 될 듯하다. 오히려 1주당 10~15분 동안 우리가 서술한 종류의 연습을 부과하여 학생들이 짝끼리 또는 작은 모둠들로 짜일 수 있음을 제안한다.

여기서 제공한 분석 유형들에 근거하여 계발될 수 있는 연습 과제들의 범위는, 자신의 교실 수업 환경에 맞춰 개선할 수 있도록 교사들이 쓸 수 있는 시간의 양에 의해 제약된다. 학생들이 신속히 그들 자신의 과제들을 향상시키는 데 능숙해진다는 사실은 주목할 만하다. 더욱이 14세나 그 또래의 학생들은 그들 자신의 말한 내용을 녹음한 뒤에 여기서 예시하는 평가 절차들의 유형을 이용하는 데 아주 능숙하다. 또한 개별적으로 또는 작은 모둠별로 부과된 이런 종류의 자기 평가가, 실제로 학생들 자신만의 성취와 향상에 관여하는 가치 있는 기회를 제공할 수 있다.

우리가 조사연구 대상으로 삼은 학생들은 스코틀런드 중등학교에 다니는 14살에서 17살까지의 학생들로서, 모두 영어 토박이 화자들이었다. 비록 스코틀런드 학생들을 대상으로 조사연구를 했더라도, 이 작업의 결과는 온전히 스코틀런드에 있는 교사들에게만 관심거리가 되는 것이 아니라, 어느 곳에 있든지 모든 교사들에게 관련됨을 지적해 두어야 하겠다. 여기서 예시하는 언어는 전형적으로 스코틀런드 형식들을 담고 있다. 가령 스코틀런드 방언에서 쓰는

'looks out his window'
(창문 밖으로 머리를 내밀고 밖을 내다보다)
'greeting her eyes out'
(눈이 튀어나올 정도로 너무 많이 울다)

와 같은 형식이, 표준 영어에서는 다음처럼 표현할 것이다.

'looks out of his window'

'crying her eyes out'

여기서 예시된 이야기들은, 서로 다른 많은 학교들을 방문하여 조사하는 동안에 만들어진 녹음으로부터 옮겨 놓은 것이다. 옮겨 적은 내용(녹취기록)들이 입말의 세부 사항들을 연구하는 데 익숙하지 않은 독자들에게 아주 혼란스러워 보일 것이다. 어떤 화자가 자신 있게 느끼는 어떤 것에 대하여 말할 경우에, 불확실한 경우나 자신이 말하는 바를 말로 표현하기 어렵다고 느끼는 경우보다, 더욱 유창하게 말할 가능성이 있음은 주목할 만하다. 이는 우리들 모두에게서 참이다. 즉, 어른 화자들뿐만 아니라, 여기서 예시해 주는 10대의 화자들에게도 모두 적용된다. 만일 여러분이 이를 의심스럽게 여긴다면, 여러분이 참여하는 대화를 녹음해 보고, 그리고 나서 여러분이 말한 내용에 대하여 신중하게 옮겨 적어 보기 바란다.

① 잘못된 시작,
② 뒤죽박죽 엉긴 이상한 문법 도막들
③ 사소한 주저거림(이 책에서는 '+'로 표시해 둠)
④ 좀 더 긴 쉼(이 책에서는 '++'로 표시해 둠)

들을 주목하기 바란다. 또한 청자들에 의해 이뤄지는 도움을 주며 추임새처럼 반응해 주는 소음들도 주목하기 바란다. 여기서는 괄호 속에(hm, 흠?, 과연 그럴까?, 의심을 나타내는 군말), (uhuh, 아·아?, 무슨 말이야? 상대방 말뜻을 이해하지 못했다는 군말) 등으로 나타내었다.

우리는 특히 학업 성취상 제도권 교육에서 상대적으로 성공하지 못한 것으로 여겨지는 학생들에 의해서 산출된 이야기에 관심을 두었다. 이들은 일반적으로 (곧 고쳐질 예정이지만 현행 스코틀런드 평가제도 래에서) 학업상 어떤 학력 인증도 받지 못한 채 학교를 졸업하게 될

학생들이다. 그들은 전체 학생 수의 대략 30%가 된다. 우리는 이런 학생수에 집중하였는데,

'모국어인 영어 과목에서 입말 작업 … 과 같이 필수적인 활동들'

이 교육과정에 포함되어야 할 뿐만 아니라, 또한 반드시 평가가 이뤄져야 한다는 '먼 보고서'(Munn Report, 1977)에서 이뤄진 권고사항을 스코틀런드 교육부에서 구현하는 과정에 있기 때문이다.

우리는 또한 제도권 교육 안에서 아주 성공적이라고 여겨지는 학생들도 대상으로 하여 작업하였다. 그들은 스코틀런드 '일반' 등급에서[5] 8급~10급을 얻을 것이며, 일반적으로 대학 등 고등교육 기관으로 진학할 것으로 예상된다. 우리는 다음 사항을 분명히 밝혀야 하겠다. 첫째, 상대적인 학업 성공에 대한 판단이 어느 특정한 학교에서 시행하는 교육제도 안에서 만들어지며, 학업 성취도에 대한 언급은 그런 판단에 근거하였다.[6] 둘째, 사회계층에 대한 통제를 전혀 시도하지 않았다.[7] 딱 하나의 본보기 연구에서만 사회계층의 개념을 직관적으로

---

5) [역주] 일반(ordinary)에 해당하는 'O' 등급(Grades)이다. 우리나라에서 중학교 졸업 인증에 해당한다. 고등학교 졸업 인증에 해당하는 것은 고급(advanced)에 해당하는 'A' 등급이다.

6) [역주] 흔히 말을 잘하는 것이 다른 교과목의 성취도와 비례하는 것이 아니라고 한다. 물론 잘못된 말은 아니다. 왜냐하면 인간의 능력이 하나로만 이뤄져 있는 것이 아니기 때문이다. 더군다나 '다중 지능' 가설에 따르면, 인간의 능력을 서로 다른 8개 영역으로 나누어 본다. 따라서 말하는 능력과 다른 지능과의 비례적인 함수 관계가 성립된다고 강하게 주장할 수 없다. 초점은 말하기가 우리가 살아가는 사회생활 영역과 밀접하기 때문에, 여러 교과목으로부터 말하기 연습이 이뤄져야 한다는 사실에 있다.

7) [역주] 우리는 다행스럽게 조선 때의 신분이나 계층이 오늘날 사회에 이어지지 않았기 때문에, 사회적 상승의 기대를 바탕으로 하여 빠른 시일 내에 근대화를 이뤄냈다. 지금도 '교육'은 우리 사회 내에서 상승을 하는 수단으로 간주되고 있다. 그렇지만 영국과 같이 내부 혁명의 역사가 없는 나라에서는 오늘날에도 사회계층 징표들이 뚜렷이 남아 작동하고 있다. 지금은 더 이상 옷차림새 따위의 겉모습으로 사회계층을 나눠 놓을 수 없겠지만, 말투에서는 여전히 그런 구별 특징들이 이어지고 있다. 한 지역사회 내에서도 근로자 계층의 쓰는 말투와 소위 높은 사회계층의 말투가 구분되는 것이며(이른바 영국식 반상[班·常] 개념임), 교사들도 학생들의 등급을 매길 때에 일부 이런 편견이 스며들어 갈 수도 있는 것이다.

설정하였다. 즉, 우리는 '중산층' 악센트를 지닌 것으로 판단한 일부 학업 상으로 능력이 있는 학생들, 그리고 '근로자 계층'의 악센트를 지닌 것으로 판단한 일부 학업 상으로 능력이 떨어지는 학생들의 발화를 녹음하였다. 교사들은 객관적인 평가체계(채점표)를 갖고서 채점하도록 요구받은 경우를 제외하고, 중산층 악센트를 지닌 학생들을 근로자 계층 악센트를 지닌 학생들보다 더 위로 등급을 매겼다. 특정한 기술을 판단하는 경우, 이번에는 근로자 계층의 악센트를 지닌 학생들이 중산층 악센트를 지닌 학생보다 더 위로 등급이 매겨졌음을 예증해 놓았다. 이런 연구는 제5장에 간단히 학업 상으로 각각 '더 능력이 있는' 및 '능력이 떨어지는' 학생들로 서술되어 있다.

이 책은 다음과 같이 짜여 있다. 제1장은 입말의 서로 다른 사용 방식들에 대한 것을 다룬다. 학생들에게는 어떤 언어 사용 방식들이 자연스럽게 능력으로 갖춰져 있는 듯하다. 따라서 학교에서 유용하게 무엇을 가르치려고 시도할 수 있는지에 대하여 다룬다. 제2장에서는 방언 변이 및 사회계층 차이들과 관련된 일부 복잡 다다한 논제들에 맞서서, 이 책에서는 중립적이며 불간섭주의 입장을 주장한다. 제3장에서는 말하기에서 화자가 편안하게 느끼도록 하는 일을 논의한다. 말하기를 더 쉽게 만들거나 더 어렵게 만들어 놓는 데 기여하는 일반 특징들의 일부를 개관하고, 우리가 채택한 방법론을 일반적으로 설명

런던 도심에 있는 학교들(inner city schools)은 보통 근로자 계층의 자녀들이 다닌다. 한국 사람들의 상식과는 달리, 대체로 서구에서는 도심이 낙후지이며, 거꾸로 외곽이나 달동네가 부자 동네이다. 만일 도심 학교에 가서 가르치려면 카크니(Cockney)로 불리는 그들 말투를 따라 잘 쓰면서 동화될 수 있어야 한다. 그렇지 않으면 학생들로부터 배타적인 경계심이나 적대감으로 종종 어려움을 겪을 수도 있다. 그런 계층적 구분이 엄존하기 때문에, 우리나라에서처럼 교육을 통해서 사회적 신분 상승을 기대할 수 없다. 영국 사회의 이런 구조적 한계로 말미암아, 학교 교육에서 학습자들에 전혀 적절한 동기(왜 공부를 해야 하는지)를 부여해 주지 못한다. 부모들도 또한 교육이 신분 상승을 도와주리란 기대를 하지 않으므로, 학교 교육에 대해서 긍정적이고 적극적인 태도로 후원을 하는 법이 없고, 자조적인 분위기가 흔하다. 이런 비교를 통하여 한 사회의 전반적인 분위기나 지향 가치도, 경제적 기반에 못지않게 학교 교육 현장에서 아주 중요함을 깨달을 수 있다.

해 놓는다. 제4장에서는 특정한 과제들에 의해서 예시된 일정 범위의 과제 유형들을 통하여 자세하게 작업을 진행한다. 언어 사용을 제어하는 화자의 능력을 놓고, 상이한 과제들이 어떻게 서로 다른 요구내용들을 만들어 내는지를 보여 준다. 제5장에서는 교사가 학생이 어떤 문제를 갖고 있는지 진단하기 위하여 이용할 수 있는 평가 절차들을 자세히 보여 준다. 제6장에서는 학생들이 특정한 문제들을 극복하도록 교사가 도와줄 수 있는 몇 가지 방식들을 제안한다.

마지막으로 문체 사항을 한 가지 언급해 둔다. 우리는 남성 교사와 남학생들의 숫자만큼 여성 교사와 여학생들이 있음을 잘 알고 있다. 그럼에도 교사와 학생들을 총칭적으로 가리키기 위해서 새롭게 'he or she'와 's/he'와 같은 형태를 쓰지 않고, 전통적으로 'he'·'him'·'his'와 같이 써 온 형태들을 그대로 계속 쓰기로 한다.

제1장 입말

1.1. 언어교육에서의 입말

교육자들이 그 언어의 토박이 화자들에게 입말을 가르칠 필요가 있다고 심각하게 자각한 것은 상대적으로 최근의 일이다. 영어를 말하는 토박이 아이들이 자연스럽게 그 언어의 입말 형태를 습득할 것이라고 오랫동안 가정되었었다. 5살 또는 10살이나 15살의 정상적인 아이들이 실제로 영어를 말하는 것이 시범적으로 예시될 수 있고, 성장해 나감에 따라 점차적으로 더 큰 언어 구사 능력을 보여 주기 때문에, 만일 단순히 영어를 말하는 환경에서 자라도록 내버려진다고 하더라도, 자연스럽게 그들은 입말을 사용하는 데에 능력을 습득할 것이라고 가정하는 것은 근거가 있는 듯하다.[1] 만일 그들이 정상적인 발달

---

1) [역주] 앳킨슨·쉬프륀(Atkinson and Schiffrin, 1968)에서 주장된 '다중 기억' 가설에서는 인간의 머릿속에 보편적인 기억이 하나 있는 것이 아니라, 적어도 기억체계의 구조적 특징으로 보아 몇 개의 기억 영역들이 있어야 한다고 본다. 감각 등록기(sensory register)·단기 저장고(short-term store)·장기 저장고(long-term store)가 있어야 하는데, 이런 기억들이 한데 얽혀 작동하는 것이다. 오늘날 이것들은 각각 감각기억·작업기억·장기기억으로 불리고 있다.
언어 사용에는 특히 '작업기억·장기기억'이 집중적으로 이용된다. 장기기억은 다시 명시적인 서술지식 기억과 암묵적인 절차지식 기억으로 나뉜다. 언어 사용 규범들이나

기간에 걸쳐서 입말 영어를 자연스럽게 습득할 것이라면, 얻기 힘든 교육자원들을 결국 문제도 없는 듯한 데에다 쏟아 붓는 것은 거의 쓸모없는 일일 듯하다.

저절로 시작되어 나가도록 안전하게 내맡겨질 수 있는 이런 정상적인 발달에 대한 소망스런 가정과는 정반대 지점에 놓여, 불만스런 우려의 목소리가 계속 높아져 왔다. 교육에서 언어의 역할에 관심 둔 사람들은, 모든 학생이2) 교육제도 내에서 가치가 높이 매겨지는 그런 종류의 입말을 습득하는 것은 아님을 지적해 왔다. 특정한 학생 집단의 '언어 결손'(language deficit)에 대한 다양한 견해들이 제시되어 왔다. 이들의 일부는 제2장에서 논의된다. 교사와 교육자들은 악센트 그리고/또는3) 방언에서 말미암는 '극단적인' 변이들이 편견을 불러내어 학교에서 학생의 성공 기회를 낮출 수 있음을 지적해 왔다. 고용주(또 잠재적인 고용주)들에 대한 조사 결과, 사회 안전국 관리들, 고도로 발달된 관료제 사회의 행정 공무원들은, 고등학교 졸업생들이 자신을 분명하게 표현하지 못하는 무능력에 대하여 많은 우려를 표현하고 확

언어 속에 들어 있는 규칙들은 대체 암묵적인 절차지식 기억에 속한다. 서술지식 기억은 다시 구체사례 기억과 의미 기억으로 나뉜다.

저절로 언어 사용을 익힌다는 주장은 오직 교사의 도움이 필요 없는 일부 능력이 출중한 학습자들에 국한된다. 왜냐하면 절차지식 기억이 스스로 분명하게 자각하지 못한 것들에 해당되는데, 교육을 통하여 명시적으로 파악되고 그런 지식들을 이용을 연습시키는 일이 언어교육에서 중요한 몫이기 때문이다. 이 책에서 말하기 갈래를 정보를 전달하는 말하기와 친분 쌓는 말하기로 나누고, 전자를 정태적 과제·유동적 과제·의견 덧붙이는 과제 등으로 나누는 일 또한 절차지식 속에 들어간다. 그렇다면 말하기가 저절로 습득되는 것이 아니라, 충분한 교육과 연습을 통해서 더욱 효율적이고 높은 수준의 말하기를 수행할 수 있어야 하는 것이다.

2) [역주] children(어린이)에 대한 적용 폭이 한국어보다 넓은 듯하다. 앞에서 14살에서 17살까지의 중고교 학생들이 조사연구 대상이라고 언급했는데, 줄곧 children이란 낱말을 쓰고 있다. kid(어린애)는 분명히 사춘기 이전의 나이가 어린 초등학생을 가리키지만, children은 우리말 소년(少年, 나이가 적은 사람이므로 '사춘기 소년'도 가능한 표현임)에 어울리는 듯하다. 여기서는 맥락에 따라서 '학생'으로도 번역해 둔다.

3) [역주] and/or는 포괄적 선택을 표시하는 방식이다. "영희는 남자이거나 여자이다."는 배타적 선택으로서 둘 가운데 하나만 참이다. 그렇지만, "철수는 사대부고 졸업생이거나 사범대생이다."는 둘 모두 참이 될 수도 있고, 어느 하나가 참이 될 수도 있다. 둘 모두 참값으로 선택해도 된다는 점에서 이를 포괄적 선택이라고 부른다.

인해 왔다. 이런 관심은 특별히 걱정스럽다고 판단된 학생 집단의 입말 산출을 '향상시키는' 노력과, '입말 능력'(oracy, 말하기 능력)의[4] 측면을 놓고 수적으로 늘어나는 학술회의 및 토론 모임들과, 교육제도 내에서 학교 교과과정 속에 입말이 포함되고 가르쳐져야 한다는 요구로 입증되어 왔다. 불럭 보고서(Bullock Report, 1975)와[5] 스코틀런드 지역의 먼 보고서 및 더닝 보고서(the Munn and Dunning Report in Scotland, 1977)에서[6] 모두 학교에서 입말의 명백한 향상에다 더 많은 주의를 기울여야 할 때이라고 주장하였다. 명백히 입말이 가르쳐져야 할 뿐만 아니라 평가되어야 한다고 제안된 것이다. 이는 곧바로 한 학생의 입말 영어를 구사하는 능력이, 영어 글말 형식의 전개 능력만큼 교육제도의 책임임을 함의한다. 마치 일단 초등학교에서 '글쓰기를 배웠다'고 하더라도 그 학생이 자신의 글쓰기 기술들을[7] 스스로 알아서

---

4) [역주] 상황에 알맞게 즉석에서 말하기를 하는 힘이다. 동일한 표현이 'spoken language skills'(입말 기술)로도 쓰이는데, '입말 구사 능력'이나 '말하기 능력'으로도 부를 수 있다. oracy와 짝이 되는 대립항은 literacy(읽고 쓰는 힘, 읽기 능력, 글자 해득력)이며, letter와 어근이 같은데, 굳이 한자어를 찾는다면, 우리 속담에 있는 '식자우환'(識字憂患)이란 말에서 바로 글자를 읽는다는 뜻의 '식자'(識字)를 가리킨다.

5) [역주] 영국의 모국어 교육에 대해서는 1975년에 나온 609쪽의 방대한 모국어 평가 보고서이다. 책임자 이름을 따서 불럭 보고서(Bullock Report)라고 줄여 부르는데, 원래 이름은 『실생활에 도움을 주는 언어(A Language for Life)』(HMSO)이다. 이하에서도 주기적으로 평가가 실시되어 발간된 보고서들도 관례적으로 책임자의 이름을 따서 줄여 부르기로 하겠는데, 특히 1988년 킹먼(Kingman) 보고서와 1990년 콕스(Cox) 보고서가 중요하다. 1980년대에 영국병을 치료한다는 깃발을 내건 대처 정부에서, 고전 교육과 암기 학습 따위를 강조하여 이른바 보수 우익의 가치에 합치되도록 전통 교육을 강조하고자 하였다. 킹먼·콕스 보고서는 그런 이념에 강하게 반발한다. 문학을 전공하는 콕스 교수는, 1991년에 『콕스 보고서에 대한 콕스의 해설(Cox on Cox)』와 1995년에 『영어 교육과정을 위한 전쟁에서의 콕스 입장(Cox on the Battle for the English Curriculum)』을 모두 Hodder & Stoughton에서 펴내었는데, 한 걸음 더 나아가 4기술(말하기·듣기·읽기·쓰기) 중심의 현행 영국 국가 교육과정도 비판하고 있다.

6) [역주] 이는 각각 더닝 보고서(Dunning Report, 1977), 『전체 평가: 스코틀런드 중등교육 3학년과 4학년에서 평가를 개관하는 위원회 보고서(Assessment for All: A Report of the Committee to Review Assessment in the Third and Fourth Years of Secondary Education in Scotland)』(SED/HMSO), 먼 보고서(Munn Report, 1977), 『스코틀런드 중등학교 3학년과 4학년에서 교육과정의 구조(The Structure of the Curriculum in the Third and Fourth Years of the Scottish Secondary School)』(SED/HMSO)로 나와 있다.

7) [역주] skill(기술)은 끊임없이 연습을 통하여 서서히 얻어지는 능력이다. 이는 흔히

향상시키도록 내버려 두지 않는 것처럼, 마찬가지로 보통 초등학교에 들어갈 시기까지 제대로 갖춰지는 한 과정으로서 어린이가 '말하기를 배운' 경우에라도, 스스로 알아서 입말 기술들을 향상시키는 일을 계속해 나가도록 내버려 둬서도 안 된다. 능력 있는 글말 기술들을 향상시키는 데에 명백한 연습과 안내가 필요한 것처럼, 또한 능력 있는 입말 구사 기술들을 향상시키는 데에도 분명히 연습과 안내가 필요한 것이다.

때때로 글말에서와 같이 입말에서도 어린이에게 자신의 부모들로부터 스스로를 표현하는 능력을 계발하는 일에 각별한 도움과 격려가 주어질 수 있음은 사실이다. 일부 학생들은 자기표현에 특별히 재능이 있는 듯하고, 명백한 지도가 없이도 외견상 신속하게 발전하는 듯하다. 그렇지만 대다수의 학생들은 글말에서 도움이 필요한 것처럼 입말에서도 도움이 필요하다. 마치 대다수 학생들을 위한 교과과정들이 글쓰기에서 통괄하는 힘을 발달시키는 데에 도움을 주는 일처럼, 입말에서도 통괄력 발달에 도움이 주어져야 하는 것이다.

입말 기술(말하기 기술)들의 통괄력을 가르치기 위한 교과과정의 계발을 어떻게 착수할 것인가? 이를 실행하기 위하여, '입말 기술'(spoken language skills)들로 우리가 이해하는 바에 관하여 분명한 생각(idea)을 가질 필요가 있다. 다음 절들에서 이런 문제에 대한 논의를 진행할 것이다.

---

knowledge(지식, 단박에 알고 깨우침)과 대립되어 쓰인다. 자전거도 여러 번 넘어져 봐야 탈 수 있듯이, 공부도 마찬가지라고 본다. 가령 수학 공부에서 원리를 알았다고 하여, 모든 문제를 다 척척 해답을 아는 것이 아니다. 계속 풀어 봐야 한다. 글쓰기도 이런저런 내용을 쓰면 된다고 지식을 터득할 수 있지만, 글쓰기에서 중요한 것은 거듭거듭 읽어가면서 고쳐 나가는 과정이다. 기술은 이런 부단한 연습 과정을 전제로 한다.

1.2. 잡담: 청자와 관련된 이야기

우리들 대부분은 일상생활에서 상당히 많은 시간을 이야기를 하면서 보낸다. 우리가 하는 대부분의 이야기는 사뭇 노력이 필요한 것이 아니다. 우리는 우체부에게 또는 버스를 기다리는 줄에서 뒤에 서 있는 사람에게 잡담을 한다. 우리는 아침에 직장에 도착하여, 그리고 점심 휴식시간 동안에 직장에서 친구들과 직장 동료들에게 잡담을 한다. 날씨 상태, 교통, 채소 값, 서로 잘 아는 친구의 건강, 간밤에 텔레비전에 방영된 영화, 전국 뉴스의 최근 관심거리 기사 등에 대하여 의견을 주고받는다. '잡담'을 하는 능력, 또 다른 화자와 원만한 대화 기회를 주고받는 능력은 우리 사회생활의 토대를 형성한다. 이런 영역에서의 경험은 아주 일찍부터 시작된다. 갓난애 삶의 처음 몇 주 동안에, 전형적으로 엄마는 자신의 아기에게 '잡담을 하며', 아기에게 마치 실제로 서로 참여하는 대화인 양 '발언기회'를 부여한다. 이는 그 아기가 말을 갓 시작하는 기간 중에도 지속된다. 다음 인용들에 있는 엄마 말투를[8] 살펴보기로 한다. 그 엄마는 두 살 난 자신의 아기에게 말을 건네고 있다.

(1-가) Well + we'll pretend we've made tea + you put the teacup down

---

8) [역주] 아기를 상대로 하여 어조를 과장하여 길게 끌거나 도막 발화를 쓰며, 균등하게 발언기회를 부여하여 마치 서로 대화하는 듯이 말하는 특징 등을 지니는 말투를 특히 motherese(엄마 말투)라고 부른다. 원문의 mother's speech도 똑같이 '엄마 말투'로 번역해 둔다. 원문 speech는 speak(말하다)로부터 나온 명사이다. 우리말로 번역할 경우에 맥락에 따라서 여러 가지 형태로 바꾸어야 한다(영어에서 오직 rice라고만 하는 낱말이 우리는 모·벼·쌀·밥 등으로 나뉨을 생각하기 바람). 여기서는 mother's speech는 '엄마 말투, 엄마 말'이라고 번역되지만, 다른 경우는 '말소리, 발화, 말하기, 연설' 등으로 번역되어야 하는 경우가 있다. 이것과 반대되는 예는 '고기'이다. 우리는 물고기도 고기이며, 육고기도 고기이다. 또한 소고기도 고기이고, 닭고기도 고기이다. 그렇지만 영어는 이들을 완전히 다른 낱말로 분화하여 쓴다. fish와 meat는 별개의 낱말로 관념한다. 뒤의 경우도 beef(소고기), chicken(닭고기), pork(돼지고기), mutton(양고기) 등을 따로 쓰고, 소고기의 경우도 그 대상에 따라서 더 다양하게 다른 낱말로 쓰기도 한다.

and we'll go 'ksh ksh' + there's your cup of tea + you drink it nicely + oh + is that nice + will Mummy drink her tea ++ I'll drink my tea + oh + it's a bit hot (blows into cup) blow on it + not mine— yours + it's too hot + put it down again + put it down again + oh you spilled it look at it + it's all over the place + have to mop it up then

(그래 + 우리가 차를 만들었다고 하자꾸나 + 네가 찻잔을 내려놓고 우리가 [찻물 따르는 소리] '조르륵조르륵'할 거야 + 거기 네 찻잔이 있네 + 차를 잘 마시네 ++ 오 + 차가 맛있니? + 엄마도 차 마실 게 ++ 난 내 차를 마실래 + 오 + 조금 뜨겁네 [컵 안을 후후 불면서] 그걸 불어 주렴 + 내게 아니고—네거 말야 + 그게 너무 뜨거워 + 다시 그걸 내려 놓으렴 + 그걸 내려 놓으렴 + 오 저런 그걸 쏟았구나 + 그곳이 다 젖었네 + 그렇다면 대걸레로 닦아야겠지)

(1-나) whoops + d'you want to give her some ++ you give her that + you're supposed to give her the saucer as well

(오이고 + 엄마한테 조금 주고 싶니 ++ 네가 저걸 엄마한테 주렴 + 엄마에게 찻잔 받침도 줘야겠지)

아기 엄마가 이것을 '대화' 모습으로 꾸려 놓으므로, 그녀가 아기의 '발언기회'뿐만 아니라, 또한 그녀 자신의 발언기회에 대해서 어떻게 반응을 내보여 주는지 주목하기 바란다. 만일 우리가 그 아기의 발언기회를 구체화해 놓는다면, 다음처럼 재구성될 수 있을 것이다.

(2-가) 엄마: there's your cup of tea
저기 네 차가 잔에 담겨 있구나
아기: (takes cup)

(잔을 집는다)

엄마: you drink it nicely

너는 차를 잘 마시는구나

아기: (pretends to drink)

(차를 마시는 시늉을 한다)

엄마: oh + is that nice

오 + 차가 맛이 좋지

아기: (assents)

(동의한다)

엄마: will Mummy drink her tea

엄마도 엄마 차를 마실까?

아기: (assents)

(동의한다)

엄마: I'll drink my tea

난 내 차를 마실 게

(2-나) 엄마: d'you want to give her some

너 엄마한테 좀 주고 싶니?

아기: (assents)

(동의한다)

엄마: you give her that

넌 저걸 엄마에게 주렴

아기: (gives)

(준다)

엄마: you're supposed to give her the saucer as well

엄마한테 찻잔 받침도 줘야 해

언어 습득의 초기에 어린이들은 종종 대화의[9] 실제 말하기에서, 오

히려 최소한의 부분을 맡는다. 그렇지만 아기들에 말을 하는 어른들
은, 아기들이 성공적으로 말로써 채워 넣지 못하더라도, 모든 '발언기
회'를 아기에게 부여해 준다. 그러므로 그것들을 대화 속에 완벽히
포함할 수 있을 듯하다. 전형적으로 아기가 성장해 나감에 따라 좀
더 많은 발언기회들이 말로써 채워져 나간다. 대부분 정상적인 어린
이들은 언어를 이런 환경들 속에서 습득할 것이다.10) 부모에 의해서
만이 아니라 조부모와 그 가족의 어른 친지와 궁극적으로는 학교 교
사들에 의해서도 이런 방식으로 된 대화 연습을 통하여 '사회화'되어
나갈 것이다. 점차적으로 대부분의 어린이는 또한 형제 및 또래 친구

---

9) [역주] conversation(대화 주고받기, 회화)은 converse와 라틴어 어원이 동일하게
conversārī [together+to turn]로부터 나왔다. 이는 '친구가 되다'(to keep company with),
'지속적으로 향하다'(to turn constantly), '정신적으로 교감하다'(to commune spiritually
with)는 뜻을 지닌다. 우리말에서는 여러 사람이 대화를 나누다는 뜻의 '회화'(會話)로
도 번역한다. 그러나 이 낱말은 dialogue(대면담)도 포함하는 넓은 뜻으로 쓰이며, 여기
서는 엄마와 아기의 대화이므로 대화로 번역해 둔다.

10) [역주] 언어 습득에 대해서는 번역서를 포함하여 좋은 책들이 많이 나와 있다. 우리말을
습득하는 과정을 중심으로 이뤄진 논의로는 김영주 외 7인(1997), 『언어학 이론과 한국
어 의미·통사 구조 습득』 I(민음사); 조숙환 외 7인(2000), 『인간은 언어를 어떻게 습득하
는가: 언어의 의미, 통사구조, 습득에 관한 연구』(민음사)를 보기 바란다. 본격적인 연구
를 하려는 경우 블룸(Bloom, 1994), 『언어 습득: 핵심 독본(*Language Acquisition: Core
Readings*)』(MIT Press)와 핑커(Pinker, 1989), 『학습 가능성 및 인지(*Learnability and Cognition*)』
(MIT Press)부터 읽어 나가기 바란다. 간략한 요약으로는 이현진(2003), 「언어습득과
언어발달」; 조명한 외 12인, 『언어 심리학』(학지사, 제14장)을 읽어 보기 바란다.
한편, 모국어의 습득 순서대로 외국어의 학습도 똑같은 단계를 밟는다고 보아, 크뢰션
(Krashen, 1981)은 '자연순서 학습' 가설을 주장한다. 그런데 목표언어까지 완벽히 도달
하기 전에 모국어 간섭들을 차츰 벗어나게 된다. 모국어 문법의 간섭 때문에 생겨나는
목표언어의 문법적 오류들을 총괄적으로 가리키기 위하여 '중간언어'(inter-language)
라는 용어를 쓴다. 셀린커(Selinker, 1972), "Interlanguage", *International Review of Applied
Linguistics* 제10권 3호, pp. 209~231을 보기 바란다. 중간언어는 학습이 진전되면서 목표
언어 사용에서 오류의 양이 차츰 줄어들고, 궁극적으로는 목표언어와 거의 일치하게
되어, 중간언어의 상태가 없어진다. 예를 들면, 한국어에서 명사를 수식하는 말을 여러
개 쓸 경우, 연결어미 '-고'를 쓴다(착하고 예쁜 영이; ??착한 예쁜 영이). 영어는 이렇
게 수식하는 경우에 결코 and라는 접속사를 허용하지 않는다(honest, pretty Mary;
*honest and pretty Mary). 만일 한국어 문법의 영향으로 잘못된 '*honest and pretty'라
는 표현을 썼다면, 이것이 중간언어가 된다. 그렇지만 차츰 이런 표현이 영어 문법에
없음을 깨닫고서, 궁극적으로는 목표언어에 맞춰 해당 언어를 구사하게 되는 것이다.
이런 것들이 대부분 암묵적인 절차지식에 해당하기 때문에, 목표언어를 학습시키는
교재들에서는 대조 분석들을 통하여 이런 오류들을 명시적으로 연습을 통해 극복하도
록 만들어 준다.

들에게 입말로 상호작용하는 것을 배운다.11) 만일 말하기의 어떤 측면이든 자연스럽게 말하기가 이뤄진다면, 분명히 이는 말하기에 대하여 옳은 지적일 것이다. 그렇지만 어떤 의미에서 말하기가 '노력 없이' 말해질 가능성이 있는 것일까? 필시, 여러분이 더불어 잡담하는 누군가는, 일반적으로 여러분이 비교적 쉽고 편안하게 느끼는 사람일 것이다. 그리고 잡담에서 대화의 주제가 흔히 대화 참여자들의 직접적인 관심거리들에 의해 결정되고, 만일 싫증이 난다면 또 다른 더 재미있는 주제로 수시로 옮겨갈 수 있다. 더욱이, 잡담에서는 특별한 결론이 있을 것으로 기대하지 않는다. 잡담을 하는 유일한 이유는, 그것이 인간관계의 바퀴를 잘 돌아가게 기름 쳐 주고, 우리가 사교적인 잡담을 즐기기 때문이다. 잡담이 우리 모두 가장 흔히 하는 종류의 이야기이고, 대다수가 가장 잘하는 종류의 이야기이다.

두 사람의 여성 사이에서 말해진 대화로부터 가져온 다음 인용을 살펴보기로 한다.

(3) A: I think this time we had such a potentially good team (uhuh) we
really thought we had everything going for us + they proved whether
they were good or not

B: they never were any good + the way they were playing

A: well I think each one of them is good in his own right but they're

---

11) [역주] 또래 집단에 소속되려는 바람은 어린이 시기로부터 청소년 시기에 이르기까지 아주 강력하다. 또래 집단에 속했다는 징표가 잘 깨닫지 못하겠지만 또한 같은 부류의 언어 사용이다. 즉, 같은 언어 표현을 씀으로써, 어떤 결속감을 표시하거나 내부 집단의 구성원으로 받아들이는 것이다. 이런 측면은 부정적으로 작용하여, 근래에 청소년들 사이에서 상스런 욕설을 같은 또래 집단의 표지로 내세워서 이용함으로써, 급기야 욕설이 없이는 말을 하기 어려운 지경에까지 이른 웃지 못할 경우도 본다. 이런 현상을 고쳐 나가기 위해서는, 또래 집단의 내부 구성원으로 들어가려는 동기를 인정하되, 굳이 상스런 욕설을 공유함으로써만 같은 부류가 되는 것이 아님을 자각할 수 있도록 하는 방안을 모색해야 할 것이다.

just not playing as a team and that's (uhuh) just what it amounts to

B: 'cos even in these smaller underdeveloped countries I think they play a lot as a team you know

A: I think so

B: and this is a good thing

A: I said last night + I got shouted at last night

B: well we'll see it while we're on our own

A: I said this country has got so many football teams (uhuh) and we're picking one out of this team (uhuh) and one out of that—a few different teams ++ you shove them all in a pack and expect them to play together

B: for a couple of weeks

A: and + eh + in a couple of weeks (uhuh) and they just don't do it ++ you get a country that's only got about three major teams (uhuh) and are used to playing together

B: of course + even if they took like erm a couple of a winger and a couple of mid-field players that were used to working with each other

A: yes + yes

B: form the same team or something

갑: 이번에 우리가 그렇게 가능성 있게 좋은 축구팀을 (그래서 뭐야?) 가졌었다고 생각하는데 사실상 우리에게 유리하게 돌아가는 모든 걸 가진 것으로 생각했었죠 + 선수들이 자신들이 훌륭했는지 안 그랬는지를 잘 보여 주었죠

을: 그 선수들은 결코 조금도 훌륭하질 않았어요 + 선수들의 경기하는 방식 말이에요

갑: 글쎄 내 생각으로는 선수들 각자는 자기 나름대로 훌륭해요 하지

만 그들이 한 팀으로 경기를 하는 게 아니라 그게 (그래서 뭐야?) 바로 결국 그런 결과로 된 거죠

을: 왜냐면 심지어 이들 더 작은 규모의 후진국들에서도 내 생각으로는 잘 아시겠지만 그 선수들이 한 팀으로 경기를 더 많이 한다고 봐요

갑: 나도 그렇게 생각해요

을: 그리고 이게 훌륭한 거죠

갑: 내가 말했죠 간밤에 + 난 지난밤에 외쳐댔어요

을: 글세 우리는 우리 자신의 일을 하는 동안에 그걸 알게 될 거에요

갑: 내가 이 나라에 아주 많은 축구 팀들이 있다고 말했죠 (그래서 뭐야?) 그리고 이 팀으로부터 한 사람을 뽑고 (그래서 뭐야?) 저 팀으로부터 한 사람을 뽑고 있다고—몇몇 다른 팀들요 ++ 그 선수들을 모두 한 동아리에 밀어 넣고서 그들에게 함께 경기하도록 기대하는 거죠

을: 몇 주 동안에

갑: 그리고 + 어 + 몇 주 만에는 (그래서 뭐야?) 그리고 그 선수들이 바로 그걸 할 수 없죠 ++ 오직 세 개 정도의 주요 팀만을 가진 나라가 있고 (그래서 뭐야?) 그리고 함께 경기하도록 해 봐야죠

을: 물론이죠 + 심지어 서로 함께 호흡을 맞춰 온 두세 명의 날개 공격수와 중앙 공격수만이라도 가졌다고 해봐요

갑: 그래요 + 그래요

을: 똑같은 팀이나 그런 팀으로부터요

이 인용은 서로 친분 있고 명랑하며 아주 협동적인 '잡담'으로부터 가져왔다. 이 잡담의 결과로 바뀌게 될 것은 이 세상에서 아무것도 없음이 명백하다. 두 사람의 친구가 세상 일이 어떤지에 대하여 의견들을 주고받는다. 이야기를 덧잇기 위하여 이야기를 하며, 우리들 대다수가 사회생활의 대부분의 시간을 보내는 방식으로 우호적으로 함

께 시간을 보내고 있는 것이다. 그들은 우연히 현재 뉴스거리가 되는 주제를 꺼내었다. 이는 마음이 통하는 사람이면 누구든지 동의할 것으로 기대될 수 있는 것이다. 그들은 대부분의 상호작용을—심지어 그들이 말하는 것으로서 뭘 의미하는지에 대하여 늘 분명치 않더라도—서로서로 동의하면서 보낸다.

우리는 '잡담'이 정상적인 사회생활의 토대를 형성한다고 제안하였다. 이것이 우리 모두가 동등하게 잡담에 능함을 뜻하는 것은 아니다. '잡담'은 한 개인의 사교적 기술에 대한 통합 부분을 형성하는 듯하다. 우리가 모두 동등하게 사교적으로 재능이 주어진 것은 아니다. 몇몇 사람들은 다만 사뭇 제한된 몇 사람들하고만 편안히 잡담을 나누는 관계를 지니고 있을 수도 있다. 다른 사람들은 자신이 만나는 사람이면 거의 아무하고나 기술적으로 관심거리의 공통 주제를 끄집어내면서, 그리고 상대방이 또 다른 주제로 바꾸고 싶어 하는 경우를 눈치 차려 판단하면서, 잡담을 하는 데 완벽히 편안히 느끼는 듯하다.

물론 그럼에도 다른 사람들은 '늙은 뱃사람'처럼[12] 그들이 붙잡을 수 있는 어떤 희생자와도 쉬지도 않고 그들 나름의 특정한 주제들을 추구해 나가면서 잡담을 하도록 주장한다. 한 개인의 잡담하는 기술이나 대화 기술을 가르치거나 향상시키려는 노력은, 현재로서는 오직 치료 맥락(가령 발음 치료법)에서만 나온다. 잡담하는 데에 동원되는 많은 토대 기술들은 학교에 다니기 이전의 나이에 갖춰진다. '잡담 가르치기'는 우리가 제안하고 있는 것과는 아주 판이한 연구거리일 듯하다. 그것은 긴밀하게 자기-내보이기와 연관된(자기-선전과 관련)

---

12) [역주] 1797년 즈음 완성된 코울리지(Coleridge) 서사시 '늙은 뱃사람의 노래'(The Rime of The Ancient Mariner, 노수부의 노래)를 들려주는 화자인 늙은 뱃사람이다. 그가 결혼식에 온 젊은 축하객 한 사람을 붙들고서 자신의 겪은 고행을 노래로 들려주는데, 그 젊은이는 그 이야기에 속절없이 빨려들어 간다. 적도까지 항해했다가 바람에 남극까지 밀려가는 뱃길에서 금기를 깨고 바닷새 신천옹을 죽였기 때문에, 심판을 받고 엄청난 고난을 겪은 다음에 겨우 구원받아 고향으로 돌아오는 기독교 인생관을 담고 있다.

것들을 산출해 내는 시도가 될 듯하다. 교육자들로부터든지 일반 대
중으로부터든지 아직 잡담 가르치는 일에 대한 압력이 전혀 없으므
로, 이것이 바람직할 것인지는 분명치 않다. 자기-내보이기는 우리가
교육을 통해 변화되도록 옹호하는 기술/행위보다 아주 훨씬 더 제멋
대로 아무렇게나 수행될 수 있을 것으로 생각된다.13) 설령 사교 기술
들과 유관한 이론들을 교육적인 용어로 바꾸어 놓는 일이 가능하더라
도, 사교 기술을 가르치는 일은 다음 절에서 계속 논의하게 될 정보를
전달해 주는 데 이용되는 언어교육과는 질적으로 크게 다를 것으로
보인다.

1.3. 정보와 관련된 이야기

우리가 '정보 관련' 이야기(information-related talk)로 부르게 될 것은,
대부분 직업들과 필수적으로 함께 관련되어 있고, 교실에서의 수업
시간을 지배하는 유형의 이야기이다. 다음에 있는 인용을 살펴보기로
한다.

---

13) [역주] 잡담은 결코 아무렇게나 진행되는 것이 아니다. 이 책에서는 잡담이 언어교육의
대상에서 제외되어 있다. 그 까닭은 잡담의 밑바닥에 작동하는 원리를 제대로 깨닫지
못하였기 때문이다. '잡담'이란 말에는 이미 부정적인 가치 평가가 들어 있으므로, 이를
중립적인 용어인 '사교적 의사소통'으로 바꿔 놓을 필요가 있다.
클락(Clark, 1996; 김지홍 뒤침, 2009), 『언어사용 밑바닥에 깔린 원리』(도서출판 경진)
에서는 공평성 원리와 체면의 원리가 의사소통 밑바닥에 깔린 주요 원리라고 논의한
다. 전자는 상징적 상거래 또는 공생의 원리라고도 말할 수 있는데, 모든 생명체들에게
공통된 것으로서 너와 내가 공평하게 이익을 나눠 갖는 원리이다. 후자는 두드러지게
의사소통에서 관찰되는 원리인데, 이를 명시적으로 다루기 위하여 다시 자존심 및 자
율성에 관한 원리들로 세분한다. 의사소통은 상대방의 자존심을 높이거나 낮추는 일이
며, 또한 자율성을 높이거나 낮추는 일에 해당한다. 여기서 의사소통의 하위 갈래인
사교적 의사소통도 또한 자존심과 자율성에 관한 원리들을 준수하면서 이뤄짐은 두말
할 필요가 없다. 그렇다면 한낱 잡담이라고 평가 절하하면서 결코 교육에서 버려야
할 대상이 아님을 알 수 있다.

(4) 교사: now + here we have a substance in which the heat is moving along the rod from a hot end to a cold end ++ can anybody tell me the name we give to such a substance—a substance in which heat can flow ++ nobody can tell me that + well + it's called a conductor ++ anybody ever heard of that word before? ++ good well + I'll put it on the blackboard for you ++ it's called a conductor ++ what we're going to do today is to have a look at some conductors

(이제 + 여기 어떤 물질이 있는데 거기서 열이 그 막대를 따라서 한 쪽 뜨거운 끝에서부터 다른 쪽 차가운 끝으로 움직여 가고 있습니다 ++ 어느 누구든지 그런 물질—열이 흐를 수 있는 어떤 물질을 부르는 이름을 말해 줄 수 있나요 ++ 아무도 그걸 내게 말할 수 없군요 + 좋습니다 + 그게 전도체라고 불립니다 ++ 어느 누구든 이전에 그 낱말을 한 번이라도 들어 본 적이 있습니까? ++ 좋습니다 그럼 + 내가 여러분을 위해서 칠판에 그 낱말을 적어 줄게요 ++ 그게 전도체라고 불립니다 ++ 오늘 우리가 하려는 것은 몇 가지 전도체들을 살펴보는 것입니다)

어느 특정한 주제를 놓고서 정보를 전달해 주는 일을 위하여 명백하게 전달된 이런 유형의 이야기는 대부분의 수업에서 전형적이다. 교사들은 어느 특정한 주제에 대하여 이야기하고, 어느 특정한 주제에 대하여 풀이들을 제시해 주고, 어느 특정한 주제에 대하여 질문을 던진다. 학생들은 그 주제에 대하여 대답하거나, 그것에 대하여 서로 의견을 나누거나 또는 그것에 대하여 추가 질문들을 한다.

정보 관련 이야기가 전적으로 교실 수업에서만 찾아지는 것은 아니다. 그것은 많은 직업들의 본질적인 부분을 이룬다. 직무 관련 이야기는 많은 유형의 직장에서 찾아진다. 경찰관들은 경찰서에서 목격자들과 이야기하고, 간호원과 의사들은 병원에서 이야기하며, 운전 교습관들은 운전 연습 자동차 안에서 학습자들과 이야기한다. 감독들은 공장에서 일꾼들과 이야기하고, 배관 숙련공들은 견습생들에게 이야기한다. 여행사 직원들은 고객들과 이야기하고, 미용사들은 고객들을 머리를 다듬으러 온 손님들과 이야기하며, 호텔 안내대의 담당 직원들은 수백 개의 다양한 단체에 속한 고객들과 이야기한다. 관료제도의 번거로운 전체 조직화도 서로 의사소통하는 개인들의 능력에 달려 있다. 한편, 이런 의사소통의 많은 부분이 글말로 되어 있겠지만, 그럼에도 상당량 더 많이 입말의 형태로 되어 있을 것이다.

정보 관련 이야기는 그 목적이 1차적으로 어떤 동기로 말미암아 정보를 필요로 하는 청자에게 전달해 준다는 점에서, 사교적인 잡담과 차이가 난다. 또는 가령 화자가 청자에게 적합한 치료법을 제공해 줌으로써, 적합한 서식을 내어 줌으로써, 그가 알고자 하는 바를 말해 줌으로써 등등 적합한 방식으로 대응할 수 있도록 하기 위하여, 청자에게 그런 정보를 갖게 할 필요가 있을 가능성도 있다. 요점은, 그런 정보가 조금이라도 실세계가 어떻게 되는지에 대하여 어떤 효과를 지닐 것이고, 사태를 변화시킨다. 그렇다면 정보 관련 말하기의 요구 사항들 가운데 하나는, 그 전달내용이 분명하고 명백히 청자에게 이해되어야 한다는 점이다. 인용 (4)의 교사에게서 볼 수 있듯이, 정보 관련 말하기에서 화자들이 전달내용을 충분히 강조하기 위하여 여러 가지 다른 방식으로 스스로 반복함은 아주 흔한 일이다. 또는 화자들이 다음에 있는 인용에서 교사가 그러하듯이, 바로 앞의 화자가 말한 바를 아마 별도의 정보 도막을 더해 놓으면서 반복할 수도 있다.

(5) Teacher: to use Pythagoras what do I have to have ++ David ++ I have
           to have a ++ we use Pythagoras in a
    David: in a triangle
    Teacher: a right-angled triangle ++ so I must now make a right-angled
           triangle and I do it in this way + and I call the right angle C

++ how many sides do I need to know Debbie to be able to calculate AB?

Debbie: two

Teacher: two

교사: 피타고라스 정리를 이용하기 위해 뭘 갖고 있어야 하지 ++ 데이 빗 ++ 내가 가져야 하는 게 ++ 우리가 피타고라스 정리를 이용 하기 위해서

데이빗: 삼각형 정리

교사: 정삼각형이지 ++ 그래서 이제 정삼각형을 만들어야 하고 내가 이런 방식으로 그걸 그리고 + 그리고 직각을 C라고 부르기로 합시다 ++ AB를 계산할 수 있으려면 빗면들을 몇 개나 알아야 하나요 데비 양?

데비: 둘요

교사: 둘

이런 정보 관련 언어의 신중하고 명백한 반복을, 인용 (3)에서 축구 에 관한 대화에 있는 훨씬 덜 신중히 구조화된 발화 모습과 비교해 보기 바란다.

청자 관련 언어(사교적인 언어)가 1차적으로 정보 관련 언어와 비교 하여 '부적합함'을 제안하고 있다고 가정하지 않는 것이 중요하다. 그 와는 정반대로, 이들 주요한 언어 기능들이 각각 서로 다른 적합한 언어 사용을 요구한다고 제안하고 있는 것이다. 1차적으로 그 주제가 논의 핵심이 되는 경우(=정보 전달용 의사소통임), 화자가 자신의 전달 내용을 아주 분명하게 만들고, 정보를 효율적으로 전달하며, 자신의 청자가 그 내용을 이해하였는지 점검하는 것이 중요한 일이 된다. 1차 적으로 청자가 논의 핵심이 되는 경우(=친분용 의사소통임), 화자와 청 자가 서로 편안하게 느끼고 서로 우호적인 관계가 수립되는 일이 중 요하다. 입말 구사 기술들을 향상시키려고 마련된 교과과정은 어떤

것이든지 이런 구분을 분명하게 만들어야 하고, 한 가지 기능에 적합한 언어 사용이 여러 중요한 측면들에서 또 다른 기능에 적합한 언어 사용과 차이가 날 수 있음을 명백히 해 두어야 한다.14) '이야기 가르치기'를 위한 교과과정을 마련하는 데에, 어쨌거나 단순히 학생들로 하여금 그들이 자신의 사회생활에서 산출할 것 같은 청자 관련 말하기를 더 많이 산출하도록 장려하는 일이, 정보 관련 말하기에서 능력 향상을 보장해 주는 것이 절대로 아님을 이해하는 것은 중요하다. 비슷하게, 유능하게 정보 전달을 산출하도록 학생들을 장려하는 일이,

---

14) [역주] 흔히 의사소통의 기능을 다루는 경우에 로만 야콥슨(Jakobson)의 "언어학과 시학"에 있는 6가지 기능들을 언급해 왔다. 이정민 외 엮음(1977), 김태옥 역, 『언어과학이란 무엇인가』(문학과 지성사); 신문수 엮음(1989), 『문학 속의 언어학』(문학과 지성사); 권재일 엮음(1989), 『일반 언어학 이론』(민음사)에 번역되어 있다. 래니건(Lanigan, 2013) "정보 이론(Information theories)", 코블리 외 엮음(Cobley et al. eds), 『의사소통의 여러 이론 및 모형(*Theories and Models of Communication*)』 제3장 4절(de Gruyter)에서는 야콥슨의 기호학적 접근을 여러 각도에서 재조명하고 있다. 위대한 학자 이름에 짓눌려서 그러는지 모르겠지만, 우리나라에서는 의사소통을 다룰 경우에 아무런 비판도 없이 여섯 가지 기능들이 당연히 주어지는 간주하는 듯하다. 그러나 심각한 문제가 있다. 야콥슨이 기능들을 너무 세분해 놓았기 때문이다. 그 결과 짤막한 발화에도 여러 기능들이 언제나 서로 겹치게 마련이고, 이를 언어교육에 이용하기가 사뭇 복잡하다.
이 책에서는 언어 기능을 간단히 '정보 전달용 의사소통' 및 '친분 쌓기용 의사소통'으로 양분한다. 이 주장은 출간 연도가 이 책보다 1년 앞선 동일한 저자 브롸운·율(1983), 『담화 분석』(CUP)에서도 반복되어 있다. 다만 용어가 information-related talk(정보 관련 이야기)가 transactional(전달용)으로 바뀌고, listener-related talk(청자 관련)이 interactional(상호작용용)으로 바뀌었는데, 새 용어가 현행 언어교육에서 표준 용어로 쓰인다. 이런 두 기능의 구별은 뷜러(Bühler, 1934; 지광선·최경은 뒤침, 2008), 『언어 이론: 언어의 서술기능』(나남); 핼러데이(Halliday, 1970), "언어 구조 및 언어 기능"; 라이언즈(Lyons, 1977, 강범모 뒤침, 2011·2013), 『의미론』 1~2(한국문화사) 등이며, 리틀우드(W. Littlewood, 1981; 안미란 뒤침, 2007), 『의사소통 교수법』 제4, 5장(한국문화사)에서도 또한 기능적 의사소통 활동(functional communication activity)과 사교적 상호작용 활동(social interaction activity)로 나눈 바 있다.
정보 전달 및 친분 쌓기라는 두 기능도 물론 서로 겹칠 수 있다. 올바른 정보를 자세하고 정확히 전달해 주는 일이 바로 청자를 친절히 배려하는 일이기 때문이다. 그러므로 오직 강조점이 어디에 놓이느냐에 의해 구분할 뿐이다. 이 책에서는 말하기 교육의 초점이 정보를 구조화할 수 있다는 측면에서 정보 전달용 의사소통에 모아져야 한다고 가정하였다. 관련된 정보를 어떻게 언어로 구조화할 것인지를 놓고서 전형적인 방식을 통해 먼저 익히고 나서 점차 어려운 문제들을 타개해 나가는 방식을 연습할 수 있다고 가정하는 것이다. 비록 친분 쌓기용 의사소통을 제대로 다루지는 못하였지만, 말하기 교육의 등급화 가능성을 처음 본격적으로 논의하고, 그 가능성을 실제 교육 자료들을 통하여 입증한 일은 매우 중요한 기여이다.

또한 이야기를 하는 일로써 편안한 사회관계들을 수립하고 유지하기가 쉬울 것으로 깨닫게 됨을 보장해 주지도 않을 것이다.[15]

1차적으로 청자 관련 이야기와 1차적으로 정보 관련 이야기 사이에 절대적인 일도양단의 구분을 이끌어 낼 수 있다고 가정하지 않는 것이 중요하다. 그 잣대의 두 끝을 성격 규정하는 일이 가능하다. 가령, 상관이 부하에게 내리는 명령 대 파티에서 낄낄 웃기 위한 '잡담'이다. 그러나 그것들 사이를 구별해 놓는 일은 흔히 판단에 속한 문제이다. 정보 관련 이야기가 종종 사교적 잡담 사이에 샌드위치처럼 끼워져 나온다. 또한 사교적 잡담으로 시작한 것이 빈번히 심각한 논의로 진행될 수 있음을 주목하는 것이 중요하다. 그럼에도 불구하고 여기서 그 구분을 주장하고 있는 이유는, 학생들이 거의 흔히 그리고 가장 명백하게 어려움을 지니고 있는 입말 사용의 측면에 관심을 이끌어 내기 위한 것이다.

1.4. 무엇을 가르칠 것인가

우리는 연구를 진행하기 위하여 현재 일정 범위의 스코틀런드 중등학교에서 500명 이상의 학생들을 면담하였다. 14살부터 17살 사이에 있는 학생들이다. 이들 학생 중 대략 300명 정도는 아무런 자격증도 없이 학교를 졸업할 것이다.[16] 다시 말하여, 그들은 제도권 교육 안에

---

15) [역주] 친분 쌓는 의사소통은 결국 서로를 믿고 존중해 주는 마음(흥부의 마음)이 우선되어야 한다. 클락(Clark)의 용어로 상대방의 '자존심과 자율성'을 높여 주려는 마음이 있어야 한다. 오직 그럴 경우에라야 언어 표현에 혹 허물이 있다고 하더라도, 잘 들어주고 이해해 주는 포용력이 생기게 된다. 그렇지만 주변을 관찰해 보면 유전인자가 언제나 남을 씹고 '깎으며' 허물을 들추고 상대방의 체면을 깎아내리고 나서야 비로소 만족하는 부류의 사람들도 있다. 그런 부류를 고상하게 견유주의자(犬儒主義者, 개 같은 놈)로 부르며, '시비(是非)를 걸다'라는 말에서 따와 '시비꾼'으로도 부른다. '놀부 심보'를 가진 구제불능의 인간들이다. 남이 나보다 더 나으면 속이 쓰리고 배가 아픈 것이다. 이런 이들은 교육으로도 고칠 수 없다. 혹 그런 인간이나 인간들을 만나면 피하는 게 상책이다. 그렇게 안 되면 침묵이 버금가는 방책이다.

서 판정되듯이 학업 능력의 밑바닥에 있는 학생들이다. 나머지 학생들은 그들의 학력 성취도 상으로 현재 시점에서 성공적이라고 판정된 학생들로부터 선발되었다. 이 부류는 8학년 또는 스코틀런드 '일반' 등급(Ordinary Grades) 이상이며, 일반적으로 상위의 고등교육 기관(전문대학이나 일반대학)으로 진학할 것으로 예상된다.

우리의 모집단을 전체로서 간주하면서, 우리는 이전에 전혀 만난 적이 없는 방문 면담조사자와 즐겁게 그리고 상호 협동하면서 잡담을 할 수 없었던(또는 잡담할 준비가 안 된) 소수의 학생들을 찾아내었다. 비슷하게, 우리가 면담을 하였던 거의 모든 학생들이, 분명히 그 면담자에 의해서 구체적으로 주어진 어떤 과제를 수행하는 데에, 제2의 학생과 서로 협동하는 일을 편안하게 생각하였다. 다시 말하여, 이 커다란 모집단을 통하여, 우리는 사회적 관계를 수립하고 유지하기 위한 언어 사용인 '잡담'에 내성적 성격으로 인하여 제대로 참여하지 못한 것으로 판단되는 10명 미만의 학생들을 만났다. 일부 개인들이 다른 학생들보다 덜 적극적이었지만, 일반적으로 기본적인 사교적 기술들을 자연스럽게 제어하는 듯하였다. 그들은 질문에 대답하고, 질문을 던지며, 그들의 청자의 지식 상태를 점검하고, 뭔가를 알고 있는 주제에 대하여 이야기하고, 그들 자신의 주제들을 나름대로 이야기 속으로 들여올 수 있었다. 그들은 이 모든 것을 모종의 조건들 아래에서 실행할 수 있었는데, 제3장에서 논의하게 될 것이다.

우리가 말하기에서 정보를 전달하는 이들 학생들의 능력을 살펴볼 경우, 오히려 전혀 다른 어떤 그림이 부각되어 나온다. 우리 모집단의 어느 누구도 다른 사람에게 다음과 같이 극히 간단한 정보를 전달해 주는 데에 어려움을 지니지 않았다.

---

16) [원저자 각주] 상대적으로 소수의 스코틀런드 학교에서만 중등학교 자격(CSE, Certificate of Secondary Education) 교육과정을 따르고 있다.

(6) in the first picture + there's a boy + erm + with a catapult + he's just turned round and he can see a + fly + flying about + and in the second picture + he's turned round again and he's still got his catapult in his hand + and there's a great big sunflower or something and the fly's heading straight for the middle of it

(첫 번째 그림에는 + 소년 한 명이 있어 + 음 + 고무줄 새총을 하나 갖고 있고 + 막 빙 둘러보면서 그가 한 마리 + 파리를 + 주위를 날고 있는 걸 볼 수 있어 + 그리고 두 번째 그림에는 + 그가 다시 빙 둘러보면서 자기 손에 여전히 자기 새총을 갖고 있는데 + 그리고 아주 큰 해바라기나 어떤 게 거기 있고 그 파리가 그 가운데로 곧장 향해 가고 있거든)

그렇지만 모집단의 대다수 구성원들은, 가령 그들이 사진들로 봐둔, 자동차 세 대가 포함된 어떤 자동차 충돌 사고를 묘사하는 데에 두드러지게 어려움을 보였다. 어떤 유형의 정보를 전달해 주는 일이 복잡한 인지기술임이 분명한 듯하다. 전달해 줄 아주 어렵고 복잡한 정보를 지니는 경우에, '잡담'에서 완벽히 능력이 있었던 많은 학생들도 두드러지게 문제점들을 지녔음을 보여 주었다. 다음 인용에서 학생 P는 영화로 두 번씩이나 본 『식인 상어』(Jaws, 상어 아가리)를 읽고 있었다. 두 번의 발언기회에 면담자 H는 자신이 그 책을 읽지도 않았고 그 영화를 보지도 못했다고 말했다. 대화는 다음처럼 이어졌다.

(7) H: is the book like the film?
   P: ++ a wee bit
   H: mmm ++ what's different in the book?
   P: in the book +++ Hooper dies in the film but he never dies but he went in a cage down + to see if he could see the fish + and like +++ and trying to get in + the fish + but he couldn't ++ the fish

turned er the cage over but then he went away and Hooper just went
and swum out and hid behind a rock and + in the book he said
that he di(ed.)

면담자: 그 책이 그 영화와 같니?

학생: ++ 어 조금은요

면담자: 으음 ++ 그 책에서는 뭐가 다르니?

학생: 책에서는 +++ 후퍼가 영화에선 죽지만 그가 결코 죽지 않지만
그가 아래쪽에 있는 철골 보호망 안에 들어가거든요 + 그 물고기를
볼 수 있을지 알아보기 위해서요 + 그리고 그런 것처럼 +++ 그리
고 안으로 들여 놓으려고 해요 + 그 물고기를 말이에요 + 그러나
그럴 수 없었거든요 ++ 그 물고기가 어 그 철골 보호망을 뒤집어
버렸지만요 그러고 나서 그가 도망쳐 나갔고 곧 후퍼가 가서 헤엄
쳐 나오고서는 바위 뒤에 숨었거든요 + 그 책에서는 그가 죽었다고
그가 말했어요

그 책이나 영화에 대해서 전혀 지식이 없는 청자에게, 이 이야기는
아주 이해하기 어렵다. 그 학생 대답의 첫 번째 줄에서 '후퍼'가 죽는
지 아니면 죽지 않는지 여부가 그 책에 있는 것인지 아니면 그 영화에
있는 것인지 분명치 않다. 청자에게 '후퍼'가 누구인지, 왜 그가 '철골
보호망' 안에 들어가야 되는지, 그가 왜 '그 물고기'를 보고 싶어 했는
지에 대해서 전혀 말해지지 않는다. '후퍼'가 그러고 나서 헤엄쳐 나와
숨기 때문에, 독자가 비록 그것이 '그 물고기'였을 것으로 짐작할 수
있지만, 어느 누구인 '그가'[17] '도망쳐 나갔는지'도 분명치 않다. 마지
막 문장에 있는 '그'가 누구인지, '그가 죽었다'고 누가 말하였는지도

---

17) [역주] 원문의 he는 의인화된 상어(shark)를 가리킬 수도 있고, 상어를 보기 위해 물에
들어갔던 사람(person)을 가리킬 수 있다. 우리말에서는 만일 he가 상어라면 '그거, 그
게'로 부를 듯하다. 우리말의 특징상, 사람과 사람 아닌 개체에 대하여 명사(밥/먹이/모
이, 머리/대가리), 조사(철수에게/꽃에), 수량사(한 사람/두 마리), 동사(나이 먹다/천년
묵다) 따위를 모두 분명히 구별해서 써 주어야 하기 때문이다.

분명하지 않다.

이 시점에서 면담자가 어떤 과제들을 수행하도록 그 학생에게 요구하기 전에, 분위기를 부드럽게 하기 위하여 우연히 '잡담'을 하는 듯이 전제되어 있기 때문에, 면담자가 불명확성을 골라내기 위하여 점검하지 않는 것(=he가 사람을 가리키는지, 상어를 가리키는지 되묻지 않음)은 이런 면담의 주목할 만한 특징이다. 이것이 일상잡담에서 이용된 언어가 흔히 아주 부정확하다는 점을 반복하여 주장할 수 있게 해 준다. 이는 상호작용의 목적이 '우호적으로 되는' 것이라면 완벽히 적합하고 적절하다. 그렇지만 정보의 전달이 논의의 초점이며, 상호작용하는 핵심이 그런 정보 전달인 상황에서는, 분명히 이런 종류의 부정확성이 부적합함은 명백하다.

대부분의 학생들이 1차적으로 청자 관련 말하기를 적합하게 수행하는 듯하다. 그렇지만 적어도 어떤 유형들의 정보 관련 말하기에서는 학생들 다수가 부적합하게 수행하기 때문에, 우리는 학생들이 정보 관련 말하기에서 정보의 전달을 잘 통제할 수 있도록 명백하게 가르쳐야 한다고 믿는다.

만일 학생들을 가르칠 예정이라면, 반드시 미리 교과과정이18) 짜이

---

18) [역주] 우리나라는 미국 문화만 받아들였기 때문에, curriculum(교육과정)을 상위에 두고, syllabus를 '강의안, 강의계획' 정도로 밑에다 두는 경향이 있다. 대학에서 매학기 첫 시간에 나눠 주는 것을 syllabus(강의계획서)로 부른다. 영어교육을 전공하는 이들은 syllabus를 '교수 요목'(가르쳐야 할 중요 항목)으로 번역하기도 한다. 영국 문화에서는 syllabus나 curriculum이 미국 용법과는 다르게 쓰인다. 1980년대 중반 이후 영국의 교육 제도에서는 '국가 교육과정'(National Curriculum)이 있고, 이를 구현하는 사례를 보여 주는 '구현 얼개'(Frameworks)를 나라에서 마련한다. 여기까지가 나라에서 하는 몫이며, 대처 전 영국 수상이 영국병을 치료한다고 나서기 이전에는 숫제 국가 차원의 교육 과정도 존재하지 않았었다. 이다음 단계에서부터는 모두 개개의 학교별로 수석 교사를 중심으로 하여 그리고 교사 개인별로 책임을 지는 과정이다. 이를 구현하기 위해 교육 감사가 6년마다 실시되어 그 책임을 묻게 된다.

각 학교에서는 '구현 얼개'를 참고하면서, 수석 교사를 중심으로 하여 학년별로 같은 교과목 교사들이 모여 각 과목의 Scheme of Work(1년 동안 가르칠 얼개)를 마련하고, 교사는 개인별로 이에 따라서 주별 학습 계획(lesson plans)을 짜게 된다. 주별 학습 계획은 유인물로 학생과 학부모에게 알려진다. 여기서 syllabus는 '국가 차원의 교육과정'과 각 학교의 '1년 가르칠 얼개' 사이에 위치할 수 있다. 여기서는 curriculum을 '교육

고 마련되어야 한다. 교과과정이 구조화됨으로써, 학생들이 먼저 상대적으로 간단한 정보 전달의 행위들을 수행하는 것을 배우며, 오직 점차적으로만 더 뒤에 있는 장들에서 예시해 놓은 극히 품을 들여야 하는 유형의 과제들 쪽으로 옮겨 가게 된다. 이 책의 주요 목적은 그런 등급화된 교과과정이 어떻게 짜이고 마련될 수 있는지를 논의하는 것이다.

1.5. '짤막한 발언기회'와 '기다란 발언기회'

제1장의 시작 부분에서 우리는 어느 엄마가 자신의 두 살 난 아기를 위해서 대화상의 '발언기회'를 부여해 주는 인용을 예시해 놓았다. 아기가 자신의 발언기회들을 얻어내기 시작하는 경우에, 그것들은 특징적으로 다음처럼 짤막하다.

(8) Mother: that was yours ++ do you want more

　　Child: want more

　　Mother: right + ksh + there you are + have some more + oh I think
　　　　　　 that's good + I think you're liking that

　　Child: that's Mummy's

　　Mother: yes—this is Mummy's ++ Mummy's finished hers ++ is
　　　　　　 Mummy to have some more

　　Child: Mummy have s'more

　　엄마: 저게 네 차였구나 ++ 더 마시고 싶니

　　아기: 더 마셔

과정'(전체 모든 교과목 차원의 계획임)으로 번역하고 syllabus를 '교과과정'(개별 교과목을 가르치는 전체 계획임)을 번역하여, 다소 구별을 두기로 한다.

엄마: 좋아 + 주루룩(찻물 따르는 소리) + 여기 있어 + 좀 더 마시렴
      + 오 내 생각엔 그게 좋아 + 내 생각에 네가 차를 좋아하는구나
아기: 저거 엄마 거
엄마: 그래—이게 엄마 차야 ++ 엄마가 엄마 거 다 마셨어 ++ 엄마도
      좀 더 마실까
아기: 엄마 조더('some more', '좀 더'의 부정확한 어린애 말투임) 마셔

　　화자가 짤막한 발언기회를 계획하고 산출하는 일이, 좀 더 긴 발언
기회를 계획하고 산출하는 일보다 더 쉽다고 가정하는 것은 합리적인
듯하다. 분명히 우리가 면담해 본 전체 모집단에서[19] 모든 조사연구
참여자(=피험자)들이 짤막한 발언기회들의 계획 및 산출에서 완벽히
능력이 있는 듯하였다. 그리고 사실상 정보 제어가 중심이 되지 않는
청자 관련 말하기에서는 긴 발언기회들도 그러하였다. 어른들의 대화
가운데 가장 품이 덜 드는 갈래의 하나가 다음에 있는 인용에서와 같
이 청자 관련 '잡담'에서 짤막한 발언기회들을 주고받는 유형임은 분
명한 듯하다.

(9) I: they're to pay the children to stay at school +++ better than going
       round to the dole at ten pounds a week
    K: it should be cheaper for the government
    I: yes + but that's dreadful isn't it
    K: it's a shocker
    I: I don't know what the country's coming to at all + where all the
       money's coming from + I don't know

---

19) [역주] 원칙적으로 스코틀런드 중학생 전체를 가리켜야 마땅하겠다. population(전체
    인구)라는 말뜻 자체가 그러하다. 그렇지만 여기서는 무작위 표본 추출을 통하여 조사
    연구자들이 찾아가서 조사한 학교들에서 대상 학생들이 전체 500명이었는데, 이를 전
    체 모집단으로 언급하고 있다(the population이라고 정관사를 붙여서 썼음).

K: you'd think it would be better for them to pay them to do something
　　else + there's plenty needs to be done round about
I: and look at the vacant jobs in the paper + it's amazing + pages and
　　pages of vacant jobs and yet there's so many unemployed
K: I know + it's amazing
I: 정부에서 어린이들이 학교를 계속 다니도록 돈을 지급한대 +++
　　1주에 실업 수당 2만원을 받으러 가는 것보다 더 낫지
K: 그게 정부로서도 더 싸게 칠 걸
I: 그래 + 허지만 그게 터무니없지 그렇잖아
K: 그게 충격적인 생각이야
I: 난 국가에서 하려는 일을 전혀 모르겠어 + 모든 돈이 대체 어디서
　　나오는 겐지 + 알 수 없어
K: 네 생각은 그들에게 다른 걸 하도록 돈을 주는 게 더 나을 거라고
　　보는구나 + 여기저기서 실행되어야 할 일들이 엄청 많이 있어
I: 그리고 그 신문에 있는 취직자리들을 봐 + 놀랍잖아 + 이 신문
　　저 신문에 취직자리들을 말야 그리고 여전히 실업자들이 이렇게
　　많이 있잖아
K: 알아 + 놀랄 일이지

이런 일상적인 '다음에 대체 뭐가 나올 건지'(what's it all coming to)
유형의 잡담은, 어른들 사이에서 전형적으로 노력이 그다지 필요 없
는 대화이다. 여기서 참여자 I가 대체로 주도하여 이끌어나가는 책임
을 맡고 있다. 참여자 K는 단순히 I가 말하고 있는 내용에 대꾸하면서
상대적으로 수동적인 역할을 맡고 있음이 분명하다. 가장 긴 발언기
회들조차 다만 두 세 문장들로 뻗쳐 있을 뿐이며, 일반적으로 그것들
도 상당량 반복을 담고 있다. 한 번에 많지 않은 정보가 더해진다. 이
런 종류의 발언기회들은 상대적으로 구성하기가 쉬운 듯하다.
　긴 발언기회와 짧은 발언기회 사이에 나눠 놓는 절단점을 결정하는

일은 가능하지 않다. 우리가 말할 수 있는 바는, 발언기회가 더 길면 길수록 화자가 계획하기를 좀 더 많이 해야 한다는 사실이다. 따라서 농담이나, '오늘 아침 직장과 학교에 출근하기'에 대한 개인 경험을 이야기하거나, 또는 경찰에 어떤 사고를 보고하거나, 계산자(slide-rule)를 쓰는 방법을 설명하려는 화자는, 미리 어떤 계획을 마련해야 하고, 자신이 말하는 바를 자신의 청자에게 도움이 되는 방식으로 조직해야 한다. 짤막한 발언기회에서는 모든 화자들이 곧잘 운용해 나갈 수 있는 듯하다. 반면에 이것이 결코 긴 발언기회에서도 성립되는 것은 아니다. 긴 발언기회의 제어는 아주 어린 화자들이 시도해 보지 않은, 그리고 나이 어린 화자들이(그리고 일부 어른 화자들이) 이런 저런 이유로 특히 '의사소통 압박감'(communicative stress, 제3장에서 논의될 개념임) 아래에 있는 경우에 일반적으로 두드러지게 어려움을 지닌 어떤 것이다. 인용 (7)에 있는 어린 화자에게서 살펴보았듯이, 긴 발언기회들을 떠맡는 어린 사람들에게서의 문제는, 그들이 정보 흐름을 제대로 잘 제어하지 못하는 경향이 있다는 점이다. 급한 볼일 있는 어른들은 흘러나오는 말에 귀를 반쯤만 열고 듣는 경향이 있거나 또는 간섭하여 멈추게 하려는 경향이 있다. 복잡한 정보를 알려 주려고 노력하는 나이 어린 화자는 도움을 주고 인내심 있게 들어 주는 청자가 필요하다. 귀찮다고 여겨 그 화자의 문장을 끝내고 막아 버리거나, 끊임없이 간섭하는 청자가 아니라, 비록 시시하고 빤한 이야기이며 그걸 말하는 데 오랜 시간이 걸린다고 할지라도, 관심을 갖고서 화자가 말해야 하는 바에 귀를 기울여 들어 주는 청자인 것이다.

말하기에서 긴 발언기회를 구조화하는 능력은, 마치 글말에서 긴 덩잇글 '내용'을 구조화하는 능력이 그러하듯이, 어지간한 기술과 연습을 요구한다고 가정하는 것이 합리적인 듯하다. 나이 어린 화자가 단순히 2분 정도 이야기를 산출하는 것은 불충함이 분명해져야 한다. 정보 전달이 논의되는 중요한 경우에, 우리는 청자 관련 '잡담'이 반드시 정보를 전달하는 학생들의 능력을 향상시켜 주는 것은 아니라고 믿는다. 개인 경험을 상세히 이야기하고, 어떤 처지를 정당화하며, 어떤 약을 복용하는 방법에 대하여 알려주거나, 길을 묘사해 주는 등, 정보를 전달하는 데 이용되는 긴 발언기회 구성에서는 기술을 필요로 하고 실행에서 연습을 필요로 한다. 일터에 어떻게 출근하는지를 묘사하도록 요구받는 일처럼 상대적으로 쉬운 과제에서는, 이런 청소년 화자가 극히 수행을 잘한다.

(10-가) well + in the winter time when I'm lazy ++ I take a bus down to Morningside station which is all of about two hundred yards (laughs) + and then I get on + erm + a 23 bus at Morningside station + and it + goes direct to the Royal Botanic Gardens via + Tollcorss + through the Mound + up Hanover Street + down into Canonmills + and into Inverleith Row

(그런데요 + 제가 게을러지는 겨울 때에는 ++ 모닝사이드 역까지 내려가서 버스를 타는데요 모두 대략 2백 야드 정도가 되요 (여러 사람의 웃음) + 그러고 나서 올라타는데요 + 모닝사이드 역에서 23번 버스를요 + 그리고 그게 + 곧장 왕립 식물원으로 가는데요 + 톨크로스를 거치고서 + 마운드[=언덕]를 통해서 + 하노버 가로 올라가서 + 개논밀즈로 내려가고요 + 그리고 인버라이스 가로 들어가거든요)

그녀는 일상적으로 반복되는 일을 상세히 설명하면서 유창하게 자신감을 갖고서 말한다. 그녀가 이용하는 언어는 그 길의 안정된 구조에 의해 뒷받침된다. 그녀에게 보여 준 어느 사진 속에서 특정한 장소를 확인하여 찾아내는 훨씬 더 어려운 과제를 수행하도록 요청받은 경우, 그녀는 다음과 같이 훨씬 유창하지 않은 말하기를 산출한다.

(10-나) this + that that + it looks like St Giles + now from which side

it must be + it + no ah + I should think it's off the High Street
somewhere +++ looking west towards St Giles + well + right +
now well + it could be Chambers Street running off that way to—
back to St Giles + you know + Chambers Street—yes + well +
I'll say Chambers Street

(이게 + 저게 저게 + 그게 성 가일즈 거리 같아 보이는데 + 이제
어느 쪽에서부터 그게 분명히 + 그게 + 아뇨 아 + 내가 그게
고가 도로 어딘가에서 내려온 걸 생각해야겠네요 +++ 서쪽으로
성 가일즈 거리 쪽을 보면서 + 그러고서 + 맞아요 + 이제 그래서
+ 그게 그 길을 벗어나서 가는 쪽이 챔버스 거리일 수 있겠는데
요—다시 성 가일즈 쪽으로 되돌아가는 길요 + 아시겠지만 + 챔
버스 거리 말이에요—예 + 그래서 + 저는 챔버스 거리라고 말할
거예요)

그 과제의 어려움이 언어에 반영되어 있다. 만일 말하기에서 우리
가 긴 발언기회들에 대한 통제력을 가르치기 위한 교과과정을 계발할
예정이라면, 우리는 무엇이 쉬운 과제들인지 찾아내고, 심지어 고등
교육을 받은 화자들이라 해도, (10-나)에 있는 화자처럼 유창하게 수
행하는 데에 어려움을 겪을 법한 복잡한 과제로 넘어가기 전에, 그것
들을 먼저 연습시킬 필요가 있음이 분명한 듯하다.

1.6. 글말에 영향을 입은 말하기

고등 교육을 받은 어른들의 말하기 특징 한 가지는, 그들이 산출하
는 입말이 흔히 글말과 긴밀히 닮았을 가능성이 있다는 점이다. 이는
아마 그들이 교육을 받던 과정에서 훨씬 많은 시간을 읽기와 쓰기에
보내었다는 사실에 의해서 설명될 수 있다. 또한 교육적 토론이 특징

적으로 글말과 아주 비슷한 종류의 입말로 실행되기 때문이다. 이는 특히 화자가 자신이 여러 번 이전에 개진해 본 의견들을 반복하는 경우에 해당된다. 라디오나 텔레비전의 토론 프로그램에서 듣는 대부분의 이야기가 이런 종류의 언어로 말해진다. 그런 언어의 형식적 특징들은 길고 종종 라틴어 기원의 낱말을 이용하는 일과 길고 종종 복잡한 문장들을 이용하는 일을 포함한다. 현재 저자들이 '입말 대 글말'의 특징에 대한 토론을 하고 있었더라면, 말하기에서 지금 독자들이 읽고 있는 종류의 문장들을 산출할 가능성이 아주 높았을 것이다. 심지어 간단한 어휘를 쓰려고 사려 깊은 노력을 하고 있는 교사들조차, 이미 인용 (5)에서 보았듯이 아주 복잡한 통사를 산출한다.

(5) … how many sides do I need to know Debbie to be able to calculate AB?

(… 데비 양, AB를 계산하려면 몇 개의 빗면을 알아야 할까요?)

글말에 의해서 심각하게 영향을 받은 입말은, 전형적으로 글말에 의해 영향을 받는 시간을 많이 보낸 어른 화자들에 의해서 산출됨을 깨닫는 것이 중요하다. 이런 언어는 나이 어린 학생들과 청소년들의 특징이 아니다. 우리가 많은 시간을 읽기와 쓰기에 보내며 실제로 놀랍게 성숙한 언어를 구사하는 아주 학구적인 청소년을 가끔 만나는 일도 사실이지만, 이런 경우들은 예외임이 분명하다. 대다수의 나이 어린 학생들에 의해서, 사실상 대다수의 모집단에 의해서, 산출된 입말은 상대적으로 단순한 문장 구조로 이뤄진다. 흔히 서로 함께 붙어 있는 구절과 불완전한 문장들, 그리고 'got'(조동사 '당했다'이며, 뒤의 주 22를 보기 바람), 'nice'(좋다), 'a lot of'(많은), 'thing'(것), 'and so on'(등등)과 같은 낱말 및 구절처럼 사뭇 간단한 어휘들이다. 젊은 여자 대학원생에 의해 말해진 다음 인용을 살펴보기 바란다.[20]

(11) and + er + I was pretty exhausted and I phoned up room service and said that I wanted a sandwich ++ nothing's ever straightforward in America (laugh)—'what kind of sandwich' ++ I said 'well' er + hummed and hawed + and he said 'well + there's a list in your drawer' + 'in your chest of drawers' ++ so I had a look at it and gawd there was everything (laugh) you know + and I saw roast beef + so I phoned back and said I would have a roast beef sandwich (laugh) + and a glass of milk + so an hour later ++ nothing happened you see + so I phoned him up again and yes + they were coming + and in walked this guy with a tray + an enormous tray and a steel covered + plate + dinner plate you see + so I lifted that up + and I've never seen anything like it ++ there was three slices of bread lying on this plate + and there was I counted eight slices of roast beef + hot roast beef + with gravy and three scoops of mashed potato round the outside + an enormous glass of milk and a glass of water

(그리고 + 어 + 제가 아주 녹초가 됐죠 그리고 전화로 룸서비스를 불렀죠 그리고 샌드위치 하나 원한다고 말했거든요 ++ 미국선 간단히 되는 게 아무것도 없어요 (웃음)—'어떤 종류의 샌드위치를 원하십니까' ++ 제가 말하기를 '글쎄' 어 + 우물쭈물거렸는데요 + 그가 말하길 '그런데 + 서랍에 식단표가 있습니다' + '서랍 수납함에요' ++ 그래서 제가 그걸 들여다봤죠 그리고 어머머 웬걸 별별 게 다 있더라고요 (웃음) 아시다시피 + 그리고 소고기구이를 보았거든요 + 그래서 다시 전화 걸고 소고기구이 샌드위치를 먹겠다고 말했거든요 (웃음) + 그리고 우유 한 잔하고 말이에요 + 그래서 한 시간

20) [역주] 루오마(2004; 김지홍 뒤침, 2013), 『말하기 평가』(글로벌콘텐츠, 51쪽)에서는 이 부분을 인용하면서 대화 상황도 함께 언급하고 있다. 조사연구자가 대학원 여학생(영국인) 한 명에게 미국에 여행을 갔을 때의 상황을 말해 주도록 요구하였는데, 두 사람 사이는 초면이고 격식적인 대화 상황이다. 따라서 번역에서는 자기 자신을 부르는 대명사 '나'를 '저'로 낮춰 번역하고, 화용 첨사 '요'를 덧붙여 놓았다.

지났는데요 + 아무런 배달도 없었거든요 잘 아시겠지만 + 그래서 제가 다시 전화 걸었죠 그리고 예 + 그들이 들어오는데요 + 그리고 들어왔죠 걸어서 종업원이 쟁반 하나 들고 말이에요 + 아주 큰 쟁반과 쇠로 된 뚜껑을 덮고서는 + 접시 + 저녁 만찬 접시 말이에요 잘 아시겠지만 + 그래서 제가 그 뚜껑을 들어올렸거든요 + 그리고 그거 같은 걸 어떤 것도 본 적이 한 번도 없거든요 ++ 거기에 빵 세 조각이 접시 위에 놓여 있더라구요 + 그리고 거기 제가 세어 보니까 소고기구이 여덟 조각이더라구요 + 뜨거운 소고기구이 + 육즙을 바르구요 그리고 그 곁에다 빙 둘러 세 주격의 으깬 감자하고 말이에요 + 엄청 큰 잔에 우유 한 잔하고 물 한 잔하고 말이에요)

이것은 아주 유능한 이야기꾼에 의해 말해졌다. 그녀는 자신감을 갖고서 긴 발언기회를 구조화한다. 절들이 'and'(그리고)로써 함께 묶여 이어지는 방식에 주목하기 바란다.

··· I was pretty exhausted <u>and</u> I phoned up room service <u>and</u> said that ···
(···제가 아주 녹초가 됐죠 <u>그리고</u> 전화로 룸서비스를 불렀죠 <u>그리고</u> ···라고 말했거든요)

글말에서라면 다음에 있는 것과 같은 복문 구조를 더 기대할 법하다.

··· I was pretty exhausted so I phoned up room service to say that ···
(···내가 아주 녹초가 되어서 ···라고 말하려고 룸서비스를 전화로 불렀습니다)

또한 단순한 절과 구의 병치 나열에도 주목하기 바란다.

··· so an hour later + nothing happened you see + so I phoned him up again and yes + they were coming …

(… 그래서 한 시간 지났는데요 + 아무런 배달도 없었거든요 잘 아시겠지만 + 그래서 제가 다시 전화 걸었죠 그리고 예 + 그들이 오는데요 …)

만일 글말에서라면 더욱 정교한 통사 구조를 기대하였을 법하다. 또한 대부분의 어휘가 아주 단순함에도 주목하기 바란다.

… so I had a look at it and gawd there was everything you know … and in walked this guy with a tray …

(… 그래서 제가 그걸 들여다봤죠 그리고 어머머 웬걸 별별 게 다 있더라고요 잘 아시다시피 … 그리고 들어왔죠 걸어서 종업원이 쟁반 하나 들고…)

마치 완벽히 적합한 청자 관련 잡담이 간단한 언어로 말해질 수 있는 것처럼, 정보 관련 대화에서도 그럴 수 있다. 제4장에서 우리는 오직 사뭇 간단한 언어 형식들만 이용하면서 완벽히 적합한 설명을 산출하는 대다수 화자들의 수행을 예시해 준다. 그런 평상시 입말 언어 형식들이 모든 일반 용법들에 대하여 적합함을 깨닫는 것이 중요하다. 정보를 분명히 전달해 주기 위하여 복잡한 입말을 제어할 필요는 없는 것이다. 사실상 우리는 고등교육을 받은 중년 화자들의 특징인 이들 복잡한 글말 형식을 산출하도록 청소년 화자들이 교육되어야 한다고 주장하는 것이 아주 적합하지 않다고 주장하게 될 것이다.

그렇다면 이 책에서 우리는 학생들이 이미 지닌 능력을 갖고 쓰는 것 이상으로 그 언어의 더 많은 형식들을 가르치는 교육 내용에 관심을 갖는 것이 아니다. 학생이 이미 효과적인 방식으로 지니고 있는 언어의 형식들을 잘 이용하는 방법을 배움에 관심을 두는 것이다. 이는 정보를 전달하는 긴 발언기회들을 구조화하는 데 학생들에게 기술을 가르치는 일에서 입말 및 글말 사이에 있는 주요한 차이이다. 많은 경우에,

요구되는 기술들이 아주 비슷하다. 입말 및 글말 두 경우에서, 정보가 선택되고 순서대로 배열되며, 이미 알고 있는 지식 및 현재 필요성에 비추어, 특정한 요구사항들을 지닌 수신자에 의해서 이해될 어떤 방식으로 언어화되어야 하는 것이다. 그렇지만 글말에서 학생들은 특히 글말의 특징이 되는 몇 가지 형식들을 배울 필요가 있을 것이다.

가령, 관계대명사 'which'와 인과 접속사 'therefore'(그러므로)와 같은 형식들의 용법이다. 또한 전형적인 입말 형식들을 일부 허용될 수 있는 글말 형태로 대체해 놓을 필요가 있을 것이다.[21] 가령 아마 입말투의 조동사 'got'(당했다)을[22] 글말투의 조동사 'have'로 바꿀 것이고, 그리고 심지어 입말투의 'a lot of'(억수로 많은)을 글말투의 'much'(양이 많은)나 'many'(수가 많은)로 바꾸는 것이다. 입말에서 학생들이 새로운 형식들을 배울 필요는 없다. 단순히 추가적인 방식들로 이미 자신이 갖고 있는 형식들을 이용하는 방법을 익히는 것이다. 입말에서 정보 전달용 긴 발언기회들을 가르치는 교과과정의 계발이[23] 1차적으로 글말에서

---

21) [역주] 우리말에서는 특히 종결어미가 달라져야 한다. 먼저 상대방을 대우하는 입말투에서, 반말투의 종결어미 '-어' 뒤에 가볍게 격식을 갖추지 않고 쓰이는 보조사(화용 첨사로도 부름) '요'가 정중하게 격식을 갖춘 '-습니다'로 바뀌어야 한다. 격의 없이 지낼 경우에 쓰이는 입말투의 종결어미도 세대들 사이에 차이가 보이며, 성별뿐만 아니라 지역 간의 차이도 많이 있을 것이다. 최근 젊은이들 사이에서는 '-거든'(거기 갔거든, 그걸 봤거든, 집에 있었거든)이 많이 쓰인다. 어른들 사이에는 '-어'가 많이 쓰이며, 노인들 사이에는 '-네/-게'(그걸 보냈네, 와 보게) 또는 '-으이'(그건 없으이)가 쓰인다. 이런 다양한 입말투의 종결어미는 글말투에 쓰이는 종결어미 '-다'와 대응된다.

22) [역주] 영어에서 가해자가 드러나지 않은 채 피해받은 결과 사건이나 대상만이 드러나는 형식이므로, 피해(adverse) 수동태라고 부르거나 get-수동태라고 부른다. 우리말에서는 대체로 '당하다, 입다'로 번역되는데, got 구문이 우리말에서 '창피당하다/거절당하다/손해입다/죽임당하다' 따위는 피해이지만 '은혜입다/초대받다/뽑히다' 따위는 이익이 된다. 영국 입말 말뭉치를 대상으로 하여 이런 구문을 본격적으로 분석한 논의는 머카씨(1998; 김지홍 뒤침, 2012 개정증보판), 『입말, 그리고 담화 중심의 언어교육』(도서출판 경진)의 제4장 6절을 보기 바란다(그곳의 139개 사례 중에서 93%가 가해자가 드러나지 않은 피해 수동태 표현임). 따라서 만일 got이 글말투로 대체되면, have보다는 오히려 had been으로 되어야 할 것이다.

23) [역주] 영어 development는 맥락에 따라 우리말에서는 달리 번역되어야 한다. 마치 rice가 모·벼·쌀·나락·밥 등으로 달리 번역되는 일과 같고, 거꾸로 영어의 mutton(양고기), beef(쇠고기), pork(돼지고기), chicken(닭고기), fish(물고기) 따위를 우리말에서는 '고기'로 통칭하는 일과도 비교된다. ① 성장이나 발달로 번역되는 경우가 있다(유아 발달,

동일한 기술을 가르치는 데에 유용한 준비 과정으로 기여할 수 있음을 많은 교사들이 지적해 왔음도 놀랄 일이 아니다.

1.7. 정보 전달용 긴 발언기회

우리는 입말에서 정보의 전달에 대한 통제력을 가르치는 관련성 및 중요성에 대해서 논의해 왔다. 이를 우리는 학생들이 자연스럽게 습득하지 않을 가능성이 있는, 그러므로 명백하게 가르쳐질 필요가 있는 기술로 간주한다. 우리는 정보를 전달하는 일이 입말의 단 하나의 유일한 기능이라거나 또는 가장 중요한 기능이라고 주장하려는 것이 아님을 다시 한 번 강조한다. 그렇지만 입말의 정보 전달 기능이 대체로 시급히 가르쳐질 필요가 있는 중요한 기능임을 논의해 두었다.

청소년 발달). ② 국토나 가시적인 물질을 개발하는 경우가 있다(국토 개발, 지역환경 개발). ③ 성적을 높여 주거나 더 낫게 하는 경우가 있다(성적 향상, 성적 개선). ④ 시험을 출제하는 경우가 있다(문항 출제). ⑤ 사진 필름을 인화지에 현상하는 경우가 있다(사진 현상). ⑥ 정신적인 내용을 열어 주는 경우가 있다(교육과정 계발, 정신 계발). 더러 개발(開發)과 계발(啓發)을 구분하지 못하는 사람들이 있다. 국어사전에서 충분히 설명해 놓지 못했기 때문인데, '인적 자원 개발'로 써서 개발짓이나 하고 있는 것이다. 우리말의 내재적 질서를 어디에서도 찾아 읽을 곳이 없어 안타깝다. 우리말은 무생물과 생물을 구분할 뿐만 아니라, 뒤의 경우에 사람과 사람 아닌 대상을 구분한다. 이하에서는 각각 조사, 수량 분류사, 명사, 동사 등의 예를 들어 둔다.

조사의 경우, 나무에 물을 주지만, 철수에게 물을 준다. 수량 분류사의 경우, 개 한 마리로 부르고, 병사 한 사람(명)으로 부른다. 또한 사람이 살아 있을 때에는 대우에 따라 여러 가지 분류사(한 분/사람/명/놈)가 쓰이지만, 죽어서 목숨이 끊어지면 주검 1구라고 부른다. 명사의 경우, 돼지에게는 먹이를, 닭에게는 모이를, 인간에게는 밥(진지, 식사)을, 귀신에게는 뫼를 준다. 사람의 주검은 시체(시신)으로 부르지만, 고양이의 주검은 사체로 부른다. 동사의 경우, 사람은 설날이 되면 나이를 한 살 더 먹는다. 그렇지만 인간 이외의 대상은 한 해를 더 묵는다(천년 묵은 여우, 백년 묵은 골동품, 묵힌 김치).

제2장 입말 차이와 사회계층의 차이

언어학 및 심리학이 이 책에 포함된 이론의 밑바닥에 깔려 있는 두 학문 영역이다.[1] 이 책은 그 자체로 교사들의 관심거리를 위해 의도 되었다. 언제나 학문 영역들 사이에 있는 용어 및 이론들의 출입에 포함된 위험이 있다. 교육학 및 심리학의 경우에 악명 높은 것은 아니 더라도 특정한 위험들이 있다. 제2장은 언어라는 교과목 및 언어사용 에 수반되는 몇 가지 좀 더 그럴 듯한 가치 판단과 오해에 맞서기 위하 여, 그리고 언어학 및 심리학으로부터 몇몇 유용한 관점들을 도입하 기 위하여, 그리고 이 책자에서 묘사된 접근에 대한 몇 가지 영향들을 간략히 보여 주기 위하여 의도되었다. 여러 가지 의미에서 제2장은 이 책의 나머지 부분들을 읽어 나가는 동안에 유념할 내용에 주의를 환기하는 장이다. 언급된 일부 주제들을 더 확대시켜 줄 읽을거리에 대하여는 이 책의 끄트머리에 제안해 놓았다.

---

1) [역주] 4명의 저자 중 심리학 전공이 두 사람, 언어교육 전공이 두 사람이다. 앤 앤더슨(Anne Anderson, 여성)은 글라스고(Glasgow) 대학 심리학과 교수이고, 뤼처드 쉴콕(Richard Shillcock, 남성)은 에딘브뤄(Edingburgh) 대학에서 심리학 및 정보학 강사이다. 쥘리언 브롸 운(Gillian Brown, 여성)은 에딘브뤄 대학 언어학과 교수이며(뒤에 케임브리지 대학 영어 및 응용 언어학 연구소로 옮겼고 거기서 2004년에 퇴임함), 조어쥐 율(George Yule, 남성)은 미국 미네소타 대학 및 루이지애나 주립 대학 언어학과의 교수이다.

2.1. 방언과 표준 영어

시작에서부터 이 책이 오직 영어를 토박이말로 쓰는 화자들에게만 관심을 둔다는 사실이 언급되어야 하겠다. 우리 조사연구 참여자(=피험자)[2] 모집단의 어느 누구도 영어를 제2언어로 배우지 않았다. 외국어로서의 영어 교육도 이 책의 논의 영역 속에 들어가지 않는다. 이 논제를 살펴보려면, 브라운·율(1983; 서종훈·김지홍 뒤침, 2014), 『영어 말하기 교육』(글로벌콘텐츠)를 참고하기 바란다.

방언을 논의할 적에 이는 현재 논의거리인 다양한 영어의 '변이체'(varieties)들 사이의 관계가 된다. 이 책에서 보고된 발화 자료들에서는 대부분의 학생이 다양한 스코틀런드 방언을 써서 말하였다. 예를 들면, 표준 남부 영어의 형식인

'the car needs washing' 또는 'the car needs to be washed'

('그 차는 세차할 필요가 있어요' 또는 '그 차는 세차될 필요가 있어요')

를 쓰지 않고, 대신 스코틀런드 방언으로 다음처럼 말할 듯하다.

'the car needs washed'[3]

---

2) [역주] 흔히 subject(피험자)는 실험받거나 실험을 당하는 뜻을 담고 있어서, 마치 실험실 쥐나 동물처럼 취급받는 느낌을 준다. 이는 결코 바람직한 용어가 아니며, 그런 사람들은 오히려 그런 실험이나 조사연구에 기꺼이 자발적으로 참여해 주는 고마운 분이다. 따라서 해석적(=질적) 연구 방법론 쪽에서는 실험 또는 조사연구 참여자라는 뜻으로 피험자라는 말 대신에 'participants'(참여자)라는 용어를 쓰려는 경향이 있다. 곧, 요약 조사연구에 참여해 준 사람이란 뜻이다. 여기서는 요약 조사연구 참여자로 번역해 둔다. 이런 전환에 대해서는 홀리데이(Holliday, 2002), 『소집단 관찰해석 연구의 실행과 집필(*Doing and Writing Qualitative Research*)』(Sage)의 제8장을 읽어 보기 바란다.

3) [역주] 스코틀런드 방언 표현에 대한 이하의 주석들은 전적으로 국어학을 전공하는 뒤친이의 설명 방식일 뿐이다. 영어 학자들이 모두 따르는 설명 방식이 아닐 수 있음을 먼저 적어 둔다. 뒤친이는 촴스키 교수의 분석방법에 힘입어서 동사를 중심으로 하는 구문분석이 가능하다고 본다. 전체 문장(상위문)의 핵어인 동사 need는 상황에 대한 내용만 있으면 된다. 이는 'need X' 또는 'it needs that S'로 나오는데(it needs that <u>the</u>

(그 차는 세차돼야 해요)

비슷하게 스코틀런드 화자는 표준 영어 형식

'what is the weather <u>like</u>?'
(날씨가 어떻습니까?)

라고 말하지 않고, 오히려 스코틀런드 방언의 전형적인 표현 방식으로 다음처럼 말할 듯하다.

---

car should be washed), 그 상황의 내용이 절 X나 that S(내포문)으로 표현된다. 본문의 예는 모두 'need X' 구문이다. 그 절속의 핵어는 wash(씻다, 세차하다)이며, 주체와 대상이라는 논항을 요구한다. 가령, I wash the car를 명사절로 표현하면 My washing the car(행위주가 들어가 있으며, 명사절의 지위를 지님) 또는 Washing of the car(행위주가 들어 있지 않으며, of의 출현으로 말미암아 명사구의 지위를 지님)로 나오며, 반복 작업이나 직업을 나타낼 경우에는 완전한 낱말의 지위를 갖추게 된다(car-washing '세차일'). 본문에서는 사건을 일으키는 행위주인 주체는 소리 형식이 없는 공범주 대명사 'e'로 표현되어 있다(또는 작은 공범주 대명사로서 pro라고도 씀). 즉, 다음과 같이 나타낼 수 있다.

'e [wash [the car]]'

이 내포문이 표면구조로 나오려면 동사 wash가 시제를 받아야 하지만, 내포문을 이끄는 that이 없기 때문에, 주위에 시제를 표시해 줄 수 요소를 찾을 수 없다. 따라서 이를 보상하는 방법을 택해야 한다. 이는 현재 분사 '-ing'(능동적 해석이 보장되어 세차하는 일이 됨)나 부정사 구문 'to be~ -ed'(피동 또는 수동 해석만이 가능하여 세차를 당하거나 세차되는 일 또는 씻김을 당하는 일이 됨)로 실현되는 것이다.

제일 안쪽에 있던 명사구 'the car'는 격을 부여받기 위하여 격을 표시해 주는 위치로 이동해야 한다. 'need X'라는 구문에서 유일하게 격을 줄 수 있는 자리는 need의 활용을 표시해 주는 핵어INFL(시제 활용소 핵어)이 마련해 놓은 위치이다(INFL이 투영하는 논항구조에서 지정어 위치임). 그곳까지 각 절의 마디를 거쳐 순환 이동을 하고 나서, 비로소 주격을 부여받는다.

표준 영어에서는 wash가 현재 분사 -ing로 나오거나 또는 피동태의 부정사 구문 to be ~ -ed로 나오는 두 가지 선택이 모두 허용된다. 그 해석도 각각 직접 차를 씻는 능동적 해석과 차가 세차당하거나 세차되는(씻김을 당하는) 피동적 해석이 이뤄진다. 그렇지만 스코틀런드 방언에서는 오직 피동 구문만이 허용되고, 스코틀런드 방언의 매개변인에 따라 부정사 to가 표면에 나오지 않으므로 동시에 자연히 be도 함께 생략됨으로써, 오직 washed만 발음될 뿐이다. 따라서 '씻김 당할 필요가 있다, 세차될 필요가 있다'라는 해석만 이뤄진다. 동일한 기저 표상을 공유하지만, 표면으로 나오는 과정에서 특정한 매개인자가 적용되어 표준 영어와 스코틀런드 방언의 차이가 생겨나는 것이다.

'what <u>like</u> is the weather?'4)

(무엇 같은 날씨입니까?)

뒤의 표현은 표준 남부 영어 화자들에게도 인정될 수 있는 표현이다.5) 표준 남부 영어는 단순히 표준 영어의 한 형태이다. 다른 형태들은 표준 미국 영어·표준 캐나다 영어·표준 스코틀런드 영어 등을 포함한 다. 이것들이 모두 동등하게 적합한 표준 형태들이다.

이 조사연구들에서 다룬 학생들에 의해 말해진 스코틀런드 방언들 은, 필연적으로 모두 다른 어떤 형태의 영어보다 표준 스코틀런드 영 어 형식에 제일 가까웠다. 이들 방언은 소소한 어휘 차이 및 발음에서 의 차이나 또는 악센트에 비추어, 여러 가지 다양한 정도로 표준 스코 틀런드 영어로부터도 차이가 난다. 이들 방언 차이가

지리·사회집단·도심 대 농촌 지역사회

와 같은 요인들과 상관될 가능성이 있다. 예를 들어, 표준 스코틀런드

---

4) [역주] 뒤친이는 이를 다음과 같이 설명할 수 있을 것으로 본다. 기본 표상은 다음의 서술문 형식이다.

'the weather [is [like what]]'(날씨가 x와 같다)

표준 영어 형태는 의문사를 오직 하나 선택하여 먼저 문장 앞으로 내보내어야 한다. 그 다음에 의문문을 나타내기 위하여 조동사를 도입하거나 또는 be동사를 앞으로 이동 시켜야 한다. 두 가지 이동이 일어난 결과가 남부 영국의 표준 형식이며, 다음과 같다.

'What is [the weather [__ [like __]]]?'

그렇지만 스코틀런드 영어에서는 다시 한 번 이동이 더 일어나야 한다. 기저 표상에서 [like what] 구절이 있었다. 의문사가 이동된 뒤에 남아 있는 'like'이 제자리에 홀로 그대 로 머물러 있을 수 없고, 자기 짝을 찾아서 이동해야 하는 것인데, 이것이 스코틀런드 방언의 매개변인이다. 그런데 의문을 나타내는 의문사가 문장 처음에 와야 하는 큰 질서를 먼저 준수해야 하므로, 대신 그 다음 자리로 옮겨 가는 것이다. 이것이 바로 'what like'이라는 표면 구조를 만들어 내는 것이다.

5) [역주] 영국에서는 표준이라는 개념이 없다. 대신 RP(Received Pronunciation, 받아들여 진 발음)라는 말을 쓰며, 교육 받은 남부 잉글런드 사람의 영어이다(영국은 잉글런드· 스코틀런드·웨일즈·북 아일런드로 이뤄짐). 미국에서는 바다를 낀 동부와 서부 지역의 말을 표준으로 삼는다.

영어 화자는 일반적으로 여러 아파트에서 같이 쓰는 공동 복도나 층계를 'close'(통로, 막힌 길)라고 말하겠지만, 일관되게 어린 아이를 가리키기 위해서는 'bairn'[밴, 배은](사투리 '꼬맹이')이란[6] 낱말을 현저하게 덜 쓸 듯하다. 표준 스코틀런드 영어가 아닌 다른 스코틀런드 방언들을 살펴볼 경우 'bairn'(꼬맹이)이란 낱말이 더 일반적으로 나오는 듯하다. 'through the house'(집안 전체에)를 의미하는 'ben the house'(집 안에)라는 표현도 이 방언에서 자주 쓰지만, 'bairn'(꼬맹이)은 이보다도 분명히 더 많이 하위방언들에서 나타나는 듯하다.

잠시 방언들 사이의 차이로부터 언어들 사이의 차이로 관심을 돌리면, 하나의 언어가 다른 언어보다 더 복잡하거나 더 표현적이거나 논리적이거나 또는 발달하였다는 것은 사실이 아니다.[7] 자신의 토박이 말을 배우는 어린이들은 그 언어가 어떤 언어이든 상관없이 똑같이 어려운 과제와 마주한다. 일단 모국어를 습득하였다면, 그들은 모두 동일한 '복잡성·창조성·표현력'을 지닌 의사소통의 수단을 소유한다. 멀리 떨어진 열대 우림지역에 사는 사람들도, 서구 사회의 도시에 있는 사람들과 같이 바로 쉽게 새로운 어휘를 습득하고 활용하며, 그들의 언어가 결코 덜 광범위하지도 차이가 나지도 않는다. 똑같은 논리로 다음처럼 말하는 것도 잘못된 일이다.

'this dialect of English is more correct than that dialect'
(이 영어 방언이 저 영어 방언보다 더 정확하다)

---

6) [역주] 옥스퍼드 사전에서는 낳다(bear)와 연관된 독일어로부터 나온 말로 추정하였고, 스코틀런드 지역 및 동북 잉글런드 지역에서 쓰는 것으로 보고되어 있다.

7) [역주] 언어학 연구사에서는 팬실베이니어 대학 언어학과의 러보웁(Labov, 1927~) 교수 업적들을 가장 대표적인 것으로 취급한다. 그는 처음으로 미국의 흑인 영어(가령 be 동사의 탈락이나 r이나 th 등 특정 발음으로, 도심에 있는 빈민가에서 흔히 관찰됨)가 엉터리이거나 잘못이라는 생각이 단순한 편견이며, 아주 규칙적인 질서를 구현하고 있음을 실증적으로 논의하고 입증했다. 특히 러보웁(1972), 『도심에서 쓰이는 언어(Language in the Inner City)』(Universtity of Pennsylvania Press)와 러보웁(1972), 『사회언어학의 유형들(Sociolinguistic Patterns)』(Universtity of Pennsylvania Press)를 보기 바란다. 좀 더 뒤에 미국 흑인들이 쓰는 비표준 영어 사례들이 본문에서 다뤄진다.

'this dialect is more expressive or logical than that dialect'
(이 방언이 저 방언보다 더 표현력이 있거나 또는 논리적이다)

그런 종류의 가치가 들어 있는 진술은 간단히 말해 잘못이다. 언어
는 끊임없이 변한다. 낱말들이 죽은말이 되어 사용되지 않고, 새로운
낱말이 그 언어 속으로 들어온다. 낱말들은 그 의미를 바꾼다. 가령,
사전에서 'decimate'[데씨메잇](대량 학살하다)은8) '열 명 중에 한 명을

---

8) [역주] 원래 '열 번째'를 뜻하는 라틴어 'decimus'로부터 나왔으며, 로마 시절 반란자들
을 죽일 때 모두 죽이지 않고 매번 열 번째 사람을 죽이던 데에서 유래한다. 따라서
옛날에는 10명에 1명을 죽이는 일을 가리켰지만, 어느 사이에 많은 사람을 죽인다는
뜻(대량 학살)으로 바뀌어 버렸다. 이런 변화는 자의적으로 일어나는 것이 아니다. '이
것저것 따짐도 없이 아무렇게나' '열 번째 사람을 죽인다'는 뜻에서, 뒤에 있는 부분이
약해지면서 없어지고, 대신 앞부분만이 강조되어 닥치는 대로 많은 사람들을 죽인다는
뜻으로 바뀌었음을 쉽게 짐작할 수 있다.
우리말에서도 이런 예를 들 수 있다. '하염없이'는 어원이 '할 일 없다'는 뜻이었다.
그렇지만 점차 어원 의식이 희미해지고 '하염없이 눈물이 흐르다'(=계속하여 운다)는
표현으로 쓰이자, '계속적으로 뭔가를 하다'는 뜻으로 뒤바뀌었다. 또 '값이 싸다'에서
'싸다'는 15세기 국어에서 제 값에 어울린다는 뜻이었다. 오늘날에도 화석화된 채 쓰이
는 "그 녀석 매 맞아 싸다"라는 표현에서 '마땅하다, 알맞다'는 원래 의미를 짐작할
수 있다. 하지만 오늘날에는 뜻이 바뀌어 버렸고, 아주 낮은 값이거나 제값도 되지 못하
는 것을 가리킨다. 이와 대립되는 '비싸다'는 15세기 문헌에 '빋'(價格, 負債)이라는 명
사와 '어울린다'는 동사 'ᄉ다/ᄊ다'가 붙어 구(구적 단어, phrasal word)를 이루고, '값
어치가 있다, 제값에 알맞게 잘 어울린다'는 뜻을 지녔다. 그러나 '빋'에 값이란 의미
가 약해지고, 대신 오늘날처럼 부채를 가리키는 의미가 강해지면서, '빚을 질 만큼 값이
높다'는 뜻으로만 고정되어 버린 것으로 판단된다.
그런데 지금 쓰는 표현에서도 재미있는 현상을 찾을 수 있다. 가령 '칠칠맞다'는 '칠칠
하다'로도 쓰이고, '칠칠치 못하다'라고도 쓴다. 사전에는 둘 다 올려놓았지만 언어
보편적인 시각이 없었기 때문에 아무런 설명도 하지 못했다. '안절부절'에는 '하다'를
붙여야 할까, '못하다'를 붙여야 하는 것일까? 둘 모두 관찰되지만, 국립 국어원에서
펴낸『표준국어대사전』에는 '못하다'를 옳은 것으로 오판해 놓았다. 비록 이 말의 어원
을 시원하게 설명하는 글을 아직 과문하여 보지 못하였지만, 뒤친이는 개인적으로 어
원이 '節度'나 '操節'과 같은 한자 어근에 安/不安이라는 동사가 들어 있는 것(安節 不
節), 그렇다면, '엉터리 수작'과 '엉터리없는 수작'은 서로 반대말일까, 비슷한 말일까?
이 경우에도 국어사전은 한 톨 도움도 되지 못한다. 두 표현이 있다는 현상도 제대로
인식하지 못했을 듯하다. '엉터리없다'는 '엉터리조차도 없다'에서 나온 말이므로 '엉터
리'보다도 더 강한 뜻을 지녔다.
이런 현상에서 관찰되는 '하다'라는 긍정 접사의 표현과 '못하다, 없다'는 부정 표현은
아무렇게나 제멋대로 있는 것이 아니다. 이는 부정 극어(negative polarity) 표현으로 불
리며, 인간 언어의 보편적인 현상이다. 가장 강하게 그리고 효과적으로 부정을 하려면,
제일 작은 것을 대상으로 삼고, 그것을 부정하는 것이다(의미의 경제성 원리임). '개미

죽이다'로 정의할 수 있겠지만, 이제 더 흔히 '열 명 중에 아홉 명을 죽이다'는 뜻으로 쓰인다. 언어들은 동사 일치소와 같은 것들에서도 바뀐다. 지난 몇 백 년에 걸쳐서 'you were'가 대체로 'you was'를 대체해 왔다. 한 언어의 문법도 이처럼 변화에 무관한 것은 아니다. 입말이 1차적이고,9) 글말로 쓰인 형식은 어떤 것이든 2차적이므로, 입말이 어느 한 시간대에 존재하더라도 '퇴행하도록' 허용되어서는 안 된다.10) 글말 형식으로 포착된 관례들에 부합하도록 입말 표현을 강제로 고치도록 조치해야 옳다고 하는 규범주의에 대해서는 이제 의문을 던질 가치도 없다.

임의의 시점 어디에서든지 언어는 그 언어를 말하는 전체 인구의 여러 부분에 걸쳐서 변동된다. 마치 18세기 영어 및 19세기 영어 사이

한 마리도 없다, 벌레만도 못하다'라는 구성과 같다. 그런데 우리말에서는 핵심 요소가 뒤에 위치한다(후핵어). 따라서 오직 '없다, 못하다'만이 남고, 그것이 부정의 대상으로 삼는 '도, 만도, 조차'와 같은 조사는 잉여적 것으로 처리를 받아 생략되어 버린다. 위의 표현들을 놓고서 더 정확히 밑바닥에 있는 형태를 다 복원시켜 놓으면 다음과 같다.

"칠칠하다: 칠칠(하지)조차 못하다",
"안절부절하다: 안절부절(하지)조차 못하다",
"엉터리가 있다: 엉터리(있음)조차 없다".

이는 곧 평범한 말과 더 강한 말로 대립되는 관계를 드러내고 있는 것이다.

9) 현대 언어학의 토대를 처음 마련한 소쉬르가 주장한 내용이다. 최승언 뒤침(1990, 2006 신장판), 『일반 언어학 강의』(민음사); 김현권 뒤침(2012), 『일반 언어학 강의』(지식을 만드는 지식); 김현권·최용호 뒤침(2007), 『일반 언어학 노트』(인간사랑)를 읽어 보기 바란다.

10) [역주] 접속사가 but이 쓰였다. 영어에서 역접 접속사를 쓰는 용법과 한국어에서 역접 접속사를 쓰는 용법이 다르다. 영어에서는 사실 사건과 사실 사건의 관계만을 따져 접속사를 붙여 놓는다. 한국어에서는 사실에 대한 화자의 의견이나 판단에 대한 관계를 따져서 접속사를 붙인다. 영어 용법에서는, 입말이 자꾸 썩고 문드러져서 점차 퇴행한다는 사실 명제가 먼저 주어져 있다. 반면에 글말은 그런 퇴행과는 무관하게 튼튼하게 존재한다는 사실 명제가 있다. 이 두 명제는 약해져서 퇴행한다와 끄떡없이 튼튼하다는 관계가 이어져 있는데, 이들은 사건 진행에서 서로 반대의 방향에 있다. 그러므로 역접 접속사 but을 쓰게 된다. 그렇지만 한국어에서는 퇴행을 방치해서는 안 된다는 화자의 믿음이나 의견이 제시되어 있다. 이 의견에 따라 진행되어야 할 일이 글말의 규범에 맞추는 것이다. 그러므로 한국어에서는 순접의 관계로 놓게 된다. 영어는 사건 진행 방향이 반대이므로 역접 접속사 but을 썼지만, 한국어에서는 한 사건의 진행을 막아야 한다는 의견과 그 의견이 구현되기 위한 방편이 이어져 있으므로 순접 접속사 (본문 번역에서는 순접 연결어미를 씀)를 쓰게 된다.

에서 어느 시대의 영어가 더 표현력이 있거나 좀 더 '정확한지'에 비춰서 비교가 이뤄지지 않는 것처럼, 그런 종류의 비교는 전체 인구의 서로 다른 부분들에 의해 말해지는 상이한 지리적 방언들에 대해서도 이뤄질 수 없다. 이런 것들이 모두 표준 스코틀런드 영어 및 표준 남부 영어가 다른 영어 방언 어떤 것보다도 절대로 우선적이지도 않고, 우월하지도 않다는 간단한 명제로 우리를 이끌어 간다. 이들 특정한 방언이 학교 교과서들 및 고등교육과 전문직 및 행정관청에서 채택된 '표준' 방언으로 되었다는 것은11) 우연히 역사적인 동기에서 비롯된 사실일 뿐이다.12)

---

11) [역주] 표준 영어의 확립에는 산업화를 거쳐 공장에서 생산한 물건들을 여러 지방으로 팔러다니던 소자본가(브르주아) 계층의 필요가 두드러진 몫을 하였다. 이를 소자본가 계층의 표준화 요구라고 부른다. 표준화는 알게 모르게 가치 질서까지도 속뜻으로 지녀 어느덧 권력화 과정을 거치게 된다. 자세한 논의는 페어클럽(2001; 김지홍 뒤침, 2011), 『언어와 권력』(도서출판 경진)의 §.3-2-1 '표준어'를 읽어 보기 바란다.

12) [역주] 표준화라는 개념은 산업화의 산물이므로, 이 개념을 역사상 치올려 적용하는 것은 잘못이고 착각이라고 비판받을 수 있다. 그렇지만 표준화(권력화된 내용)와 표준(권력과 무관함)의 개념을 달리 잡을 수 있다. 언어가 퍼져 나가는 데에는 '중심'이 있어야 한다. 만일 이를 임시로 표준('標準'이란 말은 본디 강물의 높고 낮은 수위를 눈금으로 드러낸다는 뜻임)이라고 부른다면, 다음처럼 말할 수 있을 듯하다. 우리 겨레말은 아주 오랜 옛날 변한 시절에 진주 방언이 표준인 시대가 있었고, 신라 시절 경주 방언이 표준이었다. 고려 시절 개성 방언이 표준이었고, 조선 시절 한양 방언이 표준이었다. 이기문 교수의 국어사 서술에서는 경주 방언이 그대로 개성 방언으로 계승되고, 개성 방언이 또한 한양 방언으로 이어진다고 본다. 그 근거로 신라 옛 노래를 적은 글과 고려 방언을 적은 계림유사와 훈민정음 창제 뒤에서 중세 국어 기록들에서 적어도 일부 어휘군들이 연속적으로 일관되게 이어질 수 있음이 지적된다. 그렇다면 안 이어지는 (단절된) 언어도 있다는 말인가? 고대 국어의 계통론에서는 원시 '부여' 방언이 고구려 계통의 갈래와 신라 계통의 갈래로 나뉜다고 보았다(이기문(1998), 『국어사 개설』, 태학사, 53쪽). 신라 계통의 언어는 오늘날까지 이어져 있지만, 고구려 계통의 언어는 단절되어 있다.
여기서 고구려 계통의 갈래는 다시 철기를 다루는 기술 및 기마 문화를 가지고서, 그리고 삼남 지방의 논농사 문화(둑을 쌓고 저수지를 만드는 등 물을 다스리는 기술)와 함께 점차 고대 일본으로 퍼져 나갔다고 주장된다. 현재 『삼국사기』 지리지 등에서 재구성할 수 있는 2백여 개의 고구려 낱말을 근거로 하여 매우 희미한 흔적이나마 고대 일본어와의 공통 기반을 주장하기도 한다. 일반적으로 어른들이 머릿속에 담아 두고 사용하는 낱말의 숫자는 대략 5만 개라고 추정하는 것(뒤의 역주 17) 참고)에 비하면 0.04%에 불과하므로 기초어휘 목록을 상정하여 추정하는 일도 있다. 그렇지만 일반 언어학계에서는 한국말과 일본말이 기원을 찾을 수 없는 언어로 언급되기 일쑤이다. 아직 알타이 계통의 언어에 대한 연구가 크게 진작되어 있지 않았기 때문일 수도 있다.

방언과 방언 차이들을 이런 방식으로 성격 짓는 일이 언제나 교육에 종사하는 많은 사람들에 의해서, 그리고 많은 일반 대중들에 의해서, 분명히 지각되는 것은 아니다. 한 가지 예로서, 표준 영어 형식

'I never let *anybody* wash the car'
(나는 결코 어떤 누구라도 그 차를 씻도록 하지 않겠다)

이 비표준의 형식(방언 형식)

'I never let *nobody* wash the car'

보다 내재적으로 좀 더 논리적이라고 널리 생각되고 있다. 뒤에 있는 비표준 문장이 '이중 부정' 또는 '부정 호응요소'(negative concord)을 지니고 있기 때문에, 앞에 있는 표준 문장 형식과 정확히 반대되는 뜻을 나타내고, 이런 뒤의 문장 형식을 이용하는 사람은 누구든지 잘못 말하는 것이며, 우연히 자신의 의미하는 바에 반대 내용을 말하고 있다고 보는 '일반적인' 견해가 있다.13)

실제 사실은 두 번째 비표준 형식을 쓰는 언어 공동체에서도 첫 번째 표준 형식을 쓰는 또 다른 언어 공동체에서와 마찬가지로 일관되게 논리적으로 말을 한다는 점이다. 앵글로 색슨(Anglo-Saxon) 영어는,

---

13) [역주] 이는 부정의 범위와 형태소 표시와 관련된 논제이다. 개념상 부정의 요소는 오직 하나만이 설정된다. 그렇지만 이 요소가 매개변인으로서, ① 언어의 각 마디마다 표시되는 경우가 있고(never... nobody), ② 그렇지 않고 오직 하나의 마디에만 표시되는 경우가 있다(never... anybody). 전자는 이중 부정 형태를 보이는 영어 방언의 모습이고, 후자는 표준 영어 형태이다. 전자의 모습을 보이는 예는 부정 요소만 있는 것이 아니다. 우리말에서 예를 들면, 복수를 표시해 주는 형태소 '들'이 계속 구절마다 표시될 수 있다. 가령, 수의적으로 '들'이 다음처럼 표시될 수 있다. "너희들 많이 먹어라!, 너희들 많이들 먹어라!, 너희들 많이들 먹어라!". 이것도 또한 동일한 논리로 설명되는 현상에 지나지 않는다. 따라서 덜 논리적이지도, 덜 발달되지도 않은 것이고, 동일한 실체에 지나지 않으며, 오직 부정 범위와 형태소 표시의 변수에 따른 차이일 뿐임을 결론 내릴 수 있다.

오늘날 가령 러시아어·스페인어·불어·헝가리어·세르보 크로아티안 어 등 많은 언어들이 그러하듯이, 한때 부정 호응요소를[14] 가졌었다. 논리에 대한 표준 영어의 관계는 하나의 관례이다. 표준 영어의 문법 에 대하여 내재적으로 논리적인 것은 아무것도 없다. 러보웁(Labov, 1973)에서는 미국 학교에서 많은 흑인 학생들에 의해서 말해지는 영어 변이체와 관련하여 바로 이런 핵심을 언급하였다. 다음은 러보웁에 의해 인용된 대면담으로부터 가져온 것이다. 그 화자는 15살로 할렘 가 출신이며 러보웁에 의해서 '표준 영어(SE)에 대립되는 비표준 흑인 영어(NNE)의 전형적인 화자'로 성격이 부여되었다. 그 대화에서는 죽 은 뒤의 내세(저승)에 대해 관심을 모은다.

Why? I'll tell you why. 'Cause, you see, doesn' *nobody* really know that it's a God, y'know, 'cause I mean I have seen black gods, pink gods, white gods, all color gods, and don't *nobody* know, know it's really a God, An' when they be sayin' if you good, you goin' t'heaven, tha's bullshit, 'cause you ain't goin' to *no* heaven, 'cause it ain't *no* heaven for you to go.

(왜냐고요? 아저씨한테 왜 그런지를 말해 줄 게요. 왜냐면 잘 아시다시피 그게 하느님이라는 걸 실제로 아무도 알지 못해요. 잘 아시듯이, 왜냐면 내말 뜻은 내가 검정 신과 분홍 신과 하양 신과 모든 색깔의 신들을 다

---

14) [역주] 이 책의 저자들은 앞의 역주에서 ①의 경우를 부정의 호응요소라는 개념으로 설명하고 있다. 가령, 불어에서 ne~, pas~ 호응이 그런 사례로서, ne~도 부정이고, pas~ 도 부정이라고 보는 것이다.

만일 이런 주장을 우리말의 장형 부정에 적용한다면, '그가 오지 않았다'에서 '~지'도 부정이고, '아니~'도 부정이라고 말할 수 있다. 그렇지만 국어학 논의에서는 '~지'를 부정 요소가 아니라 오히려 명사 요소로 간주하는 경우가 많다. 따라서 과연 부정의 호응요소들로 설명하는 방식이 옳은지에 대해 의심이 간다. 더욱이 이 책의 저자들과 는 달리, 불어에서 ne는 부정 요소가 확실하지만, pas는 부정 요소가 아니라, 대신 부정 의 범위를 표시해 주는 요소로 간주하는 것이 일반적이다. 이런 지적은 곧바로 한국어 의 '-지'에 대한 논의와도 서로 통합될 수 있다. 한국어 부정 요소 '아니'는 명사화된 범위('-지')를 자신의 범위로 지정한다고 볼 수 있기 때문이다. 뒤친이는 앞의 역주에서 와 같이 설명하는 것이 더 온당할 것으로 믿는다.

봤거든요, 허고 그게 실제로 하느님인지 알지 알지를 못해요, 허고 사람들이 좋은 일하면 천당 갈 거라고들 말하는데 그게 개똥이죠, 왜냐면 천당엔 갈 수가 없어요, 왜냐면 갈 수 있을 천당이란 게 아예 없기 때문이란 말이에요)

화자는 표준 미국 영어로부터 벗어난 여러 다른 형식들과 더불어, 자주 부정 호응요소를 쓴다(dosen' *nobody* really know…; don't *nobody* know…; you ain't goin' to *no* heaven). 그럼에도 불구하고 그 화자는 자신의 언어 공동체 속에서 아주 조리 있게 말하는 것으로 인정받고 있으며, 결코 비논리적으로 말한다고 비난받지 않는다.

다른 예들도 언어와 언어 사용에 대한 대중들의 믿음 및 직관이 흔히 잘못 지각되어 있고 오도되고 있으며, 학교 환경에 적용되는 경우에 단순히 방언 발화를 거부하는 편견에 대한 매개체로 작동할 수 있다는 사실을 예시해 주기 위해 주어질 수 있다. 긴밀히 관련된 논제는 사회계층과 관련된 언어 사용에 있는 차이점에 대한 것이다. 이제 이를 살펴보게 된다.

2.2. 언어와 사회계층

1950년대 후반 이래로 사회언어학자들은 특정 사회집단에 의해서 그리고 특정한 사회적 상황들에서 전형적으로 사용되는 언어를 기술하는 일에 관한 일련의 작업을 진행해 오고 있다.[15] 예를 들어, 사회언어학자들은 동료집단 내에서 말하기에 이용된 언어와 대립되는 것으로서, '의사-환자' 관계처럼 권위를 포함하는 상황에서 쓰인 언어를

---

15) [역주] 사회언어학에 대한 개관서로는 봉빌레인(Bonvillain, 2002; 한국 사회언어학회 뒤침, 2002), 『문화의 의사소통의 사회언어학』(한국문화사)를 읽어 보기 바란다.

조사하였다. 동료끼리 이야기에 대해서는 이 책의 다른 부분들에서 더 많이 언급이 이뤄질 것이다. 당분간 관심 두는 내용은 사람들이 자신의 사회-경제적 지위에 따라서 서로 다른 언어를 산출한다는 주장이다.16)

이런 주장에 대한 논의가 어떤 것이든지 상관없이 번스따인(Basil ernstein)의 글들을 참고하게 된다.17) 1958년에서부터 계속하여 번스따인은

'public language'(공식적 언어) 및 'formal language'(격식 갖춘 언어)

라는 두 가지 언어 변이체가 있다고 주장하는 일련의 글을 썼다. 이들 용어는 신속히 말투의 품위와 관련하여 더 잘 알려져 있듯이

'restricted code'(제한된 말투) 및 'elaborated code'(세련된 말투)18)

---

16) [역주] 우리나라에서는 과거에 있었던 신분사회가 붕괴하였기 때문에, 더 이상 옷 색깔이나 갓과 같은 모자 또는 언어로 사람을 구분하지 않는다. 다시 말하여, 우리 역사 속에서 어느 때보다도 '평등의식'이 강하게 자리 잡는 시대에 살고 있는 것이다. 그렇지만 개별적으로 개개인의 말투에서 그리고 그 어조에서 '잘난 척하는' 사람의 습성들을 대충 뽑아낼 수 있을 것이다. 여기서 다뤄지는 내용은, 영국처럼 그 역사에서 내부혁명이 없었던 사회에서 지금도 언어(언어 표현)가 계급이나 신분의 표지가 되고 있다는 점을 실증하려는 것이다.

17) [역주] 이병혁 엮음(1993), 『언어사회학 서설』(까치) 속에 번스따인(1959, 장상수 뒤침) "계급과 언어와 통제"가 들어 있다.

18) [역주] code(언어기호)란 용어는 이 맥락에서는 특정한 말투에 해당된다. 더욱 일반화된 용어로는 register(언어투식)로 쓴다. 여기서 논의되는 핵심은 품위 있는 말투와 품위 없는 말투의 구분이다. 그러나 한 개인이 쓰는 언어 안에서도 여러 말투가 나뉠 수 있다. 가령 공식적인 자리에서 쓰는 말투('-습니다' 체), 사적으로 친구와 이야기할 때 쓰는 말투('반말' 체)가 서로 다를 것이다. 그렇지만 code를 다중 언어 구사자에게 적용할 경우에는 하나의 언어 체계를 가리킨다. 외국에 사는 동포들이나 우리나라의 다문화 가정의 어린이들은 둘 이상의 다른 언어를 유창하게 쓸 수 있다. 이럴 경우에 code-switching(한 언어에서 다른 언어로 바꿔 말하기)라고 말을 하는데, 한국어에서 다른 언어로 말을 바꾸는 상황이거나 반대의 상황이다.

본문에서 제한된 말투 및 다듬어진 말투에 대한 언급은, 우리 문화에서 아마 인품을 나눌 때에 상스런 말과 품위 있는 말로 구분하여 놓는 전통과 비슷할 듯하다. 인격을 갖춘 사람일수록 말이 품위가 있고 남을 배려해 주는 멋이 있다. 반면에 인품이 상스러

로 바뀌었다. 이들 두 가지 말투는 사뭇 느슨하게 정의되었다. 제한된 말투는 더 간단하고 문법상 더 적은 수의 종속절을 지니며 접속사 'and'(그리고)에 의해 결합된 단순한 절들에 더 의존하는 경향이 있는 말로 정의되었다. 세련된 말투와는 대조적으로, 그것은 비교적 빈도 높고 흔히 쓰는 낱말들에 더 많이 의존하는 경향이 있었다. 이는 제한 된 말투를 쓴다고 언급되는 학습자들이, 대상을 가리키기 위하여 자주 대명사를 이용하면서 상대적으로 불분명한 표현을 자주 산출할 것임을 의미한다. 세련된 말투는 더욱 풍부하고 더욱 복잡하며 미리 예측하기 어려운 유형의 말로 간주되었다.

번스따인은 모든 어린이들이 제한된 말투에 접속하지만, 세련된 말투를 접하는 일은 대체로 사회계층에 의해서 결정된다고 주장하였다. 더 뒤에 그의 이론은

- 어린이의 조기 사회화에 책임이 있는 가족의 유형
- 권위와 통제가 가족 안에서 실행될 수 있는 범위
- 어린이의 개인별 발달을 위한 가능성

들로써 변수들을 구성해 놓았다. 그럼에도 불구하고 번스따인 이론의 가장 영향력 있는 측면은, 세련된 말투에 접할 수 없는 것을 근로자 계층의 구성원과 연관지어 놓고, 반대로 세련된 말투를 접하는 것을 중산층 가족의 구성원과 연관지어 놓은 부분이었다. 이런 이론은 특히 근로자 계층 집안의 어린이들이 더 낮은 학교 학습 수행에 대한 설명을 찾아내려던 교육 이론가들에게 아주 매력적이었다.

번스따인의 이론은 많은 비판을 받았다. '제한된: 세련된'에 대한

울수록 말끝마다 자기 자신의 욕심이나 불만을 드러내며 툴툴댈 소지가 많다. 그런데 요즘 어린 청소년들이 상스런 욕설을 꼭 군말처럼 붙여 사용하는 일에 대한 우려의 소리가 높다. 이는 또래 집단에 소속되고자 하는 무의식적 충동 때문일 수 있겠지만(같은 말투를 씀으로써 같은 집단임을 확인하는 일), 남을 배려하면서 품위 있게 말을 하는 습성을 일찍 국어교육에서 계속 연습을 시키면서 길러 주어야 할 것이다.

그의 개념 구분은 언어 사용의 두 가지 범주에 대한 아주 구체적이며 언어적 성격 규명들로부터 벗어났다. 그뿐 아니라 그것이 엄격하게 정의된 범주가 아니라, 오히려 아주 미약하게 '경향'(tendencies)들로만 표현되는 막연한 정의 쪽으로 멀어져 간 듯하다.

이 책의 끄트머리에 있는 읽을거리에 대한 제안에서는 번스따인의 주장에 대하여 길게 씌어진 비판적 논의들도 포함된다. 당분간은 번스따인이 지적해 놓은 구분이, 방언 차이로 명칭이 붙을 수 있는 유형의 구분과는 아주 판이하게 다름을 지적하는 것만으로 충분하다. 일부 이 책에서 보고된 통제된 실험들에서는, 번스따인이 애초에 마지 못해 시인한 것보다 아주 훨씬 더 큰 중요성이 언어가 산출되는 맥락과 밀접히 관계됨을 보여 준다(=맥락에 따라 다른 언어 형식들이 산출된다는 뜻임). 이전에 오직 제한된 말투만 접하는 것으로 언급되어 온 학습자들도, 서로 다른 실험 조건에서 또는 상이한 과제들에서 '세련된 말투'를 산출할 수 있음을 보여 주었다. 표준 영어로부터 방언을 구분하는 사소한 문법적 차이 및 다른 차이들은 이런 방식으로 맥락에 민감한 것이 아니다. 방언 차이가 그러저러한 형식—가령 수동태 문장—을 이용하는 빈도에 의해 표시된다는 것도 사실이 아니다. 번스따인에 의해 기록된 것들과 같은 차이는 아마 '문체적' 차이라고 불려야 옳을 것이다.

트뤄드길(Trudgill[19], 1975, 93쪽)에서는 비표준 방언들과 '말투'(codes)들 사이에 있는 차이점을 다음과 같이 예시해 준다.

번스따인의 '말투' 특징들에 대한 목록을 보면, 문장 ⓐ는

---

19) [역주] 출전은 『악센트, 방언, 학교 교육(*Accent, dialect and the school*)』(Edward Arnold)이다. 저자의 이름은 2음절로 표시되어 있고 발음이 두 가지이며, 악센트는 제1 음절에 있다. 영국 발음이 ['trʌd.gɪl](트뤄드길)이고, 미국 발음은 ['trʌʤ.ɪl](트뤄쥘)이다. 트뤄드길은 러보웁 교수의 사회 계층별 음운 변이에 관한 주장을 자신의 고향인 영국 놔뤼지(Norwich, 미국 발음은 '노어위치')에서도 동일하게 찾아내어 입증한 바 있다. 영국인이므로 '트뤄드길'로 읽어 둔다.

ⓐ The blokes what was crossing the road got knocked down by a car

(길을 가로질러 가고 있는 녀석들이 어떤 차에 치임을 당하였다/치였다)

는 종속절과 수동태 구문을 지녀 '세련된 말투'의 특징을 드러낸다. 반면,

문장 ⓑ는

ⓑ The gentlemen were crossing the road and a car knocked them down

(신사들이 길을 가로질러 가고 있었고, 어떤 차가 그들을 치었다)

병치 나열 구문으로 되어 있어서 전혀 그렇지 않다. 우리는 앞의 문장 ⓐ가 비격식적 어휘를 지닌 비표준 방언이더라도 '세련된 말투'라고 말할 수 있다. 반면에 뒤의 문장 ⓑ는 더 격식 갖춘 어휘를 지닌 표준 방언이더라도 결코 '세련된 말투'는 아닌 것이다(=결국 번스따인의 주장과 예측을 뒤집어 버리는 반례들임: 뒤친이).

트뤄드길은 계속 이어 강력하게 비표준 방언을 '제한된 말투'와 혼동하지 말도록 주의를 일깨운다. 이런 혼란이 비표준 방언이 폄하되는 한 가지 수단이다.

여기에 있는 마지막 두 개의 절에서는 교사들이 품고 있는 생각에 여러 가지 질문을 제기할 것이다. 주요한 질문은 두드러지게 비표준 방언을 지닌 어린이들의 경우 학습을 진행해 나가는 방법에 관한 것이다. 학업 성공이 자주 표준 영어를 다룰 수 있는 능력에 달려 있다는 논의가 이뤄진다. 표준 영어는 학교 교과서와 많은 교육 내용에서 쓰는 매개체이다. 트뤄드길의 책에서는 지금까지 택해진 다양한 접근법에 대한 논의를 제공해 준다.

그의 결론으로부터 인용하면 다음과 같다(Trudgill, 1975, 79쪽).

… 어린이들에게 제2방언으로서 표준 영어를 말하도록 가르치는 유일하게 정당한 동기는 사회적으로 낙인이 찍힌 방언들을 말하는 일 때문에 차별 당하는 일이 없도록 하는 것이다. 그것을 가르치는 유일한 정당한 방법은 이중방언 접근을 이용하는 것이다.

글쓰기의 경우, 트뤄드길(Trudgill, 1975)에서는 어린이들이 표준 영어를 산출할 수 있어야 한다는 정당한 논의들이 있음을 인정한다. 표준 영어가 격식 갖춘 글쓰기에서 거의 보편적으로 쓰인다는 점에서 그러하다. 그렇지만 트뤄드길은 학교에서 입말 표준 영어를 가르치는 가치에 대해서는 의문을 던진다. (Trudgill, 1975, 79쪽)

학교에서 입말 표준 영어를 가르치는 일은 권할 만하지 않다. 거의 틀림없이 그것이 시간 낭비이기 때문이다.

여기서 타협을 위한 여지가 있다. 우리는 특히 강한 지역적 방언을 지닌 어린이에게 '동일한 내용을 말하는' 일련의 대안 방식들을 가르치는 일이 가능하고 가치가 있음을 제안하였다. 이는 아마 대부분의 교사들이 언제나 선택해 온 상식적인 입장일 것이다. 이 나라의 많은 곳에서 교사들이 스스로 지역적 특징들을 많이 지니지만, 그들의 학생들에 의해 이용된 형식들보다도 표준 영어에 더 가까운 어떤 형식의 영어를 말함은 분명히 주목할 만하다. 교사는 종종 이들 지역적 특징이 일반 표준 영어가 아님을 사뭇 자각하지 못한다. 그렇다면 교사가 입말 영어에서 제시해 주는 모형은, 엄격히 표준 영어가 되는 것은 아닐 것 같다. 그렇지만 그것이 인접한 방언 지역 이외의 곳으로부터 온 사람들과 편안하게 의사소통하는 데에는 분명히 적합하다.
명백히 학생들에게 그들의 방언이 어쨌든 열등하다거나 그 학생이 '그렇게 말하지 말아야' 한다는 인상을 주지 않는 것이 필수적이다. 그렇지만 교육제도 안에서 향상의 희망을 어떤 형태로든 가지며, 마침내 인접한 방언 지역 이외의 곳으로부터 온 사람들에게 말하는 일을 포함하는 어떤 직업에 적합한 응모자가 되려는 학생이라면 누구든지, '외부 사람'들에게 이해될 수 있는 입말 영어 형식을 제어하여 쓸 수 있도록 하는 일이 똑같이 필수적이다. 우리 교육제도에 있는 학생들이 그런 희망에 대한 권리를 갖고 있어야 한다. 그들은 적어도 '외부 사람'들이 어떤 지역 방언 형식을 이해하는 데에 어려움을 지닐 수 있고, 그런 외부 사람들과 말을 하는 데 더 일반적으로 이해된 형식들이 적합함을 알아야 한다.

융통성 있는 언어 사용에 대한 그런 교육 내용이 구현되어야 한다고 제안하는 일은 이 책의 임무가 아니다. 우리는 단순히 대부분의 청소년들이 더 널리 이해된 형식들에 아주 익숙하고 잘 산출할 수 있다는 점에 주목한다. 문제가 되는 듯한 바는, 그렇게 많이 '그 형식들을 아는 일'이 아니다. 오히려 그것들을 쓰는 적합한 기회를 인식하고 그것들을 이용하기에 온전히 준비가 갖춰지는 일이다.

2.3. '언어를 지님'

앞절에서 우리는 많은 사람들이 번스따인의 애초 '제한된 말투 : 세련된 말투'의 구분으로부터 이끌어낸 견해를 논의하였다. 특히 근로자 계층의 어린이들이, 어떤 의미에서 중산층 어린이들보다도 자신들에게 이용될 수 있는 '언어를 덜 지닌다'는 것이다. 우리가 진행할 논의 내용은, 다른 계층으로부터 온 서로 다른 화자들이 '지니고 있는' 언어의 양에서 유의미한 차이가 어떤 것이든지 있다고 가정할 하등의 근거가 없다는 믿음으로 이끌어 가는 것이다. 그러므로 언어를 '지닌다'는 것이 무엇을 의미하는지에 대하여 간략히 살펴보게 될 것이다.

만일 '언어를 지니는 일'이 그 언어에 대한 일련의 낱말들을 알고(어휘), 일련의 가능한 통사 구조들을 알며(문법), 낱말들로 구성된 문장들을 소리 내는 법을 알고(발음), '사과하기·고마움 표시하기·경고하기·충고하기·대화 나누기·질문하기' 등의 문화적으로 인지된 행위들을 적합하게 수행하기 위하여 그 언어를 쓰는 법(화용)을 아는 것을 뜻한다고 간주된다면, 교육상 실패한 16살 난 청소년이 학업상 성공적인 16살 난 청소년보다 언어를 어떤 것이든지 덜 지닌다고 믿을 근거가 전혀 없다. 비록 학업상으로 성공적인 학생이 교육 환경 속에서 높이 가치와 품격을 지닌 어휘를 더 많이 알거나 쓸 가능성이 있다. 그렇지만 두 학생이 모두 막대한 양의 어휘를 알게 될 것이다.[20] 비록 학업상 성공적인 학생이 말하기에서 글말에 더 전형적인 형식들을 더 많이 쓸 수 있겠지만, 두 학생이 모두 다 그들의 특정한 방언을 성격 짓는 영어의 통사 구조들을 거의 모두 알고 있고, 또한 운용할 수 있을 것이다. 두 학생이 모두 다 자신이 말하고 싶은 바를 발음할 수 있을 것이다. 비록 학교 환경 속에서 한 명이 다른 한 명보다 사회적으로 (socially) 더 능력이 있는 것으로 지각되겠지만—그 학생의 언어 사용이나 상대적인 학습 성공과는 거의 관련이 없을 법한 지각임—두 학생이 모두 다 비슷한 범위의 문화적으로 인지된 과제들을 수행할 수 있을 것이다. 소박하게 말하여, 만일 우리가 각 학생이 언어 양동이를 갖고 있는 것으로 생각하였었다면, 한 학생이 자신의 언어 양동이에 다른 학생보다 더 많은 내용물을 갖고 있다고 가정할 근거는 전혀 없는 것이다.

다수의 교육적 실험들이 과거에 실행되었다. 학생이 그 실험 맥락에서 어느 특정한 형식이나 특정 유형의 형식을 산출하지 않았으므로, 그 학생이 그 형식을 '지니고' 있지 않은 것으로 판정하였다. 만일 어느 학생이 가령 어느 특정한 과제에서 수동태 구문을 산출하지 않는다면, 우리가 말할 수 있는 최상의 것은, 그런 특정한 말하기 상황이 학생으로부터 수동태 구문을 이끌어 낼 상황이 아니었음을 깨닫는 것이 중요하다. 그것이 다른 환경 아래에서도 그 학생이 수동태를 산출할 수 없다고 추론하도록 허용하지는 않는다. 여기서 우리는 촴스키

---

20) [역주] 연구자들의 통계 진행 방법에 따라서 차이들이 나겠지만, 고등학교를 졸업한 토박이 화자라면 대략 4만에서 5만개의 낱말을 갖고 있다고들 추정한다. 물론 이해에 관련된 어휘가 좀 더 많고, 산출에 관련된 어휘가 좀 더 적을 것이다. 먹퀸·커티즈 엮음 (McKeown and Curtis, 1987), 『어휘 습득의 본질(The Nature of Vocabulary Acquisition)』 (Lawrence Erlbaum)에 있는 나쥬·허어먼(Nagy and Herman), "어휘 지식의 너비와 깊이: 습득 및 교육을 위한 함의"를 보기 바란다.

(Chomsky)에 의해 언어학자들에게 소개된 개념에 호소할 수 있다. 개인별로 머릿속에 갖고 있는 자신의 언어에 대한 지식인 '언어능력'(competence) 및 사용의 기회마다 개인에 의해서 활용되어 드러나는 언어인 '언어수행'(performance)의 구분이다.

이 책을 통해서 내내 반복하게 될 핵심은, 토박이 화자들에게 그들 자신의 언어를 가르치는 일이 필요치 않다는 잘못된 생각에 대한 논박이다. 학습자들은 자신의 언어를 잘 알고 있다. 필요한 일은 그들이 이미 알고 있는 언어 형식들의 사용에 대한 적합한 기회를 그들에게 가르쳐 주고, 그들의 언어를 효율적으로 활용하고 전개하도록 하는 일이다.21)

---

21) [역주] 이는 흔히 '언어 사용에 대한 자각'으로 불린다. 언어에 대한 자각도 필요하지만, 더 방대하고 복잡한 영역인 언어 사용에 대한 교육이 더욱 절실히 필요하다. 언어 사용은 환경의 영향이 지대하다. 특히 환경이 미치는 영향에 대한 기념비적 연구로서, 히쓰(Heath, 1983), 『낱말 사용 방식: 공동체와 교실 수업에서의 언어·삶·일(*Ways with Words: Language, life, and work in communities and classrooms*)』(CUP)에서는 10년이 넘게 미국 캐뢸라이너 주 로우드빌(Roadville)에 사는 백인 근로자 계층 및 트뢱튼(Trackton)에 사는 흑인 근로자 계층 사이에서 아동들이 언어를 습득하는 환경을 조사하였고, 그들 사이에 언어 사용 환경의 차이가 있음을 밝혀내었다. 한 언어 속에서도 하위문화에 따라 차이가 나는 사회방언을 지닐 수 있는데, 이런 사회방언 사이에는 우열이 있는 것이 아니다. 오직 어린이들이 자라나는 환경이 그런 사회방언을 고정시키게 되는 것이다.

2.4. 언어박탈 및 실어증에 대한 여러 이론

2.4.1. 감각박탈

'감각박탈'(sensory deprivation)에 대한 개념을[22] 1960년대에 치료 교육의 이론 속으로 들여와 뒤섞어 쓴 일은, 심리학 용어를 또 다른 학문 속으로 잘못 끌어들여 썼던 명백한 오류였다. 그 위험은 제2장의 논의를 시작하면서 언급되었다.

'감각박탈'이란 용어는 심리학에서 특정한 실험들에 쓰인 빛·소리·감각 자극의 결여에 대한 조건을 기술하는 시점에서 쓰였다. 그 실험들은 지각적·인지적·사회적 발달에 대한 환경의 영향을 평가하기 위하여, 전형적으로 이들 조건에서 새로 태어난 동물들을 기르는 일로 이뤄졌다. 또한 인지기능의 작용에서 임시 교란들을 조사하기 위하여, 사람들이 실질적으로 몇 시간 동안 모든 감각자극을 박탈당한 잘 알려진 실험들도 있었다.

대부분 미국에서이지만 몇몇 사람들에게 이 개념은 특히 오직 최소한의 물질적 도움을 제공해 줌으로써, 주에서 운영하는 고아원과 같은 보육시설에 있는 아주 나이 어린 아이들을 일반가정에서 자라는 어린이들과 비교한 조사연구의 견지에서, 어린이 발달에 적용하기 위하여 매력적인 것이었다. 이 조사연구에서 보육시설에 있는 아이들보다도 일반가정에 있는 어린이들이 앉기·서기·걷기·말하기에서 더 빠르게 발달이 진행되었음이 드러났다. 일반가정의 어린이들이 더 많은 관심을 받았고, 장난감을 더 많이 갖고 있었으며, 일반적으로 더 풍족

---

22) [역주] 1950년대 초반에 공산주의 국가에서 고문 취조의 일환으로 시행된 방법이다. 사람들에게서 빛·소리·냄새·음식물 등과 같은 감각자극을 일정한 시간 동안 차단하여 박탈하는 것으로, 얼마 지나지 않아 지루한 상태를 거친 뒤에 무섭고 공포스러운 환각을 보게 된다. 이런 상태에서는 집중하기 어렵고 쉽게 세뇌를 당하며 환각·환청 따위가 일어날 뿐만 아니라 공황 장애나 정신 착란이 나타난다. 색스(Sacks, 2012; 김한영 뒤침, 2013), 『환각』(알마) 제2장을 읽어 보기 바란다.

한 환경에 있었다는 사실이 하나의 설명으로 제시되었다.

따라서 학교에서 많은 근로자 계층의 어린이들에 의해 겪게 되는 교육적 불이익을 설명하기 위해 '감각박탈'이란 용어가 만들어졌다. 버롸이터·엥글먼(Bereiter and Engelman, 1966)이 부르듯이, 이런 '변덕' 은 근로자 계층의 어린이들이 인생의 첫 몇 년 동안 중산층 어린이들보다 감각자극에 덜 노출되기 때문에 어려움을 겪는다고 하였다. 따라서 그들이 신속히 또는 멀리 발달할 수 없다. 버롸이터·엥글먼(1966)에서 가져온 다음의 비판이 왜 이 특정한 이론이 오직 제한된 짧은 삶만 누리고 사라졌는지를 보여 준다.

감각상의 박탈을 소득이 낮은 계층의 어린이들에게 귀속시켜 온 사람들은, 그 용어가 무엇을 함의하는지 심각하게 살펴보지 않은 듯이 보인다. 그것은 이용 가능한 자극들의 교육적 품격과는 아무런 관련이 없다. 다만 그 자극들의 다양성·강도·유형들과 관련될 뿐이다. 이들 순수히 양적인 토대 위에서 본다면, 거리를 지나다니는 자동차들이 이야기책이나 다를 바 없고, 닳아빠진 오랜 신발들이 인형이나 다를 바 없으며, 쓰레기 깡통들도 장난감 북이나 다를 바 없다. (버롸이터·엥글먼(1966), 『박탈 받은 어린이들을 위한 유아원 교육』, 27쪽)

'박탈'이란 개념이 어린이 발달과 특히 언어학습에 특히 다른 오히려 더 복잡한 방식으로 적용되어 왔다. 이제 이를 살펴보게 될 것이다.

2.4.2. 문화박탈

한 가지 더욱 제멋대로 적용되는 개념이 '문화박탈'이란 말이다. 이 이론에 따르면, 몇 어린이들은 혜택 받지 못한(=박탈당한) 것으로 명칭이 붙을 수 있다. 왜냐하면 아주 일찍 어린 나이에 그들이 대부분의 교육 실천이 기반을 둔 중산층 문화의 많은 요소들로부터 '박탈'되었기 때문이다. 문화박탈에 대한 조사연구에서는 한 어린이의 조기 사회화에서 결여되는 게 무엇인지에 대해 오히려 막연하다. 대체적으로, 어린이는 학습에 대하여 그리고 일에 대하여 적합한 태도 또는 적합한 동기와 열망을 갖고 있지 않은 것으로 간주된다. '문화적으로 박탈된' 어린이들은 또한 다양한 유형의 의사소통에 대해서 불충분한 노출기회를 지녔다. 따라서 많은 의사소통 기술에서 결여됨이 있는 것으로 간주된다. 어린이의 언어에 영향을 미치는 박탈은 다음 절에서 좀 더 철저히 살펴보게 될 것이다.

간단히 말하여, 어린이가 어떤 오히려 높은 수준의 기술과 성향에서 아주 어린 나이에 그것들에 노출되지 못하였기 때문에 결핍이 있는 것으로 언급된다. 그럼에도 이런 이론으로 틀이 마련된 대부분의 조사연구는 설명적이기보다는 오히려 묘사적이다. 부모·형제·친구들의 태도와 영향력과 같은 조기 사회적 환경 요소들이 학교에 취학하는 어린이 성격형성에 상호작용하는 아주 복잡한 방식을 놓고서, 커다란 인상적 연구 결과도 전혀 이뤄지지 않았다. 이들 거의 대부분의 연구에서는 직접적으로나 간접적으로 근로자 계층의 문화와 생활 조건들을 교육적 불이익에 책임이 있는 것으로 지적한다. 어떤 측면으로 보면 중산층 가치들이 많은 경우에 학교의 가치가 된다는 점에서 중산층 가치의 관점으로부터 그런 판단을 내림은 정당하겠지만, 흔히 그런 조사연구는 이 점에 대한 의식적인 자각을 조금도 포함하고 있지 않은 듯하다.

그 이론으로부터, 어떤 측면에서 긍정적 영향력들을 그들로부터 박탈해 버린 조기 환경의 결과로서, 능력이 모자란 특정 학습자들을 갖게 된다는 점이 도출된다. 이것이 결점들을 그 어린이와 어린이 자신의 문화 속에 들여놓는다. 결점들이 어떤 결여되고 있는 대상들임에 주목하기 바란다. 이런 방식으로 교육적 불이익에 대하여 생각하는 것은, 간섭 및 보상 교육으로 이뤄진 모든 미국식 교육내용을 위한 배경을 형성하였다. 아마 이들 중 가장 잘 알려진 것이 1960년대 말에 나온 저소득층 자녀들을 위한 'Head Start programme'(취학전 출발 지원 육)이었을 것이다.[23]

이런 방식의 생각에 맞선 주요한 반대는, 문화들이 서로 다르고 서로 간에 우월하지도 열등하지도 않음을 지적해 온 연구자들로부터 나왔다. 이런 상대주의 이론을 받아들이는 일은 논의 영역이 어린이들에게서의 결핍들에 대하여 이야기하는 일로부터 벗어나, 어린이들 사이에 있는 차이점에 대한 개념 쪽으로 옮겨감을 의미한다. 이는 어린이의 토박이 방언이 하향 평가되지 않음을 의미한다. 만일 어떤 상황들(가령 글쓰기 작업이나 면담에서와 같이 격식 갖춘 말하기에서)에서 더 표준적인 방언을 받아들이도록 어린이를 격려하는 것이 바람직하다고 판단된다면, 이는 모든 맥락에서 어린이의 토박이 방언보다 우월한 언어의 사용으로서가 아니라, 그보다는 말하기 또는 글쓰기에 대한 추가 방식의 수용으로서 제시되는 것이다.

2.4.3. 언어박탈

교육자들에게 관심을 끌어온 박탈이론에 대한 앞의 두 절이, 사실상 이 책에서 직접적으로 관련된 '언어박탈'에 대한 논의로 이끌어 왔다. 1960년대 중반 이후부터 계속 견지되어 온 일반적인 견해는, 흔히 교육상 불리한 환경 속에 있는 어린이들이 핵심적으로 그들의 언어사용에서 결핍이 있다는 생각이다. 문화박탈에 대한 더 광범위한 이론에서와 같이, 그것들이 박탈된 결과로서 그런 결함을 지닌 것으로 여겨졌다. 그럼에도 불구하고 이런 경우에 그 결함은 언어적이었다. 어린이들로부터 박탈된 것으로 가정된 것은, 학교에서 마주칠 법한 유형의 언어에 준비가 잘 이뤄지도록 하는 중산층의 말하기 환경

---

23) [역주] 1960년대에 존슨(Johnson) 대통령이 가난과의 전쟁을 선포하면서, 미국 정부에서 저소득층의 취학 전 어린이들을 위하여 전개한 교육 사업이다.

이었다.

이런 이론화의 대부분은 낮은 계층의 미취학(pre-school) 어린이들에게 어떤 종류의 '보상교육'을 제공해 줌으로써, 좀 더 동등한 조건으로 학교교육을 시작할 수 있도록 하기 위해 부심하는 조사연구자 및 교육자들에 의해서 실행되었다. 글말의 박탈에 대한 의문은 제기되지 않았다. 논의되는 박탈 그리고 결함은 입말에 대한 것으로 여겨졌음에 주목하기 바란다. 비록 영국에서 다수의 언어 개선 노력들이 이뤄졌지만, 좀 더 영향력 있는 여러 연구 사례들이 미국에서 실천되었다. 이런 작업에 포함된 조사연구자 및 교사들은 중산층/저소득층 구분에 의해서 그들의 조사연구 참여자(=피험자)들로부터 차이가 났을 뿐만 아니라, 그런 연구 실행을 위해 선발된 많은 수의 저소득층 어린이들이 흑인이었으므로 또한 흑인/백인 구분도 있었다. 따라서 버롸이터·엥글먼(1966)에서는 그들의 미취학 아동 언어치료 연구 실행에 대한 보고에서 흑인 어린이들의 말하기를 다음과 같이 해석하였다. 그런 어린이들이 언어를 지닌 것으로 보이지 않거나, 또는 백인 고소득 계층의 어린이들이 말하는 방식으로 대상들을 묘사하고 표현하는 데 쓸 수 있고 기꺼이 쓰려는 언어의 범위까지도 결핍한 것으로 해석하였다. 버롸이터·엥글먼은 다음처럼 말한다.

> 심각하게 박탈된 어린이의 말하기는, 똑같은 나이의 중산층 어린이들이 산출하는 것처럼 또박또박 발음된 변별적인 낱말이 아니라, 오히려 거대한 낱말들처럼 기능하는 전체 구절이나 문장으로 이뤄지지는 듯하다. 다시 말하여, '거대한 낱말' 단위들은 그 어린이로부터 분리되고 재결합될 수 없다. 즉, 그것들이 진술문으로부터 질문으로, 명령문으로부터 서술문으로 등등 변형될 수 없는 것이다. 'He's a big dog'(그는 큰 개 한 마리를 갖고 있다)를 말하는 것이 아니라, 대신에 언어박탈 계층(≒주로 소득이 낮은 흑인 근로자 계층)의 어린이는
>   'He bih daw'(그 크 개: 동사 없이 그는 큰 개 가졌어)

라고 말한다. 'I ain't got no juice'(난 주스를 아무것도 받지 못했어)라고
말하기보다 대신

　'Uai-ga-na-ju'(나 아무 주스 못 받아: 나 아무 주스도 못 받았어)
라고 말한다. 'That is a red truck'(저것이 붉은 트럭이다)라고 말하기보다
대신

　'Da-re-truh'(저 붉 트러: 저게 붉은 트럭)
라고 말한다.

그들은 계속 다음처럼 말한다.

청자가 일단 이런 부류의 말하기에 익숙해진 경우, 그것을 마치 모든 소
리들이 거기 들어 있는 듯이 듣기 시작할 가능성이 있다. 관사가 있어야
할 곳에 사실상 단지 짧은 쉼이 있는 경우에도, 관사들을 듣고 있다는
인상을 받을 가능성이 있다. 비록 사실은 'it, is, if, in'과 같은 별개의 낱말
들에 대해서 똑같은 소리로 대략 'ih'와 유사한 소리를 이용하는 경우에
도, 그 어린이가 'it, is, if, in'과 같은 낱말들을 쓰고 있다고 믿을 수도
있다. (34쪽)

그들이 묘사하고 있는 어린이들은 듣기나 말하기의 문제를 조금도 지
니지 않은 정상 어린이들임을 기억해야 한다. '심각하게 박탈된'이란
말은, 그들의 발달 초기 환경에서 '언어박탈'을 가리킨다. 중산층 어린
이들에 의해서 말해진 또박또박 발음된 '변별적 낱말들'에 대해서, 정
상적인 어른이나 어린이 대화 말하기에 대한 녹음테이프를 선택한 뒤
에, 개별적인 낱말들이 어떻게 되어 있는지 (따로 들어보기 위해) 잘라
내는 일은 흥미로운 실천이다.24) 그런 뒤 그 잘라내어 놓은 부분들이

---

24) [역주] 핑커(Pinker, 1995; 김한영 외 뒤침, 2007 개정판), 『언어 본능』(동녘 사이언스)
　제4장 '침묵의 소리'에서는 중간에 특정 부분을 잘라내어 들어보면 '웅웅~' 소리만 들

빈 녹음테이프 속으로 다시 이어 들어가게 한 다음에 그것들을 들을 수 있다. 그 낱말들의 확인에 도움이 되는 주위 문장들이 없이는, 많은 낱말들이 얼마나 비변별적이고 종종 인식 불가능한지 깨닫고는 놀라게 될 것이다. 관사와 전치사와 같이 '폐쇄 부류' 낱말들이나 작고 일반적인 낱말들이 거의 언제나 그것들만 놓고 듣는 경우에, 단지 딸꾹질 소리를 듣는 일에 불과할 것이다. 다시 말하여, 버롸이터·엥글먼의 언급은 낮은 계층 화자들의 말하기에만 적용되는 것이 아니라, 모든 자연스런 말하기에 모두 적용될 것이다.

　말하기를 듣는 경우에, 청자도 상당 부분 기여를 한다. 그것은 단순히 귀에 들어오는 말소리의 낱말들을 각각 수동적으로 등록한 뒤에 말해진 것을 해석하려고 하는 일이 사실이 아니다. 말하기 지각은 실제적인 낱말들을 뽑아내는 일부터 아주 능동적인 과정이다.25) 말하기는

리지, 결코 분절음을 들을 수 없음을 지적한다. 이는 '동시조음'(co-articulation) 원리로 잘 알려져 있다. 만일 '금강산'이라고 발음한다면, 맨 첫음절의 'ㄱ' 소리에서부터 마지막 제3 음절을 말하기 위한 영향이 주어져서 동화가 일어나는 것이다. 설사 '금강산'이란 세 음절의 발음에 대한 녹음을 1/3을 잘라내어 여러 번 들어 보더라도 '응~' 소리만 나지, 결코 분절음 '금'을 들을 수도 자각할 수도 없다. 이런 실험은 우리가 분절음을 지각하기 위해서 앞뒤로 듣는 소리들을 한꺼번에 처리해야 함을 시사해 준다.

25) [역주] 이런 일들이 일어나는 두뇌 부서는 '작업 기억'(working memory)라고 불린다. 전두엽의 앞부분에 위치하므로 전전두엽이라고 부르는데, 다시 세 종류로 나뉜다. ① 복측 전전두엽, ② 내측 전전두엽, ③ 외측 전전두엽이다. 오직 ③만이 영장류에게서 찾아지는 작업기억이며, 인간에게서는 사춘기 이후에라야 완벽히 발달된다고 알려져 있다. 배들리(Baddeley, 2007), 『작업기억·사고·행위(*Working Memory, Thought, and Action*)』(Oxford University Press, 8쪽)에서는 작업기억을 다음과 같은 그림으로 보여 준다.

단, 화살표들을 서로 다르게 그린 데에는 이유가 있다. 음운 순환회로는 말소리들이 꼬리에 꼬리를 물고 순열처럼 순환하고 있다. 이를 한 방향 화살표의 짝으로 나타내었다. 가령, 말소리가 abc로 되어 있다면, "abc abc abc abc…"로 의미 처리가 끝날 때까지 계속 순환되는 것이다. 그렇지만 시공간 그림판의 쌍방향 화살표는 순열에 상관없이 처리 도중에 수시로 오고감을 나타낸다. 이런 관계를 하나의 쌍방향 화살표만으로도 충분히 나타낼 수 있는데, 오른쪽 한 쌍의 한 방향 화살표에 맞추기 위해 일부러 쌍방향 화살표를 두 개 그려 놓은 것이다.

자동차 소리·새 소리·의자 삐꺽거리는 소리·사람들 기침 소리

등등 보통 말소리와 무관한 많은 잡음들이 수반된다(=전문적으로 이를 '배경 소음'이나 '백색 소음'으로 부름). 아주 종종 주위에서는 다른 사람들이 말을 하는 경우에 경합하는 말소리들도 있다. 그 어려움에다 더 덧붙인다면, 정상적인 말하기에 언제나 '왜곡'이 있다. 낱말들이 함께 붙어 나오며, 그것들의 끄트머리가 불분명하거나 함께 사라져 버린다. 낱말들의 강세 없는 음절들은 중립적인 콧소리(코 울림소리 'n')로 줄어들어 버린다. 이런 마지막 사실의 한 가지 예로서, 'separate'(나누다)이란 낱말의 철자는, 두 번째 음절이26) 강세를 받지 않고, 보통 대화에서 사람들에게 'a'나 'e'를 상기시키지 못하는 중립적인 소리(ə)로 줄어들기 때문에 종종 문제가 되는 것으로 알려져 있다.

적은 양의 이런 '왜곡'이 실제로 글말 형식에서도 'gonna, wanna, can't, I'll'과 같은 낱말과 'drinka pinta milka day'과 같은 구절들로 실현된다.27)

한 열의 '변별적 낱말들'에 도달되기 전에 그 신호를 상당량 '깨끗이 갈마무리하고' '깁고 이어 맞추는' 일을 해야 하는 것이 말소리 지각의 특징이다. 이미 'the, a, to, in, it' 등과 같이 작고 일반적인 낱말들이 정상적인 말소리의 녹음테이프로부터 잘려져 나와 단독으로 들을 경

---

26) [역주] 강세로 박자를 재는 영어는 음절 관념이 한국어 화자들의 직관과는 다르다. 한국어는 음절을 중심으로 박자를 재며, 단모음 숫자가 음절 숫자이다. 영어의 음절 표시는 다르다. 케임브리지 대학 출판부에서 나온 발음 사전에는 3음절로 표시되어 있다. 형용사와 동사가 각각 ['sep.ər.ɪt], ['sep.ər.eɪt]이다. 제1 강세는 '''이며 바로 뒤의 모음에 얹히고, 음절 경계는 '.'로 표시되어 있다. schwa(비모음, 중립모음)로 불리는 제2음절의 중립모음은 'ə'이다.

27) [역주] 각각 going to, want to, cannot, I will이다. 조동사들 사이에 또는 주어와 조동사 사이에서 줄어든 형식이다. 전문 용어로는 이를 음운규칙이 적용되어 나온 '음운구'(phonological phrase)라고 부른다. 그리고 뒤의 발화는 'drink a pint of milk a day'(0.57리터 단위인 한 '파인트'의 우유를 매일 마시다)가 줄어든 것이다. 최근의 기억에 대한 연구에서는 줄어든 음운구들이 마치 분석되지 않는 하나의 낱말처럼 기억 창고 속에 저장된다. 핑커(1999; 김한영 뒤침, 2009), 『단어와 규칙』(사이언스 북스) 제9장 '뇌라는 이름의 블랙박스'를 읽어 보기 바란다.

우에는 거의 언제나 지각될 수 없음을 언급하였다. 그럼에도 불구하고, 이들 낱말들이 청자에게는 그 밖의 다른 낱말(=곧 앞의 허사 항목과 대립되는 실사 항목들을 가리킴)들과 마찬가지로 실제적인 것으로 보인다. 이는 말소리가 지각되는 경우 일어나는 재구성의 결과이다. 정상적으로 이런 재구성은 우리가 자각하지 못하는 무의식적 과정이다. 그것은 완벽히 자동적이다. 이런 과정에 대한 인식이 특히 어린이들에게 일반적인 몇몇 낱말 놀이들의 근거를 형성한다. 예를 들면,

Knock Knock

Who's there?

Senior

Senior who?

Senior so nosey, I shan't tell you

똑똑~

누구십니까?

고참 선배

고참 선배 누구요?

고참 선배 너무 시끄러워 네게 말할 수 없네

어떤 비-표준어 발화에 대해 공격하는 한 가지 일반적인 비판은, 그것이 '불분명하'거나 '비변별적'이란 것이다. 우리가 살펴보았듯이 이런 비판은 잘못이다. 표준 영어로 된 대화식 발화가 더 이상 또렷이 '변별적'인 것이 아니라는 점에서 그러하다. 실제로, 청자가 발화를 이해하는 일을 얼마나 쉽게 잘 처리해 낼 수 있는지를 결정하게 될 변수는, 말해지는 언어와 방언에 청자가 익숙해진 정도이다. 이 사실은 더 앞에서 버롸이터·엥글먼으로부터 가져온 인용에서 인식된다.

"일단 청자가 이런 유형의 발화에 익숙해지게 되면, 그것을 모든 소리가

(…중략…) 거기에 들어 있는 것처럼 듣기 시작할 가능성이 있다."

방언 발화를 처음 마주한 표준어 형식의 화자처럼, 방언 화자도 그 언어의 표준어 형식을 처음 듣는 경우에 똑같은 문제점을 지닐 것이다. 임의의 언어를 모국어로 습득하는 유아는, 자신이 노출된 방언이 비-표준어이기 때문에 이로 인해 어려움을 겪는 일이란 결코 없다. 표준 방언을 포함하여 모든 방언에서는 그 언어를 습득하는 유아에 대하여 똑같은 과제를 제시해 준다.

말소리 지각을 통하여 보상 교육 실행에 대한 언어치료 구성부문들의 논제들로 짧게 우회한 다음에 본래 논제로 되돌아오면서, 에드워즈(Edwards, 1979, 49쪽), 『언어와 불이익(Language and Disadvantage)』에서 다음처럼 논평한다.

대부분의 간섭 프로그램은 … 언어 자각의 결여… 로부터 어려움을 겪는다. 그것들은 대부분 '올바른' 영어의 특정한 측면들로부터 고도로 구조화된 언어 반복 훈련들이며, 이상하게도 거의 대부분 옛날 방식으로 보인다.

에드워즈는 미국에서의 '취학전 출발 지원교육'(Head Start project)와 영국에서의 '가하건 및 가하건 지원교육'(Gahagan and Gahagan project)와28) 두 나라에 있는 자잘히 많은 지원교육들과 더불어 그런 간섭 교육내용들을 가리키고 있다. 이 책에서 우리가 택한 접근법은 핵심적으로 그런 지원교육들과는 다르다.

첫째, 대체로 그런 치료 지원교육은 명확히 언어 차이들에 대한 '결함' 견해에 자리를 잡는다. 우리의 접근은 그런 간섭 교육내용들의

---

28) [역주] 누리집을 검색해 보면, D.M. Gahagan & J. Gahagan(1970), 『말하기 개혁: 유아원 아동들을 위한 언어 탐구(Talk Reform: Explorations in language for infant school children)』, (London: Routledge & Kegan Paul)가 있다. 1970년대에 영국 초등학교에서 언어 결함을 지닌 어린이들을 위하여 특별히 마련된 교육 내용이다. 정보간격 놀이와 역할 놀이 등을 담고 있다.

'언어결함' 견해를 대신하여, 방언 차이들을 결함이 아닌 것으로 인식함을 보여 주었다. 둘째, 우리 관심거리의 범위를 정보전달용 말하기에서 긴 발언기회를 갖는 데 포함된 그런 기술들로 엄격히 정의를 내렸다. 그럼으로써 번스따인의 발달 초기 작업에 다양한 정도로 영향을 입은 그런 간섭 교육내용들과는 멀리 떨어져 있다. 셋째, 제3장에서 명백히 해 두었는데, 우리는 '간섭'을 제안하는 것이 아니다. '간섭'은 임의의 과정이 어떤 방식에서 잘못된 경우에 관여해 들어감을 함의한다. 우리가 제안하는 것은, 일단 학생들이 글쓰기 기본기술들을 숙달한 뒤에 학교에서 지속적으로 글쓰기 기술들을 보완하고 향상시켜 주는 것과 똑같은 방식으로, 이미 익혀 놓은 정보 전달용 말하기에서 그런 기술들을 놓고 보완해 주는 일이다.

대부분의 언어치료 교육내용들은, 개별 학습자나 집단 학습자들을 점진적으로 언어사용에 대한 좀 더 고급 단계들로 여겨지는 내용으로 이끌어가도록 마련된, 고도로 구조화된 실습들로 이뤄져 있다. 브롸이터·엥글먼 교육실천의 구현에 포함된 구성원 중 한 사람인 아즈본(Osborn, 1968)으로부터 가져온 다음 인용을 살펴보기 바란다.

반복 연습은[29] 작은 관사나 작은 동사를 표현하지 않고 생략해 버리는 어린이들에게 도움이 된다. 교사는 "This is a ball"(이것은 하나의 공입니다)라고 말할 것이다. 이제 이것을 "ball"(공)이라고 말하면, 어린이도 "ball"(공)이라고 말한다. 이제 "a ball"(하나의 공)이라고 말하면, 어린이가 우선 교사와 더불어 "a ball"(하나의 공)을 말하고,[30] 그러고 나서 혼자

---

[29] [역주] 원문 exercise(반복 연습)는 언어교육 이론에 따라서 선호하여 쓰는 낱말들이 서로 다른 듯하다. 옛날에서부터 써온 drill(강제적인 반복 훈련)은 체벌을 가하면서 동물에게 훈련시키듯이 반복시키는 훈련이다. 군대의 제식 훈련처럼 육체적인 훈련의 의미도 깃들어 있다. exercise(반복 연습)도 정신적으로 반복하여 실천함으로써 습득에 이른다고 가정한다. 최근에는 자발성과 능동성을 강조하면서 practice(연습)라는 용어를 자주 쓰기도 하며, activity(활동)란 말도 쓴다. 그런데 practice는 제2장 5절에서 담화 관행(또는 담론)과 관련하여 '실천 관행'으로 번역될 경우도 있다.

[30] [역주] 우리말에서처럼 총칭적인 의미로 명사를 쓰고 있는 것이다. 영어의 관사를 의식

말한다. 이것이 여러 번 반복된다. 교사가 "is a ball"(하나의 공입니다)라고 말하고, 어린이와 교사가 이를 반복한다. 마지막으로 교사가 "이제 전체 문장을 말해 봅시다. This is a ball(이것은 하나의 공입니다)"이라고 말한다. (브로트먼 엮음(Brottman, 1968), "불이익 받는 어린이들에 대한 언어교육(Teaching language to disadvantaged children)", 『불이익을 받는 유아원 아동들을 위한 언어 치료법(*Language remediation for the disadvantaged pre-school child*)』 제33권 8호, 아동발달 연구회, 42쪽)

그런 접근에 대하여 언급했던 대다수의 일반적 비판들은, 이런 특정한 인용에서 구체적으로 예시된다. 첫째, 작은 관사와 작은 동사에 대한 '생략'은 어른의 발화에서도 일반적이다. 사실상 문장에서 강세 없는 위치에 있기 때문에 단순히 줄어들었고, 그것들이 생략되는 것은 아니다. 그것들이 아주 쉽게 예측될 수 있는 위치에 나온 예측 가능한 낱말들이기 때문에, 청자는 주목하지 않고서도 그 낱말들을 '채워 넣을' 수 있다. 둘째, 그 반복 연습에서는 그 어린이의 언어 이해가 최소한이라고 잘못 가정한다. 말해진 언어/방언에 상관없이 어느 사회 환경 속에서 길러진 정상적인 어린이는 아무도 언어를 습득하는 데 실패하지 않을 것임을 반복하는 일이 떠맡는 것이다.

우리는 이런 특정한 반복 연습이 그 목표로서 어린이 언어 치료를 어떤 특정 언어 사용으로부터 나온 추상화 형식으로 간주한 것 같다고 덧붙일 수 있다. 사실상 그 반복 연습의 한 시점에서 아무 질문도

하여 쓰려면 반드시 우리말에서 '공 하나, 공 한 개'와 같이 수량 분류사를 쓰는 단계로 접어들어야 한다. 총칭적으로 주어지는 명사(generic noun)가 비로소 개체화되어 셀 수 있는 단계에 들어선 것이다. 부정관사는 반드시 개체화(individuation)가 전제되어야 하는 것이다. 그런데 러시아 어도 우리말처럼 부정 관사 따위를 붙이지 않는다고 하는데, 우리처럼 총칭적으로 쓰는 것이다. 영어에서는 총칭 명사를 쓰면, 관사 없이(무관사 bare article) 나오는데, 이때에는 그 대상의 속성을 가리키는 것으로 해석한다. 총칭성과 개체성은 언어학에서 관사의 문제에만 그치지 않고, 철학사 등에서 보편성과 개별성의 논의와 긴밀히 맞물려 있는 근원적인 주제이다. 카알슨·펠리티어 엮음(Carlson and Pellitier, 1995), 『총칭성 책자(*The Generic Book*)』(University of Chicargo Press)과 스트로슨(Strawson, 1959), 『개체들(*Individuals*)』(Methuen)을 읽어 보기 바란다.

하지 않을 경우에, 어린이에게 의문형식 "is this a ball"(이것은 하나의 입니까?)을 산출하도록 요구된다. 그 강조점은 어떤 특정 기능에 비춰 효과적인 말하기에 놓인 것이 아니라, 대신 '올바른' 영어로서 표준 영어의 어떤 개념과 합치되는 말하기에 놓여 있다. 어린이들이 언어를 습득하는 경우에, 더 나이 든 어린이들이나 어른으로부터 나온 말하기에 상당량 노출된 결과로서 그렇게 습득하는 것이다. 어린이들이 듣는 언어는 대부분 일상 대화의 아주 조각난 발화로 이뤄져 있다는 점에서[31] '불완전'하다. 어린이가 습득을 위해 노출된 그런 언어가 최소한 거의 불완전한 발화를 산출하는 방향으로 되어 있다. 아즈본 (Osborn)에 의해 묘사된 '반복 연습'이 언어습득이나 언어처리에 대하여 심리학상 사실로 확정된 이론에 의해서 동기가 마련되어 있다고 믿기 어렵다. 이런 유형의 언어 치료 교육내용을 살펴보면, 언어적 근거의 단순함 이외에도 종종 심리학적 근거가 엉성하다는 지적을 추가할 수 있다.

언어박탈에 대한 이 절의 결론을 내리면 다음과 같다. 우리는 사회-문화적 박탈의 더 광범위한 맥락 속에서 언어박탈 가정을 살펴보았고, 이 가정이 신뢰성을 결여하고 있음도 깨달았다. 거기서 전형적인 사례를 제시하여 언어치료 교육내용에 대해서도 살펴보았고, 그런 주장을 반박하려는 비판들도 검토하였다. 이어지는 장들에서는 우리가

---

31) [역주] 일상 대화에서 주고받는 말은 바로 앞에 있는 말과 이어져 있기 때문에, 생략되고 조각난 것처럼 보일 뿐이다. 비록 조각난 말이라고 하더라도, 언제나 완벽하게 복원될 수 있는 것이다. 그런데 발화의 생략 가능성을 담화 쪽에서는 다음처럼 설명한다. 의사소통 의도를 세우는 과정에서 참여자들과의 공통기반 및 정보간격을 가늠해야 하는데, 의사소통의 가치는 정보간격이라고 추정되는 정보가 더욱 높다. 정보간격이란 화자인 나는 알고 있지만, 청자인 상대방은 모른다고 추정되는 정보이다. 화자와 청자가 상황을 공유하면서 서로 얼굴을 마주보고 있는 상황에서는 굳이 공유된 공통기반이 꼭 언어 표현으로 들어갈 필요는 없으며, 서로 간에 공유된 공통기반이라고 짐작되는 이런 정보들이 언어로 표현되지 않는 것을 생략이라고 부른다. 예를 들어 음식점에서 음식을 주문할 경우에, "난, 콩국수!"라는 발화만으로 충분하다. 바로 이것이 정보간격이 언어로 표현된 사례에 해당한다. 즉, 특정한 사람이 특정 음식을 주문한다는 것을 이내 알아차릴 수 있는 것이다.

연구한 '14살, 15살, 16살'의 전체 모집단 구성원들이 모든 말하기 과제에서 동등한 기술이 지님이 사실이 아님을 보여 주게 될 것이다. 사실상 다수의 수행내용이 적합함과는 멀리 떨어져 있었다. 채택된 과제들은 정확한 의사소통 기술 및 전략들을 얻어내기 위하여 마련되었고, 학생들의 수행내용들로부터 정확한 결론을 이끌어 낼 수 있도록 설계되어 있었다. 다음 절에서는 특정한 의사소통 기술들과 관련하여, 모든 학생들이 완벽한 능력이 있는 것이 아니라고 판정되는 상황에 대해서, 교실수업에서 어떻게 반응해야 되는지를 살펴본다. 입말의 효과적인 사용에 기여하는 기술은 뭉뚱그려 '입말 능력'(oracy, 하기 능력)이란 말로 부르기로 한다.

2.5. 교실 수업에서의 '입말 능력' 향상

앞 절의 논의로부터 어린이들의 언어를 변화시키기 위한 간섭은 전혀 있어서는 안 된다는 입장을 수립할 수 있다. 일부 어린이들은 다른 어린이들과 다르게 말한다. 이는 하위문화와 사회경제적 차이 때문이다. 모든 문화와 하위문화들은 동등하게 가치가 주어져야 한다. 만일 어떤 것이라도 변화되어야 할 것이 있다면, 대체로 학교 및 사회에 두루 펴져 있는 기대와 실천 관행과 편견들일 것이다. 우리는 이를 '자유주의' 입장으로 부를 수 있다.

이는 비록 이 책에서 채택된 접근은 아니지만, 다음에서 설명될 내용처럼 잠시 의사소통 기술의 습득에 대하여 자유주의 노선의 논의가 뭘 말해야 할지를 살펴볼 수 있다. '의사소통 기술'이란 용어로, 우리는 문법적인 문장을 만들어내는 데에 포함된 '언어능력' 이상과 이하에 있는 모든 기술을 의미한다. 이런 '의사소통 능력'(communicative ompetence)은 효과적이고 성공적인 대화 및 의사소통에 필요한 모든 사회적 기술을 포함한다.[32] 로우즌·로우즌(Rosen and Rosen, 1973, 262

쪽), 『초등 학생들의 언어(*The language of primary school children*)』에서 제기된 논의는 다음 인용처럼 습득에 대하여 좀 더 자유주의 접근을 시사한다.

"이런 종류의 의사소통 능력도 또한 학습되어야 하는데, 언어능력보다 덜 복잡한 것이 아니다. 우리의 논점은 이런 능력의 일부가, 학교에서 대화의 규칙을 가르치는 것에 의해서가 아니라, 특정한 방식들로 대화를 실천함으로써 학습될 수 있다는 것이다. 문법 능력이 명백하게 만들어져야 할 필요가 없는 것처럼, 의사소통 능력도 그럴 필요가 없다. 비슷하게, 자신이 듣는 바로부터 자신의 문법을 이끌어낼 수 있듯이, 말하기에 참여하는 일로부터 학습자는 자신의 의사소통 능력을 이끌어낼 수 있다."

그들의 책의 더 앞(64쪽)에서는 다음처럼 주장하였다.

"그렇다면 우리가 그들의 잠재적인 자원을 이용하도록 하기 위해서, 가장 너른 범위의 언어 사용 쪽으로 그들을 채근하는 그런 경험들을 제공해 주기 위해서, 그들에게 가장 큰 압박감을 부과해 주는 그런 상황을 만들 필요가 있다."

---

32) [역주] 이는 두 측면을 포함한다. 도구 및 도구의 사용인데, '언어 및 언어 사용'에 대한 자각(awareness of language and its use)으로 부를 수 있다. 언어 사용을 깨달으려면 그 언어를 쓰는 전형적인 맥락까지도 알아야 한다. 본디 '의사소통 능력'이란 용어는 촘스키(Chomsky)를 공격하면서 하임즈(Dell Hymes, 1970), "On Communicative Competence", 『사회언어학의 발전 방향(*Directions in Sociolinguistics*)』에서 썼던 용어이다. 이는 네 가지 부문으로 이뤄진다.

　'무엇이 ① 가능하고, ② 실행될 수 있으며, ③ 적합하고, ④ 실제 실행되는지'

에 대한 지식(knowledge of what is possible, feasible, appropriate, and actually done)인 것이다. 이를 커내일·스웨인(Canale and Swain, 1980), "Theoretical bases of communicative approaches to second language teaching and testing"에서는 더욱 간단히 세 부문을 재해석 하였다(삼분법).

　'① 문법 능력, ② 사회언어학적 능력, ③ 전략적 능력'

그런데 문법 능력은 언어에 대한 깨달음에 해당하고, 사회언어학 및 전략에 대한 능력은 언어 사용에 대한 깨달음에 속한다(이분법).

어린이들이 (그들의 논의에서는 초등학생들이) 다른 유형의 의사소통을 포함하는 상황들 쪽으로 인도되어야 한다는 점에서 이들 의사소통 기술들이 구조화된 방식으로 학습될 필요가 있다고 어느 정도 제안되고 있다. 그렇지만 어린이가 의사소통 기술을 단순히 참여만 함으로써, 그런 기술들을 다른 사람과의 접촉에 들여옴으로써, 습득할 것이라는 명백한 가정이 깔려 있다. 의심할 여지없이, 그들의 언급이 '이런 능력의 일부'라는 낱말에 의해서 성격이 지워진다. 그러나 나머지 부분의 언급에서는 가령 정보 전달용 말하기의 긴 발언기회를 얻어내는 기술이, 사교적 말하기의 짤막한 발언기회를 얻어내는 기술이 습득되듯이 똑같이 '자동적인' 방식으로 습득된다는 개념이 들어 있다.

우리의 조사연구 자료에서는 실험에 참여한 상당한 비율의 학습자들이 정보 전달용 말하기를 요구하는 과제에서 적합하게 수행할 수 없었음을 보여 준다. 심지어 그들이 학업상 의무교육의 마지막 학년에 도달하고 있었지만, (대부분의 경우가 그러함) 그들이 전체 범위의 의사소통 상황에 대하여, 특히 정보 전달용 말하기를 포함하는 상황들에 대하여, 충분히 노출되어 보지도 않았거나, 또는 그렇게 노출되었다 해도 관련 기술들을 향상시키는 혜택을 입지도 못하였었다. 곧 살펴보게 되듯이, 우리 자료에서는 또한 이들 과제에서의 수행이 적합한 상황에서 개선될 수 있음도 알려 준다. 여기에 대한 유일한 대응책은

- 반드시 정보 전달용 말하기를 요구하는 상황에서 학습자 각자에게 충분한 양의 말하기 경험을 교실 수업에서 제공해 주어야 하고,
- 이런 노출에 뒤이어 일종의 되짚어보기가 제공됨으로써, 학습자가 그 과제의 요구내용들과 자신의 수행에 대한 특정한 결점에 대하여 좀 더 잘 이해할 수 있으며,
-교사가 학습자의 향상 과정을 평가하고 학습자의 의사소통 전문지식을 향상시키는 데에 정밀하게 약점들을 발견하는 어떤 수단을 가질 수 있다.

고 말하는 일이다. 아마 '입말 능력'의 표제 아래 들어가는 전문지식의 일부가 명백하게 친구들 및 어른들과의 상호작용 과정에서 노력 없이 자동적으로 습득된다면, 그리고 이들 기술이 친분 쌓는 사교적 말하기 쪽으로 기여하는 기술이라면, 우리는 로우즌·로우즌(Rosen and osen)의 주장에 동의할 수 있을 것이다. 이 책에 있는 실험에서 연구된 모든 학습자들이 친분 쌓는 사교적 말하기에 이런 종류의 전문지식을 갖고 있었다. 그럼에도 불구하고, 대체로 서로 다른 상황에서 이런 종류의 말하기를 이용한 실천방식이 서로 다른 수준의 전문지식을 산출할 가능성이 있다.[33]

우리가 이 책에서 논의해 나가려고 하는 유형의 말하기 교육은 오직 정보 전달용 말하기이며, 이 점은 이미 제1장에서 길게 논의되었다. 우리의 목표는 때로 짤막한 발언기회로, 때로 더 긴 발언기회로 이뤄진 서로 다른 유형의 정보 전달용 말하기에서 성공에 기여하는 그런 기술들을 정의하는 것이었다. 그리고 그런 기술들이 연습에 의해서 그리고 되짚어보기에 의해서 얼마만큼 향상될 수 있을지를 평가하는 것이었다. 글말에 쓰이는 기술들의 향상에서와 같이, 많은 학습자들이 이런 종류의 전문지식을 장려해 주는 중산층의 가정환경에서 자랄 수 있다. 그럼에도 불구하고, 가르치는 일이 입말 능력에 기여하는 그런 기술들에 비추어 학생들의 능력을 향상할 수 있다는 점이 분명하다면, 그렇게 가르쳐 주는 일은 바로 학교의 책임인 것이다.

---

33) [역주] 가장 어려운 사교적 말하기는 아마 외교 관계에 있는 나라들 사이에, 그리고 그런 외교관들 사이에 쓰는 내용일 듯하다. 곧, 어떻게 책잡히거나 불편을 느끼지 않으면서도, 어려운 상황을 무리 없이 넘어갈 수 있는 표현을 찾아낼지 고민해야 하는 것이다. 이는 불가피하게 간접적이고 에둘러 말하는 선택을 하도록 만들거나, 중의적인 해석이 가능한 표현을 일부러 선택할 수도 있다. 유교 경전들에서는 이런 상황에서 어떻게 말을 해야 하는지를 구체적인 사례들을 모아 제시하는 장점이 있다. 특히 공자가 노나라 역사를 정리한 '춘추'에 대해 좌구명이 풀이한 『춘추 좌전』이 가히 압권이며, 좌구명은 어느 누구든 서로 합의하거나 동의할 수밖에 없는 명분을 극명히 밝혀 준다.

제3장 의사소통 압박감과 등급 나누기

3.1. 교육적 접근

이 책에서 채택한 접근은 우리가 심어주고자 하는 다양한 기술들을 서로 다른 특성을 갖고 있는 과제들에 비추어 생각해 보는 것이다. 제4장에서는 그런 과제들의 서로 다른 특성과 그것들이 어떻게 등급으로 나뉠 수 있는지를 논의한다. 이 장에서는 아주 간략히 학생들이 산출할 수 있는 언어에 대해 효과를 지닐 수 있는 몇 가지 조건을 살펴보게 될 것이다. 이들은 어느 정도 교사가 통제할 수 있는 조건들이다. 그것들을 통괄하는 일이 교사에게 또 다른 등급화의 매개인자를 제시해 줄 것이다. 그렇다면 그것들을 학생의 수행에 더 쉽거나 더 어려운 조건들로 간주할 수 있다. 우리는 이를 '의사소통 압박감'(communicative stress)에 대한 지표(index)라고 부르게 될 것이다.

3.2. 화자 및 청자 사이의 정보간격

아마 우리가 경험하는 가장 좋은 느낌 중 하나는, 청자가 알고 싶어 하지만 아직은 모르고 있다고 추정되는 어떤 정보를 알고 있는 일인데,

특히 좋은 소식의 경우에 청자에게 알고자 하는 것을 말해 주는 일이다. 가령, 모두 기다리던 편지가 도착했다는 통보, 새 아기가 여자 아기이라는 통보, 운전면허 시험에 합격했다는 통보를 고대하는 것이다. 그렇다면 우리가 청자에게 말해 준 것을, 청자가 이미 알고 있었다고 흘리는 경우에, 그것은 언제나 맥 빠지는 일이다. 비슷하게, 어떤 외부 방문객이 성채로 가는 길을 묻고, 우리가 거기에 가는 방법을 말해 줄 수 있는데, 이 또한 좋은 기분이다. 그러고 나서 만일 방문객이

"I already know actually—I was just testing you!"
(사실 난 이미 알고 있었지만, 당신을 시험해 보고 있었소)

라고 대꾸하였다면, 다시 한 번 그것은 기묘한 허탈감으로 바뀌었을 듯하다.

여러분이 느끼기에, 청자가 이미 알고 있을 것으로 보이는 어떤 정보를 말하는 일은 아주 사회적으로 기가 꺾이는 경험이다.[1] 만일 얼룩말이 검정 줄무늬를 지닌 흰색 동물인지, 아니면 하얀 줄무늬를 지닌 검정색 동물인지 결코 이해할 수 없다고[2] 말하는 유명해 보이는 어떤 생물학자와 여러분이 식사를 같이 하고 있다고 생각해 보자. 비록 여러분이 올바른 대답을 알고 있으며 여러분의 어느 친구가 막 그것을 시범적으로 보여 주기 위하여 실행한 경험적 작업을 알고 있다

---

1) [역주] 입시 면접 때에 무섭게 보이는 시험관 앞에서 길게 대답하여야 하는 수험생의 경우가 바로 그런 경우이다. 만일 답변에 자신감이 없다면 대답을 하면서도 목소리가 떨리고 있음을 스스로 느끼지 못할 듯하다. 자신의 대답이 토씨 하나까지 평가받는다고 느끼기 때문에, 대답을 하면서 조금도 틀리지 않으려고 온통 집중하느라 그러한 것이다.

2) [역주] 우리가 사물을 지각할 때에는 반드시 배경 및 초점 정보를 서로 '두드러짐' 여부로써 구별한다. 배경(또는 무대)은 더 넓은 공간을 차지하고, 초점은 집중되어 있으므로 상대적으로 좁은 공간을 차지한다. 따라서 흰색과 검정색 중에서 어느 것이 배경이고, 어느 것이 초점인지를 쉽게 결정할 수 있다. 묘사하여 말하기 과제에서 동원해야 하는 전략이 바로 이런 것이다. 무대나 배경을 먼저 설정해 놓고 나서 초점의 대상이나 사건을 도입해야 한다.

고 하더라도, 여전히 여러분은 이런 설명을 하면서 아주 얄팍한 얼음 판 위를 걷고 있는 듯이 불편한 느낌을 지닐 가능성이 있다. 그가 사실 은 이비인후과 의사임을 발견하고서는 크게 안도하게 된다.

만일 여러분의 세 번째 운전면허 취득시험에서 차 안으로 기어들어 가자마자, 면허시험 교관이 부리부리한 눈으로 뚫어져라 여러분을 쳐 다보면서

"Right, then, explain to me how the clutch works!"
(좋소, 그러면 클러치가 어떻게 작동하는지 내게 설명해 보시오)

라고 말한다면, 비록 답을 알고 있다 하더라도, 여러분은 두려움을 느 낄 것 같다. 아무것도 모른다고 확신하며 전혀 여러분에게 반박할 수 없는 누군가에게 여러분이 클러치에 대하여 설명해 주는 것이 훨씬 더 쉽다.

교실 수업이나 또는 시험 교실에 있는 학생들의 경험은 여기서 분 명히 관련이 있다. 전형적으로, 학생들은 뭔가를 교사에게 말해 주는 입장에 있다. 그런데 교사는 이미 학생들이 말해야 하는 것이 무엇인 지를 잘 알고 있다. 심지어 어른들에게도 이런 처지는 사회적으로 어 떤 불편한 느낌을 줄 가능성이 있다. 무지함에 대한 그 교사의 가정에 대하여 학생들은 복잡한 판단을 내려야만 하는 것이다. 이미 교사가 명백히 알고 있을 내용의 얼마만큼이 실제로 청자인 교사를 향하여 명백하게 말해질 필요가 있는 것일까?

학생은 이미 알고 있지만3) 상대방 청자는 모르는 정보에 대하여

---

3) [역주] 원문은 순접 접속사 and가 쓰였으나, 번역에서는 역접 접속사 형식의 어미를 썼다. 영어는 실제 사실들을 연결하고 있다. 앞의 안다는 사실 및 뒤의 모른다는 사실이 모두 참값을 받는다. 그러므로 순접 접속사로 이어져 있다. 긍정적 사실과 긍정적 사실 의 나열인 것이다. 그렇지만 우리말에서는 사실에 대한 판단이나 의견 또는 믿음을 접속해 준다. 다시 말하여, '화자가 안다'는 사실에 대한 판단과 이 정보는 청자에게는 적용되지 않으리라는 판단이 이어지고 있다. 대립적으로 표현하면, 긍정적 판단과 부

말해 주는 입장(=참된 실생활 의사소통의 상황임)에[4] 학생들을 놓으려
고 하는 것이 합리적인 듯하다. 이는 학생이 반드시 자신의 급우에게
그가 모르는 어떤 것을 알려주는 입장에 놓여 있어야 함을 의미한다.

만일 학생 자신이 알고 있는 것을 그것을 잘 모르는 누군가에게 말
해 준다면, 그 학생이 수행을 잘해 내기가 더 쉽다는 사실뿐만 아니라,
또한 자신이 말을 걸고 있는 청자가 어떤 명백하게 정의된 목적 때문
에 학생 자신이 알고 있는 바를 반드시 알 필요가 있다는 점도 또한
중요하다. 정보간격이 반드시 기능적이어야 하는 것이다. 우리는 그
정보간격이 단순히 학습자가 주어진 주제에 대하여 얼마나 잘 알고
있는지를, 교사가 전혀 모른 채 구성되지만 않는다면, 정보간격이 있
는 과제의 수행이 학습자에게 더 쉽다고 제안하였다. 만일 청자가 알
지 못하지만 어떤 바람직한 결과를 얻어내기 위하여 청자가 알 필요
가 있는 것이므로 학습자가 청자에게 꼭 말해 주어야 하는 것이라면,
그것은 화자에게 훨씬 더 쉽다. 우리가 과제 틀 속에서 작업하도록
선택한 이유 한 가지는, 각 경우마다 화자에 의해서 주어진 정보의
결과 덕택에, 청자에게 완성하도록 한 과제를 구체적으로 밝혀 줄 수

정적 판단이 이어진다. 따라서 역접 접속의 모습을 띤다.

접속사 운용 원리는 yes-no 대답에 대한 운용 원리와 동일한 맥락에서 작동한다. "그가
안 왔니?"라고 물을 때, 우리말은 화자가 '안 왔다'는 쪽에 의견을 두고 있다고 간주한
다. 따라서 "예, 안 왔어요."라고 대답한다. 그렇지만 영어에서는 사실 여부에만 초점을
모은다. 그가 안 온 사실을 표현해야 하므로, 대답이 no가 되고, 잉여적으로 he didn't가
이어진다. 즉, "No, he didn't"라고 대답하게 된다.

4) [역주] 이를 참된 실생활 자료를 이용한다는 뜻으로 'authenticity'(참된 실생활 자료 속
성, trueness)라고 부른다. 어떤 과제를 이용하더라도, 의사소통 동기가 참되어야 하고,
실제적으로 의사소통을 할 필요성이 주어져 있어야 한다. 중학교 1학년 1학기 국어교
과서에서 흔히 '소개하기' 단원이 있는데, 국어시간이 시작되기 전에 이미 학생들이
다 상대방을 알게 마련이다. 즉, 서로 정보간격이 없는 셈이다. 그런데도 굳이 자기를
소개하도록 하는 것은 참으로 '김빠지는' 일이다. 대신 정보간격을 찾아낼 수 있는,
'재미나는 삼촌'을 친구들에게 소개하기 따위로 바꿔 진행할 필요가 있는 것이다. 정보
간격을 두 사람 사이에 균등히 나누는 과제로 흔히 그림을 이용한다. 그림을 반절로
잘라서 서로에게 나눠 준 뒤에, 칸막이 너머에 있는 상대방에게 자신이 갖고 있는 그림
의 세부내용을 언어로 전달해 준다. 이 과제의 목표는 두 사람이 협동하여 본디 전체
모습을 완성하도록 하는 것이다.

있기 때문이다. 따라서 우리는 청자에게 그리고 화자에게 정보를 전달해 주기 위한 참된 의사소통 동기를 제공해 주고 있는 것이다.

3.3. 청자

제1장에서 편안하게 진행되는 잡담을 논의했을 때, 대부분의 잡담이 편안한 한 가지 이유는 화자가 청자에 대해서 편하게 느끼기 때문임을 지적하였다. 일반적으로 학생들은 어른들이 얼마나 친절하고 동정적일 수 있는지와 상관없이 선생님이나 어른에게 말을 하는 일보다는, 같은 급우끼리 서로 이야기를 걸 경우에 편안하게 느낌은 분명한 듯하다. 비슷한 측면에서 여러분이 보고 겪는 일상경험을 공유하는 또 다른 개인에게 말을 하는 이점은, 아주 많은 부분의 배경지식을 당연한 듯이 여길 수 있다는 점이다. 세계의 본질에 대한 여러분의 가정을 하나하나 거론할 필요가 없다. 이미 여러분들 사이에 잘 수립되어 있기 때문이다. 이것이 아마 어른으로서 우리가 친구들과의 모임에서 가까운 동료들 쪽으로 끌려가는 경향이 있고 조만간 '잡담마당'으로 되는 이유일 것이다. 대체로 여러분의 경험과 중첩되는 사람들에게 이야기하는 일이 아주 편하다. 물론 이것과 정반대의 사태는 잠시라도 외국에 있는 공동체에서 살아가는 일이다. 외국생활이 늘 흥미롭고 흥분되며 자극을 줄 수 있겠지만, 사소한 습관이나 언어 표현, 사물을 바라보는 방식에 대한 이유를 설명하거나 찾아내는 데에 필경 아주 많은 시간을 소비해야 하기 때문에 많은 이들이 또한 외국생활이 아주 힘듦을 깨닫는다.

우리의 경험으로 보면, 학생들이 다음 장에서 묘사하게 될 과제를 같은 학급에 있는 급우에게 이야기해 줄 경우에 수행을 가장 잘한다. 그들은 상호작용에서 편안하고 느긋하다. 시작하기 위해 잡담을 하고, 그리고 나서 때로 대답하거나 서로 재치 있게 반응을 하면서 과제에 온전히 주의를 쏟는다. 그들은 과제가 시작되기 이전에 외견상 비록 어른 면담자(=조사연구자)와 아주 기쁘게 잡담을 하였다 하더라도, 면담자와 그 과제를 수행하는 것보다 급우들과 상호작용하는 환경에서 수행을 더 잘해 낸다. 다음 인용에서 화자 갑은 마치 주어진 과제를 즐기면서 을에게 어느 섬에 대하여 '지도'를 놓고서 길을 그리는 방법을 말해 주고 있는 듯이 들린다.

(1) A: you go over to quite a bit below the bottom of the swamp

  B: what swamp?

  A: swamp swamp

  B: how far is it away from Palm Beach?

  A: about forty miles (giggles) + it's quite a big bit away

  갑: 네가 아주 한참 그 늪지 바닥 아래로 건너가야 해

  을: 어떤 늪지인데?5)

  갑: 늪지 늪지 말야

  을: 그게 종려나무 해수욕장으로부터 얼마나 멀지?

  갑: 대략 40마일쯤 (키들키들 웃음) + 그게 아주 크게 한참 떨어져
    있어

우리는 또한 학생들이 급우에게 그 과제를 수행하기 위해 녹음내용을 들려 줄 수 있도록 녹음기 마이크를 써서 이야기하도록 요청받은 경우보다는, 평상시처럼 직접 급우에게 말을 해 주는 경우에 수행을 더 잘함에도 주목해야 한다. 우리는 이런 과제제시 방식을 실험하였

---

5) [역주] 더 뒤에 나오는 인용을 보면, '을'의 지도에는 그 지점에 악어 떼들이 그려져 있을 뿐이다. 비록 동일한 지도는 아니지만, 앤더슨(1995) "대화에서 의미 일관성 타개하기"(Negotiating coherence in dialogue), 건스바커·기본 엮음(Gernsbacher and Givón), 『자발적인 덩잇말에서 의미 일관성(Coherence in Spontaneous Text)』(John Benjamins)에는 당시에 썼던 두 종류의 지도가 제시되어 있는데, 그중 하나가 다음 〈그림 1A, 1B〉이며, 왼쪽이 화자용, 오른쪽이 청자용이다.

는데, 사실상 일부 학교에서 평가 목적으로 아주 많이 이용된 것이기 때문이다. 일반적으로 학생들은 녹음기 마이크를 통해서 말을 한 경우에 이야기를 덜 산출하였으며, 덜 정확한 이야기를 산출하였다. 예를 들어, 일러주기(instruction)[6] 과제에서, 그들은 더 신속히 말하였고, 부적합한 짧은 쉼(pauses)을 두었으며, 적합하게 구성부문들을 구별하지 못하거나 그 관계를 적합하게 표현하지 못하였다.

이런 효과를 살펴보는 것은 중요하다. 학생들이 이들 부자연스런 환경 아래에서 과제를 수행하도록 요구받을 때, 자신의 청자가 눈앞에 실제 있는 경우처럼 더 일반적인 언어사용 조건에서 수행할 수 있는 것보다도, 훨씬 제대로 수행하지 못할 것 같음을 의미하기 때문이다. 언뜻 보기에 녹음기 마이크를 통해서 이야기하는 것과 아주 비슷해 보일 법한 경우로서 전화로 말하기 과제를 통해서는 학생들을 실

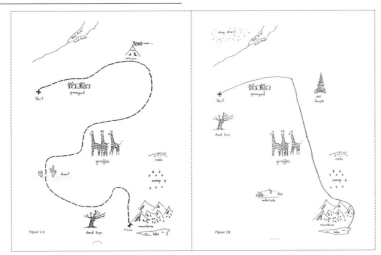

6) [역주] instruction도 우리말에서 맥락에 따라서 여러 가지로 번역되어야 한다. 여기서는 어느 도형을 화자의 말에 따라 그리도록 지시하는 것이므로 '일러주기'(명령문 형식으로 된 지시하기)로 번역하였다. 이 낱말이 만일 시험 문제에서 어떻게 문제를 풀어야 할지 맨 처음 설명하는 부분을 가리키면 '지시문'으로 번역되고, 수업과 관련해서는 '수업내용'으로 번역되며(동사로 쓰이면 가르쳐 주다), 장난감이나 기구들 조립할 때에는 '설명서'로 번역된다.

험하지 않았다. 분명히 이들 조건 사이에는 한 가지 중요한 차이점이 있다. 녹음기 마이크를 통해 말하고 있는 화자는 자신의 청자로부터 조금도 되점검을 받을 수 없다. 그렇지만 전화기를 통해 말하는 화자는 일반적으로 상대방의 반응을 되점검할 수 있다. 가령,

'yes(예), right(옳아요), OK, uhuh(무슨 말이지?), mmm(그렇구나!), hold on(잠깐만요), you're going too fast(조금만 천천히요)'

등과 같은 반응을 받을 것으로 기대된다.

화자들이 차례를 바꾸면서 서로서로 말하는 경우에, 화자가 놓이는 조건들은 상호작용에서 편안한 느낌에 대해 어떤 영향력을 지닌다. 사람들이 다정스럽게 나란히 앉음으로써, 또는 어느 탁자에서 서로 90도 각도로 앉음으로써 가장 편안하게 느낌은 의심할 바 없다. 우리의 실험절차에 대한 문제점은, 정보를 입말로 전달해 주는 데에 관심을 두기 때문에, 화자와 청자가 서로가 지닌 정보 쪽지를 쳐다볼 수 없도록 하는 것이었다. 우리는 가끔 짝지은 학생끼리 서로 등을 맞대고 앉는 실험적 배열도 써 보았다. 비록 이 조건에서 학생들이 완벽히 수행을 잘하였지만, 아주 부자연스러워 보였다고 말해야겠다. 이처럼 교실에서 서로 함께 앉은 여러 명의 짝지은 학생들과 더불어 동시에 작업을 진행하였더라면, 그 결과가 아마도 흉측하게 소란스러움으로 끝났을 법하다.

가장 만족스런 배열 방식은, 화자와 청자가 서로 책상을 하나 건너 마주 바라봄으로써 그들이 서로에게 조용히 말하고, 고개를 끄덕이며, 웃고, 평상시 대화의 눈 접촉(eye-contact)을 갖게 되는 방식이다. 그렇지 않으면 청자로 하여금 화자의 정보를 보지 못하게 가리되, 화자로 하여금 청자가 실행하고 있는 바를 손짓으로 알려 주지 못하게 막는 낮은 가림막이 있거나, 버팀대로 받쳐진 가리개가 있는 방식으로 보인다. 이런 배열이 분명히 자연스런 것은 아니다. 그렇지만 실생

활에서 실제로 아주 비슷한 물리적 방벽이 있는 경우들을 이내 쉽게 생각해 볼 수 있다. 가령, 유리 막 뒤에 앉아 있는 은행이나 우체국이나 예매소 직원들한테 말하는 것이 명백히 그런 사례들이다. 책상 다른 편에 앉아서 자신의 글씨 받침판 위에다 여러분이 묘사하는 증상들을 비밀스럽게 적고 있는 의사한테 말을 건네는 경우도 그러하다. 아니면, 계산대 뒤에 있는 판촉사원에게 여러분이 산 텔레비전이 올바로 작동하지 않는다고 알려 주려고 하는 경우도 그러하다. 이런 얼개를 둘 모두 말을 하면서 함께 협동 작업을 하고 있는 학생들에게, 그리고 오직 지명된 화자만 이야기를 실행하는 평가 진행과정의 학생들에게 만족스럽게 이용하였다.

의사소통 압박감을 등급으로 나눠 놓는 한 가지 차원은, 돌아가며 정보를 말해 주는 일이다. 한 명의 학생이 다른 학생한테 이야기를 시작한다. 점차 서너 명으로 된 작은 모둠에게 말을 해 주는 학생들로 옮겨간다. 마침내 전체 학급 학생들에게 말하는 일이나 또는 낯선 어른들에게 말하는 일 등으로 옮겨가는 것이다. 아직 우리가 시도해 보지 않은 추가적인 청자 변인이 한 가지 있다. 화자에게 자신이 말하고자 하는 바를 잘 구성해 내도록 많은 시간을 내어 주는 청자의 준비성(=참을성)이다. 만일 자신의 청자가 급박한 상황에 있거나, 자신이 말하고 있는 바에 대해 귀를 기울이며 참을성 있게 들어주지 않는다면, 화자에게는 좀 더 압박감이 더해진다. 현실 세계에서 우리 어른들은 종종 전달내용을 급박히 구성해 낼 필요가 있거나, 또는 더 높은 지위의 청자에게 말을 전해야 할 필요가 있다.

과거 수년 동안에 많은 조사연구에서는 의사와 의사소통을 하는 환자들이 겪는 어려움, 그리고 법정에서 질문에 답변하는 목격자들이 겪는 어려움을 보여 주었다. 심지어 정상적으로 유능한 화자들도 그런 상황이 압박감을 더해 줌을 깨닫는다. 그런 압박감이 있는 조건들에서 일부 화자는 단순히 자신이 말하고자 하는 바를 소통시키기에 실패하거나, 또는 결정적으로 자신이 말하고자 하는 바를 엉뚱하게 표현하기도 한다. 일단 학습자가 상대적으로 압박감이 없는 상황에서 의사소통하는 데에 어떤 상당한 정도의 능력에 도달한 경우에, 최소한 역할 놀이에서 성급한 청자와의 연습도 입말 교과과정에 유용하게 맞물려 들 수 있을 것으로 본다.

우리는 더 앞에서 작은 모둠별로 토론을 얽어 놓을 가능성을 언급하였다. 이는 분명히 학생들에게 유용한 경험이다. 그렇지만 현재로서 모둠의 역동성에 대한 우리 지식에 비춰 보면, 그것이 아마 교사들에게 한 학생의 수행을 향상시키는 기회를 더 많이 제공해 주지 않을 법한 활동이다. 작은 모둠에서는 개인별로 특정한 역할들을 받아들이려는 경향이 있음이 알려져 있다. 따라서 영희는 어떤 특정한 모둠에서 그 모둠을 이끌어가는 권위적 역할을 맡을 수 있고, 철수는 재치 있게 반체제적 짤막한 농담을 하는 역할을 맡을 수 있다. 서로 다른 '모둠 결합'(group chemistry)으로 이뤄진 제3의 모둠에서는 영희가 뒷받침하는 청자 역할을 맡을 수 있거나, 또는 철수가 첫 번째 모둠에서 실행하였던 그 역할을 택할 수도 있다.[7]

어떤 모둠에서는 '함께 잘 해내지' 못하고 이야기를 아주 조금만 산출할 가능성이 있다. 한편 또 다른 모둠에서는 다른 사람들에게 참여 기회를 거의 주지 않는 권위적인 역할을 떠맡으려고 두 사람 간에 서로 다툴 가능성도 있다. 어느 특정 개인이 기여하는 가치를 우리가 어떻게 판정할 것인지를 알아내기란 아주 어렵다. 그렇더라도 적게 말하면서 상대를 이해해 주는 동정적인 청자가 되는 일이, 능동적인 화자가 되는 일만큼 그 모둠의 사회적 결속력에서 중요한 변인이 될 수 있다. 교사와 더불어 토론하는 6명의 학생으로 이뤄진 어느 모둠의 20분짜리 녹화물에서, 한 학생이 전체 시간에서 오직 두 마디만을 언급하였다. 그럼에도 불구하고, 각 경우에 그 언급이 사실상 주제에 대

---

7) [역주] 이는 모둠을 달리 하면서 같은 소재의 과제에 대한 등급을 더 복잡하고 다양하게 확대하여 과제 풀이 골자를 반복 연습해 나가는 형식이다.

하여 흥미로운 전개를 열어 놓았다. 특히 전혀 흥미롭지 않은 방식으로 계속 잡담을 하였지만, 그 모둠에서 즐거운 말하기 분위기를 띄워 성공적으로 유지시켜 놓은 또 다른 학생에 의해 만들어진 기여와 비교해서, 그런 기여를 어떻게 평가할 것인가?

모둠 토론에서는 한 한생이 종종 말을 많이 하되 조리 있게 하며, 다른 학생들이 신중히 들으며, 또 다른 학생이 무관한 말을 지껄이는 것을, 교사가 막연히 인상적인 방식으로 관찰하는 것만이 가능한 일일 수도 있다.[8]

3.4. 과제 유형

우리는 제4장에서 서로 다른 많은 과제 유형의 세부 내용들을 논의하게 될 것이다. 여기서 우리가 하고자 하는 일은, 여기서 묘사하는 많은 수의 과제들이 실제적으로 친숙한 많은 교실수업 과제들처럼 인지적으로 아주 어렵다는 점을 지적하는 것이다. 한 가지 어려움은 흔

---

8) [역주] 인상적인 평가 이외에, 한 학생의 발화 내용을 과제를 해결하는 데 몇 퍼센트의 기여를 했는지 숫자로 평가하기란 정말 어렵다. 통계학에서는 대학 입학 면접이나 신입 사원 면접에 대하여 실시한 엄격한 정량적 분석을 보고하는데, 높은 면접시험 점수와 학업 능력이나 업무 능력과 상관성이 거의 없다고 알려져 있기 때문이다. 하드먼 (Hardman, 2009; 이영애·이나경 뒤침, 2012),『판단과 결정의 심리학』(시그마 프레스)를 읽어 보기 바란다(텍사스 대학 의대에 지원한 수험생 2,200명의 면접의 결과를 분석하고 나서 "면접 절차가 시간 낭비였다"는 주장을 소개함, 14쪽). 일반적으로 인간의 판단과 결정 과정은 합리적이거나 이성적인 것이 아니다. 오히려 반대 방향으로 치우친 판단과 결정을 하기 일쑤이다. 이를 종종 '어림판단' 또는 '주먹구구 결정'(heuristics)이라고 부르는데, 특히 카너먼 외(1982; 이영애 뒤침, 2001),『불확실한 상황에서의 판단』(아카넷)을 읽어 보기 바란다. 단, heuristics를 이영애 교수는 '추단'으로 번역했지만, 자칫 '추론적 판단'이나 '추리 단정'의 줄임말로 오해할 수 있어서, 결코 좋은 번역 용어라고 말할 수 없다. 교육학에서는 heuristic (learing)을 '스스로 찾아내는/발견하는 학습'이라고 번역한다. 희랍어 어원 heuriskein이 find(찾아내다, 발견하다)이기 때문이다. 그런데 이런 의미 차이는 동일한 낱말을 진행 과정의 의미(스스로 찾아내는, 발견하는)로 쓰느냐, 결과 상태의 의미(스스로 찾아낸 결과로서 어림짐작이나 주먹구구 결론)로 쓰느냐에 따라 생겨나는 것이다.

히 화자가 자신의 청자와 더불어 공유하고 있다고 가정할 개연성이 있는 '배경지식의 양'을 평가하는 데에서9) 화자가 갖는 문제에 놓여 있다. 여기서 우리는 전달될 특정한 정보와 관련하여 '정보간격'을 말하고 있는 것이 아니라, 화자가 일반적으로 이런 유형의 사건에 대하여 청자가 알고 있는 것으로 얼마나 가정할 수 있는지를 말하고 있음에 유의하기 바란다. 두 번째 어려움은, 종종 상대적으로 구조화되지 않은(=따라서 덜 익숙한) 경험이라고 느껴지는 것으로부터 보고 가능한 사건을 구성하는 문제에 놓여 있다. 우리는 이들 어려움을 하나하나 차례로 논의해 나갈 것이다.

3.4.1 배경지식 공유하기

기차에서 여러분이 누군가를 만나서 상대방 쪽에서 여러분한테 뭘 하면서 살아가는지를 묻는 경우에, 여러분이 하는 일에 따라서 흔히 가슴이 철렁 가라앉는 일이 있다. 만일 교사·의사·변호사·버스 차장·미용사처럼 일반적으로 공동체 구성원이 대부분 잘 아는 종류의 일을 하고 있다면, 전혀 아무 문제도 없다고 생각할 수 있다. 그렇지만 영국 문화원(British Council)을 위한 일과 같이 평범치 않은 일을 하거나, 희랍 로마 신화에 나오는 정령들을 인형으로 제조하거나, 언어학을 가르치는 일을 한다면, 여러분은 감당하기 힘든 문제를 지닌다. 만일 여러분이 하는 일을 솔직히 말한다면, 불가피하게 다음 질문은 그게 어

---

9) [역주] 배경지식은 흔히 공유된 공통기반이라고도 말한다. 의사소통을 하기 위하여 상대방과 공유된 지식의 정도를 가늠하기 위해서는 우선 내부 구성원인지, 아니면 외부인인지 여부에 대한 판단이 이뤄져야 한다. 이는 이미 만났던 사람인지 여부에 따라서 결정할 수 있으므로 매우 쉽다. 만일 외부인이라면 서로 공유된 지식들을 질문을 하면서 탐색하는 과정이 있어야 할 것이다. 서로가 인식하는 참여자들의 지위(지식·권력·경험 등)에 대해서도 파악해야 하는데, 서로 간에 파악되는 '열세·동등함·우위' 따위의 사회적 관계 및 친근하게 느껴지거나 멀게 느껴지는 심리적 거리감 따위가 의사소통 전략 수립에 곧장 영향을 주기 때문이다. 내부 구성원도 더 작은 하위단위의 구성원들로 나뉠 수 있고, 이전의 관계를 떠올리면서 얼마나 가깝고 먼 관계인지를 판정하게 된다.

떤 일을 포함하는지에 대해 묻는 것이다. 이 시점에서 여러분은 말을 듣고 있는 상대방이 여러분이 하는 바와 관련된 일에 대하여 뭘 알고 있을 것 같은지에 대하여 복잡한 판단을 내려야 한다. 이는 여러분이 하는 종류의 일에 대하여 상대방으로 하여금 너무 왜곡되지 않은 시각을 얻을 수 있도록 해 줄 것이다. 만일 여러분이 강한 자신감을 느낀다면, 이것을 흥미로운 상상력의 재간으로 간주할 수 있겠지만, 만일 그런 느낌을 갖고 있지 않다면 아마도 최소한의 대답만을 해 주고서, 그 대화를 둘이 모두 공유한 배경지식 영역의 다른 주제 쪽으로 바꾸려고 애쓸 것이다.

이제 어느 학생에게 그가 아는 어떤 것에 대하여 학급전체를 상대로 하여 말해 주도록 요청하는 경우에 나올 수 있는 문제를 살펴보기로 한다. 일부 학생들은 이를 잘 처리해 낼 수 있겠지만, 많은 학생들이 그런 경험을 두렵게 여긴다. 큰 모둠을 대상으로 전달하는 일의 문제점 한 가지는, 구성원들 사이에서 배경지식의 분포가 한결같지 않다는 점이다. 태권도 교실에서 저녁 시간을 어떻게 보내는지를 묘사하도록 그 학생에게 질문하였다고 하자. 그 학생 이외에는 사실상 아무도 태권도 교실에 가지 않을 수 있다. 따라서 그런 점에서 상대적으로 그 학생이 정보간격에 대해 자신감을 느낄 가능성이 있다. 그렇지만 전부는 아니라고 하더라도, 자신의 친구 여러 명이 텔레비전이나 영화로 태권도 경기를 구경한 경험이 있음을 알 수도 있다. 한편으로 영화를 본 적이 있는 친구들이 따분해 하지 않게 만들거나 또는 다른 한편으로 그런 영화를 본 적도 없는 친구들을 어리둥절케 하지 않을 배경지식을 얼마나 많이 자세히 말해 주어야 하는지, 화자로서 판단하기가 아주 어렵다. 분명히 고급 수준의 학생들은 그런 과제를 떠맡도록 요청받을 수도 있다. 긴 발언기회 관리에서의 초보자들에게는 자신의 청중에게 있는 상이한 지식의 양을 상상하면서 말하는 동안 유의하도록 노력하기란 아주 힘든 일이다.

화자에게 자신이 알고 있으나 상대방 청자가 알지 못하는 어떤 것에 대하여 말하도록 요구하는 다수의 명백히 간단한 과제가, 이런 복잡한 요구사항을 화자에게 부과한다. 따라서

소년단원(Scouts)에서 보낸 저녁 시간, 텔레비전에서 본 영화, 탄광 견학, 랭커셔 블랙풀(Blackpool)에서 보낸 휴일, 탁구 치는 방법

등에 대해 설명해 주도록 요구받은 화자는, 각 경우마다 미리 자신의 청자가 얼마만큼의 배경지식을 갖고 있을지를 고려해 두어야 한다. 이미 시사하였듯이, 만일 여러 사람의 청자가 있다면 그 상황은 심지어 더 복잡하다. 몇몇 상황에서, 특히 급우 사이 1:1 상호작용에서, 화자는 가령 자신의 청자에게 랭커셔 블랙풀에 가 본 적이 있는지, 또는 그렇지 않다면 다른 어떤 영국 해변 휴양지에 한 번이라도 가 본 적이 있는지를 물어 볼 수 있다. 그렇게 함으로써 자신의 청자가 배경지식으로 관련 정보를 얼마만큼 공유하고 있는지 등을 충분히 찾아내려고 노력할 만큼 자신감을 느낄 수도 있다. 만일 그 주제가 화자가 아주 잘 알고 있는 어떤 것이지만, 자신의 청자 쪽에 있을 수 있는 배경지식의 결여를 배려하지 못한다면, 제1장의 인용 (7)에서 영화 '식인 상어'(Jaws, 상어 아가리)에 대하여 말하였던 화자가 그랬듯이, 너무 많은 배경지식을 자신의 청자에게 부담지워 놓을 것 같다. 청자들의 배경지식 상태를 고려해 놓도록 배우는 일이 명백히 청자 관련 기술이며, 만족스럽게 정보를 전달해 주는 데 필수적인 기술이다. 대부분의 학생들은 이런 기술을 연습할 필요가 있을 것이다.

3.4.2. 경험을 잘라 덩어리로 나누기

앞 절에서 언급한 명백히 간단한 다수의 과제들이 화자로 하여금 '가이즈에서 보낸 저녁 시간'이나 '랭커셔 블랙풀에서 지냈던 휴일'과 같이 어떤 경험을 되돌아보고, 그 전체 경험으로부터 분리되어 나름

대로 하나의 사건처럼 제시될 수 있는 어떤 부분을 추려내도록 요구한다. 어느 학생이 방학 여행을 프랑스로 가서 보냈다고 가정하기로 한다. 교사는 이 방학 여행에 대하여 학급 전체 학생들에게 이야기해 주도록 요구하는 기회로 삼을 수 있다. 그런 과제는 사실상 화자 쪽에 극히 능숙한 판단을 요구한다. 한 도막의 경험을 추려내어 그것을 '이야기로 만들어 내기'(make a story)가 아주 어려운 것이다.

이런 현상은 어린 아이의 학부모들에게는 아주 친숙하다. 많은 부모들이 자기 아이가 초등학교 첫날 수업으로부터 돌아오자마자 미소를 크게 지으면서

"What did you do today?"
(오늘 학교에서 뭘 했니?)

라고 묻는다. 한참 있다가 전형적으로 그 어린이가

"we had dinner."
(우리 저녁 먹었어요)

또는

"I went to the toilet."
(난 학교 화장실에 갔어요)

와 같이 어떤 아주 평범한 활동에 대한 대답을 끄집어낸다. 어린이가 그런 사건을 말해질 수 있는 전체사건으로 분류해 놓은 듯하다. 그것들은 어린이의 이전 생활경험과 관련되는 구조를 갖고 있다. 그러나 이 시점에서 어린이는 입학 첫날의 구조화되지 않은 새로운 경험에 대해서 언급할 낱말들을 갖고 있지 않고, 실질적으로 그것들에 대하여 말할

수도 없다. 그런 똑같은 문제가 누군가가 여러분에게 방학 여행으로 뭘 했는지를 묻는 경우에도 그대로 들어 있다. 보통 답변은 익숙한 사건들에 대한 평범한 목록이다. 화자는 방학 여행에 대해서 언급한 낱말들로부터 청자가 그것들을 인식할 수 있을 것임을 알고 있다.

학급 전체 학생들 앞에 서서 한 학생이 프랑스에서 보낸 방학 여행에 대하여 말을 하려고 한다고 가정하기로 한다. 그는 자신의 경험을 되돌아보며 언급될 수 있는 덩어리들로 조직해 놓아야 한다. 만일 그가 경험을 공유한 누군가에게 말을 하고 있다면, 전혀 문제가 없다. 언급될 수 있고, 전체적으로 공유된 경험을 되살려 낼 기억 속의 표지들이 있는 것이다. 하지만 경험을 공유하지 못한 누군가에게 성공적으로 의사소통을 하는 일은 복잡하고 힘든 과제이다. 문제는 경험으로부터 '이야기할 수 있는' 덩어리들을 뽑아내는 일과, 언급되고 있는 사건들에 대하여 자신의 청자들이 얼마만큼의 배경지식을 갖고 있을 것 같은지를 결정하는 일에 있다.

3.4.3. 과제 유형을 등급으로 나눠 놓기

제4장에서는 서로 다른 유형의 과제들에 대하여 일부 형식적 속성을 논의하게 될 것이다. 이 시점에서 학생들이 말하도록 요구받는 많은 논술 유형(essay type)의 주제가, 특히 경험 없는 화자로서는 떠맡기기가 특히 어렵다는 점만 간단히 언급해 둔다. 청자가 알고가 기대할 법한 바에 비추어, 필수적인 정보의 선택, '보고 가능한' 정보의 선택, 그 내용을 흥미로운 설명 속으로 구조화해 놓는 일은 어떤 습득된 기술이다. 우리는 평가 목적 때문이 아니라, 한 수업 과정의 시작 부분에서 어떤 격식 갖춘 방식으로든지 학생들이 그런 복잡한 과제를 떠맡도록 요구되지 말아야 함을 분명히 제안하였다. 오히려 그들은 상대적으로 많은 도움거리를 제공해 주는 간단한 과제들을 놓고서 훈련을 받아야 한다. 여기서 학습자들이 표현할 필요가 있는 것이 무엇인지

알고 있는 교사는, 그렇게 수행하는 데에 그들이 성공했는지 여부를 판정하고, 실패한다면 성공할 수 있게 그들을 도와 줄 수 있다. 논술 유형의 풍부하고 구조화되지 않은 과제들은, 청자에게 입말 형태로 제시된 경우에 평가하기가 극히 어렵다.10) 교사가 학생의 수행 내용을 향상되도록 도와주는 일을 체계적인 어떤 방식이든지 어떻게 시작할 수 있을지 알아내기란 아주 힘들다.

3.5. 입력물(input)의11) 조건

일반적으로 한 명의 학생이 어떤 목적을 위하여 청자에게 알려 줘

---

10) [역주] 이런 이유 때문에 언어교육에서 평가를 시행할 때에는 반드시 구성물을 정의하고 그 구성물에 따라서 명세표를 규정해 놓아야 한다.

11) [역주] input(입력물)은 학생들이 연습하고 수행해야 할 과제에 관련된 내용 전부를 가리킨다. 흔히 언어 및 감각자료를 모두 포함하는데, 후자는 주로 그림이나 도표 등의 시각자료를 가리킨다. 이런 용어의 전환에는 두 가지 배경 사실이 있다. 첫째, 언어를 그림이나 도표로 바꾸고, 반대로 그림이나 도표를 언어로 표현하는 일이 우리 일상생활에서 다반사로 일어난다. 둘째, 인간 정신을 처리하는 자료들도 또한 ideas(관념) 및 impressions(감각인상)이라는 두 종류로 대분되는데, 이들이 언어와 시각자료로 대표되기 때문이다. 킨취(Kintsch, 1998; 김지홍·문선모 뒤침, 2010), 『이해: 인지 패러다임』 I, II(나남)에서는 이해의 결과를 장기기억 속에 집어넣기 위한 자료를 상황모형으로 부르는데, 이는 언어 및 감각자료의 복합물이다.

input(입력물)이라는 낱말은 옛 소련의 심리학자 비고츠키의 '근접 발달 영역'(Zone of Proximal Development, ZPD)이란 착상을 1980년대에 미국의 언어교육자 크뢰션(Krashen)이 제2언어 또는 외국어 교육에 응용하여 '입력물 가정'(input hypothesis)이란 주장을 펴면서 더욱 일반화되었다. 최근의 언어교육 흐름인 과제 중심 언어교육(TBLT)에서는 input(입력물)이란 말 대신에 task(과제)라는 말을 쓴다.

한편 언어 학습에는 입력물만이 중요한 것이 아니라, 또한 산출물(output)도 중요하다고 보아, 캐나다 언어교육자 스웨인(Swain)은 다시 산출물 가정(output hypothesis)을 주장하였다. 언어를 완벽히 구사하려면 입력물뿐만 아니라 산출물도 좀 더 정확해져야 한다. 한 방향의 의사소통(가령 영어로 된 영화를 보거나 영어 방송을 듣거나 보는 일)만으로는 결코 목표 언어를 배울 수 없다. 반드시 청자와 더불어 말을 주고받는 경험을 누적적으로 쌓아 나가야 한다. 이런 두 방향의 의사소통을 포괄적으로 '의사소통 간격'(communication gap)을 줄이는 활동이라고 말한다. 이런 활동을 통하여 화자가 자신의 의도를 어떤 형식의 표현으로 상대방 청자에게 전달해야 하는지를 여러 가지 시험해 볼 수 있는 것이다. 따라서 이런 시행착오를 겪는 과정으로부터 비로소 문제 해결 전략을 나름대로 갖추어 나가게 되는 것이다.

야 할 정보를 가진 경우에, 그가 그 정보를 입말 모습으로만 얻어내거나 또는 명백히 단독으로 입말이 아닌 모습으로만 얻어내어서는 안 된다고 가정하였다. 우리의 조사연구에서는 애초에 화자들에게 정보를 표준적인 녹음된 입력물을 통해서 제공해 주려고 노력하였고, 그런 뒤에 그 정보를 그들이 다시 어느 다른 청자에게 알려 주도록 요청했다. 일부 학생들이 자신이 들은 내용에 대하여 다른 학생들보다 훨씬 나은 기억력을 지녔음이 곧 명백해졌다. 자신이 들었던 게 무엇이었는지를 기억해 낼 수 없었던 학생들은, 그들이 기억할 수 없었던 정보를 전달하는 데에 실패하였기 때문에, 평가에서 벌점을 받았다.12) 우리들에게는 여러분이 들어 놓은 것을 기억해 내는 (또는 아마 이해해 내는) 능력 및 입말을 이용하여 다른 사람에게 정보를 전달해 주는 능력을 혼동하지 않는 것이 중요한 듯하였다. 따라서 우리는 이런 형식의 입력물을 이용하는 일을 포기하였다.

그 시간 이후로 계속해서 우리는 특정한 과제들에 대해서 대체로 시각적인 입력물을 갖고서 작업을 해 왔다. 가끔 다음처럼

"see this—well it has to fit into this—like that."
(이걸 봐—근데 그게 이 안으로 들어가서 꽉 맞아야 해—저것처럼 말야)

화자가 실행하고 있는 것이 무언지를 청자가 볼 수 없는 경우에 필요한 더 명백한 언어 표현보다는, 오히려 시범 보여 주기에서 학생들이 스스로 아주 잘 제어하는 종류의 쉬운 언어를 이용하면서 손으로 '가리켜 주는'(pointing) 유형의 언급들도 같이 수반되었다. 가령, 청자

---

12) [역주] 결과적으로 말하기 능력을 평가하는 것이 아니라, 말하기 능력과 직접 관련되지 않은, 다만 간접적으로 관련된 것을 측정하는 일이 되어 버렸다. 이를 흔히 '구성물 무관 변인'이라고 부른다. 벅(Buck, 2001; 김지홍 뒤침, 2013), 『듣기 평가』(글로벌콘텐츠, 202쪽)를 보기 바란다. 만일 말하기 능력을 측정하는 과정에서 기억해야 할 항목들이 많다면, 반드시 메모를 허용해 주어 학습자들의 기억 부담을 줌으로써 온전히 말하기 전략을 짜는 데에만 전념할 수 있도록 해야 한다.

가 어떤 기구를 조립하고 있다면, 말을 해 주는 동안에 조립하는 순서를 알려 주기 위하여 화자는 자기 앞에 그 기구의 조립 순서를 보여 주는 일련의 그림들을 지니고 있다. 화자가 어떤 이야기에[13] 관련되거나 또는 절도나 사건에 대한 목격 설명을 제시해 주는 경우에, 그는 자기 앞에 일련의 그림이나 사진들을 지니고 있다. 화자가 (전기회로) 배선도(wiring diagram)의 구성 방법에 대한 지시사항을 말해 주고 있는 경우에, 그는 자기 앞에 똑같은 도표를 지니고 있다. 각 경우마다 우리의 의도는 기억 부담을 최소한도로 줄여 놓는 것이다. 분명히 이런 유형의 과제 제시에서는 이야기하기를 포기해 버리는 화자들이 한 사람도 없었다. 실제로 오직 청각 입력물만 받았던 여러 명의 학생들에 게서는 포기하는 일이 일어났었다.

임의의 과제에 대하여 한 가지 명백히 호감이 가는 입력물의 형식은, 학생들에게 어떤 사건에 대한 짤막한 녹화물(동영상)을 보여 주는 것이다. 이는 특히 생생한 형식의 입력물로 된다는 이점을 지닌다. 일반적으로 학생들이 녹화물과 더불어 작업하는 것을 좋아함은 명백하다. 입력물의 생생함이 기억 부담의 증가와 견주어 균형이 잡혀야 함

---

13) [역주] 원문 narration(이야기, 서사물)은 소설의 구성과 같이 '시작 → 전개 → 전환 → 마무리'(이른바 '기승전결'의 형식)를 갖는 일련의 완결된 사건이거나 또는 시간과 공간이 바뀌어 가면서 이어지는 사건들의 연속물을 가리킨다. narration 연구에서 제일 많이 다뤄진 것들이 전형적인 사건 전개 모습을 지닌 '옛날이야기'나 전형적인 '설화'들이다.
이렇게 흐름을 지닌 이야기는 심리학에서 '이야기 문법'의 연구 초점이다. 김소영 (2003), 「텍스트의 이해와 기억」; 조명한 외 11인, 『언어 심리학』(학지사)를 읽어 보기 바란다. 한편 자유연상에 입각하여 인간 기억을 다루던 에빙하우스(Ebbinghaus, 1855~1909)의 접근에 반대하여, 인간 기억의 본질을 '재구성'(reconstruction)이라고 주장한 바틀릿(Bartlett, 1886~1969)도, 자신의 주장을 바로 이런 이야기 흐름의 실재를 근거로 하여 논증한 바 있다. 바틀릿(1932, 킨취 교수의 서문을 붙여 1995년 재간됨), 『기억해 내는 일: 실험 및 사회 심리학 연구(Remembering: A Study in Experimental and Social Psychology)』(Cambridge University Press)를 보기 바란다. 굳이 memory(기억)란 말을 쓰지 않고 remembering(기억해 내는 일)이란 말을 쓴 이유가 있다. 전자는 기억 내용이 영구히 두뇌 어딘가에 존재한다는 잘못된 함의를 지니는데, 기억의 본질은 더 생생히 강화되거나 점차 아스라히 사라질 뿐이므로, 이런 역동성을 포착하기 위해 후자의 용어를 쓴 것이다.

에 유의하는 것이 중요하다. 특히 학업상 덜 성공적인 학생들에게서,14) 우리는 세부 내용이 다소 덜 자세하게 기억됨을 알아내었다. 이는 녹화물이 특히 요약이나 골자가 산출되도록 요구되는 연습들에 대해서는 훌륭한 입력물이 되지만, 요구내용이 자세한 세부 설명인 경우에는 오히려 빈약한 입력물이 될 수 있음을 시사한다.

학생들의 수행에 영향을 끼칠 수 있는 하나의 추가 변인이 시각 자극에 들어 있는 세부 내용의 양이다. 다시, 사진이나 만화로부터 유관한 세부내용의 선택은 사뭇 복잡한 선택을 구성한다. 만일 여러분이 어느 방의 내부 모습을 담은 사진을 본다면, 어떤 조건 아래 텔레비전 위에 있는 꽃병을 언급하는가? 어떤 조건 아래 그 방의 출입문이 완전히 닫히지 않았다고 언급하는가? 만일 지시사항이 다음과 같다면,

"tell the listener the name of everything you can see so that he can tick them off in his photograhp"
(여러분이 볼 수 있는 모든 것들의 이름을 청자에게 말해 주어서, 그가 자신의 사진에서 그것들에다 쐐기표를 질러 표시할 수 있게 하시오)

그 꽃병을 언급하는 것이 적합할 듯하다. 만일 지시사항이 다음과 같다면,

"tell the listener the story you have here so that he can construct a summary of the story for a newspaper article"
(여러분이 여기에서 생겨날 수 있는 이야기를 청자에게 말해 줘서, 그가 어느 신문 기사로 그 이야기에 대한 요약을 만들 수 있게 하시오)

---

14) [역주] 영국에서는 중학교 학력을 인정받기 위하여 일반 등급(G-level)의 학력시험을 통과해야 하고, 고등학교 학력을 인정받기 위하여 고급 등급(A-level)의 학력시험을 통과해야 한다. '학업상 덜 성공적'이란 말은 이런 학력 시험에 떨어진 학생들을 실패라고 낙인찍지 않고 단지 우회적으로 일컫는 말이다.

어쨌든 그 이야기에 관련되지 않는다면, 예를 들어 주부가 자신의 남편에게 그 꽃병을 던져 버리지 않는다면, 분명히 꽃병은 언급되지 말아야 한다.15) 유관한 세부 사항의 선택은 명백한 훈련을 필요로 할 법한 기술이다. 입력물을 등급으로 나눠 놓는 한 가지 방식은, 수업 과정의 시작 부분에서 오히려 소략하고 간단한 입력물을 이용하되, 오직 점차적으로만 학생들한테 복잡한 선택을 요구하는 풍부한 입력물 쪽으로 옮겨가는 일일 듯하다.

3.6. 과제 중심 접근의 일반적 장점들

제4장에서 우리는 일정 범위의 과제들을 묘사하고, 상이한 과제가 어떻게 화자에게 서로 다른 종류의 문제점을 얹어 놓는지를 보여 준다. 그리고 화자들이 이들 문제점을 극복하는 데에 어떻게 성공하는지 또는 어떻게 실패하는지를 놓고서 광범위한 예시를 제시하게 될 것이다. 이 단계에서는 단순히 과제 중심 접근을16) 채택하는 몇 가지 장점을 간단히 지적해 두고자 한다. 이를 실행하면서, 우리는 입말 교육에 대한 우리의 접근 방식을, 다른 더 전통적이며 덜 구조화된 접근들과 대조하여 보여줄 것이다. 당연히 우리가 작업하는 특정한 방식이 입말 사용을 가르치기 위한 유일한 접근법임을 암시하고자 하는

---

15) [역주] 이야기를 이끌어 내는 방식이나 대상을 묘사하는 방식은 반드시 먼저 배경이나 무대를 언급하고 나서, 그 위에 초점이 되는 대상이나 인물을 언급해야 한다. 이를 먼저 무대를 설치한 뒤 사건을 전개하는 방식이라고 부른다. '꽃병'은 배경에 있는 대상일 뿐이다. 결코 초점이 되지 못하므로, 가령 깔끔한 실내 장식 정도의 한마디로 충분하다. 굳이 자세히 언급될 필요가 없는 것이다.

16) [역주] task-based approach(과제에 토대를 둔 접근)은 현재 과제 중심 언어교육(Task Based Language Teaching, TBLT)로 불리며 전 세계에서 주도적인 흐름으로 자리 잡았다. 이는 의사소통 중심 언어교육(Communicative Language Teaching, CLT)의 하위 갈래로 가장 각광을 받고 있는 접근 방식이다. 용어상 '○○ 중심 언어교육'이란 형식을 유지하기 위해, based(토대를 둔, 기반을 둔)를 '중심'(centered)이라고 해 둔다. '과제 기반 접근'이란 말도 가능하다.

것은 아니다. 그럼에도 불구하고, 과제 중심 접근은 실제로 교사에게 이용 가능한 접근들의 한 가지로서 응당 포함되어야 함을 시사하는 여러 가지 명백한 장점을 지닌다.

3.6.1. '알려진 입력물'의 이점

제3장 4절에서 논의되었듯이, 학생으로부터 이야기를 이끌어 내는 한 가지 친숙한 방법은, 특정한 주제—예를 들어 '내가 좋아하는 취미'—를 놓고서 그에게 짤막한 이야기를 해 달라고 요구하는 것이다. 우리가 이용하는 과제들에서는 통제 조절된 입력물이 있었고, 어떤 특정한 목적 때문에 그 정보가 필요한 청자에게 정보를 전해 주기 위하여 화자들에게 그 입력물을 이용하도록 요구하였다. 그런 과제들에 대한 간단한 사례는 다음과 같다.

① 화자가 자기 앞에 어떤 도형을 갖고 있다. 화자는 청자로 하여금 그 도형을 그대로 복제하도록 차근차근 일러 주어야 한다.
② 화자가 자기 앞에 어떤 교통사고를 보여 주는 일련의 사진을 갖고 있다. 화자는 그 사고를 청자에게 보고하되, 보험 사고 처리 서식을 청자가 채워 넣을 수 있도록 해야 한다.

이들 과제에서 의사소통이 이뤄져야 할 내용은 교사에게 알려져 있다.17) 교사는 도형 그리기 과제에서 일정 숫자의 항목들이 묘사되어야 하고, 화자가 그것들을 전부 청자에게 알려 주지 않고서는 해당 과제를 성공적으로 수행할 수 없음을 잘 알고 있다. 의사소통이 이뤄질 내용에 대한 교사의 지식은, 성공적인 수행에 대한 기준을 마련하

---

17) 가령, 〈부록 2〉에 제시된 구조화된 평가표(채점 얼개)에서는 무엇을 말해 주어야 하는지 범주와 항목별로 하나하나 다 적혀 있다.

는 일이 가능하도록 만들어 준다.

　어느 학생이 축구에 대하여 이야기할 경우에 교사는 어떻게 이야기 내용을 판단해야 할 것인가? 축구 시합이 축구공으로 이뤄짐을 언급해야 하는 것일까? 만일 이를 빼뜨린다면, 화자는 청자가 이미 축구에서 축구공이 있어야 함을 알고 있다고 합리적인 가정을 하고 있다고 보아야 하거나, 아니면 이것이 화자 쪽에서 잘못이라고 봐야 하는 것일까? 그런 명백히 정의된 내용의 결여는, 적합한 양의 정보를 의사소통한다는 점에 비추어 그런 이야기가 성공적인지 여부를 평가하는 데 교사에게 문제를 제기한다.

　입력물 자료들에 대하여 이미 알려진 내용과 구조는, 또한 화자들에 의해 만들어진 산출물들이 직접적으로 서로 비교 가능함을 의미한다. 화자마다 동일한 난이도의 과제를 마주하게 되는데, 화자마다 청자에게 의사소통해 줄 동일한 정보를 갖고 있기 때문이다. 자유롭게 말하기(free talk)에서, 가령 디스코 춤추기를 묘사하는 것이 스쿠버 다이빙의 즐거움을 설명하는 것보다 훨씬 더 쉬울 수 있기 때문에, 한 사람의 화자가 실질적인 이점을 지니는 경우가 될 수도 있다. 그렇다면 교사는 알려지지 않은 내용에 대하여 상대적으로 어렵거나 쉬운지를 평가하거나, 또는 훌륭하거나 빈약한 수행으로 귀결되는 화자들의 기술을 평가하는 데에 문제를 지니게 된다.

　진단 평가의 견지에서 보면 과제 중심 접근은 여러 가지 실질적인 이점을 지닌다. 학생이 과제를 수행하기 이전에 입력물이[18] 분석될 수 있으므로, 화자가 과제를 성공적으로 완성하기 위하여 반드시 언급해야 하는 정보를 목록으로 만들어 놓은 객관적인 평가 절차가 고안될 수 있다. 그렇다면 이런 목록은 모든 수행에 대해서 똑같이 적용될 수 있는 어떤 채점표(scoring protocol, 평가 체계)를 형성하며, 화자들

---

18) 입력물(input)은 과제(task)와 거의 같은 뜻으로 쓰인다. 과제가 비단 언어 재료뿐만 아니라, 사진이나 그림 따위의 비-언어 재료도 함께 포함하고 있음을 속뜻으로 담고 있다. 제3장 5절의 역주 11)을 보기 바란다.

이 각자 요구된 정보를 얼마나 잘 의사소통해 내었는지에 대해서 계량화될 수 있는 평가도 만들어질 수 있다. 제5장에서 우리는 일정 범위의 과제들에 대하여 고안해 놓은 평가 절차들을 좀 더 자세히 서술할 것이다.

물론 구조화된 과제들에 대한 수행이, 정보를 전달해 주는 능력 말고도 이야기의 다른 측면을 평가하는 데에 이용될 수 있다. 교사는 인상적으로 스스로 관심을 두는 임의 숫자의 특징들—유창성·문법의 정확성·어휘 사용 범위 따위—을 평가하기 위하여 동일한 수행을 이용할 수 있으므로, 과제의 비교 가능한 속성 및 이끌어낸 이야기의 길이가 또한 이들 목적을 위해서 장점이 될 수 있다.

3.6.2. 교육상으로 과제 중심 접근의 이점

효과적으로 의사소통을 하도록 학생들을 가르치는 일은 일반적 관심 사안이다. 가르치는 일은 특정 문제점들을 진단하는 능력을 함의한다. 이런 측면에서 우리는 과제 중심 접근이 실질적인 혜택을 제공해 준다고 믿는다. 제5장에서 언급된 평가 절차들을 계발하면서 우리의 주요한 흥밋거리는, 훌륭하고 신뢰할 만한 평가 방법이 교사로 하여금 학생들이 문제를 지니는 영역을 찾아낼 수 있도록 해 주며, 그러고 나서 이들 문제를 치료하는 쪽으로 가르치는 노력을 쏟을 수 있도록 해 준다는 점이다.

그런 진단 평가와 치료가 실제로 어떻게 작동할 것인가? 교사가 만일 학생들에게 관련 정보를 명백하고 자세하게 일러 주도록 장려하려고 한다면, 어느 학생에게 간단한 도형을 한 장 제시해 주고서, 그에게 그 도형을 따라 그리는 방법을 어느 청자에게 일러 주도록 요구할 수 있다. 만일 이런 수행이 채점표의 도움으로 평가된다면, 교사는 화자가 성공적으로 필요한 정보를 모두 언급해 놓았는지 결정할 수 있다. 그렇지 못하고 만일 화자가 완벽히 성공적으로 끝내지 못하였다면,

교사는 정확히 어떤 종류의 정보가 누락되어 있는지를 찾아낼 수 있다. 이상적으로, 교사는 원래 주어진 도형 그림과 청자가 들으면서 그려 놓은 도형 그림을 보여 주면서, 화자와 청자에게 모두 녹음된 그 수행 내용을 들려주고서, 말해진 내용들이나 또는 말해지지 않은 내용이 어떻게 비슷한 도형으로 귀결되었는지, 아니면 어떻게 상이한 도형으로 귀결되었는지를 논의할 법하다. 제6장에서 우리는 그런 과제에서 학생들이 화자 및 청자 두 역할에 있어서 토론과 경험을 따르면서 중요한 개선을 이룰 수 있음을 보여 주는 실제 연구를 서술해 준다. 채점표는 일러 주기 과제에서 과제가 성공적으로 완성되려면 어떤 종류의 정보를 화자가 제공해 줄 필요가 있는지에 대하여 학생들의 주의력을 모으도록 편리한 개관을 제공해 준다.

과제 중심 접근에서는 교사로 하여금 화자에게 비슷한 틀이지만 세부내용이 상이한 종류의 과제를 시도해 볼 기회를 잇따라 제공함으로써 그 학생이 첫 번째 수행으로부터 배운 수업내용을 한 번 더 실천해 볼 수 있게 해 준다. 이는 아마도 대부분의 학생들에게 각 수행마다 내용이 기본적으로 한결같이 똑같은 이야기를 또 해 보게 만드는 과제에 포함된 따분한 반복 연습보다도 더 잘 받아들일 수 있을 것이다.

'자유롭게 말하기'(free talk) 방식을 이용하면서, 따분한 반복 연습에 대한 대안으로서, 화자에게 두 번째의 상이한 말하기를 산출해 보도록 요구하는 것도 가능하다. 이는 단순 반복에 포함된 지루함의 문제를 극복해 주는 장점이 있지만, 반면에 첫 번째 수행의 적합성이나 부적합성에 대하여 배워 둔 수업내용이 어떤 것이든지 간에, 완벽히 다른 주제를 놓고 말하기에 대하여 화자가 그 내용을 일반화해 내기란 아주 어려울 것이다

3.6.3. 난이도 수준으로 등급을 나눠 놓은 과제들

과제 중심 접근에서는 학생들에게 의사소통 기술들을 예시하며 향상시키는 기회를 제공해 주는 일에 관심을 둔다. 이런 목적을 위하여 우리는 교사에 의해서 방금 언급한 방식대로 이용될 수 있는 대안 과제의 내용을 고안하였다. 우리는 대안이 되는 내용을 갖고 있을 뿐만이 아니라, 또한 상이한 수준의 난이도로 이뤄진 내용의 과제들도 마련해 놓았다. 이는 특정한 유형의 과제와 연합된 의사소통 기술을 향상시키는 데에 관심을 지닌 교사가, 학생에게 알려진 수준의 난이도를 지닌 그런 과제의 내용을 제시해 줄 수 있음을 의미한다. 만일 어느 학생이 이런 과제를 아마 사소할 것으로 보이는 관련 정보의 누락만으로 아주 잘 수행하는 것으로 평가받는다면, 그 수행에 대한 논의 뒤에 그 학생에게 동일한 수준의 난이도로 된 그 과제의 대안 내용이 제공될 수 있다. 만일 이런 두 번째 수행이 더 성공적이라면, 다음에는 동일한 과제 유형의 더 어려운 내용을 제시해 줄 수 있다. 제6장에서 다시 우리는 화자가 난이도가 늘어나는 순서로 과제들을 수행해 봄으로써 이끌어 내는 혜택을 언급한다. 제5장에서 더 자세히 보여 주게 될 것이지만, 학생의 수업 수행일지에는 각 유형의 과제에서 성공적으로 성취된 난이도 수준을 적어 놓게 될 것이다.

그렇지만 만일 특정한 과제 유형을 놓고서 애초의 수행이 형편없이 실패작이며, 그리고 논의 뒤에 대안이 되는 과제에 대한 두 번째의 수행에서도 그 학생이 여전히 이 수준의 난이도에서 실질적인 문제를 지님을 보여 준다면, 교사는 그 학생이 시도해 보도록 동일한 유형의 과제에 대하여 더 쉬운 내용을 선택할 수 있다. 그러고 나서 두 가지 수행 결과가 서로 비교되고, 더 쉬운 수준에서 그 화자의 더욱 성공적인 수행이 더욱 어려운 수준의 과제가 어떻게 처리되어야 하는지를 시범적으로 보여 주기 위하여 이용될 수 있다. 예를 들면, 만일 네 명의 여자 주인공이 들어 있는 이야기를 말해 주는 화자가 각각의 다른

주인공들을 가리키기 위하여 똑같은 표현

'the woman'(그 부인) 또는 'she'(그녀가)

를 쓴다면, 청자는 아마 그 이야기를 이해할 수 없을 것이다. 이런 수행은 화자가 다수의 동일한 성별 주인공들 사이를 식별해 놓는 데에 특정한 문제를 지니고 있음을 보여 준다. 그렇다면, 그 화자에게 포함된 주인공들에 비춰서 두드러지게 더 쉬운 이야기가 주어질 수 있다. 예를 들어, 제4장 1절 3항에서 묘사된 이야기가 주어질 수 있는 것이다. 거기에 있는 그림에서는 아주 차이가 나는 두 명의 여자 주인공들만 있다. 이런 이야기를 말해 주는 경우에, 대부분의 화자들이 그 두 명의 여자 주인공을 가리키기 위하여 서로 다른 표현을 선택할 것 같다. 이런 이야기가 더 적은 수의 주인공들을 포함하므로, 더 어려운 이야기를 할 때보다 화자는 그 이야기의 전 과정을 통해서 주인공들을 확인해 주는 방식에서 훨씬 더 일관적으로 될 것 같다.

그렇지만 만일 이런 쉬운 이야기의 수행에서도 실패한다면, 화자가 자신의 수행 내용을 녹음기를 통해 듣는 동안에, 제시된 그림에서는 오직 그 화자와 함께 논의하게 될 소수의 잠재적인 문제점만 포함한다.[19] 그런 뒤에 대안이 되는 쉬운 이야기에 대한 그림들이 검토될

19) 이는 왕초보 학습자의 경우이며, 이야기 속에 어떻게 주인공이 도입되어야 하고, 그 다음에 그 주인공을 어떻게 가리켜야 하는지를 제대로 알 수 없는 경우에 해당한다. 이는 담화 전개 방식에서 '지시 표현'(referring expression)의 습득에 해당한다. 지시 표현의 사용 및 어휘 사슬(lexical chain, 제4장의 역주 8)을 참고)의 형성은 담화를 얽어 나가는 다섯 가지 언어 기제(미시차원의 기제) 중에서 어느 언어에서나 가장 많이 쓰고 있는 방식으로 알려져 있다. 영어를 대상으로 하여 미시차원의 담화 결속 기제가 핼러데이·허싼(Halliday and Hasan, 1976), 『영어에서의 결속 기제(*Cohesion in English*)』(Longman)에서 처음 다뤄졌다.
미시차원의 담화들을 더 크게 얽어 나가는 것을 거시차원의 결속으로 부를 수 있다. 그런데 거시차원의 결속을 위하여 고유하게 만들어진 언어 기제는 없다. 대신 언어 사용자들의 배경 지식 속에 담아 놓고 있는 추론 방식을 이용하는데, 가장 많이 쓰는 것이 두괄식 또는 연역식 접근으로 결론을 먼저 내세우고 이어 입증이나 논증을 해 나간다. 거시차원의 결속을 보려면 킨취(Kintsch, 1998; 김지홍·문선모 뒤침, 2010), 『이

수 있고, 그 과제가 다뤄지기 전에 화자의 성공 기회를 극대화시켜 주면서, 잠재적으로 혼란을 일으키는 그림 속의 주인공이 제대로 가리켜질 수 있도록 두드러지게 강조될 수 있을 것이다. 우리는 쉬운 수준의 과제를 놓고서 성공적인 수행으로부터 얻어낸 자신감과 통찰력이, 그 화자로 하여금 계속하여 더 어려운 수준들에서 성공을 얻어내도록 해 줌을 발견하였다.

제6장에서는 쉽게 다루어 낼 수 있는 어떤 조건들이 심지어 명백히 교육받지 않고서도 어떻게 향상된 의사소통 수행들로 귀결되는지를 보여 주는 사례들을 논의한다. 방금 묘사된 종류의 교실 수업 연습과 결합된 그런 조건들은, 교사로 하여금 심지어 자신감이 없는 학생들로부터도 의사소통 기술의 향상에서 실질적인 향상을 보여 주는 수행들을 이끌어 낼 수 있게 해 준다. 난이도 등급으로 나뉜 과제들을 이용함으로써, 교사는 학생의 향상을 이룰 기회들을 극대화해 준다. 만일 '자유롭게 말하기' 방법이 이용된다면, 그런 향상이 어떻게 예시될 수 있을지는 훨씬 분명치 않을 것이다. 비록 말하기에 대한 일부 주제들이 다른 것들보다 더 어려운 듯하지만—예를 들어, '집에서 개인 컴퓨터 이용하는 말해 주기: 축구 시합 말해 주기' 또는 '내가 로미오와 줄리엣을 좋아하는 이유를 말해 주기: 휴일에 내가 했던 일 말해 주기'—이들 어려운 주제를 놓고서 '훌륭한' 이야기를 산출해 내지 못하는 화자를 도와 줄 수 있는 방법에서, 교사가 어려움이 대체 무엇인지를 구체적으로 정의내리기는 어렵다. 심지어 그 학생이 더 어려운 말하기 과제를 어떻게 처리해 내어야 하는지를 예시해 주기 위하여, 더 쉬운 주제 말하기가 어떤 방식으로 이용될 수 있는지를 알아내기란 더욱 어렵다.

학생들이, 특히 훨씬 능력이 덜한 학생이나 자신감이 없는 학생들이, 그런 이야기를 놓고서 무엇이 훌륭한 수행에 대한 기준을 구성하

해: 인지 패러다임』 I, II(나남)을 참고하기 바란다.

는지를 어떻게 파악해 낼 것인가? 만일 그 학생이 '흥미를 지니거나' 또는 '유창한' 상태가 아니라면, 그 수행에서 학생이 고쳐 나갈 수 있도록 교사가 무엇을 지적할 수 있을까? 만일 등급이 매겨진 일러 주기 과제에서, 그 학생이 충분히 정보를 전달해 주고 있지 않다면, 교사가 청자에 의해서 그려진 도형이나 또는 부정확하게 조립된 설비의 일부에 있는 차이점들을 지적해 주면서, 특정한 정보를 누락시키는 일이 어떻게 문제를 일으켰는지를 구체적으로 예시해 줄 수 있다. 교사는 어떤 특정한 방식으로 성공적인 수행과 실패한 수행 사이에 있는 차이들을 예시해 줄 수 있는 것이다. 성공에 대한 객관적인 기준이 같은 학급에 있는 모든 수행들에 대해서도 똑같이 적용될 수 있으며, 학생들은 대체로 성공적인 수행들로 이끌어 간 그런 특정한 차이점들을 서로 비교할 수 있다.

만일 어느 학생이 서로 다른 주제들을 놓고서 자신의 급우로부터 나온 여러 가지 '자유롭게 말하기'를 듣고, 명시적인 채점표가 없이 이들 수행에 대한 교사의 평가 결과들을 듣는다면, 여전히 말하기 수행들 사이에 중요한 차별점이 무엇이었는지에 대하여 불분명하게 느낄 수도 있다.

① 새를 관찰하는 일이 디스코 춤추기보다 '더 고상한' 취미이기 때문에, 화자 A가 더 잘한 것일까?

② 5분 동안에 걸쳐서 길게 말해 주었기 때문에, 화자 B가 점수를 더 얻은 것일까?

③ 어쨌든 낚시질이 분명히 아주 따분한 취미임에 틀림없는 경우에, 화자 C는 낚시에 대해 따분히 여기기 때문에 선생님으로부터 벌점을 받은 것일까?

④ 화자 D는 '흐릿하게 중얼대지 않는 일에' 너무 많이 집중하였기 때문에, 자신이 말하고 있던 바에 사실상 싫증나게 소리를 내었던 것일까?

⑤ 선생님은 유창성·관심거리·정보성의 기준들을 어떻게 가중치를 부여

하는 것일까?

　'자유롭게 말하기'에서는 난이도의 수준을 등급으로 나눌 수 있게
해 주는 분석체계를 상정하기가 불가능하며, 교사로 하여금 한 학생
의 특정한 어려움들을 찾아냄으로써 그것들이 고쳐질 수 있도록 해
줄 법한 진단기준을 계발하는 것이 불가능하다고 시사하는 것은 아니
다. 지금까지는 그런 체계가 어떤 것도 이용 가능하지 않았다. 당분간
교사가 할 수 있는 최선의 방법은, 논술 채점에 쓰여 온 그런 종류의
기준들을[20] '자유롭게 말하기'의 진술에다 응용하는 것이다. 비록 제3

---

20) [역주] 서술식 답안을 채점하려면 먼저 반드시 구성물 정의에 따라 명세내역에 입각한
채점 방식이 채점자에게 주어져야 한다. 케임브리지 대학 출판부에서 나오는 언어교육
평가 총서들에서는 바크먼·파머(Bachman and Palmer, 1996)의 구성물 정의를 따르고
있는데, 언어 능력 및 전략적 능력으로 대분된다. 전자를 텍스트 전개 능력으로, 후자를
상위인지 능력으로 부를 수도 있다. 이들 구성물의 세부 내용이 명세내역이며, 명세
내역에 따라 영역별로 분석 점수를 줄 수도 있고, 모두 통괄하여 직관적으로 총괄 점수
를 줄 수도 있다.
　논술 채점은 이런 채점 훈련을 받은 채점자들 사이에서 임의의 표본 답안지를 하나
뽑아 놓고서 서로 간에 채점을 한 뒤에, 각자 매겨 놓은 점수들 사이에서 얼마만큼
차이가 생겨나는지 확인해야 한다. 이 과정에서 얼마만큼의 점수 간격을 동일한 점수
대(consensus 또는 agreement)로 볼 것인지를 결정해야 한다. 이는 기계적인 것이 아니
라, 반드시 채점자들 사이에 서술식 문제의 성격을 놓고서 서로 합의를 해야 한다. 쉬운
문제일수록 점수대의 간격은 매우 좁아질 것이고, 어려운 문제일수록 그 간격이 더
벌어질 수 있다.
　만일 동일 점수대 간격이 채점자들 사이에서 정해진다면, 채점자 두 사람씩 하나의
답안지를 채점하고, 평균치를 내어 최종 점수를 정하게 된다. 만일 두 사람이 매긴 점수
가 동일 점수대의 간격을 벗어나 버린다면, 제3자가 그 답지를 채점하되, 가장 가까운
두 점수를 평균 내어 점수를 확정하게 된다. 이것이 서술식 채점의 일반적 절차이다.
이런 채점 과정은 시간이 많이 걸리지만, 엄격히 이런 과정을 거쳐야 '공정성' 시비를
최소화할 수 있다. 이것이 현재까지 알려진 최상의 채점 방식이다. 흔히 농담하듯이,
주관식 시험 문제를 주관적으로 채점하는 것은 결코 아니다.
　트뤼블(Tribble, 1996; 김지홍 뒤침, 2003), 『옥스포드 언어교육 지침서: 쓰기』(범문사,
184~185쪽)에서는 쓰기 구성물을 다섯 영역으로 나눠 놓았다. ① 과제 내용, ② 글 전개
조직화, ③ 낱말 선택, ④ 언어 구성, ⑤ 기타 기술이다. 각 영역에 걸쳐서 문제별로 가중
치를 부여하면서 논술 답안지를 채점하는 잣대가 나와 있다.
　논술 채점 형식을 말하기에 적용하기 위해서는 먼저 반드시 말하는 수행 내용을 모두
녹음하거나 녹화해 놓아야 하고, 그 수행 뒤에 채점을 할 수 있도록 해 주어야 한다.
말하기 평가에 대한 전반적인 논의는 루오마(Luoma, 2001; 김지홍 뒤침, 2013), 『말하기
평가』(글로벌콘텐츠)를 읽어 보기 바란다.

장에서 추적해 온 이유들 때문에, 자신감이 덜하고 '명백하게' 말하지 못하는 학생들이 자유롭게 말하기들을 특별히 어렵게 여길 수 있고, 그 경험으로부터 아주 많은 것을 배우지 못할 것 같아 보임에도 불구하고, 이것이 자유롭게 말하기들을 아무렇게나 맡겨 두는 연습으로 내버려 둘 근거는 되지 못한다(=자유롭게 말하기도 또한 적절히 제어되고 평가될 수 있어야 함: 번역자).

입말 영어를 가르치는 일을 맡도록 신중하게 제안하는 교육과정이면 어떤 것이든지, 학생들에게 요구사항이 적은(less demanding) 과제로부터 더 많이 노력해야 하는(more demanding) 과제로 향상되어 나가도록 해 주고, 교사로 하여금 문제점들을 찾아내고 그것들을 극복하도록 학생을 훈련시킬 수 있게 해 주어야 하고, 최소한 이것이 의사소통 기술을 훈련시키는 일에 대한 좀 더 체계적인 접근에 필수적이며 올바른 추가 내용이 될 듯하다.

제4장 과제 유형

4.1. 정보 관련 말하기를 이끌어 내는 과제 중심 접근법

이 장에서는 다양한 유형의 정보를 담은 이야기를 대다수의 10대 화자들로부터 이끌어 내는 우리가 이용했던 방법들을 어느 정도 자세히 서술한다. 비록 영어 교육에 있는 일반적인 실천 방식과 외견상으로 사뭇 차이가 나더라도, 우리는 과제 중심 접근이 이런 측면의 말하기를 가르치고 평가하는 데에 큰 장점들을 지닌다고 믿고 있다. 이들 장점은 제3장 6절(1항부터 3항까지)에서 어느 정도 길게 논의되었다. 지금 이 단계에서는 이런 접근을 채택하는 우리 자신의 애초 근거들을 서술하게 될 것이다. 왜냐하면 새로운 시대의 영어 교육에서 새로운 교과과정을 마련하는 데에서[1] 교사가 마주하는 문제점들이, 이 영

---

1) 광복 이후 처음부터 국가 차원의 교육과정을 지녔던 우리 역사와는 아주 다르다. 영국에서는 고질적인 영국병을 치료하기 위하여 대처 전 영국 수상이 처음으로 1988년에 '국가 차원의 교육과정'(national curricula)과 '구현 얼개'(frameworks)를 마련해 놓았다. 공립학교에서는 과목마다 수석 교사(head teacher)를 중심으로 하여 이런 구현 얼개를 참고하면서 학교별 교과과정(scheme of works)을 확정하고, 거기에 따라 일련의 과제 연속물이나 교재들을 편찬해야 한다. 그럼에도 불구하고 사립학교들에서는 여전히 이런 권고를 따르지 않은 채 전통적으로 자신들이 고유하게 운영해 온 교과과정을 가르친다. 대신 전국적으로 중학교와 고등학교 졸업 자격을 주는 학력 시험을 실시해 왔는데, 각각 보통 등급(ordinary level) 및 고급 등급(advanced level)의 학력 시험으로 부른다. 개략적인 안내는 우리말 교육 연구소 엮음(2003), 『외국의 국어 교육과정』 1(나라말)에

역에서 조사연구자로서 우리들이 극복해야만 하였던 문제점과 비슷할 것으로 믿기 때문이다.

우리가 관심을 두었던 첫 번째 문제는 녹음이 진행되고 있는 동안에 학생들로 하여금 낯선 한 명의 면담자에게 말을 하도록 동기를 부여하는 것이었다. 우리는 특히 이런 환경 아래 수행을 하거나 또는 최선을 다해 자신의 능력을 다 쏟으며 말하려고 하는 학습자들이 아니라, 일반적으로 그런 동기가 잘 갖춰져 있지 않고 학업상 능력이 떨어진 것으로 보이는 10대들로부터 수행을 이끌어 낼 수 있을 것인지 여부에 관심을 두었다. 우리는 제3장에서 묘사된 이상적인 조건들 하에서 수행된, 서로 다른 내용과 서로 다른 요구사항을 지닌 일련의 짤막한 과제들이, 대부분의 학생들의 흥밋거리와 주의력을 더 북돋을 것 같다고 결정하였다. 우리는 이런 다양성이 보답을 받았음을 알게 되었다. 수백 시간의 녹음 내용에서, 거의 모든 화자들이 그 과제와 관련되었고, 진술의 내용과 유형에서 모두 성공적으로 해당 과제를 완성하려는 성실한 시도를 시사하는 확장된 말하기를 산출하였기 때문이다. 물론 우리가 온전히 성공했다기보다는 덜 성공적이라고 평가할 수행들도 많이 있었지만, 우리는 이들 중 소수의 수행만이 화자 쪽으로부터의 동기 결여로 인하여 그런 결과가 나왔다고 확신한다.

첫 번째 문제에 대해서 우리가 채택한 해결책으로부터 부분적으로 따라 나온 두 번째 문제는 제시된 과제들의 다양성에 관한 것이었다. 화자들에게 동기를 북돋아 주기 위하여, 그리고 광범위한 정보 전달 상황으로부터 표본을 뽑아내기 위하여, 과제들을 폭넓게 선택하고 싶

있는 임지룡 교수의 글을 보기 바라고, 더 자세한 논의를 보려면, 잉글런드 지역의 책임자였던 (전) 맨체스터 대학의 콕스(Charles Brian Cox, 1928~) 교수와 스코틀런드 지역의 책임자였던 노팅엄 대학의 카아터(Ronald Carter, 1947~) 교수의 책들을 참고하기 바란다. 콕스(1991), 『콕스 보고서에 대한 콕스의 의견: 1990년대의 영어 교육과정(Cox on Cox: An English Curriculum for the 1990's)』(Hodder and Stoughton); 콕스(1995), 『영어 교육과정 확정을 위한 전쟁과 콕스의 의견(Cox on the Battle for the English Curriculum)』(Hodder and Stoughton); 카아터 엮음(1990), 『언어 지식과 국가 교육과정(Knowledge about Language and the Curriculum)』(Hodder and Stoughton).

었었지만, 한 학생 또는 한 모둠의 학생들의 능력을 놓고서 일반적인 기술이 전혀 도출될 수 없는 무관한 수행들의 뒤범벅으로 끝나지 않기를 희망하였다. 따라서 부득이 우리는 각각 특정한 의사소통 기술에 따라서 관련 부류를 이루는 과제들을 고안해 낼 수밖에 없었다. 형식과 내용에서 아주 차이가 나며, 학생들의 홍미를 유지시키기에 도움이 되는 많은 과제들이, 제한된 영역의 정보 전달 기술들을 놓고서, 우리들에게 학생의 능력에 대한 정보를 제공해 주었다. 제4장 1절 (2항부터 4항까지)에서 서로 다른 유형의 과제에 대한 특정한 요구사항들이 자세히 논의된다.

〈부록 1〉에서는 특정한 종류의 정보 관련 말하기를 이끌어 내는 데에 성공적으로 이용한 몇 가지 과제들을 목록으로 만들어 놓았다. 이제 이들 과제 가운데 다음 세 가지를 살펴보기로 한다.

- 도형 그리기 과제
- 모눈 홈판2) 위에서 도형 만들기 과제
- 전기 회로의 배선 기판3) 과제

도형 그리기 과제에서는 화자가 자신의 청자에게 특정 색깔로 도형 그리는 방법을 말해 주어야 한다. '모눈 홈판' 위에서 도형 만들기 과제에서는 화자가 청자에게 '모눈 홈판' 위에서 채색 못과 채색 고무줄

---

2) [역주] 원문 pegboard에서 peg는 '나무못'을 가리키며, pegboard는 그런 나무못을 꽂을 수 있게 모눈마다 구멍을 파 놓은 판이다. 영한사전에는 놀이를 할 수 있는 '나무못 말판'으로 번역되어 있다. 1970~80년대에는 플라스틱판에 큰 별 하나 속에 모눈 간격으로 구멍을 뚫어 놓고, 색깔별 말뚝 못을 이용하는 놀이가 한때 유행했었다. 여기서는 그 판을 '모눈 홈판'으로, 그 모눈 홈에 꽂을 수 있는 나무못은 '채색 말뚝'으로, 이를 이용한 과제는 '모눈 홈판 위에서 도형 만들기 과제'로 번역해 둔다. 이 책의 부록에 있는 그림을 보면, 모눈 홈판의 크기는 대략 20cm×15cm 정도로 나와 있다. 모눈 홈에 채색 말뚝을 꽂아서 채색 고무줄로 세모꼴 만든 것은, 대략 모눈 홈판의 1/3~1/4 정도의 크기로 보인다.

3) [역주] 부록에 제시되어 있지는 않지만, 제3장 5절에서 'a wiring diagram'(배선 도표) 과제라고 불렀다. 원문의 wiring-board를 전기 회로의 '배선 기판'으로 번역해 둔다.

을 특정한 형태로 배열하는 방법을 말해 주어야 한다. 배선 기판 과제에서는 화자가 청자에게 전기 회로를 제대로 완성하기 위하여 적합한 배선 구멍들에서4) 일련의 배선들을 배열하여 잇는 방법을 말해 주어야 한다.

이들 과제는 의사소통이 이뤄질 내용에서 그리고 그것들의 '실제 현장'에서 조금 차이가 나겠지만, 근본적으로 그것들이 부과해 놓는 의사소통 요구사항(communicative demands)들은 비슷하다. 이들 과제를 성공적으로 수행하기 위해서는, 화자가 반드시 자신의 말하기 수행에서 분명하고 정확한 상태의 기본적 정보 전달 기술을 시범적으로 보여 주어야 한다. 화자가 청자에게 정확히 무엇을 해야 할지를 보여 주어야 하는 것이다. 만일 선이 하나 어떤 도형 '밑에'(under) 그려져야 하거나, 채색 말뚝(peg)이 하나 다른 것 '아래로'(below) 놓여 있어야 하거나, 하나의 선이 '어느 배선 구멍'으로 들어가야 한다면, 화자가 청자에게 얼마만큼 '밑에'(under) 또는 '아래로'(below)인지, 그리고 어느 선과 어느 배선 구멍이 관여되어 있는지 등을 정확히 말해 주어야 한다. 화자는 여러 묶음의 대상들 사이를 확인하여 식별해 내고, 그것들 사이에 있는 공간 관계도 잘 표현해 주어야 한다. 화학 실험이 어떻게 진행되어야 하는지를 서술하거나, 지도 위에서 길을 그려 주는 방법을 설명하거나, 어느 탁자를 올바르게 제자리에 놓는 방법을 서술하거나, 어느 연극에서 무대가 어떻게 배치되어야 하는지를 알려 주거나, 어느 항공기에서 계기판과 숫자판들이 어떻게 해독되어야 하는지를 설명해 주는 일에서와 같이, 대체로 학교와 실세계에 있는 다른 많은 과제에도 동일한 능력이 포함될 듯하다.

이들 모든 과제에서 화자는 청자가 이런 정보를 이미 알고 있다거나 짐작할 수 있을 것이라고 가정해서는 안 된다. 만일 화자가 보장되

---

4) [역주] 원문 socket은 전구를 꽂는 구멍이나 배선이 들어가는 홈을 말한다. 여기서는 후자만 가리키므로 '배선 구멍'으로 번역해 둔다.

지 않는 이들 가정을 실제로 상정한다면, 우리는 객관적으로 그 수행이 실패작이라고 판단을 내릴 수 있다. 우리의 실험 과제들에서도 이것이 잘 예시될 수 있다. 왜냐하면 청자가 도형을 정확히 그려내지도 못하고, '모눈 홈판'에서 도형을 적합하게 만들어 낼 수도 없으며, 기판 배선도 올바르게 잇지 못할 것이기 때문이다. 따라서 함께 묶을 수도 있는 세 가지 외견상 상이한 과제들이 모두 화자로부터 비교 가능한 기술들을 이끌어 내는 것이다.

4.1.1. 말하기 교육 과제

우리는 서로 다른 유형의 과제들이 서로 다른 유형의 언어 사용을 이끌어 내며, 화자에게 서로 다른 의사소통 부담을 부과해 줌을 알았다. 학생들의 수행에 대한 연구로부터, 우리는 서로 다른 과제 유형들 사이에 난이도가 늘어나는 눈금이 있음을 발견하였다. 대상들 사이에서 고정되어 변하지 않는 정적인 관계를 서술하는 과제들은, 만일 상대적으로 적은 수의 대상들만 있고 그것들 사이에 관계가 사뭇 단순하다면, 청자를 상대로 하여 의사소통을 성공적으로 이뤄내기 쉽다. 사람들이나 대상들 사이에서 시공간이 바뀌어 가는 동적인 관계를 포함하는 과제는, 화자가 시간과 공간에 걸쳐 변화해 나가는 사건들을 묘사해 주어야 하는 경우에 더욱 어려워진다. 또한 화자에게 가령 논의나 입증에서와 같이 추상적 개념의 의사소통을 요구하는 과제들은, 대다수의 나이 어린 화자에게는 더더욱 어렵다.

〈부록 1〉에서는 우리가 이용한 일정 범위의 서로 다른 입말 과제들과 그 과제가 부과하는 의사소통 문제점들의 종류를 서술한다. 오직 화자에게 정태적 관계만 서술하도록 요구하는 특정한 과제들은 다음과 같은 과제들을 포함한다.

① 일치 대상 선택 과제: 화자가 하나의 대상이나 사진을 갖고 있고, 청자

도 한 묶음의 비슷한 대상들이나 사진들을 갖고 있다. 화자가 자기 앞에 있는 특정한 대상을 서술해 줌으로써, 청자는 스스로 볼 수 있는 대안들로부터 일치되는 대상을 골라낼 수 있어야 한다.

② 도형 그리기 과제: 화자가 청자에게 특정 도형을 그리는 방법을 말해 준다. 청자의 그림은 화자가 자기 앞에 있는 도형과 동일하게 되도록 해야 한다.

③ 기구 조립 과제: 화자가 청자에게 한 벌의 설비나 기구를 조립하는 방법을 말해 준다.5)

④ 대상 배열 과제: 화자가 청자에게 한 묶음의 대상들을 배열하는 방법을 말해 준다.

⑤ 길 안내 과제: 화자가 청자에게 목적지로 가는 길의 방향들을 안내하여 도착하는 방법을 말해 준다.

이들 과제에서 대상들 사이의 관계는 고정되어 변하지 않으며 정태적이다.6) 만일 ②의 과제를 예로 들어 본다면, 그런 정태적 과제가

---

5) [역주] 자매서인 브롸운·율(1983; 서종훈·김지홍 뒤침, 2014), 『영어 말하기 교육』(글로벌콘텐츠)에서는 ③ 과제로서 고기를 저미는 간단한 기구의 사진을 조립 순서를 매겨서 실었고, ④ 과제로서 학용품들이 무더기로 함께 놓여 있는 사진을 다음과 같이 실어 놓았다.

6) [역주] 이 책에서는 정태적(static)이란 낱말의 범위 속에, 역주에 있는 사진으로 보였듯이 손으로 조립하거나 대상들을 하나씩 배열하는 과제들까지도 포함하고 있다(①과제에서부터 ⑤과제까지). 아마도 화자에게 한 장의 그림이나 사진이 주어지기 때문이거나, 단일한 대상이나 사건만 사진 속에 들어 있기 때문에 붙여졌을 것으로 보인다. 그렇

화자에게 요구하는 의사소통 요구사항을 살필 수 있다. 이 과제에서는 화자에게 하나의 간단한 도형이 들어 있는 서류 봉투가 주어진다. 〈부록 1〉에 있는 〈그림 1a〉에서 광범위하게 우리가 썼던 그런 도형 한 가지를 보여 준다. 반대편에 낮은 가리개 뒤에 앉아 있는 청자에게는 한 장의 종이와 색연필들이 주어진다. 화자는 청자에게 그 도형을 그리는 방법을 말해 주어야 한다. 화자가 말해 줌에 따라 마침내 두 도형이 '정확히' 동일한 것으로 보이도록 청자가 그려 주게 될 것이라고 알려 주었다. 오직 화자가 말해 주는 정보들만을 청자가 이용할 것임을 강조하기 위해서 화자에게는 먼저 청자에게 내어 줄 빈 종이와 색연필들을 보여 주었다.

화자는 청자에게 정확히 어떤 대상을 그려야 할지, 그리고 이것들이 그 종이에서 어느 위치에 들어갈지를 말해 주어야 한다. 과제를 성공적으로 완성하기 위하여, 화자는 청자에게 각 대상이 어떤 크기와 어떤 모양과 어떤 색깔인지, 그리고 이미 그려진 대상들과 관련하여 각각 어느 위치에 들어가 있어야 할지를 말해 주어야 한다. 다음에 있는 사례 (1)에서 이들 요구사항들을 성공적으로 처리해 주는 화자를 살펴볼 수 있다. 이들 특징이 모두 정태적이다. 큰 검정색 정사각형이 과제를 풀어 가는 동안에 하나의 큰 검정색 정사각형으로 그대로 남아 있는 것이다. 또한 정사각형이 과제를 풀어 가는 동안에 언제나 짤막한 빨강선 아래로 대략 2.5cm쯤 떨어진 채 그대로 있다.

실제로 이런 과제에서 화자는 그릴 도형들을 어떤 특정한 순서로 말해 주지 않아도 된다. 정사각형이 제일 처음에, 또는 세 번째로, 또는 맨 마지막에 말해질 수 있는 것이다. 관련된 한 묶음의 정보가 과제 수행에서 어딘가에 들어 있어서 청자가 하나의 도형을 화자가 묘사하

지만 '정태적'이란 말뜻이 움직임이 없거나 멈춰 있음을 가리키므로 자칫 오해를 불러 일으킬 소지도 없지 않다. 따라서 우리말에서는 오히려 '간단한' 또는 '단순한'이란 수식어를 쓰는 것이 보다 더 적합할 듯하다. 정태적(static)과 반대되는 개념으로 쓰인 dynamic은 '유동적'(流動的, 흘러 움직이면서 바뀌어 나감)이라고 번역해 둔다.

고 있는 것과 비슷하게 그릴 수 있기만 한다면 전혀 문제가 되지 않는다. 사례 (2)에서는 비록 이 과제에서 조금도 어떤 복잡한 방식으로든 그 정보가 순서 매겨질 필요가 없음에도 불구하고, 모든 화자가 그런 과제를 쉽게 여기는 것이 아님을 확인할 수 있다.

(1) with the black pen nearest the right-hand side of the bit of paper + draw quite a bit number three + then about a centimeter and a half down from it with the red pen + draw a + line just about the width of the three + then about two centimeters under that + draw in black pen quite a sort of medium-sized box + then with red pen about a centimeter down + from underneath the box draw a line + about the width of it

(빈 종이의 오른쪽에 가장 가깝게 검정 펜을 써서 + 아주 큰 숫자 3자를 그려 넣어 + 그러고 그 밑으로 1.5센티미터 정도 떨어져서 빨강 펜으로 + 선 하나를 + 그려 줘 대략 그 3자의 너비만큼 + 그러고서 그 밑에다 대략 2센티미터 정도 떨어져서 검정 펜을 써서 일종의 중간 크기의 상자를 그려 넣어 + 그러고서 빨강 펜을 써서 그 상자 밑으로부터 + 1센티미터쯤 아래로 떨어져서 선 하나를 그려 넣어 + 대략 그 상자 너비 정도로)

이 수행에서 화자는 청자가 그 도형을 그리기 위해 요구되는 종류의 정보를 명백히 전달해 주려고 노력하고 있다. 앞으로 제5장에서 보게 될 텐데, 그런 수행에 대한 평가를 논의하는 경우에 비록 이런 화자가 완벽한 점수를 따기에 충분할 만큼 아주 일관적인 것은 아니더라도, 이 과제를 아주 성공적으로 수행하고 있다고 판단할 듯하다. 이와 대조적으로 다음 사례 (2)에 있는 화자는, 비록 비슷한 방식으로 시작하고 있지만, 이 과제를 오히려 서툴게 수행하고 있다.[7]

(2) on the right-hand side of the paper do a big three + in black pen +
and do a red line underneath it + and underneath that + draw a square
in black pen + and do a red line underneath that
(빈 종이의 오른쪽에 큰 3을 하나 그려 + 검정 펜으로 + 그리고 그
밑에 빨강 선 하나 그려 + 그리고 그 밑에 검정 펜으로 정사각형 하나
그려 + 그리고 그 밑에 빨강 선 하나 그려)

이 화자는 청자로 하여금 도형을 정확하게 그릴 수 있는 충분한 정
보를 제공해 주지 못한다. 더 뒤에 있는 수행 내용의 많은 부분들도
충분히 구체적이지 못하다. 따라서 이 수행 내용이 사례 (1)에 있는
것보다 덜 성공적인 것으로 판단하고 평가할 듯하다.

기구나 설비 한 벌을 조립하는 일과 같이 몇몇 '정태적' 과제에서는,
그 정보가 실제로 단순한 일직선적 연결체로 되어 있어야 한다. 그러
나 일반적으로 이들 과제에서 주요한 요구사항은 대상들을 확인하기
에 충분한 정보와 그것들의 공간상의 관계가 청자에게 제대로 제시되
어야 한다는 점이다. 이런 정보는 전혀 어떤 복잡한 방식으로 서술되
어야 하거나 순서가 매겨져야 하는 것이 아니다.

4.1.2. 유동적 관계를 포함하는 과제

만일 이제 유동적 관계를 포함하는 과제들을 살펴본다면, 이들 과
제가 포함하는 별개의 요구사항들을 보게 될 것이다.[8] 어떤 이야기를

---

7) [역주] 이 학생은 '그리다'(draw)라는 동사를 쓰지 않고, 계속하여 대동사 '하다'(do)를
   쓰고 있다. 아마 이 과제의 지시문에서 이미 '그리시오'라는 명령문이 나와 있었기 때문
   에, '그렇게 하다'(do so)라는 표현을 쓰는 것으로 보인다. 번역에서는 분명히 이해될
   수 있도록 대동사를 원래 동사인 '그리다'로 바꿔 놓았다.

8) [역주] 원문의 requirement(요구사항)와 demand(요구내용)는 별개의 용어가 아니라, 서
   로 교체되어 쓰이는 낱말들이다. 번역에서는 우리말의 담화 질서에 따라 종속절의 낱
   말을 일부러 생략해 놓았다. 영어와 한문에서는 실사들을 자주 비슷한 다른 낱말로
   바꿔 써 나가는 것을 선호한다. 이를 '어휘 사슬'(lexical chain) 또는 '어휘 변이'(lexical

말해 주기나 자동차 충돌 사고를 목격한 내용을 설명해 주기나 한 벌의 기계 장치를 어떻게 작동시키는지를 상세히 말해 주기와 같은 과제는 모두 화자가 과제를 해결해 나가는 과정 동안에 변화하는 관계들을 서술해 주게 된다.

예를 들어, 만화 그림으로 보인 어떤 이야기를 이 그림들을 볼 수 없는 청자에게 말해 주는 화자에게 어떤 요구사항이 포함되어 있는지 살펴보기로 한다. 우리가 많은 화자들에게 성공적으로 이용하였던 한 묶음의 그런 그림들이 일부 〈부록 1〉에 〈그림 3a, b, c〉로 제시되어 있다. 이는 일련의 14장으로 이뤄진 그림들 중에 맨 처음의 3장이다.9) 〈그림 3a, b, c〉에서 보여 주듯이, 이 과제에서 전형적으로 화자는 간략히

두 사람의 인물, 그들의 관계, 그들의 물리적 위치와 행동

을 묘사함으로써 시작한다. 그러고 나서 이야기에 있는 더 뒤의 사건들을 서술하는데, 거기에서 그 남자는 사교 클럽이나 사교장으로 가서 또 다른 여인을 만난다. 청자에게 무엇이 일어나고 있는지에 대해서뿐만 아니라, 그 일이 언제 어디서 일어나는지에 대해서도 분명히 언급되어야 한다. 가령, 화자는 반드시 이야기 속의 남자가 사교장으

---

variation)를 형성한다고 말한다. 담화를 전개하는 매우 중요한 방식이다. 호이(Hoey, 1991), 『덩잇글에서의 어휘 결속 유형(*Patterns of Lexis in Text*)』, (Oxford University Press) 과 머카씨(McCarthy, 1990; 김지홍 뒤침, 2003), 『옥스포드 언어교육 지침서: 어휘』(범문사, 159쪽 이하)를 참고하기 바란다. 영어나 한문과는 달리, 우리말에서는 실사를 바꾸지 않은 채 하나로 고정시키고, 대신 허사를 자주 바꿔 써 주는 것이 더욱 부드럽게 들린다. 가령, "철수가 왔고, 영수가 왔으며, 돌이가 왔다."처럼 허사를 바꾸는 것이다.

9) [역주] 여기에서 다뤄진 중년 부부의 권태와 불륜에 대한 소재를 우리나라 학생들에게 말하도록 하는 것은 적절하지 않을 듯하다. 그런 일이 주위에서 늘 일어나는 것도 아니므로 전형적인 사건 흐름을 제대로 서술해 주지도 못할 것이기 때문이다. 한 마디로, 이런 소재가 낯설고 학생들의 필요성과도 관련이 없다. 그렇다면 이런 소재 대신에 사건 전개에서 유동적 관계를 보여 주는 내용을 우리 주변에서 찾아보는 것이 바람직할 것이다.

로 나갔음을 말해 주어야 한다. 즉, 장소가 바뀐 것이다. 비슷하게 화자는 반드시 뒤에 일어나는 사건들이 도로 〈그림 3a, b, c〉에서 보인 원래의 장소(=맨 처음의 무대)에서 일어남을 설명해 주어야 한다. 그렇지 않으면, 청자가 또한 무엇이 일어나고 있는지에 대해서 오해할 소지가 있다.

'유동적' 과제의 또 다른 흥미로운 측면은, 일부 인물들 그리고/또는 대상들이 포함되거나 사라지거나 또다시 나타난다. 이들 변화가 화자에 의해서 분명하고 명백히 서술되어야 한다. 가령, 우리가 논의하고 있는 이야기에서, 화자는 전화기로 말을 하고 있는 남자가 앞에서 사교장에 있던 그 남자와 동일한 인물임을 자신의 청자에게 명백히 말해 주어야 한다. 또한 복도에서 이야기를 듣고 있는 것으로 서술된 여성 주인공이, 애초에 그 이야기의 시작 부분에서 안락의자에 앉아서 신문을 읽고 있는 것으로 서술되었고, 이 여성이 현재 아마도[10] 그 전화를 받고 있는 상대편 쪽의 아가씨(girl)와는[11] 다른 여성임을 명백히 해 두어야 한다. 이야기 속에서 같은 성별의 주인공들을 가리키는 경우에, 화자는 자신의 청자가 이런 종류의 구별을 쉽게 할 수 있도록, 충분히 명백하고 일관된 언어 사용을 해야 한다.[12]

---

10) [역주] 원문 presumably(아마도)는, 오직 중년남자가 자신의 집에서 전화를 하는 장면만이 주어져 있고, 그 전화를 받고 있는 상대방이 누구인지에 대해서는 '아마도' 사교장에서 사귄 젊은 여자일 것이라고 짐작해야 되므로 쓴 듯하다. 그렇다면 여기서 초점은, 전화를 받는 여성 주인공과 맨 처음 도입된 여성 주인공이 동일한 인물이 아니라는데에 있고, 서로 구별되는 지시 표현을 써 줘야 하는 것이다.

11) [역주] 만일 속어로 쓰인다면 'girl'은 남자 주인공이 바람을 피우는 거리의 여자(매춘부)라는 뜻을 지닐 수 있다. 축자적인 뜻의 '소녀'는 결코 아니다. 여기서는 아가씨로 번역해 둔다.

12) [역주] 우리말이나 이탈리아 어에서는 zero(영) 대명사를 자주 쓴다. 소리 형식이 비어 있다(empty)는 뜻에서 'e'를 따와 공범주(空範疇) 대명사 'e'로 표시한다. 우리말에서 가령, "영희가 도서관에 왔어. e 동수를 찾았어."라고 말한다면, 두 번째 문장에 밑줄 그은 'e'(공범주)로 표시된 zero 대명사(공범주 대명사)는 바로 앞에 나온 '영희'를 가리킨다. 이때 영어에서는 반드시 인칭 대명사 'she'(그녀가)를 써 주어야 한다. 우리말에서는 지시 표현을 어떻게 확정해 주는 것일까? 직관적으로 번역자는 우리말 주제 구조와 관련된다고 본다. 주제 구조는 흔히 "Topic → Focus → Focus …"(주제 → 강조 초점 →강조 초점 …)과 같이 표시된다. 이를 '주제-풀이'(topic-comment 또는 theme-rheme) 구조

도형 그리기 과제에서와 같이 '정태적' 과제에서도, 만일 화자가 자신의 청자에게

'draw a box above <u>the red line</u>'
(그 <u>빨간색 선</u> 위에 상자를 하나 그려!)

라고 말해 준다면, 그 과제를 성공적으로 완성하기 위하여 청자가 어느 빨강 선을 가리키고 있는지를 확실히 결정할 수 있도록 해야 한다는 점에서, 화자는 또한 가리켜 주는 일(=지시 표현의 사용)에서도 분명해져야 한다. 그렇지만 그런 '정태적' 과제에서 대부분의 화자는 자신이 지시 표현들을 단순한 연결체 모습으로 차례를 매겨 놓는다. 그 화자는 하나의 대상—가령 그 종이 위에서의 위치·크기 등에 대한 관련 정보와 함께 하나의 빨강 선을 서술하고 나서, 이런 특징을 그 적합한 선에 청자의 주의를 모으도록 하면서,

'draw a box above <u>the red line</u>'
(그 <u>빨간색 선</u> 위에 상자를 하나 그려!)

와 같이 다음 차례의 지시를 위하여 지시 기준점(a reference point)으로

라고 부르는데, 풀이 항 속에 강조 초점들이 계속 나올 수 있다. 만일 보조사 '는/은'이나 또는 주격조사 '이/가'에 의해서 도입되는 항목이 있다면, 그 항목과 동등한 지위의 새로운 항목이 도입되기 이전까지는, 늘 앞에 도입된 항목이 주어 노릇을 전담한다. 청자에게 공유되지 않은 항목이라면 '이/가'로 도입될 개연성이 높고(새로운 항목이 "옛날 어떤 호랑이<u>가</u> 살고 있었는데"처럼 도입됨), 청자와 화자가 공유하고 있는 대상을 거론하는 경우라면 '는/은'으로 도입될 가능성이 높다("내일<u>은</u> 날이 맑겠어"). 그렇지만 만일 어떤 새로운 항목이 다시 '는/은'에 의해서 도입된다면, 더 앞서 도입된 항목은 지워져 버리고, 새로 도입된 항목이 이하의 발화에서 주어 노릇을 대신 떠맡는다. 이 책의 저자들은 지시대상을 명확히 혼동되지 않게 언급하는 것이 기본적으로 '정보 관련' 말하기에서 중요하다고 보고 있다. 그렇다면, 우리말에서는 그런 명확성이 어떻게 확보될 수 있을 것인가? 아직 현장조사연구를 해 보지 않아서 번역자는 적절한 안을 제시할 수 없다. 우리말의 담화 전개에서 어떻게 주제가 결정되고 바뀌게 되는지에 대한 자세한 연구가 시급하다고 본다.

이용한다. 이런 '정태적' 과제들에서, 다음 차례의 지시는 가령

'above the box draw a short line'
(그 상자 위에 짧은 선을 하나 그려!)

와 같이 보통 다음 특징에 초점을 모으게 된다. 그럼으로써 청자의
주의력이 현재 그 상자 위에 모아진다. 만일 이어지는 지시 내용에서
그 화자가 'the red line'(그 빨간색 선) 또는 'a line'(선 하나)를 가리킨다
면, 일반적으로 그런 지시 사항의 연결체는 이 시점에서 화자가 가리
키고 있는 것이 어느 선인지를 명백하게 만들어 준다.

'유동적' 과제에서는 대조적으로 제시 자료의 성격으로 말미암아,
가령 화자에 의해서 서술될 만화 그림들에서처럼 주인공들과 대상들
이 불가피하게 나타나고 사라졌다가 다시 나타난다. 이들 과제에서
이용된 실제 언어 사용은, 반드시 그 과제에 있는 특정한 시점에서
화자가 어느 주인공을 가리키고 있는지를 확연히 구별해 주어야 한다.

4.1.3. 유동적 관계를 포함하는 과제들에서 수행 사례

'유동적' 과제를 성공적으로 말해 주기 위해서 화자는 반드시 분명
하고 일관되게 관련된 주인공들/대상들을 서술해 주어야 한다. 즉, 화
자가 언어 사용에서 반드시 지시 대상들을 명백히 만들어 줘야 하는
것이다. 또한 화자는 관련된 주인공들/대상들의 주요 행동들을 분명
히 서술해 주어야 한다. 특히, 일련의 사건을 상세히 말해 주는 데에
필요한 관례는, 주인공이나13) 시간이나 장소에서 유의미한 변화는 어
떤 것이든지 언급되어야 한다는 점이다.14)

---

13) [역주] 원문의 characters는 맥락에 따라 '주인공' 또는 '인물'(등장인물)로 번역하고 있다.
14) [역주] 수사학에서는 '6하' 원칙 '언제, 어디서, 누가, 무엇을, 어떻게, 왜'를 이용하도록
    권장한다. 맨 뒤의 '왜'는 두 사건을 인과 관계로 묶는 것이므로, 하나의 사건만 언급할

다음에 있는 인용 (3)과 (4)에서 우리는 이들 요구사항을 성공적으로 처리해 내고 있음을 살펴볼 수 있다.

(3) there's this man and his wife sitting in the living room + and his wife is reading a paper + and the man was bored so he got up and walked to the window + and his wife just looked at him + then he went away and got dressed + then started looking in the mirror + and his wife was still reading the paper + then he went to a pub and talked and talked to the barman + then after that he started dancing + then he met this girl + and they sat down and started talking and had a drink + after that the man went home and then + picked up the phone and his wife was listening + and after that + his wife was crying and he started explaining to her + then he packed his suitcase and he + his wife was crying on the bed + and he moved in a house + with the + with the girl and the removal men come through the door with the bed + then they started watching television in the living room + man lying back with his feet up on a pouffe + and the girl was just lying about

---

경우에 이용될 필요가 없다. 그렇다면 하나의 단일 사건을 언급하려면 적어도 5개 요소가 들어 있어야 함을 알 수 있다. 그런데 맨 앞의 요소 '언제, 어디서'는 시간과 공간을 언급하므로, 배경이나 무대로 함께 통합될 수 있다. 일반적으로 이 요소들은 문장을 구성하는 필수요소에서 제외되고, 수의적인 요소로 간주된다. 이를 흔히 '부가어'라고 부르는데, 전통문법에서는 '수식어'라고 불렸다.

만일 배경을 제외한다면 남아 있는 것은 이제 '누가·무엇을·어떻게'뿐이다. 언어학에서는 이를 더 조정하여 '의미역' 또는 '의미 역할'이라고 부르는데, 의미역은 일정한 위계를 지닌 것으로 논의된다. '누가'에 해당되는 의미역은 〈행위주〉 또는 〈경험주〉이다. 때로 〈수혜주〉나 〈피동주〉가 더 추가되기도 한다. '무엇을'은 〈대상〉이라고 하며, 어떤 영향을 받아 변화가 일어나는 존재로 말한다. 특히 '대상 의미역'에 대한 정의는 경계 지역에 있는 사례들 때문에 완벽히 두부모 자르듯 나뉠 수 없으므로, 다우티(Dowty) 같은 학자는 "점증하는 대상 의미역"(incremental theme)으로 표현한다. 마지막으로 '어떻게'는 〈근원역〉과 〈목표역〉과 〈처소역〉으로 하위 구분된다. 언어교육에서는 이런 언어학의 연구 성과를 이용하거나 적용해 나가는 일을 해 나가야 할 것이다. 자세한 논의는 김지홍(2010), 『국어 통사·의미론의 몇 측면: 논항구조 접근』(도서출판 경진)을 읽어 보기 바란다.

+ doing nothing she was bored + then the girl started looking out the window + and the man never knew what to do + then the girl left him with a smile and the man was awfully sad + then the man's wife went to a party + and met this guy + and you saw the man walking down the stairs + with a sad and the girl with a sad face

(거기 이 남자와 그의 부인이 거실에 앉아 있거든 + 그리고 그의 부인이 신문을 읽고 있어 + 그리고 그 남자가[15] 따분해져서 일어섰고 유

---

15) [역주] 왜 영어의 정관사(definite article) the는 우리말에서 지시대명사 '그'로 번역되는 것일까? 이를 심각히 다룬 글을 과문하지만 아직 읽은 바 없다. 직관적으로 번역자는 그 까닭을 다음과 같이 생각한다. 영어의 정관사는 반드시 가리키는 대상이나 영역이 '닫혀'(완벽히 간혀) 있어야 한다. 열려 있으면 범위를 한정할 수 없으므로 결코 정관사를 쓸 수 없다. 오직 개체성이 확보될 경우에라야 부정관사나 복수를 쓰게 된다. 이를 전문 용어로 definiteness(한정성)이라고 부르는데, 여러 가지 부수 의미들이 이 개념으로부터 도출되어 나온다.
우리말의 지시대명사 체계는 2분 체계이다. 그렇지만 3분 체계의 일본 문법을 베끼면서 '이/그/저'로 잘못 서술해 놓았고, 안타깝게도 학교문법에서 무비판적으로 지금까지 그대로 답습되고 있다. 세계 언어에서 지시대명사의 3분 체계는 대표적으로 일본어 및 스페인 어로 알려져 있다. 영어나 우리말은 2분 체계이다(영어에서는 this와 that만을 인정함).
우리말의 지시대명사는 먼저 '이/저'가 나뉜다. 이는 1차적으로 화자를 중심으로 가까운지 여부에 의해서 나뉜다(단, 지시 대상이 청자와 가까이 있을 경우는 청자와 공유지식을 나눠 갖는 '그'가 쓰이는데, "네 옆에 있는 그 책 이름이 뭐니?"와 같음). 다시 이 체계 위에 '다른 영역'과의 연결을 도입하면 '그'가 나온다. 두겹으로 이뤄진 2분 체계인 것이다([이/저][그]). '이/저'는 화자 중심이라는 한 가지 기준만 충족되면 되지만, '그'는 다른 기준이 충족되어야 한다.
우리말의 '그'는 두 가지 기능을 갖고 있다. 하나는 화자의 현재 언어 표현과 뒤에 나올 언어 표현이나, 앞에 나온 언어 표현 사이를 이어준다. 이를 각각 후행(cataphoric) 대용과 선행(anaphoric) 대용이라고 부른다. 후행 대용은 가령 말을 시작할 적에 "그런 얘기를 들었는데 말야, …"에서처럼 '그'는 뒤에 말할 내용을 가리킨다(후행 요소를 대신 가리킴). 다른 하나는 화자와 청자가 공유하는 어떤 배경지식 내용을 가리킨다(화자 영역과 청자 영역을 이어 놓음). 즉, 화자인 나도 알고, 청자인 너도 아는 대상을 가리키는 것이다. 이런 두 가지 기능(공통 의미는 한정된 "두 영역을 잇는" 기능임)은 영어 정관사의 '한정성'과 서로 공통점을 갖는다.
번역자는 이런 배경 때문에 the를 '그'로 번역하게 되는 것으로 보고 있다. 영어의 the는 우리말 '그'와 공통점만 있는 것이 아니라, 전혀 달리 쓰이는 측면도 있다. 특히 영어로 논문을 쓰는 경우에 극히 정관사 the를 쓰는 일을 삼가게 된다. 정관사를 쓰는 경우에 이미 진리로 수립된 보편적 속성이 실재한다는 속뜻을 지니기 때문이며, 그렇다면 하느님이나 할 수 있는 결코 틀릴 수 없는 매우 강한 주장이 되어 버린다. 대신 빠져나갈 구멍을 마련하기 위하여 책임 경감 표현(hedge)으로서 복수 표현을 쓰는 일이 다반사이다.

리창으로 걸어 갔어 + 그리고 그의 부인이 막 그를 쳐다봤네 + 그러고 나서 그는 나가서 옷을 입었거든 + 그러고 나서 거울을 보기 시작했어 + 그리고 그의 부인이 여전히 그 신문을 읽고 있었어 + 그러고 나서 그는 어느 선술집으로 갔고 말했어 그리고 그 술집 주인에게 말했어 + 그러고 나서 그 일 뒤에 춤을 추기 시작했거든 + 그러고 그가 이 아가씨를 만났어 + 그리고 그들이 앉아서 서로 이야기하기 시작했고 술을 마셨거든 + 그 일 뒤에 그 남자는 집으로 갔고 그러고 나서 + 전화를 들었고 그의 부인이 듣고 있었거든 + 그리고 그 일 뒤에 + 그의 부인이 울고 있었고 그가 그녀에게 설명하기 시작했거든 + 그러고 그가 자기 옷가방을 꾸렸어 + 그의 부인은 침대 위에서 울고 있었거든 + 그리고 그가 어느 집으로 옮겨 갔어 + 그 함께 + 그 아가씨와 함께 그리고 이삿짐센터 직원들이 출입문으로 침대를 들고 들어왔어 + 그러고 나서 그들이 거실에서 텔레비전을 보기 시작했거든 + 남자는 발걸이 의자에 자기 발을 걸치고 등 뒤로 누었고 + 그 아가씨는 주위에 누워 있었어 + 아무것도 하지 않으면서 그녀가 따분해졌거든 + 그러고 나서 그 아가씨가 창문 밖을 내다보기 시작했어 + 그리고 그 남자는 뭘 해야 할지 알지 못했단 말야 + 그러고 나서 그 아가씨가 웃으면서 떠났어 그 남자가 엄청 슬펐거든 + 그러고 나서 그 남자의 부인이 어느 파티에 갔어 + 그리고 이 사람을 만났어 + 그리고 지금 네가 보고 있는 그림이 그 남자가 층계로 걸어 내려가는 건데 + 슬픈 그리고 슬픈 얼굴을 한 그 아가씨하고 말야)

이 사례에서 화자는 이야기 속에 누가 관련되는지를 아주 분명히 말해 준다. 청자로 하여금 여러 다른 시점들에서 어느 주인공이 무엇을 하고 있는지 쉽게 구별할 수 있도록 합당하게 해 놓는 방식으로 주인공들이 가리켜진다. 두 사람의 여성 주인공들이 포함되어 있지만, 화자는 이들 잠재적으로 혼동될 수 있는 인물을 자신의 청자로 하여금 계속 구별되도록 해 주는 방식으로 가리켜 준다. 화자에게서 특정한 문제는, 이야기에서 청자의 주의력이 막 다른 여성 인물에 모아져 있는 어느 순간에, 이야기 속의 여성 인물들 중 한 사람 또는 다른 사람이 나타나거나 또는 다시 나타나는 시점들이다. 우리는 이런 문제를 예시해 주게 될 것이다.

화자가 이야기를 말해 주고 있는 그림들에서, 여성 주인공 한 사람이 부록에 있는 〈그림 3a, b, c〉에 들어 있다. 화자는 이 인물을 'his wife'(그의 아내)로 소개하고, 이어지는 서술에서 이 인물에 대하여 동일한 표현을 이용한다. 그러고 나서 계속하여 화자는 그 남성 인물의 행동들에 초점을 모으는 쪽으로 넘어간다. 그 처음 여성 인물이 이야기의 다음 몇 줄에서는 다시 언급되지 않는다. 더 뒤에 있는 사건들을 서술하게 될 적에, 화자는 두 번째 여성 인물이 사실상 전혀 다른 여성 인물이며, 청자로 하여금 앞에 언급된 인물의 재등장이 아님을 알게 해 주는 방식으로 소개되어야 한다. 화자는 관련된 사건들을 이야기 속에 있는 그 남자가 'met this girl'(이 아가씨를 만났다)고 말하여 서술하였고, 다시 이 여성 인물에 대한 더 뒤에 있는 언급에서 한결같이 'the girl'(그 아가씨)이라는 표현을 이용함으로써 언어 사용에서 일관적이다. 임의의 대명사가 이용된 경우에, 이는 오직 다른 여성 인물이 그 이야기에서 당분간 언급되지 않은 경우에 한해서 나타난다. 아주 단순한 언어를 일관되게 이용함으로써, 화자는 이런 종류의 과제에 대한 주요한 요구사항들의 한 가지를 성공적으로 처리해 내었다.

이제 만일 화자가16) 자신의 청자에게 언제 어디에서 여러 가지 그

---

16) [역주] 이 문단에서 먼저 특정한 화자를 도입할 경우에 지시대명사 this(이)를 쓰고(this speaker), 그 이하에서는 모두 정관사 the(그)를 쓰고 있다(the speaker). 다음 단락에서는 부정관사로 도입하여 지시대명사로 이어받고, 다시 정관사로 계속 잇고 있다. 이것이 영어에서 쓰이는 담화 전개 방식이다. 저자가 특정한 화자의 영역을 지시대명사 this (이)로 지정해 놓았기 때문에, 다음부터 같은 사람을 언급하려면 확정된 대상을 가리키는 정관사를 쓰는 것이다. 원문에 충실하게 번역한다면

　　'이 화자 → 그 화자 → 그 화자 …'

로 되어야 한다. 그렇지만 담화 전개 방식이 다른 우리말에서는 이런 지시 표현으로 말미암아, 마치 서로 다른 두 명의 화자(이 화자, 그 화자)를 가리키는 것처럼 오해가

런 사건들이 일어나는지 얼마나 의사소통을 잘 이뤄내는지 살펴본다면, 이 수행이 또한 이들 측면에서도 아주 성공적임을 주목하게 된다. 화자는 관련된 변화가 시간 그리고/또는 장소에서 일어난 경우에는 다음과 같은 표현을 이용하여 지시하였다.

'then he went to a pub'
(그러고 나서 그는 어느 선술집으로 갔어)
'after that the man went home'
(그 일 뒤에 그 남자는 집으로 갔어)

만일 또 다른 수행 내용인 사례 (4)를 살펴본다면, 이 과제의 요구사항들을 해결해 내기 위하여 이번 화자는 오히려 다른 언어를 이용하고 있음을 본다. 실제로 이 화자는 그 이야기 속의 인물들을 가리키는 서술에서 앞에서 본 화자보다는 일관적이지 못하다. 예를 들면, 첫 번째 여성 주인공이 'Mrs Smith'(스미스 부인)으로 도입되지만, 그 이야기의 더 뒷부분에서 이 인물이 다시 나오는 경우에 'his wife'(그의 부인)라는 표현이 쓰인다. 'Mr Smith'(스미스 씨)가 방금 전에 언급되었으므로, 이런 변화가 청자에게 어떤 문제를 일으킬 것 같지는 않다. 그리고 그 이야기에 있는 유일한 다른 여성 인물이 아주 다른 표현인 'the young lady'(그 젊은 부인)를 이용하여 동일한 문장에서 서술된다. 그 화자는 또한 이 두 번째 여성 인물을 도입하고 나서, 계속하여 가리키기 위하여 다른 서술들을 이용한다. 그렇지만 다시 'a young lady with long black hair'(긴 검정 머리를 가진 어느 젊은 부인)에서 'the young lady'(그 젊은 부인)로 바뀐 것이 청자에게 해석의 문제를 일으킬 것 같지는 않다.

생길 수 있다. 따라서 우리말에서는 맨 처음 도입되는 화자도 동일하게 뒤의 표현처럼 '그 화자'로 하나로만 번역해 놓는다.
    '그 화자 → 그 화자 → 그 화자 …'

(4) one day Mr and Mrs Smith were sitting + in their living room + and deciding what to do + when + Mr Smith went to look out the window + he thought whether to go out or stay in and watch the usual + night TV + then Mr Smith said to himself + that he should go out and enjoy himself + so he went out + to the hall + with his usual suit and tie and there he was dancing with a young lady with long black hair ++ after the song had finished they sat down together and had a drink or two + when the dance finished Mr Smith returned home and phoned the young lady while his wife was listening at the door + he went he went to meet the lady + and for a change Mrs Smith was sitting alone on a chair + wondering what to do + she was crying + and then went off to bed still crying while Mr Smith left the house with his luggage ++ he went to meet the lady and got a new house + then just before bed they were relaxing watching TV + when the young lady looked out the window + and + later she decided to leave she went out and Mrs Smith was at the club dancing + but at the stairs Mr Smith and the young lady were there too + feeling very depressed

(어느 날 스미스 씨와 스미스 부인이 앉아 있었는데 + 그들의 거실에 + 그리고 뭘 할지를 결정하려고 + 스미스 씨가 창문 밖을 내다보려고 창가로 갔을 + 적에 + 밖으로 나가든지 아니면 눌러 앉아서 평상시 + 밤 TV를 보든지 해야겠다고 생각했거든 + 그러고서 스미스 씨가 혼자 중얼거렸어 + 밖으로 나가서 즐겨야겠다고 말야 + 그래서 밖으로 나갔어 + 댄스홀에 + 그의 평상 복장과 넥타이를 매고서 그리고 긴 검정 머리를 가진 어느 젊은 부인과 춤을 추고 있었어 ++ 그 노래가 끝난 뒤에 그들은 함께 앉아서 술을 한두 잔 마셨어 + 그 춤이 끝났을 때 스미스 씨가 집으로 되돌아왔고 그리고 그 젊은 부인에게 전화를 했는데 그의 부인이 문가에서 듣고 있었어 + 그가 나갔어 그 부인을 만나려고 나갔어 + 그리고 여느 때와는 달리(=우연히) 스미스

부인이 의자에 홀로 앉아 있었거든 + 어떻게 할지 몰라서 + 그녀는 울고 있었어 + 그러고 나서 스미스 씨가 자신의 짐 가방과 함께 그 집을 떠나는 동안에 계속 울면서 침대로 가 버렸어 ++ 그는 그 부인을 만나려고 갔고 그리고 새로운 집을 얻었거든 + 그러고 나서 바로 침대 앞에서 그들이 편안하게 TV를 보고 있었어 + 그 젊은 부인이 창문 밖을 내다보며 살펴보았을 때 + 그리고 + 뒤에 그녀가 떠나기로 결심했거든 그녀가 나가 버렸고 스미스 여사는 춤추는 그 사교 클럽에 있었어 + 하지만 그 계단에 스미스 씨와 그 젊은 부인이 또한 거기에 있었어 + 크게 실망감을 느끼면서)

이런 말하기 수행은, 간단한 이야기에서라도 누가 무엇을 하고 있는지에 대하여 의사소통을 성공적으로 이뤄내는 일이(우리가 지시표현서 명백해질 필요성이라고 부른 것임), 반드시 화자가 자신의 표현법에서 절대적으로 일관적으로 되기를 요구하는 것은 아님을 보여 준다. 화자는 청자를 혼동시키지 않도록 하는 정도로만 충분히 일관되고 충분히 명백해질 필요가 있다. 얼마만큼 '충분히' 일관되거나 명백해져야 하는지는, 수행되고 있는 특정한 과제에 달려 있을 것이다. 만일 어느 이야기가 더 많은 수의 '동일한 성별' 인물들을 포함한다면, 즉 여성이나 남성 인물들 또는 중성 대상들을 포함한다면, 표현상의 어떤 변화도 더욱 잠재적인 혼란스러움으로 될 것이다. 비슷하게, '유동적' 과제의 유형도 관련될 것이다. 가령, 만일 어느 화자가 어느 자동차 충돌을 서술하고 있다면(우리가 광범위하게 이용한 이런 유형의 과제에 대해서는 〈부록 1〉에 있는 〈그림 4a〉를 보기 바람), 간여된 자동차들의 서술내용이 청자를 혼란시키지 않도록 하기 위하여 반드시 아주 일관적으로 되어야 한다. 왜냐하면 화자가 하나의 자동차에 대하여 말할 것 같은 모든 종류의 것들이, 똑같이 또 다른 자동차에도 그대로 적용될 것 같기 때문이다.

다음의 사례 (5)에서, 만일 심지어 아주 단순한 이야기에서조차 충분히 지시표현을 명백히 해 주지 못한다면, 어떻게 대상들을 청자가 이해하기에 아주 어렵게 만들어 버리는지를 살펴보게 될 것이다.

(5) the lady was reading the letter + the man got up from his seat and went to the window ++ after they had a discussion + he went the man went + to the mirror and fixed his tie ++ he went out to a disco club and the man shook the barman's hand + they started dancing + after that they started talking ++ after that they went home + and the man phones somewhere + he went through to the living room + and told the lady + the girl the lady started crying + he got a new house ++ and he moved into it + the lady went up to the window + and then went outside + and then went to + a disco club

(그 부인이 그 편지를 읽고 있었어 + 그 남자가 자신의 의자로부터 일어섰고 그 창문으로 갔어 ++ <u>그들이</u> 어떤 의논을 한 뒤에 + 그가 갔어 그 남자가 갔어 + 그 거울 쪽으로 그리고 자신의 넥타이를 매었어 ++ 그가 밖으로 나가 어느 디스코 클럽으로 갔어 그 남자가 그 바 주인과 악수했어 + <u>그들이</u> 춤추기 시작했어 + 그 뒤에 <u>그들이</u> 이야기하기 시작했어 ++ 그 뒤에 <u>그들이</u> 집으로 갔어 + 그리고 그 남자가 어딘가에 전화를 해 + 그가 거실로 나갔어 + 그리고 그 부인에게 말했어 + 그 아가씨 그 부인이 울기 시작했어 + 그가 새 집을 하나 얻었어 ++ 그리고 그곳으로 이사했어 + 그 부인이 그 창문 쪽으로 다가갔어 + 그리고 그러고 나서 밖으로 나갔어 + 그리고 그러고 나서 갔어 + 어느 디스코 클럽으로)

그 이야기의 이런 내용에서, 화자는 첫 번째 여성 인물을 'the lady'(그 부인, 본디 아내)로 도입하고 나서, 이 인물을 대명사 'they'(그들이)를 이용하여 남성 인물과 함께 가리킨다. 그 화자가 다시 첫 번째 여성 인물을 다시 도입하는 경우, 그는 다시 'the lady'(그 부인, 이 표현은

춤추다가 만난 아가씨를 가리키는지, 아니면 본디 내 가리키는지 불분명함)
이란 표현을 썼다. 따라서 청자는 누가 '말을 들었는지' 그리고 누가
'울기 시작하였는지'를 이해하는 데에 아무 어려움이 없어야 한다.

　그 이야기에서 'dancing(춤추기)/talking(말하기)' 등이 언급되는 경우,
즉 화자가 구별되는 두 번째 여성 인물을 도입해야 하는 시점에, 화자
는 전혀 도움도 안 되게 다시 'they'(그들이)라는 대명사를 쓴다. 우리는
그림들로부터 논의 중인 대명사 'they'가 그 남성 인물과 그 두 번째
여성 인물(춤추다 만난 아가씨)을 가리키고 있음을 판단할 수 있겠지만,
그 화자의 서술로부터 청자는 이를 이해하지 못할 것이다. 실제로 they
(그들이)의 해석에 그 남자가 그 바(선술집) 주인과 춤을 추고 있다고도
가정할 수 있다. 그 이야기에서 화자는 이런 점에서 지시 내용을 명백
히 해 놓는 데 실패하였다. 더 뒤에 있는 행동들을 묘사하는 경우에,
그는 두 번째 여성 인물을 다시 도입해야만 한다. 다시 화자는 'the
lady'(그 부인)이란 표현을 쓰는 선택을 하였다. 이는 청자에게 전혀 도움
이 되지 못한다. 사실상 청자가 알고 있는 그 유일한 'lady'(부인)는 맨
처음 언급된 여성 인물(본디 아내)이다. 따라서 아마도 청자는 이야기
속에 다시 도입된 사람이 바로 이 주인공이라고 잘못 가정할 것이다.

　한 사람의 인물을 가리키기 위하여 부적당한 두 가지 표현의 선택
에 의해서, 화자는 청자가 의도된 방식으로 거의 이해하지 않을 것
같은 어떤 이야기를 제시해 놓았다. 대부분의 화자가 서술하는

　'결혼 → 권태 → 외도 → 새 살림 → 권태'

의 이야기 대신에,[17] 이 특정한 이야기 수행은 오히려 집을 옮기는

---

17) [역주] 원문 98쪽에 있는 설명을 보면, 어른들은 이 이야기를 역설로 파악함을 알 수
　있다. 즉, '결혼→ 권태→ 남편 외도→ 새 살림→ 권태→ 다시 외도→ 옛 아내와 우연한
　만남→ 재결합'과 같은 전개 방식이다. 이런 재구성은 주어진 그림을 파악하는 주체의
　배경지식에 따라 달라지는 것이다.

목적 없는 언급처럼 들린다. 이런 수행은 화자가 충분히 지시 표현상 명백해지는 데 실패하면 청자에게 의사소통을 하기에 심각한 결과를 가져올 수 있음을 예시해 준다. 이런 요구사항을 놓고서 화자들이 보여 준 이런 종류의 문제점에 대한 추가 사례들은, 제5장에서 말하기를 어떻게 평가할지에 대하여 논의하는 자리에서 이뤄질 것이다.

우리는 '유동적' 과제에 있는 주인공들이나 대상들의 출현 및 재출현이, 지시 표현에서 명확해질 필요성을 얼마나 두드러지게 부각시키는지를 살펴보았다. '유동적' 과제에 특별히 관련된 다른 주요한 요구사항은, 화자가 분명히 언제 공간상의 변화 또는 시간상의 변화가 일어났는지를 일러 주어야 하는 것임도 언급하였다. 앞에서 살펴본 사례 (3)과 (4)에서 화자들은 모두 이야기에서 그런 변화가 일어난 경우에 그런 점들을 지적해 주었다는 점에서 청자에게 아주 도움이 되었다. 그런 이야기들 속에서 계속하여 청자는 장면이 언제 바뀌었는지를 판단할 수 있었을 것이다.

이와는 달리 다음에 있는 짧막한 인용 (6)과 (7)에서는, 화자가 그런 전환을 지적해 주지 못하는 경우에 잠재적으로 이야기가 얼마나 혼란스럽게 될 수 있는지를 보여 준다.

(6) the man and the lady are sitting down talking + the lady is reading a letter + the man is sitting smoking a cigarette + the lady sits down and the man looks out the window + the man goes to the window he gets dressed and goes to the window and makes himself smart + ① the lady is still sitting there + with the letter + ②the man shakes hands + with his friend + and meet a girl + and he starts dancing with her (그 남자와 그 부인이 앉아서 이야기하고 있어 +그 부인이 편지를 하나 읽고 있어 + 그 남자가 앉아서 담배를 한 대 피우고 있어 + 그 부인이 앉아 있는데 그 남자는 창문 밖을 내다봐 + 그 남자가 창문으로 가고 옷을 차려 입고 창문으로 가서 자신을 멋지게 꾸미네 + ①

그 부인이 여태 거기 앉아 있어 + 그 편지를 갖고서 + ② 그 남자가
악수를 해 + 자기 친구하고 + 그리고 어느 아가씨를 만나 + 그리고
그녀와 춤을 추기 시작해)

(7) then he goes to this pub or cafe + has a pint + and he starts dancing
with this woman + and he starts talking to the woman + ③ he starts
to like her + ④ and the wife hears him phoning her on the phone
(그리고서 그가 이 선술집이나 카페로 가 + 맥주 한 파인트를[18] 마시
고 + 그리고 이 아줌마와 춤을 추기 시작해 + 그리고 그가 그 아줌마
에게 말하기 시작해 + ③ 그가 그녀를 좋아하기 시작하거든 + ④ 그리
고 그가 전화로 그녀에게 전화하는 걸 아내가 듣고 있어)

이들 두 가지 발췌에서, 화자들은 그 이야기에서 장소의 변화가 언제
일어났는지를 명백하게 가리켜 주지 못하였다. 그 결과, 청자는 또한
여러 가지 행동이 언제 어디에서 발생하는지를 모두 오해할 소지가
있었다. 예를 들어, (6)에서 화자가 사건 ①과 사건 ②사이에서 장면
바뀜을 언급해 주지 않았기 때문에 이야기가 잠재적으로 혼란스러운
듯하다. 그 이야기에 있는 남자는 집을 떠나 밖으로 춤추러 갔다. 이야
기 수행이 현재 상태대로는 혼란스러운 듯하다. 왜냐하면 느닷없이
'sitting'(앉아 있음) 및 'reading'(읽고 있음)의 동일한 장소에서, 'the
friend'(그 친구)와 'a girl'(어느 아가씨)이라는 이상한 사람들이 나오며
'dancing'(춤추고 있음) 행위들이 나오는 듯하기 때문이다.
　발췌 (7)에서도 화자는 사건 ③과 사건 ④사이에서 장소의 변화를
언급하지 못하였다. 즉, 그 남자가 짐을 싸러 집으로 가는 것이다. 이
것이 잠재적으로 청자를 오도하고 있다. 왜냐하면 그 이야기에서 인

---

18) [역주] 영국에서 쓰는 0.57리터 단위의 용기이며, 제2장 4절 3항에도 '우유 1파인트'라
　고 언급됨.

물들의 논리적인 등장과 재등장을 혼란스럽게 만들기 때문이다. 'the wife'(그 아내)라는 표현도 느닷없이 선술집에 나타나는 듯하다. 또한 장소의 변화를 표시해 주지 못하는 일이, 두 가지 사건이 시간상으로 나눠지지 않는 듯이 파악된다는 점에서, 그 이야기의 시간적 연결에 차질을 빚는다. 이야기 수행내용 (3)에서는, 그렇지 않았더라면 두 수행에서 비슷하게 서술되었을, 두 사건 사이에 간단한 구절

'after that the man went home'
(그 일 뒤에 그 남자가 집으로 갔다)

의 삽입에 의해서, 그 이야기의 시간적 조직화뿐만 아니라 또한 공간적 조직화도 완벽히 명백하게 이뤄진다.

이들 사례들에서 우리는 유동적 관계를 포함하는 과제의 특징—즉 지시표현에서 명백해질 필요성 및 시간과 장소에 있는 변화들을 분명히 가리켜 줄 필요성—인 그런 요구사항을 화자가 처리해 내는 방식에 대하여 집중하여 논의하였다.

그렇지만, '정태적' 과제에서처럼 성공적인 수행에서는 또한 제시 자료(stimulus material)에 보인 사건들의 실제적인 세부사항들에 관한 적당량의 정보를 포함할 것이다. 우리가 학생들에게 다양한 이야기를 말하도록 해 놓은 수백 통의 녹음 기록물들에는, 정보 내용에 비춰서 아주 소수의 부적합한 수행들이 있다. 학생들은 제공된 정보량에서 서로 다양하게 차이가 나는 수행들을 산출하지만, 실질적으로 모든 학생들이 임의의 이야기에서 주요한 사건들을 적합하게 서술한다.

그러므로 이러한 논의에서 우리는 학생들이 흔히 문제를 지니고 있는 자동차 충돌 서술하기 또는 범죄에 대한 목격 내용 서술해 주기처럼 유동적 관계를 포함하는 다른 과제에서 찾아지는 이야기-말하기(story-telling)의 특징들에 대하여 집중해 왔다. 만일 교사가 특정한 정보를 전달하는 능력을 장려하거나 평가하기 위하여 이야기 말하기 과

제를 이용하고자 한다면, 전체적으로든지 부분적으로든지 제시 자료의 내용을 분석함으로써, 임의의 수행이 성공적이라고 판정되기 위하여 화자가 언급해야 하는 정보를 서술하는 객관적인 기준들이 도출될 수 있다. 평가가 더 자세히 논의되는 제5장에서는 화자들이 자신의 이야기의 시작 부분에 제공해 준 정보의 양을 교사들이 평가해 놓은 어떤 실습 사례를 서술한다. 이는 임의 이야기의 시작 부분에 적합하게 '배경을 마련하도록'(set the scene) 화자들을 장려하기 위하여 교사들이 채택할 수 있는 한 가지 접근을 예시해 준다.

우리는 임의의 학생이 시도하는 의사소통 과제들이 난이도의 증가 순서로 놓일 수 있는 구조화된 교과과정을 계발하는 일에 주로 관심을 두고 있다. 그러므로 각 과제의 서술 내용과 과제 유형을 다루되, 대다수가 쉽게 완수하는 과제의 측면보다는 화자에게 문제를 부과해 놓는 특징들에 대하여 집중하게 될 것이다. 물론 이는 화자의 성취를 평가 절하하려는 것이 아니라, 적당한 수준의 의사소통 능력이 성취될 수 있기 전에, 교사와 학생의 주의력을 연습이 요구되는 그런 영역에 모으도록 하려는 것이다. 일부 과제들의 어떤 측면으로 보면, 모든 화자의 수행에서 개선의 소지가 있음은 분명하다. 심지어 성숙한 고등 교육을 받은 화자조차도 어느 교차로에서 진행해 나가는 다섯 대의 자동차가 포함된 자동차 사고에 대해 설명해 주기처럼 일부 과제에서는 적합하게 정보를 전달해 주는 것이 어렵다는 것을 깨닫는다.

4.1.4. 추상적 관계를 포함하는 과제

우리는 가장 단순한 의사소통 과제가 어떻게 정태적 사람이나 대상들에 대한 정보를 포함하는지를 살펴보았고, 그런 과제를 '정태적' 과제라고 불렀다. 변화해 나가는 사건과 행동들을 화자가 서술해 주어야 하는 '유동적' 과제들은 좀 더 어려운 것으로 밝혀졌다. 이들 두 유형의 과제에서, 학생들에게 제시하는 자료는 청자에게 전달되어야 할 모든 정보를 담고 있다. 이와는 대조적으로 학생이 스스로 추상적 관계들을 설명해 주어야 하는 과제들은 우리가 작업해 온 10대 화자들에게는 훨씬 더 어려웠다.

추상적 관계를 담은 과제에서 화자가 주어진 주제를 놓고서 어떤 의견을 개진하거나 또는 특정한 행위에 대한 정당성을 제시해 주어야 하는 경우에, 비록 우리가 의견이나 정당성 입증의 표현을 이끌어 내도록 마련된 동일한 제시 자료를 제공해 주었더라도, 제시 자료가 의사소통이 이뤄질 실제적인 내용을 담고 있지는 않았다. 만일 많은 학생들에게 이용한 한 가지 '추상적' 과제를 자세하게 살펴본다면, 그런 과제의 본질이 다수의 나이 어린 화자들에게 어떻게 문제점을 부과할 수 있는지를 파악해 나가기 시작할 수 있다. 이런 과제에서는 화자들에게 하나의 짧막한 녹화 영상을 보여 주었다. 거기에서는 어느 스코틀런드 교사가 강력하게 학교에서 'the belt'(채찍 체벌)의 사용을 옹호하는 1분 분량의 연설을 하고 있다. 이런 연설의 대본이 다음과 같이 주어져 있다.

<'채찍 체벌' 옹호 연설의 녹화 대본>

이것은 전적으로 여러분이 친숙하게 될 하나의 도구입니다. 저는 소년이었을 때 이것에19) 또한 아주 친숙했던 것을 기억할 수 있습니다. 이 목적으로부터 여태껏 이것에 아주 친숙합니다. 그러나 제가 소년이었을 때 이것은 제가 가장 잘 알고 있었던 목적이었습니다. 이제, 여러분이 또한 '채찍 체벌'(the belt)이 스코틀런드 학교에서 왜 지금도 쓰여야 하는지를 물을 수 있습니다. 교사가 통제를 해야 하기 때문에 필요합니다. 만일 교사가 수업에서 통제를 잘 하게 된다면, 학생들이 수업에 주의를 기울이게 될 것입니다. 학생들이 교사에게 주의를 하고 있는 경우에는, 교사가 자신이 해야 할 바, 곧 가르치는 일을 잘 해 낼 수 있습니다. 결국 교사는 가르치기 위하여 학교에 있고, 학생들도 배우기 위하여 학교에 있는 것입니다. 이것이 교육이 하는 일이며, 채찍 체벌이 없으면 교육은 이뤄지지 않을 것입니다.

우리는 이 제시 자료가 학생들에게 친숙한 주제이며, 학생들 나름대로 견해를 갖고 있을 가능성이 있기 때문에 선택하였다. 이 녹화 영상을 본 뒤에 즉각 학생들에게 각각

"What do you think about that?"
(채찍 체벌에 대하여 어떻게 생각합니까?)

라고 물었다. 만일 화자가 무엇이 요구되었는지에 대해 자신 없는 듯하면, 추가적으로 도움 질문들이 던져졌다. 모든 경우에서, 만일 화자가 첫 번째 질문에 대하여 길게 대답하기를 꺼려하거나 할 수 없다면, 계속 이어진 질문들에 대하여 모두 단일한 낱말이나 간략한 구절로 된 답변을 제공해 주려고 하는 경향이 있었다. 그러므로 우리가 논의한 모든 대답들은 모든 화자에게 물었던 첫 번째 표준 질문에 대하여 나온 것이다.

　이 과제에서 의사소통이 이뤄져야 할 정보에 비추어 화자들에게 요구된 것은 무엇일까? 화자는 반드시 자신이 말해진 내용에 대하여 찬성하는지, 아니면 반대하는지 여부를 진술해야 한다. 아마도 '훌륭한' 의사소통 주체라면 또한 이렇게 개진된 의견을 정당화하는 정보도 포함시켜 놓을 것 같다. 그렇다면 의사소통이 되어야 할 정보는 제시 자료에 대한 화자의 평가나 반응이다. 그것은 제시 자료의 단순한 반복이 아니다. 화자는 사뭇 큰 정보 꾸러미를 처리해야 한다. 이것으로부터 기본적인 메시지를 뽑아내고 요약해야 하며, 그 주제에 대한 자

---

19) [역주] 맨 처음 This(이것)로 대상이 도입된 뒤에 계속하여 동일한 대상을 it(그것)으로 가리키고 있다. 영어의 이런 담화 전개 방식을 우리말에서 다음처럼 바꾸어야 한다.
　　① 처음 '이것'으로 도입하면 계속하여 '이것'으로 써 주어야 한다(it도 '이것'으로 번역함).
　　② 처음부터 '그것'으로 도입하여 한결같이 '그것'을 써 주어야 한다(this도 '그것'으로 번역함).
　여기서는 첫 번째 선택을 하여 일관되게 '이것'으로만 번역해 놓았다.

신의 견해를 결정하거나 회상해 내어야 한다. 녹화 영상으로 진술된 것들에 대한 반응으로서 이들 견해를 얼개 잡아야 하고, 이 반응을 뒷받침하는 정보를 과거 자신의 경험으로부터 혹은 그 영상에 있는 정보로부터 선택하여 이를 분명하게 진술해야 하는 것이다. 이것이 사뭇 긴 목록의 요구사항일 뿐만 아니라, 또한 그 화자는 그 정보를 평가하고 선택하고 구조화해 주어야 한다. 대조적으로, '정태적' 과제와 '유동적' 과제에서는 제시 자료가 그 자체로 의사소통이 이뤄져야 할 모든 내용을 제공하였다. 이는 대체로 화자에게 정보의 선택과 그 구조가 미리 결정되어 있음을 의미하였다.

4.1.5. 추상적 관계를 포함하는 과제들에서 수행 사례

'추상적' 과제로부터 나온 수행에 대한 몇 가지 사례가 화자들이 과제의 요구사항들을 어떻게 처리하는지 보여줄 것이다.

(8) it's a man sitting behind a desk talking about + why belts are used in Scottish + Scottish schools ++ he says that if the belt wasn't used + people pupils in the class wouldn't be taught + and that it is used because people in the class + don't eh pay much attention + while the teacher is talking + but when she has when the teacher has got a belt + everyone listens and learns more + and the teacher teaches them more and gets money for teaching them + and if the belt wasn't used + they wouldn't be taught in school as nobody pays attention in the class
(책상 뒤에 앉아서 말을 하고 있는 한 남자 분이 + 왜 채찍이 스코틀런드 + 스코틀런드의 학교에서 쓰이고 있는지 말을 하고 있어요 ++ 그 분이 채찍이 쓰이지 않았더라면 + 교실에 있는 사람들 학생들이 가르쳐지지 않았을 거라고 했어요 + 그리고 채찍이 쓰이는 것이 교실에서 사람들이 + 어 잘 주의를 기울이지 않기 때문이죠 + 교사가 말

을 하는 동안에 말이에요 + 하지만 교사가 가질 때 교사가 채찍을
하나 갖고 있는 경우에는 + 모든 사람이 귀를 기울여 듣고 더 많이
배우거든요 + 그리고 교사가 그들을 더 잘 가르치고 그들을 가르치는
대가로 월급을 받죠 + 그리고 채찍이 쓰이지 않았더라면 + 교실에서
아무도 주의를 기울이지 않으므로 학교에서 그들이 가르쳐지지 않았
을 거예요)

(8)에 있는 화자는 첫 번째 과제 요구사항, 즉 제시 자료에 제시된
정보를 처리하는 일을 아주 잘 해 내고 있다. 만일 영상대본을 이 화자
의 발췌문과 비교한다면, 녹화 영상에서 제시된 주요 논점들을 아주
정확하게 기억하여 재생하고(또는 풀이하고) 있음을 본다. 그렇지만 그
화자는 과제의 다른 요구사항들을 모두 충족시키지 못한다. 실제로
그 화자가 해 놓은 것은 과제에 있는 제시 자료를 아주 길게 늘여 서술
한다. 그리고 아마 이것이 그 자체로 아주 힘든 일이기 때문에, 계속하
여 그 자신의 견해를 만들고 회상해 내며 어떤 반응을 만들어 내는
따위의 시도는 하지 않는다. 비록 이런 문제의 일부가 맨 처음 물었던
질문

"What do you think about that?"
(채찍 체벌에 대하여 어떻게 생각합니까?)

을 화자가 잘못 해석한 것이라고 가정할 수도 있겠지만,[20] 심지어 뒤
이어진 다른 대안 질문에서도 이 화자로부터 다른 과제 요구사항들을
만족시켜 줄 만한 대답을 이끌어 내지는 못하였다.

---

20) [역주] 이 학습자가 주어진 질문이 다른 속뜻을 담고 있는 것으로 파악하였다는 뜻이다.
그 질문 자체를 ① 녹화 영상의 주장을 옳다고 받아들이고, ② 옳다는 논거들을 그대로
반복하여 말해 주도록 요구하는 것으로 본 것이다. 대신 질문이 만일 녹화 영상 속의
주장이 '옳을 수도 있고, 틀릴 수도 있다'는 조건을 더 붙여 놓았거나, 숫제 그 주장의
잘못을 지적해 보라고 하였더라면, 다른 결과가 나왔을 가능성도 있다고 보는 것이다.

(9) I don't think it's true

    (그게 옳다고 생각하지 않아요)

(9)에서 보인 수행에서는 이 과제 상으로 훌륭한 수행에 필요한 일부의 요구사항만을 만족시켜 주는 화자를 보게 된다. 이 화자는 명백히 그 제시 자료와 과제 일러두기를 적합하게 처리하였다. 그 주제를 놓고서 자신의 견해를 회상해 내거나 결정해 놓았으며, 녹화 영상에서 제시된 자료에 대하여 명백히 하나의 의견이자 대답이 되는 하나의 진술을 산출한다. 그렇지만 대답은 아주 적은 정보를 담고 있다. 가령, 대답이 화자의 견해에 대한 어떤 뒷받침 증거도 담고 있지 않다. 사실상 화자가 녹화 영상에서 개진된 견해를 올바르게 해석했다는 분명한 증거도 없다. 이들 수행은 일부 나이 어린 화자들이 이런 과제의 모든 요구사항을 잘 처리해 내는 데에 어려움을 보여 준다.

(10) I disagree with him cause there could be other means of punishing people

    (난 그에게 반대하는데 사람들을 벌 줄 다른 수단이 있을 수 있기 때문이죠)

(11) the man was quite right + if you do something bad you're better getting punished like that than getting anything else + that's over and done with and so you get hit in the hand and it's sore for a wee bit but and it goes away ++ like you get lines it could take your time at night and that + and if you get kept in after school + detention + take your time away and all

    (그 분이 아주 옳았어요 + 만일 뭔가 나쁜 짓을 한다면 다른 어떤 걸 받는 거보다는 그처럼 체벌을 받는 게 더 낫거든요 + 그게 끝이고 잘 처리된 거죠 그래서 손바닥에 얻어맞고 그게 아주 쬐금 아프지만

곧 없어져 버리죠 ++ 수십 번 베껴 써야 할 문장들을 체벌로 받게
되면 그게 시간이 밤까지 오래 걸릴 수 있거든요 그게 + 그리고 만일
처벌로 방과 후에 교실에 계속 남아 있어야 한다면 + 억류 조치가
+ 모든 시간을 다 빼앗아가 버리거든요)

심지어 학업상 능력이 떨어지는 집단으로부터 나온 소수의 나이 어린
화자들이 '추상적' 과제가 제시한 모든 요구들을 제대로 잘 처리하고
있다. (10)과 (11)에 있는 화자들이 모두 분명히 어떤 의견을 표현하고
있다. 이는 녹화 영상에 제시된 주장을 놓고서 요약에 대한 그들 나름
의 어떤 반응을 나타낸다. 그들은 또한 모두 자신의 의견을 뒷받침하
는 정보를 제시하고 있다. 이는 (11)에서처럼 명백하거나 또는 (10)에
서처럼 암시적이며, 녹화 영상에 개진된 주장을 이들 화자가 어떻게
생각하였는지 우리로 하여금 판단할 수 있게 해 준다.

　녹화 영상에 개진된 특정한 주장에 대한 뒷받침 증거를 제공하기
위하여 (11)에서 화자는 일반적으로 그 주제 영역에 대한 자신의 지식
을 이끌어낸다. 또한 그에게 알려진 관련 정보를 다시 이끌어 내면서
녹화 영상에 표현되었지만, 그 과제에서는 제시되지 않은 견해를 놓
고서 대안이 되는 견해들로도 같이 평가하고 있다. 이들 전략이 둘
모두 가치가 있는 것으로 보인다. 제5장에서 다루게 될 것이지만, 그
런 수행을 평가하는 경우에, 사례 (11)이 이런 과제 상으로 어떤 훌륭
한 수행에 대한 하나의 모형을 제시할 가능성이 있다. 우리는 수사적
전개 능력·유창성·확장된 어휘 등에 대한 일반적인 용어에 비춰서가
아니라, 단순히 그 과제 유형이 요구하는 것이 무엇인지만 말하고 있
음에 유의하기 바란다.

4.2. 난이도를 높여 주는 과제들의 얼개

우리는 왜 '정태적' 과제들이 가장 쉬운 유형의 과제인지를 서술하였다. 즉, 화자가 청자에게 전달해 줄 정보가 과제의 제시 자료에 모두 제시되어 있기 때문이다. 과제를 성공적으로 수행하기 위하여, 화자는 자기 앞에 있는 정보를 단순한 일직선 연결로 오직 명백하게 서술해 주어야 한다.

물론 이런 '쉬운' 범주의 과제들에서는 특정한 과제들을 놓고서 화자가 전달해 주어야 하는 정보의 양을 늘여놓음으로써, 또는 정보 항목들 사이의 관계를 더욱 복잡하게 만들어 놓음으로써, 더 어려운 내용을 만들어 낼 수 있다. 화자가 대체로 비슷한 크기로 된 몇몇 항목들을 서술해 주어야 하는 도형 과제, 또는 하나 아래 다른 것이 균등한 공간을 차지하는 도형 과제는, 덜 규칙적인 배열로 된 더 많은 항목들을 포함하는 도형 과제보다 서술해 주기가 더 쉽다. 만일 화자들이 왼쪽과 오른쪽을 포함하는 공간 관계를 서술해 주어야 한다면, 우리는 학생들이 혼란스럽게 되었거나 불확실해졌음을 알아내었다. 여러 가지 다른 크기와 방향들을 구체적으로 말해 주어야 하는 일도 또한 화자들에게 그런 어려움을 늘여 놓는다. '정태적' 과제의 쉬운 사례와 더 어려운 사례들에 대해서는, 〈부록 1〉에 있는 〈그림 1a, b, c〉를 보기 바란다. 그렇지만, 일반적으로 우리는 이런 범주의 과제들이 나이 어린 화자들에게 가장 적은 문제를 부과한다고 믿는다. 또한 다양한 과제 유형을 수행하고 있는 많은 학생들의 수행 자료들로부터 그러함을 찾아내었다.

전반적으로 '유동적' 과제들이 더 어렵다. 왜냐하면 비록 전달될 정보가 다시 화자에게 제시되지만, 그런 과제들에 대한 구조의 성격은 제4장 1절 3항에서 보았듯이, 화자에게 문제점들을 부과해 놓을 수 있기 때문이다. '유동적' 과제들을 성공적으로 수행하기 위하여, 그 화자는 제시 자료를 온전히 서술할 수 있어야 한다. 서술된 사건을 청자가 잘 이해하도록 만들기 위하여, 화자는 자신의 언어 사용에서 충분히 분명하게 식별이 이뤄지며 일관되어야 한다.

이런 범주 안에서, 다시 우리는 쉬운 과제와 더 어려운 과제들을 구성하고 검사하였다. 포함된 주인공이나 대상들의 숫자—특히 비슷한 주인공이나 대상들의 숫자—그리고 이들 사이의 관계에 있는 변화의 본질과 숫자는 모두 화자에게 '유동적' 과제를 수행하는 일을 어렵게 만든다. 그러므로 네 명의 여성 인물이 포함된 이야기는, 한 명의 여성과 한 명의 남성 인물을 포함하는 이야기보다 서술하기가 더 어렵다. 여러 가지 장면의 변화나 시간상으로 더 앞에 있던 사건들에 대한 회상 장면을 포함하는 이야기는, 단일한 시간과 장소에서 일어나는 이야기보다 수행하기가 더 어렵다. 곧은길에서 승용차 한 대와 짐차 한 대 사이에 있는 충돌은, 교차로에서 네 대의 자동차가 충돌한 사건보다도 서술하기가 더 쉽다.

〈표 4-1〉에서 우리는 난이도에 비추어 과제들이 어떻게 비교될 수 있는지를 얼개로 만들어 예시해 놓는다. 제5장에서 이 얼개에 대한 잠재적인 진단 평가 및 총괄 평가를 논의할 것이다.

〈표 4-1〉 난이도 조절 도표

정태적 과제		유동적 과제		추상적 과제
과제 A	과제 B	과제 G	과제 H	과제 L
예: 도형 그리기	예: 모눈홈판 작업	예: 이야기하기	예: 자동차 충돌	예: 의견 개진
범주별 변인	오른쪽 범주로 갈수록 차츰 어려워진다.			
과제별 변인	각 과제마다 소수의 요소와 관계들만 있으면 더 쉽고, 거꾸로 각 과제마다 다수의 요소와 관계들, 그리고 여러 주인공이 있으면 더 어렵다			

4.3. 말하기의 목적: 난이도 상에서 목적의 효과

〈표 4-1〉로부터 알 수 있듯이, '추상적' 과제들이 다른 유형의 과제보다 더욱 어려웠다. 우리는 이에 대한 여러 가지 이유가 있을 것으로 믿는다. 첫째, 비록 그러한 과제가 화자에게 자신의 대답에 대하여 근거로 삼을 제시 자료를 제공해 주지만, 이것이 구조화되는 정보 내용과 방식은 단독으로 화자에 의해서 결정되어야 한다. 그런 과제에 대한 일러두기의 본성이 또한 화자에게 문제를 일으킬 수 있다. '추상적' 과제에서, 화자는 특정한 목적에 알맞게 갖춰진 대답을 산출해야 한다. 의견에 대한 정당성 입증을 요구받는 경우에, 특정 과제에 유관한 정보를 선택하고 제시해 주면서, 화자는 아주 정확하게 대답에 초점을 모아야 한다. 제시 자료에 있는 동일 주제에 대하여 말하는 일에 비춰 유관한 듯이 보이는 많은 대답들도, 엄격히 따져 특정 과제에서 수행하도록 요구받은 바에 비춰 보면 틀림없이 무관한 것으로 판정될 것이다. 어떤 과제의 목적이 화자에게 상당한 의사소통 중압감을 부과할 수 있다는 것은 이런 의미에서 그러하다.

화자가 청자에게 어느 도형을 그리는 방법을 지시해 주어야 하는 과제에서, 화자는 그 정보를 가령

"draw a big black square in the middle of the page"
(그 종이의 한 가운데에다 검정색 큰 정사각형을 하나 그려!)

과 같이 사실상 일련의 명령문으로 된 지시사항을 말해 주거나, 또는 가령

"there's a wee red line at the top"
(꼭대기에 조그마한 빨강색 선이 하나 있네.)

와 같이 일련의 진술문(서술문)으로 제시할 수도 있다. 교사들이 과제에 대해 좀 더 적합한 반응으로 첫 번째 종류의 명령형 지시사항을 장려하고 싶을 수도 있겠지만, 도형을 그리려고 노력하는 청자는 아마 어떤 형식으로 된 발화이든지 상관없이 아주 쉽게 잘 처리해 낼 듯하다.

제시 그림들의 단조롭지만 정확한 서술과 비교하여, 이야기 말해 주기 과제에서도 비슷하게 주인공들의 동기 및 다른 '훌륭한' 사건 전개 정보에 대한 세부사항들을 담고 있는 수행을 가치 있게 여기고 장려할 가능성이 있다. 그렇지만 청자는 아마 심지어 앞서의 단순 정확한 서술의 경우에서도 그 '이야기' 속에 있는 사건을 이해할 수 있을 것이다. 이와는 대조적으로, 청자의 과제가 만일 화자가 학교에서 신체적 체벌을 옹호하는지 여부를 판단하는 것이지만,21) 화자가 자신의 의견에 대한 표현으로서 오직 제시 자료로 보여 준 녹화 영상의 내용만을 서술한다면, 화자의 대답과 과제에서 부과한 질문 사이에 있는 간격으로 인하여22) 좀 더 심각한 의사소통의 실패를 드러낸다. 심지어 의사소통이 이뤄질 내용이 사건들에 대한 구체적인 서술인 경우에도, 많은 화자들이 그러한 뚜렷한 목적을 위하여 말하기에 포함된 과제들에서 어려움을 지닌다. 이러한 화자들에 대한 문제는 그 과제의 목적을 철저하게 이해하는 일에 놓여 있다.

---

21) [역주] 원문의 접속사는 순접 접속사 and이다. 영어에서는 참값(T)을 갖는 사실 명제들이 나열될 때에 순접 접속사를 쓴다. 청자는 화자가 신체적 체벌을 찬성한다고 판단하고 (T: 명제1), 그리고 그 화자는 영상 속에 있는 내용만을 서술한다(T: 명제2). 그렇지만 우리말에서는 사실 명제들에 대한 평가나 의견(기대치)을 접속사로 묶어 준다. 명제1은 하나의 관찰 명제이다. 이 그 명제가 성립하려면 화자 자신의 뒷받침 증거가 있을 것으로 기대한다. 이런 기대에도 아랑곳하지 않고 명제2에서는 자신의 의견을 제시하지 못하고 있다. 따라서 기대치가 어긋나는 뒤의 명제가 이어지므로, 우리말에서는 '역접' 접속사를 쓰게 된다. 마치 영어에서 'yes, no'의 선택을 사실(fact)에만 근거하여 쓰지만, 이와는 달리 우리말에서는 반드시 말하는 사람의 의견에 맞춰 쓰는 것과 동일하다.

22) [역주] 질문은 녹화 영상을 '요약해 달라'는 것이 아니다. 녹화 영상 속의 주장에 대한 학습자 자신의 의견을 말해 달라는 것이다. 따라서 그 질문을 제대로 이해하지 못한 것으로 판정한다. 만일 이 과제의 핵심을 미심쩍게 여긴다면, 학습자는 반드시 다음처럼 되물어 확인해야 한다. "녹화 속 주장에 대해, 내가 찬성하는지, 아니면 반대하는지를 묻습니까?" 그리고 더 나은 평가를 받기 위해서는 계속해서 찬성에 대한 논증이나 반대에 대한 입증을 몇 가지 제시해 주어야 한다.

4.4. 요약 과제

〈표 4-1〉에 보인 얼개에 포함된 과제들은 모두 기본적인 정보 전달 기술을 활용하게 된다. 우리는 광범위하게 그런 과제들을 이용하여 작업해 왔고, 그 결과로서 그것들이 화자에게 얹어 놓는 의사소통의 문제점들을 파악하게 되었다. 그런 조사의 결과로서, 우리는 이런 종류의 과제들을 놓고서 수행의 적합성을 평가하는 객관적인 기준들을 도출할 수 있게 되었다. 그런 채점표(protocols, 평가 체계)의 사례는 제5 장에서 상세히 서술된다.

우리가 실험해 본 다수의 입말 과제들 가운데, 증가하는 그리고 구체적으로 적시할 수 있는 난이도 수준을 지닌 이런 유형의 과제들에 깔끔하게 들어맞지 않는 것들도 있었다. 이 절에서 우리는 이런 과제를 두 가지 서술한다(요약 과제 및 협동 과제). 비록 그것들이 이미 서술된 것에 대해서 동일한 정보 전달하기 기술을 끌어내지 않는다 하더라도, 화자가 그것들을 성공적으로 완성하기 위하여 극복해야 하는 문제점은 제4장의 더 앞쪽에서 서술된 것과 관련이 있는 듯하다. 논의 중인 두 가지 과제처럼, 요약 과제 및 짝과 협동하면서 정보를 교환하는 과제도 또한 잠재적으로 교육적 흥밋거리이다. 비록 이들 연구로부터 끌어낸 결론들이 어떤 것이든지 우리 기본 얼개의 과제들로부터 도출된 것보다도 더욱 잠정적이지만 이런 점에서 우리는 그것들도 포함시켜 논의해 둔다.

우리가 이용한 한 가지 과제에서는 학생들에게 만화 그림들로부터 나온 어느 이야기에 대하여 짤막한 요약을 제시해 주도록 요구하였다. 학생들에게 내어 준 지시사항에서는 오직 가장 중요한 것들만 이야기의 짤막한 내용 속에 포함되어야 하며, 그들의 요약을 글로 쓴다면 오직 두세 줄 정도의 길이로 되어야 함을 강조하였다. 달리 말하여, 이 과제를 성공적으로 완성하기 위하여 화자는 제시 그림들을 연구하여 무엇이 일어나는지를 결정하고, 가장 중요한 특징들을 선택하여 이것들에 대한 서술을 압축시키며, 이런 서술을 짧은 순간의 말하기로 틀을 만들어 놓아야만 하였다. '추상적' 과제처럼 이 과제에서도 특정한 목적에 대하여 초점이 모아진 말하기를 요구한다.

우리는 대부분의 나이 어린 화자들이 이런 과제에 상당한 어려움을 겪었음을 깨달았다. 많은 화자가 그들에게 수행하도록 요구된 과제에 대하여, 심지어 길이에 비춰서도 자신의 말하기를 맞춰 내는 데에 문제를 지니는 듯하였다. 비록 시간상의 압박감도 없었지만, 그리고 말하기에 앞서서 제시 그림을 자세히 살펴보라는 지시사항에도 불구하고, 많은 화자가 말하기를 시작하기 전에 그림들을 살펴보는 일에 거의 시간을 쏟지 않았다. 그림들에서 보인 여러 가지 다양한 사건을 생각하는 데에 쏟아 부은 시간이 이렇게 없음은, 해당 사건들의 상대적인 중요성을 비중 있게 생각하지 않았거나, 그들의 요약에 포함될 사건들을 신중하게 선택하지 않았음을 시사한다. 화자들은 또한 제시 그림들에 과도하게 의존한 듯하였다. 비록 간략하게 맨 처음 나온 한두 그림들을 서술할 가능성이 있지만, 그들은 뒤에 있는 그림들을 살펴보게 되면서 간략히 선택하여 말하도록 하는 지시사항을 잊거나 무시하는 듯하였다. 화자에게 전체 이야기를 말해 주도록 요구할 경우에 일반적으로 깨닫게 되었듯이, 뒤에 있는 사건들의 서술에서는 한 장 한 장의 그림마다 훨씬 많은 정보를 포함하고 있었다.

요약하여 말하기가 어려운 결과, 이런 과제에서 화자들은 적어도 요구된 길이의 평균 세 곱절이나 되는 '요약'을 산출한다. 일부의 경우에서는 동일한 화자에게 전체 이야기를 해 주도록 요구한 것 같은 정도로 아주 길게 산출하는 경향이 있었다.[23]

---

23) [역주] 이 책에서 조사한 학습자들은 14살에서 17살까지 분포되어 있다. 만일 14살이라고 하더라도, 이는 우리나라 중학교 저학년 학생들에 해당한다. 여기서 지적하듯이 중학교 학생들이 과연

    ① 일반적으로 요약 능력이 없는지,
    ② 입말 요약 능력과 글말 요약 능력이 서로 다르게 나타나는지,
    ③ 글말의 경우에 다양한 갈래에 따라서 요약 능력이 크게 변동되는지 여부에 대해

최근 미국에서 중등학생·대학생·대학원생들 간의 요약 기술을 놓고서 이뤄진 조사연구에서는, 요약 기술에 대한 어떤 위계가 서술되었다(Brown and Day, 1983). 모든 이런 조사연구에서는 씌어진 텍스트의 글말 요약들의 산출에만 관심을 두었다. 포함된 가장 기본적인 기술은 사소하거나 잉여적인 정보의 삭제이다. 간단한 덩잇글 요약은 심지어 10살 난 학생들도 아주 효과적으로 수행할 수 있었다. 중등학생 및 대학생들이 적용하기를 배워야 하는 다음 단계의 기술로서 요약 규칙은 '상위개념으로 묶어 주기'(superordination)이다.[24] 여기서는 좀 더 일반적인 용어가 특정한 항목들의 목록이나 또는 특정한 행위들에 대한 자세한 서술을 기술하기 위해서 적용된다. 예를 들어, 만일 덩잇글이 다음과 같이

'Daisies, poppies, marigolds, and lilies stay in the form of seeds …'
(데이지[프랑스 국화], 양귀비, 금송화[만수국], 백합은 씨앗 형태로 있다
…)

라는 문장을 포함하였다면, 덩잇글의 요약을 작성하고 있는 사람은 이 사례들의 목록을 'flowers'(꽃)로 대치할 수 있었을 것이다. 이런 능력은 어린 나이의 학생들에게는 덜 일반적이지만, 15살 이상의 학생들에게는 적어도 간단한 덩잇글에서 이를 효과적으로 응용할 수 있다. 좀 더 원숙한 요약에 대한 더욱 전형적인 두 가지 기술이 있다. 하나는

서도 면밀히 확인 조사가 이뤄져야 할 것이다.

24) [역주] 40년 넘게 담화 전개 방식에 대한 심리적 근거를 연구해 온 킨취(Kintsch) 교수는 1993년 논문 "덩잇글 처리 과정에서 정보 덜어내기 및 더해 놓기(Information Accretion and Reduction in Text Processing)", 『담화 처리 과정(*Discourse Processes*)』 Vol. 16, pp. 193~202에서 각각 '정보 덜어내기'와 '정보 더해 놓기'라고 불렀다. 포괄적인 논의는 킨취(1998; 김지홍·문선모 뒤침, 2010), 『이해: 인지 패러다임』 I, II(나남)을 읽어 보기 바란다.

요약에 대한 주제 문장을 선택하거나 마련해 놓기
(selecting and inventing a topic sentence for the summary)

로서, 이는 15살 난 학생들 중 절반 미만이 수행할 수 있는 것으로 밝혀졌다. 다른 하나는

이야기의 다른 부분들로부터 나온 정보들을 결합해 주기
(combining information from different parts of the story)

로서, 이는 대체로 대학원생들의 모집단에 국한된 특징이었다. 과제를 해결하는 동안에 원숙한 요약에 의해 이뤄진 답변들은, 대학원생이 이들 두 가지 기술을 어떻게 이용하였는지를 보여 주었다. 요약에 대한 주제 문장의 선택에 관하여, 요약 조사연구 참여자(=피험자) 한 사람은 다음처럼 말하였다.

'The paragraph is about the cycle of the annual plants that produce seeds, waits until rainfall, bloom, produce seed again, etc. Although it doesn't say so explicitly, all you need is to state this cycle then *you can drop the rest*'
(이 지문은 씨앗을 생산하고 우기까지 기다리다가 꽃을 피우고 다시 씨앗을 생산하는 한해살이 식물의 주기에 대한 것이다. 비록 그렇게 명백히 언급한 것은 아니더라도, 필요한 모든 것은 이런 주기를 진술하는 일이며, 그렇다면 나머지 내용은 빼어 버릴 수 있다)

또한 요약 조사연구 참여자들 중 나이가 더 많은 대학원생이 자신의 요약에서 원래 덩잇글의 서로 다른 부분들로부터 나온 정보를 어떻게 결합하였는지에 대해 답변하였다. 예를 들어, 한 사람의 참여자는 다음 인용처럼 요약하였다.

'In the first two paragraphs the only really essential information is the facts about the heat and lack of water in the desert. I'll combine the first two paragraphs into only two sentences-that contains all the information that I need'

(첫 번째 두 단락에서 사실상 필수적인 유일한 정보는, 그 사막에서 뜨거운 열기와 물이 없는 것에 대한 사실이다. 나는 첫 번째 두 단락을 오직 두 개의 문장으로 결합할 것이다. 이게 필요한 모든 정보를 포함한다)

4.4.1. 전체 이야기 말하기 및 요약 과제에서의 수행 사례

만일 우리가 이들 두 가지 유형의 과제를 놓고서 두 가지 짝이 되는 수행들을 비교한다면, 입말 요약을 해 주는 경우에 화자들이 어느 규칙 또는 기술을 전형적으로 이용하거나 이용하지 못하는지를 살펴볼 수 있다. 먼저 각 화자마다 전체 이야기를 말해 주고 나서 하나의 요약을 만들어 낸다.

(12a) 전체 이야기 말하기

there was a man and a lady they were sitting in a chair + in their house + the man got up and looked out the window + the lady stopped reading and watched him ++ he got he went out the door + and got himself + smartly dressed + he fixed his tie in the mirror ++ then he went to this club dance + he shook he shook hands with the barman + with his hands in his pocket + they were all dancing + the man met another woman he started to dance with her then they sat down + at a table + drinking together + he was on the he was back home ++ he was on the phone the woman came in the door + heard him + the man tried to explain to her + she was crying + she went to her bedroom she was still crying + more now he went

out the door with his suitcase + packed + and he met the other
woman in another house + the removal men were bringing in all the
furniture ++ they were + on the couch together watching TV + the
woman the other woman got up + and looked out the window +
she went out + he followed her + he shut the door + think they went
to a party + everyone was dancing

(한 남자와 한 여인이 있었어 그들이 어느 의자에 앉아 있었어 +
그들의 집에서 + 그 남자가 일어서서 창밖을 내다보았어 + 그 여인
이 읽기를 그만두고 그를 바라보았어 ++ 그가 서 그가 문밖으로
나갔어 + 그리고 스스로 + 말쑥하게 옷을 입었어 + 그가 거울에서
자신의 넥타이를 매었어 ++ 그러고 나서 이 클럽으로 춤추러 갔어
+ 그가 악수 그가 그 주인과 악수했어 + 자신의 호주머니에 손을
넣고서 + 그들이 모두 춤을 추고 있었어 + 그 남자가 또 다른 부인
을 만났어 그가 그녀와 춤추기 시작했어 그러고 나서 앉았어 + 어
느 탁자에 + 함께 술 마시면서 + 그가 계속 그가 집으로 돌아왔어
++ 그가 전화를 했어 그 부인이 문안으로 들어왔어 + 그가 전화하
는 걸 들었어 + 그 남자가 그녀에게 설명하려고 했어 + 그녀가 울
고 있었어 + 그녀가 자기 침실로 가버렸어 그녀가 여전히 울고 있
었어 + 더욱 이제 그가 자신의 옷가방을 + 꾸려서 + 들고 문밖으로
나갔어 + 그리고 그가 또 다른 집에서 그 다른 부인을 만났어 +
그 이삿짐 사람들이 모든 가구를 들여놓고 있어 + 그들이 + 소파
위에서 함께 텔레비전을 보고 있었어 + 그 부인 그 다른 부인이
일어섰어 + 그리고 문밖을 내다봤어 + 그녀가 밖으로 나갔어 + 그
가 그녀를 따라갔어 + 그가 그 문을 닫았어 + 생각에 그들이 어느
파티에 갔어 + 모든 사람이 춤추고 있었어)

(12b) 요약하기[25]

the man gets up and looks out his window + he's he's out the room

now + and he's fixing his tie in a mirror + the lady is still reading
+ he's at the club + he's shaking hands with the barman + he starts
to dance with a + different lady + they are drinking together + he
is on the phone + they are in a different room + she starts crying
she is in her bedroom now + she is crying even more ++ he goes
out the door with his suitcase + he is with the other woman now
+ the removal men are bringing in all the parcels and + furniture
+ they are on the couch + he is watching telly + but she isn't + she
looks out the window + she's got a cigarette in her mouth + she goes
out and the man follows + with a cigarette in his mouth + and a
jacket + they are at the club again

(그 남자가 일어서서 창문을 내다봐 + 그가 그가 이제 그 방을 나갔
어 + 그리고 자신의 넥타이를 거울에서 매고 있어 + 그 여인이 지
금도 읽고 있어 + 그가 그 클럽에 있어 + 그가 그 주인과 악수하고
있어 + 그가 춤추기 시작하는데 어느 + 다른 여인과 함께 + 그들이
함께 마시고 있어 + 그가 전화를 해 + 그들이 다른 방에 있어 +
그녀가 울기 시작해 그녀가 이제 자기 침실에 있어 + 그녀가 더
많이 울고 있어 ++ 그가 자신의 옷가방을 갖고서 문밖으로 나가
+ 그가 이제 다른 부인과 함께 있어 + 이삿짐 사람들이 모든 소포
들 그리고 + 가구를 들고 와 + 그들이 소파에 있어 + 그가 텔레비
전을 보고 있어 + 하지만 그녀는 아냐 + 그녀가 창밖으로 내다봐
+ 그녀가 입에 담배를 물었어 + 그녀가 밖으로 나가고 그 남자가
따라가 + 그의 입에 담배를 물고서 + 그리고 외투 입고 + 그들이
다시 그 클럽에 있어)

---

25) [역주] 미리 세 줄 이내로 요약하여 말하도록 제약이 주어져 있었다. 이 제약을 벗어나
너무 장황하게 말한다는 사실은 이 학습자가 요약의 본뜻을 제대로 파악하고 있지 못
함을 의미한다. 그렇지만 이렇게 장황한 요약이 많다는 지적을 염두에 둔다면, 요약
작업이 중학교 학생들에게는 아직 정신적 준비가 안 되어 있다고 해석할 수 있게 해
준다.

(12a)와 (12b)에서 화자의 수행은 우리가 조사하였던 전체 모집단에서 아주 전형적이다. 녹음되어 있는 부분에서 더 앞쪽에서 말해진 이야기는, 화자가 제시된 그림에서 보여 준 사건들을 이해하고 있음을 보여 준다. 실제로, 제4장 1절 2항에서 서술된 기준을 이용해 보면, 이는 이야기 말하기에 대하여 합당하게 성공적인 수행으로 판정된다. 따라서 요약 과제에서 생겨나는 문제점이 어떤 것이든지 문제는 그 특정한 과제의 속성에 말미암는 것이며, 이용된 제시 자료에 말미암는 것 같지는 않다.

(12b)는 성공적인 수행은 아니다. 우리의 첫 인상은 화자가 '세 줄의 요약'에 대해서 제대로 이해를 하지 못한 채 너무 길게 말하고 있다는 것이다. 그렇지만 이런 수행 속에서 브롸운·데이(Brwon and Day, 1983)에서 서술된 요약하기 두 가지 기술(사소한 세부사항 생략 및 상위개념으로 묶어 주기)에 대한 증거를 살펴볼 수 있고, 이 과제를 놓고서 화자들의 행위에 대한 우리 자신의 일반적 서술들에 대한 증거를 모두 살펴볼 수 있다.

만일 주인공이 '그 클럽에' 있는 시점에 이르기까지 전체 이야기 및 요약 서술된 사건을 서로 비교 검토한다면, 그 이야기에서 이들 사건이 요약에서 서술될 길이의 대략 두 배를 취함을 볼 수 있다. 요약에서는 가령 'sitting in chairs'(의자에 앉아 있다)나 'went out the door'(문밖으로 나갔다)를 언급하는 것을 빼놓음으로써, 덜 중요한 세부사항들을 삭제하고 있다는 증거가 있다. 화자는 실제로 이야기의 시작 부분에 있는 첫 번째 여성 인물을 도입하지 않지만, 자신의 넥타이를 매고 있는 남자에 대한 서술을 유지한다. 따라서 요약의 시작 부분에서 화자가 '사소한 세부사항의 생략'(deletion of unimportant detail)을 적용하고 있다고 제안할 수도 있겠지만, 이것이 일관되게 적용되지도 않고, 일부 선택 결정들이 오히려 잘못되어 있다.

요약의 더 뒷부분에서는 이런 생략 규칙이 덜 자주 적용되고, 더 많이 잘못 적용되는 듯하다. 요약에서 두 인물이 담배를 피우고 있는 별개의 두 사례를 언급하는 일처럼 아주 시시한 세부사항들이 포함되어 있을 뿐만 아니라, 또한 요약에 포함된 이런 아주 사소한 정보의 일부는 더 앞서 완전한 이야기를 말했을 때에는 언급되지 않았었기 때문이다.

화자는 요약에서 포함되어야 할 중요한 정보를 선택하는 데에 비효과적일 뿐만 아니라, 또한 그가 실제로 선택하여 포함시켜 두는 정보를 정확한 언어 형식으로 표현하는 데에도 아주 서툴다. 일반적으로 요약에서는 전체 이야기에서처럼 동일한 언어 형식들을 쓰고 있다. 따라서 좀 더 일반적인 용어가 특정한 개별 대상들의 더 기다란 목록을 대치해 주는 '상위개념으로 묶어 주기' 규칙을 쓴다는 증거가 전혀 없는 것이다.

(12b)에서 보인 부적합한 요약과는 대조적으로, 다음 (13b)에 있는 화자는 적어도 길이에 비추어 과제 요구사항에 접근하는 수행을 만들어 내고 있다. 만일 이 요약을 온전한 이야기로 된 그 화자의 원래 서술인 (13a)와 비교한다면, 훨씬 효과적이며 일관되게 요약으로부터 사소한 세부사항들을 삭제하였음을 살펴볼 수 있다.

(13a) 전체 이야기 말하기

starts with there is a man and a woman sitting in the living room + the man was bored + so he + walked up and he was looking out the window ++ then he got + dressed + and he went out to a disco + where he met a barman and he was having a real good time when he met a girl ++ and they started speaking + then the next night he was on the phone to her and his wife heard him + and she started to cry + then the wife was lying on the bed greeting her eyes out + and the guy left her + and moved in with the young girl in a brand new house ++ the man the man was quite happy and girl was fed up + then they're watching telly and she walks across and was looking out the window + pretty bored + there well she says 'let's go to the disco' and they went out ++ the man was pretty bored + and there he saw his wife having a good time with a young man

(시작하자면 한 남자와 한 부인이 거실에 앉아 있어 + 그 남자는 따분해져서 + 그래서 그가 + 걸어가서 창가로 밖을 내다보고 있었어 ++ 그러고 나서 그가 + 옷을 차려 입고 + 그리고 밖으로 나가 어느 디스코로 갔거든 + 거기서 어느 종업원을 만났고 그가 어느 아가씨를 만났을 때 정말 좋은 시간을 갖고 있었거든 ++ 그리고 그들이 이야기하기 시작했어 + 그러고 나서 이튿날 밤에 그가 그녀에게 전화를 하였고 그의 아내가 그의 이야기를 들었지 + 그리고 그녀가 울기 시작하였고 + 그러고 나서 그의 아내가 눈이 퉁퉁 붓도록 울면서 침대 위에 누워 있었거든 + 그리고 그 자가 그녀를 떠났어 + 그리고 그 젊은 아가씨와 함께 아주 새 집으로 이사를 했어 ++ 남자 남자가 아주 행복했지만 여자가 싫어졌어 + 그러고 나서 그들이 텔레비전을 보고 있었고 그녀가 건너편으로 가서 창문 밖을 내다보고 있었어 + 아주 따분했지 + 거기서 그녀가 '디스코로 가자'고 말했고 그들이 밖으로 나갔거든 ++ 그 남자도 아주 따분해졌어 + 그리고 거기서 그가 자기 아내가 어느 젊은 남자와 좋은 시간을 갖고 있는 걸 봤어)

(13b) 요약하기

he was getting ready to go out + and he went to a disco + there he met a girl + and the next night he was phoning her ++ and his wife found out + then + he moved in with the young girl + and he was very happy but the young girl the young girl was very sad

(그가 밖으로 나갈 차비를 하고 있었고 + 그리고 어느 디스코로 갔지 + 거기서 그가 어느 아가씨를 만났고 + 그리고 이튿날 밤에 그녀에게 전화를 하고 있었지 ++ 그리고 그의 아내가 알아 차렸거

든 + 그러고 나서 + 그는 그 젊은 아가씨와 다른 데로 이사를 했어
+ 그리고 그가 아주 행복하였지만 젊은 아가씨 그 젊은 아가씨는
아주 슬펐어)

이런 수행 사례는 이런 과제에서 요구한 세 줄의 길이를 충족시켜 주
는 소수의 수행들 중 하나이다. (13b)에서처럼 심지어 더 성공적인 이
들 화자도 이런 과제에서 채택한 브롸운·데이(Brown and Day, 1983)에
의해 서술된 것들 중 유일한 전략은 사소한 세부사항들의 생략에 대
한 전략이다.

　제6장에서는 과제 제시물들과 과제가 수행된 조건을 조절해 줌으
로써, 좀 더 성공적인 요약하기 수행을 이끌어 내기 위하여 어떻게
시도하였는지를 서술할 것이다. 여기서 주의를 모으고 싶은 주요 핵
심은, 많은 나이 어린 화자에게 산출하도록 요구된 이야기의 목적이
과제의 난이도에 큰 영향을 준다는 점이다.

4.5. 협동하여 풀기 과제

　지금까지는 대체로 한 사람의 화자가 권위적인 화자로서 아주 수동
적인 역할을 하는 또 다른 학생들에게 정보를 전달해 주는 조건에 관
심을 쏟아 왔다. 우리가 가장 많이 경험해 본 것으로서, 어느 정도 자
신 있게 등급을 매겨 놓을 수 있고, 그것들에 평가 절차를 제공해 줄
수 있는 것이 바로 이런 유형의 과제였다. 화자들에게 상이한 요구내
용들을 부과해 주는 분명히 다른 유형의 과제도 있었지만, 오히려 이
들은 등급을 매기거나 평가하기가 훨씬 더 어렵다는 특징처럼 다른
단점을 지닐 수 있다.

　학생들에게 아주 흔한 그런 과제 한 가지는, 임의의 과제를 완성하
도록 요구된 정보가 두 학생들 사이에 나뉘어 있고, 과제를 완성하기

위하여 서로 협동해야 하는 과제이다. 따라서 화자 A는 자기 앞에 건너가도록 표시된 안전한 길과 함께 많은 위험 특징을 담고 있는 어느 섬의 지도를 갖고 있다. 화자 B는 비록 같은 섬이더라도 '더 앞선 탐험자에 의해 만들어진' 것으로 언급되는 지도를 갖고 있는데, 이는 A의 지도 위에 있는 특징을 전부가 아니라 오직 일부만 담고 있다. 추가적으로 A의 지도 위에는 표시되어 있지 않은 세 가지 특징을 지니고 있다. A는 B에게 그 섬을 가로질러 가는 안전한 길을 B가 자신의 지도 위에 그릴 수 있게 말해 주도록 요구받는다.

이와 같은 과제가 등급을 매기거나 평가하기 어려운 이유는, 그 짝 가운데 한 사람의 행동이 다른 사람의 행동에 아주 많이 의존하기 때문이다. 어울리지 않은 정보를 처리하는 일은 미리 시행해 본 저자들에게도 어려웠다. 우리는 모두 일관된 표상을 구성해 놓을 필요가 있었다. A의 역할, 즉 그 길을 알고 있는 권위적 역할을 맡는 화자가, 자신의 정보와 다른 내용을 지닌 또 다른 화자 B에 의해 이뤄진 언급에 대하여 반응을 보이면 대체로 도움이 될 수 있다. 다음 (14)와 (15) 사례에서 A 역할을 맡는 화자의 행동을 살펴보기 바란다.

(14) A: draw a line from the start and do it round the beach + tree ++
　　　 Palm Beach and do it round the swamp and round the waterfall
　　 B: there is no swamp
　　 A: well there is one on mine + well just draw a line round the waterfall
　　 갑: 시작 지점에서부터 선을 하나 그리고서 해수욕장 주위로 선을
　　　　 그려 + 나무 ++ 종려 해수욕장 말야 그리고 늪지 주위로 그리고
　　　　 폭포 주위로 선을 그려
　　 을: 내 지도에는 늪지가 없는데 [대신 그곳에는 악어 떼들이 그려져
　　　　 있음: 번역자]
　　 갑: 그래? 내 지도엔 하나가 있는데 + 글쎄 폭포 주위로 선을 하나
　　　　 그려 놔

(15) A: go a bit further upwards and you'll come to a bridge

   B: I haven't got a bridge

   A: oh well + where it say 'Big River' + go along a bit and draw a
      bridge in

   갑: 조금 더 위쪽으로 가면 다리를 하나 만나게 되거든

   을: 내 지도엔 다리가 없는 걸

   갑: 아 그래? + '큰 강'이라고 씌어진 곳에 + 조금 따라가서 다리
      하나 그려 놓으렴

이들 중 첫 번째 인용에서 화자(갑)는 B(을)의 정보에 맞추어 주려는
노력을 전혀 하지 않는다(비-협동적 화자임). 오직 그녀 자신의 내용만
을 되풀이할 뿐이다. 두 번째 인용에서는 A 화자(갑)가 B(을)의 일치하
지 않는 정보를 받아들이고서, B(을)가 갖고 있지 않은 다리를 그의
지도에 그려 넣도록 지시한다. 이는 협동 해결 방식을 등급으로 나누
어 주는 한 가지 방식을 시사한다. 이는 상대방이 일치하지 않는 정보
를 지닌 경우에, 그를 도와주려는 시도를 높이 값을 매겨 줄 것이다.
반면에 협동하지 않은 채 화자 자신의 정보에 대한 단순 반복을 더
낮게 값을 매길 것이다. 그렇다면 다음 (16)에서처럼 화자가 단순히
B의 문제를 무시하는 경우, 모든 행동을 가장 낮게 평가한다고 제안할
수 있다.

(16) A: go past the pine trees + past the swamp + and past the waterfall

   B: where's the swamp?

   A: then past the mountain and a bridge

   갑: 소나무들을 지나가고 + 늪지를 지나가고 + 그 폭포를 지나서

   을: 어디에 늪지가 있지?

   갑: 그러고 나서 산과 다리를 하나 지나가

B(을)가 적합한 방식으로 대응을 하는 경우는, A(갑)의 발화를 도움이 된다고 말할 수 있다. 그렇지만 B(을)는 적합한 방식으로 대답하지 못한다.

(17) A: go over the Big River + over a bridge
　　 B: done it
　　 갑: 큰 강을 건너가 + 다리를 하나 건너가
　　 을: 했어

(17)에서 B(을)는 자신의 지도 위에 다리가 전혀 없다는 사실에도 불구하고, 'done it'(했어)라고 대답하였다. B(을)가 수동적인 역할을 맡는 경우에, A 화자(갑)는 상대방 화자(을)의 지식 상태를 고려하면서, 도움 되는 대답을 만들어 낼 수 있는지 여부를 보여줄 기회를 전혀 갖지 못하였다.

　이런 형식을 이용하면서 대체로 일련의 어려운 과제를 만들어 내는 일도 완벽히 가능하다. 그 과제가 ① 만일 일치되지 않는 특징이 더 많이 있기보다는 더 적게 있다면, ② 그리고 만일 동일한 지점에 두 가지 상반되는 특징들(가령 B의 지도에는 악어들이 있지만, A의 지도에는 지가 한 군데 있음)이 있는 것이 아니라, 일치되지 않은 속성(가령 B의 지도에는 없지만, 의 지도에 있는 강위로 놓여 있는 다리)이 다른 화자에게는 없고 다만 한 사람의 화자에게만 있다면 과제가 더 간단해질 것이다.

　실제로 그것이 수행됨에 따라 비록 과제를 등급으로 나눠주거나 평가하는 어려움에도 불구하고, 정확히 다른 화자가 일치되지 않은 정보를 지니는 경우, 학생들에게 상대방에게 동정적이고 도움이 되는 방식으로 처리해 내는 연습을 해 보도록 하기 위하여, 여전히 이런 종류의 과제를 교육 내용 속에 포함해 놓는 일은 가치가 있는 듯하다. 거꾸로, 화자 B의 역할을 맡은 학생에게 일치되지 않는 정보를 떠맡도록 하고서, 지도에 대한 그의 견해대로 그것을 비슷하게 만들어 가는

연습도 내어 줄 수 있다.26) 다음 인용에 있는 B 역할 화자의 발화를
살펴보기 바란다.

(18) A: go to your left + just about come to the swamp

　　 B: where's the swamp + how far along?

　　 갑: 네 왼쪽으로 가면 + 바로 대략 그 늪지에 오게 돼

　　 을: 그 늪지가 어디 있지 + 얼마나 멀리 있지?

(19) A: go over to quite a bit below the bottom of the swamp

　　 B: what swamp?

　　 A: swamp swamp

　　 B: how far is it away from Palm Beach?

　　 갑: 그 늪지 바닥 아래로 아주 조금 건너 가

　　 을: 무슨 늪지인데?

　　 갑: 늪지 늪지 말야

　　 을: 그게 종려나무 해수욕장으로부터 얼마나 멀리 떨어져 있지?

(20) A: and across the bridge at Big River

　　 B: what bridge at Big River +++ wait a minute + where's your bridge

　　 갑: 그리고 큰 강에 있는 그 다리를 건너서

　　 을: 큰 강에 어느 다리지 +++ 잠깐 + 네 지도에서 다리가 어디 있니

각 경우마다 B 역할의 화자는 자신의 지도 위에 있는 특징을 언급하지
않는다. 그렇지만 각 경우마다 그들이 스스로 이런 새로운 정보에 맞

---

26) [역주] 가령, 소략한 정보만을 담고 있는 지도를 가진 B가 완벽한 정보를 지닌 A에게
　　 계속 질문을 던지면서 지도의 올바른 표시 내용을 탐색하여 나가는 과정을 가리킨다.
　　 여기서는 상대방에게 중요한 정보를 캐어내기 위하여 무엇을 어떻게 질문해야 하는지
　　 연습할 수 있다.

춰 조정하고, 그 특징의 위치를 묻고 있다. 이는 A 역할을 맡은 학생에게 상대방 지도 위에 그려 넣어야 할 것을 말해 주는 일을 하도록 모두 맡겨 놓으면서, 단순히

'I've no a swamp/bridge'
(내 지도에는 늪지/다리가 없어)

라고 말한 일부 학생에 의해 채택된 전략보다는 명백히 더 유용한 전략이 될 것이다.

이런 유형의 협동 해결 과제는 전형적으로 긴 발화 기회로 된 연습을 제공해 주지 못한다. 연습하게 될 내용은, 비록 화자가 또한 긴 발언기회로 계획해 놓을 수 있다고 하더라도, 대부분의 경우에 상대방 청자가 질문하거나 자신이 이해했음을 점검할 필요가 있기 때문에, 발언기회가 줄곧 차단되어 방해를 받게 되는 발화를 이용하여 정보를 전달해 주는 일이다. 계획을 유지하고 동시에 청자가 지닌 문제를 처리해 주는 능력은, 상당한 수준의 복잡성을 필요로 한다. 우리가 조사하였던 전체 모집단의 일부에서만 적어도 그런 처리 시간에 대하여 스스로 민감하고 사려 깊은 화자임을 보여 주었다. 다른 화자들에게서는 그런 환경 아래에서 수행하는 능력이 명백하게 현저한 어려움을 만들어 내었고, 잘 처리해 내지 못하였다.

제5장에서는 과제들의 기본 얼개에 대해서 고안해 놓은 평가 절차의 밑바닥 원리들을 이들 과제에 대한 채점표의 구체적인 사례와 함께 서술해 놓을 것이다. 교사들이 얼개 속에 없는 과제들의 수행을 객관적으로 평가하는 일을 어떻게 착수할 수 있는지에 대한 제안도 또한 함께 다뤄진다.

제5장 **평가**

5.1. 기준 선택

학생이 얼마나 말을 잘 하는지 판정하도록 요구받는 일은 자신감 없이 기가 꺾이는 과제이다. 다음과 같이

'He speaks well, but lacks confidence: 70%'
(말은 잘 하지만 자신감이 결여되어 있음: 70%임)

이라는 정도로 짤막한 판정을 내리는 일은 아주 간단한 듯하다. 그렇지만 대체적으로 그런 평가의 유용성은 의심스럽다. 전체 학급 학생들이 평가를 받는 경우에, 30명에게 부과된 과제를 생각해 보기로 한다. 앞의 평가처럼 한 학생이 70%의 점수를 얻었고, 다른 학생이 50%의 점수를 얻었다고 말하는 것은 무엇을 의미하겠는가? 그들 가운데 한 명이 분명히 정의된 어떤 방식에서 상이한 기술들을 이용하거나 또는 동일한 기술을 좀 더 효과적으로 이용하면서 차이 나게 말을 하고 있었음을 의미하게 될 것인가? 그런 기술들을 비교한다는 것이 조금이라도 의미가 있는 것일까?

이제 어느 학생이 학업의 전체 기간 동안에 입말로 평가될 법한 횟

수로서 15회를 잡고, 15회에 걸쳐 부과된 과제들을 보기로 한다. 그것이 1학기나 1년 또는 2년의 교육과정에 걸쳐서, 한 학생의 입말 기술들에서 향상 내용을 구체화해 줄 수 있을 것인가? 그런 판정을 내릴 수 있도록 하기 위하여, 어느 한 해에서 이듬해까지 개인별로 임의의 말하기 기술들을 잊지 않고 마음속에 담아 두는 일이 가능하기조차 할 것인가? 한 개인이 어느 한 해에서부터 이듬해까지 반드시 향상이 이뤄지는 것일까? 동일한 학생에 대한 다른 교사의 판정이 서로 얼마나 가깝게 합치되겠는가? 교실 수업에서 만일 아무런 이야기도 하지 않은 학습자는 어떻게 할 것인가?

좀 더 구체적으로, 관심 있는 학부모들이 자신들의 자식에 대한 평가를 놓고서 질문을 한다면, 어떻게 답변되어야 할 것인가? 만일 그 평가가 수학이나 또는 작문에 대하여 낮은 점수였다면, 분기별 과업이나 시험에서 부실한 수행이었음을 지적하고, 평가가 어떻게 이뤄졌는지를 설명해 주기에 비교적 간단했을 듯하다. 즉, 학생·학교·학부모의 책임들이 각각 상대적으로 명확히 나뉠 듯하다. 입말 기술들을 모종의 객관적 평가로 확장할 수 있는 방식이 과연 어떤 것이든 있는 것일까?

객관적 평가 수단을 제공하기 위하여, 원리가 들어 있는 일련의 분명한 기준들을 세울 것을 요구한다. 다음의 두 가지 간략한 연구가 일군의 교사들이 작은 모둠으로 된 학생들의 말하기를 평가하는 경우에 정확히 어떤 일이 일어나는지를 조사하고, 이 책에서 옹호하고 있는 유형의 평가가 과연 실천될 수 있는지를 알아보기 위하여 이뤄졌다.

5.2. 평가 기준을 이용하는 첫 번째 연구

30명의 교사와 예비 교사들에게 짤막한 녹음 내용에 근거하여, 학생 10명의 말하기에 대하여 판정을 내리도록 요구하였다.

5명의 학생에게는 제4장에서 서술된 도형 그리기 과제에 대한 명령문 형태의 일러 주기가 주어졌고, 나머지 5명에게는 우리가 막 살펴본 짤막한 공공 정보 유형의 녹화 영상에 대한 해설이 주어졌다. 녹화 영상은 근처의 군중들이 탈출 마술사가 거리에서 펼치는 연기를 보고 있는 동안에, 주차된 차에서 물건을 훔치는 한 명의 도둑을 보여 주면서 주의를 환기하는 이야기였다. 두 경우에 모두, 학생들이 각자 산출한 말하기의 양이 상대적으로 적었다. 60초 가량이거나 그 미만의 시간 동안만 지속되었다.

그 평가자들에게는 서로 다른 방식으로 학생들의 수행내용을 채점하게 될 것이라고 말해 주었다. 세부 내용은 〈부록 2〉에 주어져 있다. 첫 번째 방식을 '구조화되지 않은 채점'으로 부를 수 있다.[1] 10명의 점수를 주기 위하여 평가자들이 어떤 기준을 이용하든지 간에 스스로 적합하다고 생각되는 바를 이용하도록 말해 주었다. 두 번째 방법은 '구조화된 채점'으로서, 두 가지 과제 각각에 대하여 서로 다른 채점표를 포함하였고, 평가자들에게 화자의 설명에서 명백하고 애매함 없이 표현되는 특정한 대목의 정보에 대하여 점수를 주도록 요구하였다. 평가자들에게 화자가 말해 주는 정보 내용("누가 무엇을 하였는지")에 대해서만 집중하도록 하고, 특정한 어휘(고급 어휘 사용 여부)에 대해서 점수를 부여하지 않도록 하였다. 'scoring protocol'(채점표, 평가 체제)이란 용어는 채점 절차와 관련된 채점표를 가리키기 위하여 쓰인다.

이런 방식으로 우리는 일관된 결과를 산출하기 위하여 교사들이 구조화된 채점 절차를 이용할 수 있음을 시범적으로 보여줄 수 있기를 희망하였다. 구조화된 이들 평가가 평가자 나름의 개인별 인상을 이용하면서 내린 (구조화되지 않은 직관적) 판정들과 어떻게 비교될 수 있을 것인지 보여 주도록 조치되었다.

---

1) [역주] '구조화되지 않은' 채점과 '구조화된' 채점을 각각 더 쉬운 말로 부르면 '직관적' 채점과 '체계적' 채점으로 바꿔도 무방할 듯하다.

교사들은 두 집단으로 나뉘어졌다. 첫 번째 집단은 구조화되지 않은 채점을 이용하면서 서사 이야기 말해 주기를 판정하였고, 그러고 나서 구조화된 채점을 이용하면서 짝끼리 도형을 그리는 과제를 판정하였다. 두 번째 집단의 경우에는 이런 순서가 뒤바뀌었다. 구조화되지 않은 평가를 이용하여 도형 그리기 과제를 판정하고 나서, 구조화된 평가를 이용하면서 서사 이야기 과제를 판정하였다.

자세한 결과가 〈부록 3〉에 들어 있다. 우리는 교사들의 평가가 모든 조건에서 아주 일관적이었음을 발견하였다. 비록 평가를 진행하는 세부 사항들이 차이가 났음에도 불구하고, 수행 내용이 등급 매겨지는 방법에 대해서는 언제나 명백한 합의가 있었다. 그렇지만 놀라운 것은 다음 표에서 보듯이, 서사 이야기 과제에 대한 수행 내용의 판정에서 두 가지 평가 방식은 서로 반대되는 채점 결과를 산출하였다(높은 수 순으로 위에서 아래로 배열하였음).

구조화 여부 평가된 순위	구조화된 채점표	구조화되지 않은 채점표
'가장 좋음' ⇑ ⇓ '가장 나쁨'	화자 3	화자 2*
	화자 4	화자 5*
	화자 1	화자 3
	화자 2*	화자 4
	화자 5*	화자 1

이 연구의 목적을 위하여, 우리는 정보에 비춰서 양호하게 수행한 말하기 표본을 학업 성적이 낮은 학생들로부터 세 가지 선택하였고, 정보에 비춰서 상대적으로 빈약하게 수행한 표본을 학업 성적이 높은 학생들로부터 두 가지를 선택하였다. 학업 성적이 높은 두 명의 화자는 위 표에서 별표를 붙여 놓은 '화자 2*, 화자 5*'이다.

비슷한 유형이 도형 그리기 서술에 대한 판정에서도 드러났다. 학업 성적이 낮은 1명의 화자와 학업 성적이 높은 1명의 화자가 구조화된 평가 및 구조화되지 않은 평가에서 등급상 첫 번째 및 세 번째 등수

사이에서 서로 뒤바뀌었다. 구조화된 평가에서는 학업 성적이 낮은 화자를 더 높은 등급으로 배당하였다.

등급(순위)에서 역전되고 있는 두 유형의 화자에 대한 이런 교차 현상은, 대체로 두 가지 평가 절차에서 각각 서로 다른 기준이 이용되고 있음을 의미한다. 구조화된 채점에서 쓰인 기준들은 엄격히 정보 내용에 관한 기준이었다. 평가자들이 정보 전달용 말하기로서 수행 내용이 얼마나 성공적이었는지를 평가하였던 것이다. 이와는 달리, 평가자 스스로 자신의 직관적 기준을 적용하도록 맡겨진 경우에, 이용된 기준은 무엇이었을까?

추후에 평가자들에게 구조화되지 않은 조건에서 어떻게 자신의 판정에 이르게 되었는지를 대답해 주도록 요구하였다. 그들의 대답은 광범위하게 차이가 났는데, 흔히 정보 내용에 집중하려고 애를 썼다고 하였다. 서사 이야기 과제에서는 '이야기에서 주인공들의 확인', '세부 사항과 정확성'이다. 도형 묘사 과제에서는 '색깔, 거리, 차원' 등이다. 또한 종종 훨씬 더 많은 인상적 기준과 계량 불가능한 기준도 이용되었는데, 가장 분명한 화자, 좋은 발음, 유창성, '일종의'라는[2]

---

2) [역주] 이른바 화용표지(pragmatic marker)에 해당한다. 담화 쪽에서는 담화표지를 크게 미시표지와 거시표지로 나누는데, 화용표지들은 미시표지들의 범주 속에 들어간다. sort of(일종의), kind of(일종의) 이외에

| well(글쎄), | you know(잘 알다시피), | you see(보다시피), | really?(정말이야?), |
| right(옳아), | anyway(어쨌든), | I mean(내 말뜻은), | what(뭐) |

도 같은 범주의 낱말이다. 루오마(Luoma 2001; 김지홍 뒤침, 2013), 『말하기 평가』(글로벌콘텐츠, 189·225쪽)에서는 small-words(작은말)로도 부르고 gambit(실마리 화용표지)로도 불렀다. 이런 낱말들은 화자가 "유창히 말을 이어가고 있다"는 인상을 주기 때문에, 일부 말하기 평가에서는 이런 화용 표지의 사용에도 점수를 줘야 한다고 여기는 경우도 있다. 머카씨(MaCarthy, 1998; 김지홍 뒤침, 2010), 『입말, 그리고 담화 중심의 언어교육』(도서출판 경진)의 제3장에서는 '담화 표지'(discourse marker)라고 불렀고, 얼굴을 마주보는 의사소통 현장에서 "인간관계를 부드럽게 해 주는 상호작용 전략"의 하나로 간주하였다. 조금 더 고급 수준의 언어 사용 차원으로 보면, 화자가 자신의 언급 내용에 대해서 책임지는 일을 피하려는 의도로, 조금 완화된 모습의 '가능 양태' 진술을 선호할 수 있다. 강하게 단정하기보다는 약한 추정이나 가능성 정도로 말하는 것이다. 여기에는 여러 가지 방법이 있지만(수동 표현이나 인용 형태도 이용함) 다음 부사들도 자주 등장한다. often(종종), usually(보통), possibly(가능성 있게), perhaps(아마), in fact

표현 사용, 어휘와 같은 것이다. 그럼에도 불구하고, 여전히 수행들이 어떻게 등급화되어야 하는지에 관해서 기준들 사이에 어떤 양호한 합의점이 있었다.

그렇다면 이런 소략한 연구에서도 입말 과제에서 비교적 간략한 수행의 녹음 내용에 근거하여 교사들이 학생 한 집단의 상대적 능력들에 대하여 믿을 만한 합의에 도달할 수 있음을 보여 준다. 이 연구에서는 또한 순수히 정보 전달용 말하기에서 학업 성적이 낮은 화자들의 기술이, 만일 평가로부터 정보 전달에 무관한 기술들을 배제할 수 있도록 채점 절차가 정밀하게 구조화되지 않는다면, 하향 평가되는 경향이 있음도 보여 준다. 이는 '유창성·명백성·어휘·자신감' 등과 같은 수행의 다른 측면을 무시하려는 것이 아니다. 이런 측면은 명백히 청자에 의해 얻어지는 인상에 영향을 미치고, 아마 면담과 같은 상황에서는 아주 중요할 것이다. 더욱이, 교사들은 실질적으로 언제나 그들 나름대로의 기준을 직관적으로 결정하도록 맡겨져야 함에 동의하는 듯하다. 유창성·명백성·의미 전개의 일관성 등과 같은 다른 기준들을 고정시키려는 노력은, 비록 다만 그런 판단을 정보 전달용 말하기의 평가로부터 배제하려는 목적 때문이라고 하더라도, 가치가 있을 듯함을 시사한다.[3]

(사실상). 이를 전문 용어로 hedge(책임경감 표현, 완화 표현, 울타리 표현)라고 부르는데, 화용표지와 일부 겹쳐 있다. 자세한 논의는 페어클럽(Fairclough, 2003; 김지홍 뒤침, 2012), 『담화 분석 방법』(도서출판 경진)의 §.10-5 '양태표현의 표지'를 읽어 보기 바란다.

3) [역주] 이런 측면을 다시 다음처럼 설명할 수 있다. 바크먼·파머(1996)에 있는 언어 평가의 구성물 논의에서 크게 담화 조직 능력(언어 능력) 및 상위 인지 능력(전략적 능력, 언어 사용 능력) 둘로 영역을 나눈다. 전자 영역에서는 문법지식·담화지식·화용지식·사회언어학 지식으로 더 나뉜다. 후자 영역에서는 인지 전략과 상위 인지 전략으로 나뉜다(Buck, 2001; 김지홍 뒤침, 2013, 『듣기 평가』(글로벌콘텐츠, 215쪽 이하)를 참고). 두 영역의 구성물은 서로 모순되는 능력이 아니라, 오히려 서로 긴밀히 협동해야 하는 유관한 능력들이다. 이런 관점에서 본문에 언급된 현상을 다음과 같이 해석할 수 있다. 직관적으로 채점한 경우(구조화되지 않은 평가) 상위 인지 능력(전략적 능력, 언어 사용 능력)에 더 가중치가 부여되었다. 구조화된 채점표를 이용한 경우에, 그 채점표에서 담화 조직 능력(언어 능력)에만 초점 모았기 때문에, 결과적으로 구성물의 한 영역에만 가중치가 부여된 결과를 낳았다.

이런 연구는 교사들이 말하기의 정보 내용에 대하여, 일단 내용의 세부 사항에 관심이 집중된다면, 일관된 판정을 내릴 수 있음을 시범적으로 보여 준다. 명백히 이는 이 책에서 제안하고 있는 접근에 중요하다.

5.3. 평가 기준을 확정하여 썼던 두 번째 연구

두 번째 연구에서는 30명의 영어(모국어) 주임 교사들이 평가자로 참가하였다. 그들에게 평가 소책자 한 권과 함께(〈부록 2〉를 보기 바람), 세 가지 상이한 과제를 수행하고 있는 학생들의 녹음 자료가 주어졌다. 이들 평가 실천은 이하에서 세 가지 절로 구분되어 있고, 하나씩 살펴볼 것이다.

5.3.1. 자동차 충돌 과제의 평가

자동차 충돌 과제에 대한 충분한 서술이 〈부록 1〉에 들어 있다. 화자의 과제는 일련의 사진들로 제시된 자동차 충돌 사건에 대한 '목격'하고 설명해 주는 일을 포함하였다. 평가자들에게 그런 수행 사례가 다섯 편 귀 기울여 듣도록 주어졌다. 네 가지 사례는 학업 성적이 높은 학생들로부터 나왔고, 하나는 학업 성적이 낮은 학생으로부터 나왔다. 수행 범위는 75개 낱말에서부터 135개 낱말 사이에 걸쳐 있었다. 평가자들에게 수행 내용을 두 번씩 듣도록 요구하였다.

평가는 충돌 사건을 세 부분으로 나누어, 시작 부분에서 여러 자동차의 특징, 중간 부분에서 충돌 과정, 끝 부분에서 마무리 수행에 대하여 각각 세 가지 판정을 내리는 일로 이뤄졌다. 〈부록 2〉에서 보여 주듯이, 각 판정은 그림으로 그려진 가능한 형상이 세 가지 선택지 ①, ②, ③으로 주어져 있고, 그중 하나를 골라 쐐기표(✔)를 표시하는 일을 포함하였다. 만일 녹음으로부터 듣는 서술이 불분명하다면 ④ '잘 모르겠음'에 쐐기표를 지를 수 있다.

평가 소요 시간이 모두 15분을 넘지 않도록 요청하였다. 자세한 결과가 〈부록 3〉에 들어 있다. 이는 평가자들이 자신이 듣는 말하기 수행에 대하여 비슷한 판단을 내리고 있음을 보여 준다. 그들이 내린 15개의 판정 중에서 12개가 유의미하게 합치되었다. 가령, 그들이 들었던 첫 번째 화자의 경우에, 그들은 그 화자가 말하는 바를 놓고서 그 수행의 정보 내용에 대한 평가에서 분명한 일치가 있었다. 화자는 단계별로 어떤 장면 x를 묘사하고, 그러고 나서 어떤 장면 y를 묘사하며, 그런 다음에 어떤 장면 z를 묘사하고 있었다.

이들 결과는 이런 평가 절차가 정보 전달용 의사소통을 요구하는 과제에서 학생의 수행 내용을 놓고서 교사들이 합치된 점수에 도달할 수 있는 한 가지 방식임을 의미한다.

분석 주체로서 우리는 화자가 묘사하려는 사태에 대하여 이미 잘 알고 있다. 즉, 제시(자극) 자료들은 화자(학습자)에게 부과할 듯한 서술의 특정한 난이도에 대한 시각을 이용하면서 마련되었다. 이런 방식에서 다음처럼 말할 수 있다. 충돌 사건은 처음·중간·끝이라는 세 부분으로 나뉘어, 각 부분마다 (학생의 수행 녹음을 들으면서 평가자들이 떤 내용인지 골라야 하는) '올바른' 그림의 선택지가 하나 있다. 가령, 화자가 서술해 주는 교차로 충돌 사건의 처음 부분에서 자동차 3대의 위치 그림들 중 하나만이 '올바른' 것인데, 그것이 화자가 서술하려는 제시(자극) 그림에 따라 모형화되어 있다는 점에서 그러하다. 비슷하게 충돌 사건의 중간 부분 및 끝 부분에 대한 세 가지 가능한 모습들에 대해서도 그러하다. 교차로 충돌 사건에 대한 한 학생이 서술이 만족스러웠거나 '올바르게' 되었다고 판단할 수 있는 것은, 오직 이런 의미에서이다. 평가에 참여한 교사들은 화자의 서술을 촉발시킨 제시(자극) 자료에 대한 지식을 어떤 것도 지니고 있지 않았다.

5.3.2. 서사 이야기 서술 과제의 평가

자동차 충돌 설명을 평가한 뒤에, 평가자들에게 학생들이 어느 서사 이야기 과제를 수행한 내용들로부터 가져온 여섯 편의 아주 짤막한 인용들을 귀 기울여 듣도록 요구하였다. 이런 과제는 좀 더 길게 제4장에서 논의되었다. 학생들에게는 그 과제의 이야기를 마치 친구에게 해 주듯이 이야기해 주도록 요구하였는데, 그 이야기는 간략하게 일련의 만화 그림으로 제시되었다. 이런 과제의 평가 목적을 위해서, 오직 학생들 이야기의 시작 부분들만 평가자들에게 제시되었다. 평가자들은 이야기를 짓는 만화 그림의 처음 두 장과 관련하여 만들어진 세부사항의 점검표를 이용하여 관련 항목에 쐐기표(✔)를 질러 넣음으로써, 그 이야기 수행을 채점하도록 요구받았다.

여섯 명의 화자에 대해서 평가자들이 매겨 놓은 점수를 분석하였는데, 수행 내용들을 어떤 아주 일관된 방식으로 채점하고 있음을 보여 주었다. '적합함'으로부터 '가장 덜 적합함'까지 수행 내용들에 대한 등급화가 평가자들 각자에게서 아주 비슷하였다. 자세한 결과가 〈부록 3〉에 들어 있다.

5.3.3. 의견 개진 과제의 평가

이런 일군의 평가자들(30명의 평가자)에서 채점하도록 요구된 세 번째 과제는 제4장에서 언급된 의견 개진[4] 과제였다. 평가자들에게 〈부록 2〉에 포함된 채점표와 더불어 여섯 명의 수행 내용에 대한 녹취

---

4) [역주] 'expressions of opinion'을 의견 개진이나 의견 표현으로 번역할 수 있다. 의견을 표현한다는 말은(表現: 겉 표, 드러날 현), 축자적으로 의견을 겉으로 드러나게 한다는 뜻이다. 그렇지만 의견을 개진한다는 말은(開陳: 열 개, 늘어놓을 진), 말문을 열고서 의견을 하나하나 늘어놓는다는 뜻이다. '늘어놓을 진'(陳) 때문에 모든 것을 하나하나 다 말해 주는 것으로 느껴지며, 단순히 '표현'이란 말보다 '개진'이란 말이 더 강한 느낌을 준다.

기록물이 주어졌다. 평가자들에게 여섯 건의 수행을 모두 평가하는 데에 15분을 넘지 않아야 한다고 말해 주었다. 전체 학급 학생들을 평가하기에 비춰 실천 가능한 시간 양이다.

평가자들은 채점표에 정의된 대로 수행 내용을 각각 A·B·C 등급으로 매겼다. 아래에 간단히 그 내용을 보인다.

등급	평가 기준의 세 가지 항목
A	의견이 개진되고, 근거가 한 가지 주어지며, 한 가지 대안이 고려된다.
B	의견이 개진되고, 근거가 한 가지 주어지지만, 어떤 대안도 고려되지 않는다.
C	의견만 개진되고, 전혀 근거가 주어지지 않으며, 어떤 대안도 고려되지 않는다.

이 평가를 실천하기 위하여 선택된 수행은, 이런 평가표에서 정의해 놓은 모든 유형(의견 개진+근거+대안)의 수행을 나타내려고 의도되었다.[5] 우리 네 명의 연구자들이 미리 평가한 6건의 모든 수행 사례 중에서, 2건의 수행이 전형적인 A등급(의견 개진+근거+대안), 2건의 수행이 전형적인 B등급(의견 개진+근거), 1건의 수행이 전형적 C등급이었다(오직 '좋다/나쁘다' 의견만 말함). 마지막 1건은 '무응답'으로 처리되었다. 우리가 조사하여 얻은 38명의 수행들 중에서, C등급도 주어질 수 없다고 판정한 '무응답' 사례는 2건이나 있었다.

30명의 평가자들이 3건의 수행 사례에서는 만장일치로 우리가 미리 결정해 놓은 평가 판정에 동의하였다. A등급의 평가에 대하여, 남은 2건의 수행 사례에서[6] 각각 80%와 87%의 합치가 있었다. B등급의

---

5) [역주] 반드시 '대안'이 제시되어야 하므로, 이 기준은 주어진 자료에 대하여 반대하거나 비판하는 경우에 특히 알맞을 듯하다. 그렇다면 의견 개진은 주어진 주장에 대하여 반대 의견을 말하는 것이고, 이 반대 의견에 대한 근거를 내놓고, 다시 새로운 대안을 제시해야 한다. 우리나라에서는 가령 학생들에 대한 '단체 기합'이 필요하다는 제시글이 주어질 수 있다. 학생들은 이에 대하여 반대 의견을 내놓고, 자신이 반대하는 근거를 제시하도록 하며, 단체 기합의 주장에 대한 새로운 대안을 말하도록 할 수 있을 것이다.

6) [역주] 이는 흔히 '채점자들 사이'의 신뢰도 문제로 불린다. 6건의 수행 사례를 30명의 교사가 평가자로 참여하여 등급을 매겼다. 6건 중에서 3건의 수행 사례에 대한 등급은, 30명의 평가자들도 똑같은 등급을 매겼다. 완벽히 신뢰도가 1이다. 그러나 이 책의 저

190

평가에 대하여, 남은 2건의 수행 사례에서 모두 100%의 합치가 있었다. C등급의 평가도 2건의 수행 사례에서 모두 100%의 합치가 있었다. 무응답으로 '분류 불가능'하다고 평가한 수행 사례에 대해서는 83%의 합치가 있었다.

초보 교사 및 노련한 교사들을 모두 참여시킨 이 평가 연구에서는, 이론에 의해서 동기가 마련되고 명백하게 진술될 수 있는 기준을 이용함으로써 정보 전달용 말하기 평가가 완벽히 가능함을 보여 준다. 이는 정보 전달용 말하기에서 일반적인 향상을 가리켜 주면서, 한 학생에 대해서 학기 전반에 걸쳐 '점수'를 산출하는 일이 가능할 뿐만 아니라, 또한 특정한 영역의 어려움도 찾아낼 수 있음을 의미한다. 막 서술된 연구에서는 또한 이런 접근에 대한 평가의 객관성도 시범적으로 보여 주었다. 영어(모국어) 교과부서에 속한 교사가 평가를 전담하고 있는지와 무관하게, 실질적으로 어느 특정한 시점에서 특정 학생에 대하여 동일한 결과가 얻어질 수 있을 것이다. 심지어 학생을 가르치는 책임이 한 영어 교사에게서 다른 영어 교사에게로 옮겨졌다 하더라도, 객관적으로 학생의 향상이 여전히 객관적인 도표로 나타낼 수 있을 것이다.

5.4. 학생 각자의 녹음 기록을 만드는 이유

방금 서술된 평가 연구에서는 평가자들에게 학생이 수행한 녹음테

자들이 '무응답' 또는 '분류할 수 없음'으로 예외 등급을 받은 1건의 수행 사례를 제외하면, 2건의 수행 사례가 남아 있다. 이들에 대한 A등급 판정은 일치 비율이 다르게 나왔다. 연구자들이 미리 A등급으로 판정하였던 2건의 수행 사례를 놓고서, 평가자들의 20%와 13%가 B나 C등급을 주었던 것이다. 그러나 B등급과 C등급으로 판정한 수행 사례는 30명의 평가자도 모두 같은 등급을 주어 신뢰도가 완벽히 1이다. 무응답 또는 분류 불가능으로 처리한 1의 수행 사례에 대해서도 불일치가 있었는데, 평가자들의 17%는 등급을 줄 수 있다고 보았다(아마 C등급을 주었을 듯함).

이프가 주어졌고, 이들 녹음테이프를 들으며 평가를 실시한 것이다. 일부에서는 실제로 이런 녹음테이프가 필요한지 질문을 던질 수 있다. 해당 시간에 해당 장소에서 즉시 말해지는 대로 학생의 수행 내용을 채점하는 일이 분명히 시간과 노력을 절약해 줄 듯하다. 그런데 각 학생의 수행에 대한 녹음테이프를 만들어 놓는 일이 왜 바람직한지에 대한 몇 가지 중요한 이유가 있다.

첫째, 가령 자동차 충돌의 설명처럼 아주 복잡한 서술을 포함하는 과제에서는, 흔히 정확히 채점을 해 놓기 위하여 적어도 두 번 이상 수행 내용을 귀 기울여 들을 필요가 있다. 이는 특히 교사(평가자)가 화자의 악센트에 익숙지 않아 어려움을 지니는 경우나 또는 무슨 이유에서이건 간에 수행 내용이 단편적인 경우에 그러하다. 만일 교사가 이런 종류의 수행을 해석하기 위하여 필요한 양의 별도의 노력을 쏟을 준비가 되어 있지 않다면, 평가의 전반적인 기획은 위험에 처하게 될 것이다(=공정하지 않음). 교사는 단순히 정보 내용만을 평가하지는 않을 것이다. 평가는 앞에서처럼 정보 내용뿐만 아니라 명확성 더하기 유창성 더하기 자신감의 혼합체가 될 것이다.[7] 교사들의 평가에 대한 첫 번째 연구에서 보여 주었듯이, 철저한 준비가 없는 평가는 학업 성적이 낮은 학생들의 기술이 편견스럽게 하향 평가될 가능성이 있음을 의미할 듯하다. 만일 학생들의 수행 내용이 정확하게 평가되

---

7) [역주] 이런 유기적인 관련 영역들을 구성물(construct)이라고 부르며, 구성물을 자세히 풀이해 놓은 것을 명세표(specification 명세내역)라고 부른다. '구성물' 개념은 심리 측정에서 가장 기본이 되는 토대이며, 이 구성물을 제대로 정의하였는지를 놓고서 '타당도'와 '신뢰도'를 묻게 된다. 일본에서는 '구인'이라고 생뚱맞게 번역하였지만, 우리나라 교육학 전공자들이 제대로 한자를 새기지 못하고서 노예처럼 일본 용어를 따라 쓸 뿐이다. 본문의 진술에서는 구성물 영역을 정보 내용, 명확성, 유창성, 자신감으로 보았지만, 체계적이고 일관된 제시 방식은 아니다. 앞의 역주 3)에서 언급하였듯이, 구성물 영역을 크게 2분하거나 3분하는 경우가 많다. 번역자는 언어(담화) 영역과 언어 사용 영역으로 나누는 2분 방법을 선호하는데, 때로 이를 각각 조직화 능력과 전략적 능력으로 부르기도 한다. 그렇다면 본문에 제시된 항목들 중 정보 내용과 명확성과 유창성은 언어(담화) 능력에 속할 것이고, 자신감은 언어 사용 능력에 속할 것이다. 한편, 바이게 잇(Bygate, 1987; 김지홍 2003), 『말하기: 옥스퍼드 언어교육 지침서』(범문사)에서는 이들을 각각 언어 지식 및 심리적 처리 기술로 부른다.

려면 테이프에 녹음될 필요가 있다. 만일 테이프에 녹음된다면, 오직 수행의 정보 내용에만 판정을 제한시켜 놓는 일도 현저히 더 쉬워진 다는 사실도 추가될 수 있다. 실시간으로 '생생한' 수행을 들으면서 동시에 그것을 평가하려고 하는 일은, 정보 전달에 대한 평가에만 관 심을 두는 한, 그것과 무관하게 외부에서 풍기는 인상을 평가에 반영 되지 않도록 억제하는 일을 불가능하게 만든다. 눈 마주침·몸짓·얼굴 표정 등이 모두 평가자인 청자의 주의력을 흐트러뜨리기 때문이다.[8]

테이프에 녹음하기를 옹호하는 두 번째 논의는, 특정 학생이 지닌 특정 문제점을 진단하기 위하여, 학생들의 수행 내용을 바람직하게 같은 교과서의 다른 동료들이나 또는 외부 평가자에게 귀 기울여 들어보도록 하는 상황이 생겨날 것이라는 점이다. 또한 향상을 시범 적으로 보여 주기 위해서도, 어느 학생의 과거 수행 내용들로 되돌아 가서 그 녹음테이프를 들어보는 일이 필요할 수도 있는 것이다.

---

8) [역주] 바로 이런 가외의 변수를 통제할 수 없기 때문에, 면담 또는 면접시험과 관련하 여, 심리학자들 중에서 '무용론'을 부르짖는 경우가 있다. 말하기를 평가하려는 사람들 은 특히 겸허하게 귀 기울여 들어야 할 대목이다. 가령, 하드먼(Hardman, 2009; 이영 애·이나경 뒤침, 2012), 『판단과 결정의 심리학』(시그마 프레스, 14쪽)에서는 텍사스 주립 대학 의대에 입학을 하려는 응시생들의 면접시험 점수와 입학한 뒤 미래의 학업 성취 사이에 상관도를 전혀 예측해 주지 못한다는 조사 연구를 소개하고 있다. 1979년 에 모두 2,200명의 입학서류 제출자 중에서 800명이 선발되고 2명의 면접관에 의해 면접시험을 치렀다. 이중에서 상위 350명 후보들을 보고하였고, 다시 이들 중에서 150 명이 입학허가를 받았다. 그런데 당시 갑자기 50명을 더 추가로 입학시킬 수 있었기 때문에, 다시 추가 면접시험을 치렀는데, 이번에는 그 대상이 본디 800명에 대해 실시 한 면접시험 순위에서 700등 밖에 있어서 배제되었던 후보군 100명이었다. 이들 중에 서 43%는 어느 의대로부터이든 아무런 입학 허가도 받지 못한 경우였다. 따라서 극적 으로 대조 연구가 가능할 수 있었다. 추가로 입학한 50명과 처음부터 입학 허가를 받았 던 150명 사이에서 입학 뒤 의대 학업 성취도를 비교하였다. 그렇지만 두 집단 사이에 서 유의미한 차이를 아무런 것도 발견할 수 없었다. 이 연구를 수행했던 드볼(De Vaul) 은 면접시험이 결국 '시간 낭비'였다고 결론 내렸다고 한다. 이런 현상은, 면접시험 내용이 타당도가 결여되었다는 주장에 다름 아니다. 시험 내용에 대해서는 알 수 없지 만, 짐작하건대 장차 의대 학업 성취와 관련하여 유관한 전문지식 또는 배경지식의 검사가 제대로 이뤄지지 않았다고 해석될 수 있는 것이다.

5.5. 녹음 내용의 채점, 그리고 실제 절차

한 학생의 수행에 대한 완벽한 녹취 기록은, 거의 어떤 입말 수행에 대한 평가이든지 간에 이점이 된다. 그렇지만 하나의 녹음 내용으로부터 녹취 기록을 만드는 일이 극히 시간이 많이 소요하는 일이므로, 대부분의 경우에 이는 분명히 배제되는 이상적인 해결책이다. 녹취 기록된 수행 내용을 채점하고 평가하는 일의 이점은, 한 건의 수행을 귀 기울여 듣는 일보다 더 빨리 읽힐 수 있고, 그 수행에서 특정한 점들이 더 신속히 찾아질 수 있거나, 또는 문제점이 있는 그곳으로 곧장 되돌아갈 수 있다는 점이다. 녹취 기록(transcripts, 녹음 전사)은 또한 과거 수행 내용들의 기록을 보존하는 값싼 수단을 제공해 주며, 원래 점수의 '외부 검토'(external moderation)에9) 대한 편리한 매체이다.

제5장의 더 뒤에서 특정한 유형들의 과제를 채점하는 방식에 대한 사례들이 주어지는 경우에, 몇몇 유형의 과제에서 훨씬 더 완벽한 녹취 기록의 확보가 다른 무엇보다 보상을 해 줄 것임을 살펴보게 된다. 일부 과제들에서 평가가 단순히 특정한 세부 사항들의 언급에 대해서만 점수를 주는 일로 이뤄진 경우에, 수행을 녹취 기록(transcribing, 전사 기록)으로 만드는 일에 의해서 성취될 것이 거의 없다. 그것은 테이프를 두 번이나 또는 많아야 세 번 정도, 귀 기울여 정확하게 그리고

---

9) [역주] 영국에서는 시험(특히 주관식 시험) 관리를 객관적이고 엄격히 운영하기 위하여 지역 단위마다 '시험 점검 부서'(exam center)를 운영하는데, 그 기관에서 표본을 엄격히 점검 받는 일을 '외부 검토'라고 부른다. 거기에서는 수석 검사관(chief examiner)의 통솔 아래 너댓 사람의 교사가 한 조가 되어 유관 학교들의 원래 시험 점수를 점검한다. 큰 학교의 경우, 한 학급에서 상위·중간·하위 점수로 채점된 시험지를 서너 장 표본으로 뽑아서, 그 내용을 다시 채점을 하게 된다. 원래 채점 결과와 표본 채점의 결과가 만일 미리 합의되거나 인정된 변동 폭 내에 있을 적에는, 다른 채점들이 그대로 인정된다. 그렇지 않고 그 차이가 미리 합의된 변동 폭을 넘어서게 되면, 전체 시험지에 대해서 다시 채점이 이뤄진다. 따라서 이런 절차를 밟기 때문에, 완벽히 채점이 끝나려면 적어도 두석 달이 족히 소요된다. 뿐만 아니라 변동 폭을 자주 넘어버리는 원래 채점자는, 객관적 측정 능력이 없다고 판정되므로, 교사 평가에서 여러 가지 불이익을 받게 된다. 원문 external moderation(외부 검토)은 이런 제도를 가리킨다. 런던에서 수석교사를 지냈던 경상대학교 영어교육과 M.J.기오토(Guilloteaux) 교수의 도움을 받았다.

194

정보를 점검하며 들음으로써 채점될 수 있다. 다른 과제들에서는 평가가 학생들의 수행에서 더 앞의 시점에서 제시해 준 정보를 다시 가리켜 주는 일로 일관되게 이뤄질 수 있다. 이런 경우에, 그 테이프를 녹취 기록(녹음 전사)하는 일이 그 학생의 수행에 대하여 더 많이 배울 수 있음을 뜻하므로 또한 더 가치가 있을 것이다.

교사들이 귀 기울여 들었던 수행 내용이 짤막하게 오직 1분이나 2분 길이인 경우에, 더 앞에서 서술한 두 가지 연구에 있는 교사들로부터 일관된 평가가 얻어졌음을 기억할 필요가 있다. 만일 입말 영어를 평가하기 위해 소요된 시간이 글말 영어를 평가하기 위해 소요된 시간과 서로 비교된다면, 입말 평가가 긴 안목에서 제 자리를 점유하게 될 것이다. 만일 입말 영어 교육이 마치 글말 영어처럼 교과과정의 가치가 높은 부분이라면,10) 그 가치에 합당한 양의 시간 및 노력이 입말 평가에도 제대로 투입되어야 하는 것이다. 이제 우리가 채택한 과제 유형의 사례들을 정태적 과제·유동적 과제·추상적 과제와 요약 과제를 살펴보고, 지금까지 가다듬어온 정확한 채점 절차를 시범적으

---

10) [역주] 우리나라 국어교육에서 제일 허무한 것이 주관식 또는 서술식 문제에 대한 평가이다. 교사 임용 시험에서의 평가도 허무하기는 마찬가지인데, '평가자 훈련 과정'이 필요하다는 의식조차 없기 때문이다. 구태의연하게 여전히 우리나라 학생들에게 '택일형'(하나를 뽑으므로, '선다형'[여럿을 뽑음]은 잘못된 용어임) 시험만 치르도록 방치하는 일은, 그들에게서 국제 경쟁력을 깡그리 박탈해 버리는 것이나 다름없다. 국어교육이 가장 먼저 글쓰기에 몰두하고 합당한 평가 방식을 선도해 나가야 할 것이다. 김지홍 뒤침(2013), 『말하기 평가』(글로벌콘텐츠, 344쪽)의 역주 6)에서 서술식(주관식) 문제를 합리적으로 채점하는 영국 중등학교의 기법을 다음처럼 소개하였다.

서술식 답안을 채점하려면 먼저 반드시 '구성물 정의'에 따라 명세내역에 입각한 채점 방식이 채점자에게 주어져야 한다. 그러면 훈련을 받은 채점자들 사이에서 임의의 표본 답안지를 하나 놓고 채점한 뒤에, 서로 간에 얼마만큼 배점 차이가 생겨나는지 확인해야 한다. 여기서 핵심은, 얼마만큼의 점수 간격을 동일한 점수대로 볼 것인지를 채점자들 사이에 합의를 해야 한다는 점이다. 서술식 문제가 쉬운 주제라면 동일 점수대 간격이 좁을 것이고, 어려운 주제라면 융통성을 두어야 하므로 점수대 간격이 다소 클 것으로 짐작할 수 있다. 일단 이 동일 점수대 간격만 결정된다면, 채점자 두 사람씩 하나의 답안지를 채점하고, 평균치를 내어 점수를 정하게 된다. 만일 두 사람의 점수가 동일 점수대 간격을 넘는다면 제3자가 그 답지를 채점하되, 가장 가까운 두 점수를 평균 내어 점수를 확정하게 된다. 이것이 서술식 채점의 일반적 절차이며, 채점에 시간이 무척 많이 소요된다. 그렇지만 엄격히 이 과정을 거쳐야 '공정성' 시비를 최소화할 수 있고, 현재 알려진 최상의 채점 방식이다.

로 보여 주게 될 것이다.

<'정태적' 과제의 채점>
  다음 두 개의 과제는 화자에게 문제를 최소한도로 부과하며 정태적 형상
의 묘사를 담고 있다.

5.6. 도형 그리기 과제의 채점

〈부록 1〉에 있는 〈그림 1a〉에서는 화자들에게 묘사하도록 요구한
간단한 선 도형을 하나 보여 준다. 다음에 화자 두 명의 명령문으로
지시하고 있는데, 각자 빈 종이에 검정색 펜과 빨강색 펜을 갖고서
기다리고 있는 자신의 짝에게 말을 해 주고 있다.

(1) 화자 1: Draw a black square ++ underneath it draw a red line + the
    same size + as the bottom line of the square + underneath it + and
    a small line up above it + on the right-hand side + and up above the
    red square + a number three
    (검정색 정사각형을 하나 그려 ++ 그 아래에 빨강색 선을 하나 그려
    + 똑 같은 크기로 + 그 정사각형의 밑바닥 선만큼 + 그 아래로 +
    그리고 작은 선이 하나 그것 바로 위에 + 오른편으로 있고 + 그리고
    빨강 정사각형 바로 위에 + 숫자 3이 하나 있어)

(2) 화자 2: You draw a square +++ in the right hand at the bottom of
    the square + a little bit down there's a red line + same length as your
    square ++ then at the top + a bit a bit larger space than the bottom
    + another red line but not as big as the other one + about half the
    size ++ done it ++ where that red line is at the top you draw a three

(네가 정사각형을 하나 그리는데 +++ 오른 손으로 그 정사각형 아래
에 + 약간 아래로 빨강색 선이 하나 있어 + 네 정사각형과 똑같은
길이야 ++ 그리고 나서 꼭대기에 + 약간 약간 밑바닥보다 더 큰 공간
에 + 또 다른 빨강색 선이지만 다른 선만큼 크지 않아 + 대략 그 크기
의 반쯤이야 ++ 다 그렸어 ++ 그 빨강색 선이 있는 위에 네가 3을
하나 그려)

〈표 5-1〉에는 이 특정한 도형 그리기에 대한 채점표가 있는데, 그
도형과 관련된 항목들이 목록으로 들어 있다. 그려야 할 항목들의 속
성(색깔과 크기), 그리고 항목들의 위치이다. 이런 항목들이 청자가 적
합하게 도형의 모습을 그리기 위하여 필요한 모든 정보이다. 주어진
사례는 오직 받아들일 수 있는 가능성의 범위만 예시해 준다.

인용된 사례는 똑같은 과제를 수행하고 있는 학업 성적이 높은 학
생과 낮은 학생 둘 모두로부터 가져왔다. '화자 1'과 '화자 2'에 대한
점수가 포함되어 있다. 동일한 점수가 'about a centimeter above that'
(그 위에 1cm 정도)라는 표현과 'just down a wee bit'(바로 조금 아래에)라
는 표현에 대해서도, 비록 첫 번째 것이 절대 수치 용어로 좀 더 정확
하지만, 똑같은 점수가 주어진다. 이는 중요한 원리이다. 이 원리 뒤에
있는 논거는, 우리가 정보를 전달해 주는 능력을 평가하는 데 관심을
갖고 있지, 정확한 공간상의 판단을 만들어 내는 능력을 시험하는 것
이 아니라는 점이다. 이 과제에서 최대 점수를 얻으려면, 청자에게 말
해 준 지시내용으로부터 그 학생(화자)이 해당 도형에서 구별되는 모
든 항목을 언급할 필요성을 인식하고 있음이 명백해져야 한다. 적어
도 그 학생은 또한 각각 별개의 항목과 관련된 모든 '정보 홈'들을
채워 놓으려고 시도해야만 한다. 이 경우에 '색깔·크기·방향·거리'이
다. 이들 홈이 문체상 멋지게 채워지는지, 아니면 수치의 정확성으로
채워지는지는 여기서 우리가 논의하는 특정한 평가 유형에 대해 문제
되지 않는다. 만일 우리의 평가 목적이 달랐었더라면, 마치 다른 이유

로 말미암아 풍부하고 고급스런 어휘 사용에 대하여 점수를 주고 싶은 것처럼, 공간상의 판단에 대한 '정확성'도 배점될 수 있는 요소로 되었을 수도 있었다. 그렇지만 현재 우리의 목적은 단순히 특정 정보를 제공해 줄 필요성에 대한 '인식'을 점수화하고 있는 것이다.

색깔과 크기 등에 대한 '정보 홈'들처럼 우리가 점수를 주기 위해서 선택한 정보에 대하여 절대적인 기준이 없음이 또한 명백해져야 한다. 이들 범주의 중요성을 판정하는 유일한 방식은, 해당 과제를 학생들에게 내어주고 나서, 그들의 반응이 얼마나 차이가 나며, 그들의 청자가 그 도형을 그리기 위하여 지시내용을 어떻게 해석하는지 찾아내

<표 5-1> 도형 그리기 과제의 채점 체제

항목	여러 가지 적합한 표현 사례	화자 1	화자 2
정사각형	'정사각형 하나, 상자 하나'	1	1
색깔	'검정색'	1	0
크기	'중간 크기 정사각형, 약 5cm 정사각형'	0	0
방향	'네 종이의 오른쪽에'	0	0
거리	'오른쪽의 꼭대기에'	0	0
선 1	'선 하나'	1	1
색깔	'빨강색'	1	1
크기	'다른 선의 두 배 길이, 그 정사각형과 똑같은 길이'	1	1
방향	'그것 밑에'	1	1
거리	'약 1cm, 조금 밑에'	0	1
선 2	'선 하나'	1	1
색깔	'빨강색'	0	1
크기	'작은 크기, 바로 숫자 3의 밑바닥을 덮을 만큼만'	1	1
방향	'그 바로 위에, 그 정사각형 위에'	1	1
거리	'로부터 약 2cm 떨어져, 아주 약간 아래로'	0	1
숫자 3	'숫자 3 하나, 작은 선… 사선 + 그리고 약간 둥근 + 반원'	1	1
색깔	'검정색'	0	0
크기	'아주 큰, 큰 … 같은 크기'	0	0
방향	'그 위에, 네 오른쪽 구석에'	1	1
거리	'약간 밑으로'	0	1
총 20점 만점에서 얻은 점수 합계		11점	14점

어야 하는 것이다. 한 가지 극단적인 사례로 예를 들어 보면, 만일 오
직 선을 정확히 묘사하기 위하여 다음처럼 말함으로써 최대 점수를
얻을 수 있었다면,

'a straight line of normal pencil thickness and of constant thickness'
(일반 연필 굵기로 그리고 항상 그 굵기를 유지하는 직선 하나)

그 학생의 능력에 대하여 어떤 것도 말해 줄 수 없었을 것이다. 그런
내용이 임의의 도형에서 선을 그리는 데에 당연한 것으로 여기고, 예
외적으로 사실상 서로 차이가 나는 굵기의 선과 줄표 등이 있는 경우
를 제외하고서는, 아무도 그런 것들을 언급하려고 신경 쓰지 않는다.
또한 도형에서 한 선의 기본적인 방향은 '수평선'인 듯하다. 설사 그러
하더라도, 이 과제를 놓고서 14살에서부터 16살까지의 학생들의 수행
들에 대한 분석으로부터, 적어도 그 나이 또래 집단에 대해서는 〈표
5-1〉에 있는 항목들이, 도형의 모습을 그려내는 일련의 적합한 지시
내용에 대해서 중심인 듯하다.

　점수 합계는 우리들로 하여금 '화자 2'가 더 적합한 묘사를 해 주었
다고 말할 수 있게 해 준다. 이런 간단한 채점 절차에서 어떤 대목의
정보도 다른 어떤 정보보다 조금이라도 더 중요하게 취급되지 않았음
에 주목하기 바란다(=모든 항목이 동등하게 1점이 주어짐). 배점 과정에
가중치가 전혀 없었다. 모든 정보 도막에 각각 1점씩 주어져 있다.
또한 묘사를 제시하는 데에, 화자가 반드시 택해야 하는 특정한 경로
도 전혀 없음에 주목하기 바란다. 그 묘사가 정사각형으로부터 시작
되든, 숫자 '3'으로부터 시작되든, 아니면 선들부터 시작되든, 아무런
문제가 생기지 않는다. 설사 그러하더라도, 어떤 과제들에서 미리 화
자들에게 자신의 묘사를 시작하게 될 지점인 '시작점'(start)을 제공해
주는 것은 뚜렷한 이점이 있다. 이것이 서로 다른 수행내용들을 더욱
비교할 수 있게 해 주며, 이것이 묘사에 대한 어떤 기본적인 구조를

제공해 주는 한, 묘사 과제를 대체로 더 쉽게 만들어 준다. 이는 아마 '유동적' 과제를 푸는 화자들이, 자신이 서술하고 있는 일련의 사건에서 시간상으로 가장 이른 첫 시점에서 자신의 서술을 시작하도록 선택하는 방식과 비교가 될 수 있을 것이다.

5.7. 모눈 홈판 위에서 도형 만들기 과제의 채점

〈부록 1〉의 〈그림 2a〉에서는 화자들에게 묘사해 주도록 요청한 한 가지 모눈 홈판 형상을 보여 준다. 다음에 빈 모눈 홈판·채색 말뚝들 (pegs)·채색 고무줄들을 갖고서 대기하고 있는 자신의 짝에게 화자가 지시사항을 말해 주는 두 가지 사례가 있다.

(3) 화자 1: Halfway to the pegboard ++ put a red + peg + and ++ just to the right-hand side ++ put a yellow ++ then ummm + down umm put a red peg again ++ and join with a green elastic band ++ slightly below it + but beside it + put + a blue peg ++ after you've done that put a blue peg at the + right-hand + side ++ halfway ++ and then + a red peg down below it ++ and then beside it + put a blue peg ++ and join it with a red elastic band
(그 모눈 홈판 중간쯤에 ++ 빨강 + 말뚝 하나 꽂고 + 그리고 ++ 바로 오른쪽에다 ++ 노랑 하나 꽂고 ++ 그러고 나서 으음 + 아래로 음 다시 빨강 말뚝 하나 꽂아 ++ 그리고 초록 고무줄로 이어 놔 ++ 조금 그 아래로 + 하지만 그것 옆쪽으로 + 꽂아 + 파랑 말뚝을 하나 ++ 그걸 다 한 뒤에 파랑 말뚝 하나를 그 + 오른편 + 쪽에 꽂아 ++ 중간 쯤 ++ 그러고 나서 그것 바로 아래에 빨강 말뚝을 하나 ++ 그러고 나서 그것 옆에다 + 파랑 말뚝 하나 꽂고 + 그리고 그것을 빨강 고무 줄로 이어 놔)

(4) 화자 2: On the bottom of the pegboard + right-hand side put a red peg in ++ and then about a couple of + a wee while a wee bit up put a blue peg in ++ and then across from the red peg + a wee drop a wee bit + put a blue peg in++ and then put a red elastic band round it ++ then from the blue + from the blue opposite the red ++ halfway about halfway up the page + put a red peg in ++ and then a wee bit up above that put a yellow peg in ++ then across from the yellow peg + on your left + put a red peg in + then put a green elastic band round it ++ and then down from your red + opposite your yellow + and opposite the red put a blue peg in

(그 모눈 홈판 밑에 + 오른쪽으로 빨강 말뚝을 하나 꽂아 ++ 그러고 나서 대략 한 쌍의 + 조금 한참 아주 조금 위에다 파랑 말뚝을 하나 꽂아 ++ 그러고 나서 그 빨강 말뚝으로부터 반대쪽에+ 약간 떨어져서 아주 약간 + 파랑 말뚝을 하나 꽂고++ 그러고 나서 빨강 고무줄을 그 둘레에 감아 ++ 그러고 나서 그 파랑으로부터 + 그 파랑으로부터 반대쪽에 그 빨강 ++ 중간쯤 대략 그 종이 중간쯤 위로 + 빨강 말뚝을 하나 꽂아 ++ 그러고 나서 그것 위에 약간 위로 노랑 말뚝을 하나 꽂아 ++ 그러고 나서 노랑 말뚝으로부터 반대쪽에 + 네 왼쪽에다 + 빨강 말뚝을 하나 꽂아 + 그러고 나서 그것 둘레에 초록 고무줄을 감아 ++ 그러고 나서 네 빨강으로부터 아래로 + 네 노랑과 반대 대각선으로 + 그 빨강 반대쪽에 파랑 말뚝을 하나 꽂아)

〈표 5-2〉는 특정한 이 모눈 홈판 형상에 대한 채점표이다. 여러분이 보듯이 이 채점표 도형을 그리는 지시사항에 대한 채점 방식과 아주 닮았다. 이 서술에서 필요한 정보 항목 각각에 대하여 1점씩 배당되어 있다.

앞에서 예로 주어진 인용은 '화자 1'과 '화자 2'로부터 가져온 것이다. 채점할 때 편리하게 기준을 삼도록 매겨 둔 말뚝의 번호는 〈부록

<표 5-2> 모눈 홈판 위에서 도형 만들기 과제를 위한 채점 내용 체계

항 목	적합한 표현 사례	화자 1	화자 2
말뚝 1			
색깔	'빨강'	1	1
지시 기준점	'그 모눈 홈판, 그 노랑 모눈 홈판'	1	1
방향	'네 왼쪽에'	0	1
거리	'중간쯤'	1	0
말뚝 2			
색깔	'노랑'	1	1
지시 기준점	'빨강 말뚝 하나'	1	1
방향	'오른쪽으로, 그 바로 위에'	1	1
거리	'바로, 아주 약간'	1	1
말뚝 3			
색깔	'파랑'	1	1
지시 기준점	'그것(초록 고무줄?), 네 빨강… 네 노랑… 그 빨강'	1	1
방향	'아래에, 로부터 아래로…네 맞은편 … 그 맞은편'	1	1
거리	'약간'	1	1
말뚝 4			
색깔	'빨강'	1	1
지시 기준점	'노랑 하나, 그 빨강 맞은편에 있는 그 파랑'	1	1
방향	'아래로, 그 종위 위로'	1	1
거리	'중간쯤 대략 중간쯤'	0	1
고무줄 1	'초록		
색깔	'초록 고무줄로 이어 놔'	1	1
위치	'그러고 나서 주위로 초록 고무줄을 감어'	1	1
말뚝 5			
색깔	'파랑'	1	1
지시 기준점	(그 모눈 홈판?),'그 빨강 말뚝'	1	1
방향	'오른쪽에, 위에'	1	1
거리	'중간쯤, 대략 한 쌍의…조금 한참 아주 약간 위로'	1	1
말뚝 6			
색깔	'파랑'	1	1
지시 기준점	'빨강 말뚝 하나…그것, 그 빨강 말뚝'	1	1
방향	'로부터 건너편'	0	1
거리	'그 아래에, 약간 떨어져서 아주 약간'	1	1
말뚝 7			
색깔	'빨강'	1	1
지시 기준점	'파랑 말뚝 하나, 그 모눈 홈판'	1	1
방향	'그 바로 아래에, 오른쪽에'	1	1
거리	'바닥에	0	1
고무줄 2	'빨강		
색깔	'그것을 빨강 고무줄로 이어 놔'	1	1
위치	'그 주위로 빨강 고무줄을 감아 놔'	1	1
	총 32점 만점에서 얻은 점수 합계	28점	31점

1)의 〈그림 2a〉에 주어져 있다. 화자들은 자신에게 주어진 그림에 번호가 안 붙어 있었으므로 그 번호들을 보지 못하였다. 화자는 말뚝의 색깔을 언급함으로써 1점을 얻었다. 고정된 지시 기준점으로부터 서술되고 있는 그 말뚝의 거리와 방향을 언급함으로써 각각 3점을 얻었다. 고무줄의 색깔을 청자에게 언급함으로써 1점을 얻었고, 고무줄의 위치를 말해 줌으로써 다시 1점을 더 얻었다.

'1번 말뚝' 꽂아 놓기에서 '화자 1'은 자신의 청자가 다음과 같이 지시하고 있다.

'Halfway to the pegboard ++ put a red + peg'
(그 모눈 홈판 중간쯤에 ++ 빨강 + 말뚝을 하나 꽂아)

이 발화에서 색깔 '빨강'에 대해서 1점이 주어지고, 말뚝의 위치가 기술될 수 있는 지시 기준점을 말해 준 것에 대하여 1점이 주어진다 (이 경우에 '그 모눈 홈판'이 지시 기준점으로 해석되었음). 또한 지시 기준점으로부터 떨어진 거리를 어떤 개념을 말해 준 것에 대해 1점이 주어진다. 그러나 이 화자는 방향에 대해서 어떤 개념도 말해 주지 못하였다. 'halfway … on the right'(중간쯤 … 오른쪽에)가 정보를 훨씬 더 담고 있었을 듯하다.

'화자 2'의 수행과 서로 비교해 보기로 한다. 이 화자는 자신의 청자에게 '1번 말뚝'에 관하여 다음처럼 지시해 준다.

'++ then across from the yellow peg + on your left + put a red peg in'
(++ 그러고 나서 노랑 말뚝으로부터 반대쪽에 + 네 왼쪽에다 + 빨강 말뚝을 하나 꽂아)

앞에서 본 '화자 1'의 지시내용처럼 이 화자의 지시사항도 '노랑 말뚝'으로 색깔 및 지시 기준점을 언급한다. 그렇지만 방향에 대한 정보가 있으되, 거리에 대한 정보는 없다는 점에서 차이가 난다. 청자는 빨강 말뚝이 노랑 말뚝의 왼쪽으로 반대쪽에 속한다는 것을 안다. 그러나 얼마나 멀리 왼쪽으로 가는지에 대해서는 듣지 못하였다. 그러므로 '화자 2'는 방향에서 1점을 받지만, 거리에서는 점수를 받지 못한다.

〈표 5-2〉에서 배당된 점수를 점검하면서 두 수행의 나머지들을 놓고서 계속 진행해 나갈 수 있다. 비록 이런 엄격히 '객관적인' 채점표가 확립되어 있더라도, 경계지점에 있는 애매한 사례들이 생겨난다. 이런 경우에는 화자에게 유리한 해석되도록 혜택이 주어질 것임을 곧 알게 될 것이다. '화자 1'의 'halfway to the pegboard'(모눈 홈판에 대해 간쯤에)를 미흡하다고 판정하지 않고, 'halfway up to the pegboard'(모눈 홈에 대해 위로 중간쯤에)로 해석하는 일이 이미 너무 관대하다고 여길 수도 있다. 비슷하게 이 화자는 '3번 말뚝'의 위치를 다음처럼 말해 주고 있다.

'down from your red + opposite your yellow + and opposite the red'
(네 빨강으로부터 아래로 + 네 노랑 맞은편 + 그리고 그 빨강 맞은편)

만일 좀 더 능숙한 표준 영어의 토박이 화자라면 아마 'diagonally opposite the yellow'(대각선상으로 그 노랑 맞은편)라고 말하는 걸 선호하였을 것이다. 그러나 기본적인 이런 유형의 검사에서는 고급 어휘 사용에 따른 차별성이나 공간 표현 기술에 의해 달라지지 않고 정보를 전달하는 기본 능력의 측정으로 끝나는 것을 목표로 삼는다. 따라서 보다 명시적인 표현을 써서

'and then along to the right about eight holes'
(그러고 나서 오른쪽을 따라서 대략 8개 홈쯤에)

라는 정보를 전달하고자 다음처럼 간략히 말하더라도

'just to the right-hand side'
(바로 오른편 쪽)

관련 항목을 말한다는 점에서 똑같은 점수를 받는다. 비록 앞에 있는 발화가 훨씬 더 정확하지만, 뒤의 예에 있는 'just'(바로)가 애매하더라도 거리에 대한 언급으로 간주된다. 따라서 두 화자가 모두 거리 및 방향을 구체적으로 말하였다고 보아 같은 점수를 받는다.

도형 그리기에 대한 채점 절차가 점수를 배당한 똑같은 방식으로, 이 방법도 매번 그 화자가 각 말뚝 서술과 관련된 네 가지 '정보 홈'들 중 하나 또는 각 고무줄 서술과 연관된 두 가지 정보 홈들 중 하나를 채워 넣으려는 시도마다 점수를 1점 배당해 준다. 가능한 한, 이는 빈약한 공간 표현 기술(아마 오른쪽-왼쪽 구별에 어려움을 가짐)을 지닌 학생들과 좀 더 정보를 기술적으로 전달하는 더 능숙한 화자들보다 'diagonally'(대각선으로)나 'horizontally'(수평으로)와 같은 낱말을 더 느슨하게 쓰는 학생들을 불리하게 차별하는 일을 피하게 된다.

<유동적' 과제의 채점>
'유동적' 과제들의 범주는 더욱 어려움을 부과한다. 그것들은 시간상에 걸쳐 변화하는 관계들에 대한 서술을 포함하는 것이다. 자동차 충돌 설명 과제의 경우에 화자는 그 교차로 및 다른 자동차들과 서로 관련하여 그 자동차들의 변화하는 위치들을 계속 추적할 필요가 있다. 이야기 말해 주기 과제에서 화자는 그 이야기에 있는 시간 및 장소의 추이들을 명시해 줄 필요가 있으며, 또한 그 이야기에 있는 개인들 사이에서 다양한 관계들에 대한 순서 잡힌 설명을 제시해 줄 필요가 있다. '유동적' 과제의 표제 아래, 우리는 먼저 이야기 말해 주기 과제들을 살펴보게 될 것이다.

5.8. 서사 이야기 과제의 채점

이 절에서는 두 가지 서사 이야기 과제에11) 대한 채점 절차를 살펴
보게 될 것이다. 첫 번째 것은 제4장에서 논의된 만화 이야기이다.
그것이 상대적으로 그것이 길고, 제시(자극) 자료들이 14장의 별개의

---

11) [역주] 원문 narrative(서사, 서사 이야기)란 시간과 장소가 바뀌면서 전개되는 사건들의
연결체를 가리킨다. 우리말에서는 '이야기'가 너무 광범위하게 쓰이므로, 좁혀서 사건
들의 연결을 서술해 주는 이야기라는 뜻으로 '서사 이야기'를 쓰기로 한다. 가장 전형적
인 것이 '옛날이야기'이다. 이것이 한 걸음 더 발전하여 어떤 정형성을 갖추게 되면
짜임새(plot, 구성)를 지닌 소설의 갈래로 취급된다. 이 과제의 목적은 소설 기법을 익
혀 작가를 만들자는 것이 결코 아니다. 참된 실생활 자료(authenticity)를 다루는 언어교
육에서는, 일상생활에서 흔히 접할 수 있는 어떤 이어진 사건들의 전개와 종말을 가리
키는 연습을 하는 것이다. 따라서 그 이야기에서 누구와 누구가 초점 인물로 등장하며,
누가 어떤 사건과 관련되는지를 가리켜 주는 '지시내용'(reference)의 문제가 가장 중요
하게 부각된다. 이런 중요성의 위계는 제멋대로 결정되는 것이 아니다. 반드시 현장조
사를 근거로 하여 학습자들이 무엇을 제일 어려워하는지, 수행에서 어떤 혼란이 생겨
나는지에 대한 경험적 자료를 일반화하여 정해진다. 따라서 국어교육과 관련해서 제일
시급한 것은, 중고등학교 학생들의 서사 이야기 말해 주기 자료를 모아, 착실히 그 표본
들을 분석해 나가는 작업임을 알 수 있다. 지금까지 국어교육의 교육과정과 교과서는
학습자의 변수를 조금도 고려하지 못하고, 오직 편찬자의 '낭만적 직관'에만 의존했다
는 점에서 결함을 지닌다.
이런 문제의식을 지니고서 경상대학교 국어교육과에서는 전국 국어교사 모임과 함께
해마다 '전국 중고등 학생 이야기 대회'를 10년 넘게 열어 왔는데, 거기에서 이용했던
심사 기준(구성물과 명세내역으로 이뤄짐)이 서사 이야기 평가에 소중히 참고될 수
있다. 크게 옛날이야기 및 요즘 이야기 두 부문으로 나뉘는 이 대회의 목적은 네 가지이
다. 첫째, 말하고 듣는 능력과 기술을 키우고 가꾼다. 둘째, 이야기를 꾸미는 상상력과
창조력을 북돋운다. 셋째, 뛰어났으나 끊어져버린 겨레의 이야기 전통을 되살려낸다.
넷째, 지난날 선조들의 삶과 오늘 우리의 삶을 뜻 깊은 마음으로 생각하며 살아가게
이끈다. 이 평가 기준 설정에는 이 대회를 처음 출범시켰던 김수업 선생의 생각이 알뜰
히 녹아 있다. 세계 어디에 내어 놓아도 좋을 만큼 가히 독보적이다. 총 100점 만점
중에서 속살(내용)에 60점, 겉모습(형식)이 40점이 배당되어 있다. 이들 구성물은 각각
다시 세 가지 하위영역으로 나뉜다. 속살은 하위영역마다 20점씩 주어졌다. 그럴듯함
(인과성의 정도) 20점, 들어 볼 만함(깨달음을 주는 정도) 20점, 새로움(창의력, 상상력
의 발휘 정도) 20점이다. 겉모습의 하위영역은 짜임새(구성) 15점, 말솜씨(입담) 15점,
듣는 사람 사로잡기(청중 호응도) 10점이다. 단, 배점은 어떤 갈래의 이야기를 다루느
냐에 따라 융통성 있게 하위영역의 가중치가 달라질 수 있다. 또한 각 명세내역의 점수
를 리컷(Lickert)의 제안대로 짝수의 4단계(1점~4점)로 나누느냐, 6단계(1점~6점)로 나
누느냐 하는 문제는 평가자들 사이에 즉석에서 합의될 수 있다. 경상대학교 국어교육
과 누리집(http://korlan.gnu.ac.kr)에서 이야기 대회를 눌러 들어가 보면, 김수업 선생
의 '이야기 교육에 던지는 물음 몇 가지'라는 글도 읽을 수 있다. 전반적으로 국어교육
에 대한 철학과 방향과 실천에 대한 생각은 김수업(2012 개정판), 『배달말 가르치기』
(휴머니스트)를 읽어 보기 바란다.

그림으로 주어져 있다. 중년 남성의

'권태로움 → 불륜 → 권태로움'

김수업 선생이 엮은 '전국 중고등 학생 이야기 대회' 채점 기준

구성물		자세한 풀이 (명세 내역)
속 살 (내 용)	그럴 듯함 (마디들 간의 인과성 정도)	이야기는 줄거리(story)가 있는 말이다. 줄거리란 이야기 속살을 꿰어내는 줄기리이며, 속살을 이야기로 일으켜 세우는 뼈대이다. 그것이 제 역할을 하려면 사건이 상황이나 상태의 변화를 명확히 담고 있어야 하고, 그 변화가 그럴 듯해야(사실적이어야, 논리적으로 합당해야) 한다. 인물이 행동을 하는 동기가 마땅하고 사건이 흘러가는 과정이 현실감 있어야, 흔한 말로 '말이 되어야'(말에 조리가 서야) 듣는 이를 감동시키고 깨닫게 할 수 있기 때문이다.
	들어볼 만함 (깨달음을 주는 정도)	듣는 사람들에게 웃음만을 자아내려면 만담이나 재담(개그, 코미디)으로 충분할 것이다. 이야기의 속뜻이나 속살과는 상관없이 낱말과 말소리와 말씨 어느 하나만으로도 울고 웃게 할 수 있기 때문이다. 하지만 이야기에는 사람과 삶이 굽이굽이 담긴 속내와 속살이 드러나기 마련이다. 살아가면서 생각지 못했거나 혹은 놓쳐버린 삶의 진실을 하나의 줄거리 있는 이야기로 붙잡아 우리에게 '체험'시킬 때, 또 '사람과 삶에 대한 깨달음을 줄 때 좋은 이야기가 될 수 있다.
	새로움 (창의력, 상상력을 쏟은 정도)	이야기는 '새로운 이야기'가 좋다. 이야기를 듣는 사람이 이제껏 어디서도 들어보지 못한 이야기이거나, 숱하게 들은 이야기라도 표현과 해석이 달라서 이야기를 듣는 그 순간 아주 새로운 느낌을 불러일으키는 이야기가 좋은 이야기이다. 자신만이 겪은 이야기도 좋지만, 누구나 겪거나 들은 이야기라도 새로운 상황과 사건, 깨우침, 표현 등이 보태지고 재창조될 때 이야기는 듣는 이의 상상을 자극하는 새로운 작품으로 태어난다.
겉 모 습 (형 식)	짜임새 (구성)	이야기는 군더더기가 없이 중심이 서 있어야 하고, 듣는 이의 마음을 움직일 수 있는 방식으로 해야 한다. 그러려면 앞에 올 것은 앞에 오고, 뒤에 올 것은 뒤에 오게 하며(순서), 크게 할 것은 크게 하고, 작게 할 것은 작게 하며(사건 규모), 높일 것은 높이고, 낮출 것은 낮추며, 사건 이야기와 그에 대한 감상과 평가 이야기를 적절히 엮고(말의 배분), 드러낼 것은 드러내고 감출 것은 감추어(정보 조절) 모든 속살을 제자리에 감쪽같이 들어앉게 해야 한다. 그래야 줄거리가 분명해지고 주제가 드러나기 때문이다.
	말솜씨 (입담)	'말솜씨'는 흔히 '입담'이라고 한다. 여기에는 세 가지 뜻이 한데 모여 있다. 첫째, 눈으로 본 듯이, 귀로 들은 듯이, 손으로 만진 듯이, 몸으로 겪은 듯이 속속들이 그려내는 솜씨이다. 겉으로 드러난 것을 낱낱이 있는 대로 그려서 마치 살아 숨 쉬는 듯이 만들어내는 힘이다. 둘째, 얼마나 많은 낱말을 부려 쓰는지, 낱말을 얼마나 감쪽같이 제자리에 가져다 쓰는지, 말소리의 높낮이와 장단을 얼마나 어우러지게 내는지, 자신이 살아온 곳의 토박이 사투리를 얼마나 부려 쓰는지이다. 셋째, 말의 양념에 속하는 눈짓·고개짓·손짓·몸짓과 같은 짓을 얼마나 두드러지고 자연스럽게 하느냐이다. 이 셋이 두루 어울려 자연스럽게 듣는 사람에게 다가갈 때 이야기는 더욱 빛이 난다.
	듣는 사람 사로잡기 (청중의 호응도)	이야기판은 글말 이야기인 소설과는 다르다. 고정된 이야기가 아니며, 작가인 이야기하는 사람과 독자인 이야기 듣는 사람이 떨어져 있지 않다. 이야기하는 사람의 입담으로 모습을 드러낸 이야기가 듣는 사람에게로 건너가서 환영을 받고 즐겁게 받아들여져야 하는 공간이다. 그래서 이야기하는 사람과, 이야기와, 이야기 듣는 사람이 하나로 엮이어 이야기 속으로 빠져들고, 이야기가 주는 깊은 속뜻에 공감하고 자신을 되돌아보는 자리가 이야기판이다. 따라서 이야기판에서는 '듣는 사람의 마음을 사로잡는 일'부터 출발해야 한다.

의 방향에 따라 하나의 이야기를 예시해 준다. 〈부록 1〉에 처음 세 장의 그림이 제시되어 있다.

이 과제에서는 입력물과 출력물이 모두 풍부하다. 제시(자극) 자료와 그것들이 생성하는 서술이 비교적 간단한 '정태적' 과제에 적용될 필요가 없었던 복잡한 기준들을 이용하면서 분석될 수 있다. 지시내용(reference, 가리키기)의 논제가 아마 비교되는 이런 복잡성 중에 가장 중요한 사례일 것이다. 제4장에서 적합한 서사 이야기가 지시내용상 명백해질 필요성을 예시하였고, 정확히 청자가 이야기의 일정 시점에서 어느 인물이 가리켜지고(지시되고) 있는지를 구별하면서 작업해 나갈 수 없었기 때문에, 불만족스런 수행의 사례들을 제시해 주었다.

명쾌하게 이해될 수 있는 어느 이야기에 대한 두 가지 추가 요구사항에서는 명백히 시간 및 장소 뒤바뀜이 표시되었다. 다시, 제4장에서는 그런 뒤바뀜에 대한 적합한 언급 및 부적합한 언급의 사례들을 제시해 놓았다. 여기서 살펴보게 되는 네 번째 그리고 마지막 기준은 그 이야기에서 적합한 분량의 정보를 담는 일이다.

그렇다면 적어도 서사 이야기가 평가될 수 있는 네 가지 중요한 차원이 있다. 제5장의 더 앞쪽에서 서술된 두 번째 평가 연구에서는, 단순한 이야기 과제의 수행 내용들이 일관되게 정보 내용과 장소의 표시에 비춰 간단히 녹음된 수행 내용들을 두 번 이하로 들음으로써 평가될 수 있음을 시범적으로 보여 주었다. 〈부록 2〉에서는 모국어(=영어) 교사들에게 주어진 채점 체제를 보여 준다. 앞으로 살펴보게 되듯이, 점수가 주어진 정보 내용은 서사 이야기 말하기에 대하여 기본적인데, 포함된 인물 및 그들의 행위에 대한 간단한 서술이다. 해당 공간(장소)의 내용물들에 대한 자세한 묘사와 더불어, 아주 정밀하게 이야기를 해 주는 일은, 만일 수행이 '인상적'으로 채점되고 있었다면 거의 틀림없이 학생에게 높은 점수로 혜택이 돌아갔을 것이다. 〈부록 2〉에 있는 채점 절차는 학생의 점수에 대하여, 상세함 여부와 무관하게, 오직 기본 정보만을 채점에 고려하도록 한다. 이 채점표에서는 완벽히 훌륭한 이야기가 오직 간단한 서술들을 이용함으로써 말해질 수 있다는 사실을 받아들인다. 이는 만일 인상적 채점에 포함될 만한 '열정, 이야기 풀어내는 능력, 자신감, 인성' 등의 어떤 혼합보다, 오히려 정보를 전달하는 기본 능력에만 관심을 둔다면 만족스런 절차이다.

충분한 정보를 포함하는 능력은, 이 과제를 받은 많은 학생들이 합당한 분량의 기본 정보를 포함하였지만, 지시내용의 명확성 및 시간이나 장소 표시에 비춰서 적합하지 않는 이야기를 산출하였다는 점에서, 우리가 고려하고 있는 네 가지 서사 이야기 기술에 대한 최소한의 요구내용이 되는 듯하다.

장소와 시간의 바뀜에 대한 언급은 좀 더 어려운 듯하다. 〈부록 2〉에 있는 채점 체제에서는, 만일 학생이 'house'(집)나 'living room'(거실)이란 말로써 장소를 언급하면 1점을 준다. 다섯 차례에 걸쳐 바뀌는 장소에 대한 언급을 놓고서, 전체 이야기가 채점될 수 있도록 간단히 확장 모습을 보이면 아래와 같다.

① house, living room(첫 번째 장소는 집 또는 거실)
② bar, party, dance(두 번째 장소는 술집, 파티 장소, 사교춤 장소)
③ house, living room(세 번째 장소는 집 또는 거실)
④ new flat, new house(네 번째 장소는 새 아파트 또는 새 집)
⑤ bar, another dance(다섯 번째 장소는 술집이나 또 다른 사교춤 장소)

이런 장소가 언급되면 매번 1점이 주어진다. 이야기에서 특정 장소의 이름을 말하지 않고서도 장소의 변화가 알려질 수 있음에 주목하기 바란다. 다음을 포함하는 이야기는

'++ and I think he comes back ++'
(++ 그리고 내 생각에는 그가 되돌아왔어요 ++)

는 back(되돌아)라는 말로 집 쪽으로 온 장소의 변화를 알려 주고 있다. 따라서 다음과 같은 표현과 마찬가지로

'+ after that the man went home +'
(+ 그런 일 뒤에 그 남자가 집으로 갔어 +)

부적합하지 않은 것으로 판정된다.

'then he goes back through into the hall'
(그런 뒤 그가 도로 홀 안으로 되돌아가거든)

라는 표현도 'house, living room'(집 또는 거실)에 대한 언급이므로,[12] 화자에게 1점이 주어진다. 일반적으로 그것은 화자가 장소 변화를 명백하게 언급하지 못하는 경우에, 일부 아래 (5)에서 반복해 놓은 사례처럼 뒤이어지는 혼란으로부터 아주 분명해진다.

(5) he gets dressed and goes to the window and makes himself smart + the lady is still sitting there + with the letter + the man shakes hands + with his friend + and meets a girl + and he starts dancing with her
(그 남자가 옷을 차려 입었고 창문으로 가서 자신을 멋지게 꾸미네 + 그 여인이 여태 거기 앉아 있어 + 그 편지를 갖고서 + 그 남자가 악수를 해 + 자기 친구하고 + 그리고 어느 여자를 만나 + 그리고 그녀와 춤을 추기 시작해)

---

12) [역주] 원문에서는 "제4장의 인용 (6)에서와 같이"로 되어 있으나, 일치되지 않으므로 번역에서는 일부러 빼어 놓았다. the hall(그 넓은 공간)이 나온 곳은 제4장의 인용 (4)에 "he went out to the hall"이다. 이때는 the dancing hall(춤추는 홀)을 가리킨다. 대신 인용 (6)에는 "he went through to the living room"으로 적혀 있다. '집이나 거실'로 본 저자들은 the hall(그 넓은 공간)을 아마 건물 현관과 현관에 이어진 복도를 가리키는 것으로 파악하였을 듯하다.

이런 사례에서 대부분의 청자들은 춤추는 일이 어디에서 일어나고 있는지를 화자가 명백하게 말해 주지 못하였기 때문에 당황스러울 듯하다.

　　그러한 장면 변화들에 대한 언급은, 시간 바뀜에 대한 언급과 공통점을 많이 지닌다. 시간과 공간의 표현들 중에서 어떤 것의 부재도, 청자에게 똑같이 어리둥절함을 초래하는데, 지엽적 사건들이 전체 이야기 속으로 함께 쉽사리 얽혀들지 않는 것이다. 또한 비슷한 서사 이야기 관례를 이용함으로써 시간과 공간 두 유형의 변화를 모두 표시해 줄 수 있다. 화자 한 사람이 일반적인 장면 변화 관례를 이용하여

'and then we're in a club'
(그러고 나서[=그런 다음에] 우리가 어느 클럽에 있어)

처럼 말하는데, 시간과 장소 둘 모두에서의 변화를 가리키는 데에 똑같이 잘 작동한다.

　　동일한 사건들에 대하여 좀 더 복잡한 내용은 시간에 따른 전개 구조를 채택할 수 있다. 남자 주인공의 일상생활에서 느끼는 따분함과 더 젊은 부인을 만나는 일이 어느 하루 저녁에 일어나고, 그의 아내가 전화 통화를 엿듣는 일, 그의 해명, 그가 집을 떠나는 일이 모두 다음 주에 일어나며, 이어 새로운 집을 마련하여 꾸리는 일이 뒤따르고, 아마 6개월 뒤에 마지막 반전 연결체가 제시될 수도 있다. 그렇지만 이 서사 이야기의 의미는, 중요하게 이들 복잡한 시간상의 추이에 달려 있는 것이 아니다. 이야기가 효과적으로 되기 위해서 관련 사건들이 단순히 올바른 시간 순서로 상술될 필요가 있는 것이다. 이 조사 연구에 참여한 학생들 중에서 누구든 공통적이라고 입증된 어떤 전략을 이용함으로써, 이는 충분히 적합하게 성취될 수 있다. 즉, 역사적 현재 시제를 이용하는 일과 이야기를 병렬 구조에[13] 집어넣는 일로 이뤄진다. 일련의 간단한 절들이 and(그리고)와 then(그러고 나서, 그런 다음에)

으로써 함께 붙어 있는 것이다.

(6) + she goes up to her room and falls on the bed and starts crying + then the man gets his coat on and starts to walk out the door ++ the man goes to his girlfriend's house ++ and the girlfriend's arm round + the neck

(+ 그녀가 자기 방으로 올라가서 침대 위에 엎드리고 울기 시작했어 + 그러고 나서 그 남자가 자기 외투를 걸쳐 입고 문 밖으로 걸어 나가기 시작했어 ++ 그 남자가 자기 여자 친구의 집으로 가 + 그리고 그 여자 친구의 팔이 + 남자의 목을 감싸)

물론 이 전략이 필수불가결한 전략은 아니다. 단지 일반적인 것일 뿐이다. 접속사를 아주 적게 이용하여, 이야기를 단순문의 한 열로 제시하더라도, 다음처럼 똑같은 효과를 얻을 수 있다.

(7) there's a man and his wife sitting in the living room + man just gets bored + has a look out the window + decides he wants to go out + gets ready to go to this pub disco + shakes hands with the barman + gets up starts dancing + sits down beside this girl ++ back in the house he phones her + his wife comes in the door + his wife sits down

(한 남자와 그의 아내가 거실에 앉아 있어 + 남자가 막 따분해졌어 + 창문 밖을 내다봐 + 밖으로 나가기로 결심해 + 준비가 되자 이 술집

---

13) [역주] 병렬(paratactic) 구조를 엄격히 정의하면 순서가 서로 뒤바뀌더라도 해석에 지장이 초래되지 않아야 한다. 가령, "사과·배·감·수박"과 같이 명사들이 아무런 표지 없이 나열되거나, 또는 "사과와 배와 감과 수박"처럼 '과'(and)를 대동하거나, 아니면 "철수가 12살이고, 영이가 11살이고, 돌이가 13살이다"에서처럼 표현된 것을 말하는데, 하위 문장들이 서로 뒤바뀌어 제시되더라도 전체 해석에 지장이 생기지 않는다. 그렇지만 본문에서는 이런 엄격한 용법을 따르는 것이 아니라, 이 이야기 서술에서 and와 then으로 이어진 것을 가리키는데, 사건 발생에 따라 순차적으로 and(그리고) 또는 and then(그리고 나서)로 표현되어 있다.

디스코로 가 + 그 주인과 악수를 해 + 일어서서 춤추기 시작해 + 이 여자 옆에 앉거든 ++ 집으로 되돌아와서 그가 그녀에게 전화를 해 + 그의 아내가 문 안으로 들어와 + 그의 아내가 앉아)

보다시피 단순문을 나열하는 이런 특정 전략은, 다음처럼 화자가 'so' (그래서)와 'but'(하지만)과 같이 덜 일반적인 접속사를 이용하는 서사 이야기들의 내용과는 대조적으로, 오히려 엄격하고 격식 갖춘 문체에 이바지한다.

(8) the man bored + *so* he + walked up and he was looking out the window + (그 남자가 따분해졌어 + 그래서 + 윗층으로 걸어갔고 창문 밖을 내다보고 있었어 +)

(9) then they are lying on the settee with their arms round each other *but* the girl seems to be in the huff + (그러고 나서 그들이 팔로 서로 감싸 안고 긴 소파에 눠 있지만 여자는 싫증 난 듯해 +)

이런 특정 이야기가 화자에게 시간 변화를 반드시 'then'(그러고 나서, 그런 다음)처럼 구체화하도록 요구하는 것은 아니다. 앞에서 예시한 전략들은 모두 시간 구조로 적합하게 표시된 이야기의 내용을 산출하는 데에 이용되었다.

제시 자료에서 이용된 다른 일련의 그림들 중에는 두 가지 살인 예시 이야기들이 있었는데, 더욱 복잡한 시간 구조를 지녔다. 그 이야기들이 시간상으로 복잡하였는데, 살인이 일어나는 시간대에 다시 상이한 개인의 행위들로 되돌아가서 가리켜 줘야 하는 내용을 담고 있었기 때문이다. 한 가지 예로, 10장의 그림으로 이뤄진 그런 이야기들 중 하나는 5명의 인물을 포함하였다. 늙은 부인 1명, 젊은 부인 1명, 젊은 남자 1명, 가정부 1명, 경찰 수사관 1명이다. 죽임 당한 시체가 가정부에 의해서 발견되었고, 그 뒤 젊은 부인과 가정부는 수사관에게 자신들의 부재증명(alibis)을 제시한다. 그런 다음에 수사관이 피 묻은 외투 한 벌을 발견하고, 젊은 부인과 남자를 살인을 저질렀다고 기소한다. 마지막 그림은 젊은 부인에 대한 체포 장면을 보여 준다.

이해 가능한 이야기를 산출하기 위해서, 화자는 그 이야기에서 부재증명(alibis)을 제시하고 있는 개인들이, 모두 시간상 사건이 일어난 동일한 과거 시점을 가리키고 있다는 사실(=같은 시간에 다른 곳에서 다른 볼일을 보고 있었음)을 명백하게 표현해 주어야 한다. 이들 이야기에서 시간 변화를 언급하지 못하는 것은, 종종 어떤 종류의 시간적 정보를 포함하려는 분명한 시도에도 불구하고, 명백히 모두 혼란스럽고 혼동을 일으키는 이야기로 귀결되고 만다. 다음에 인용된 수행 사례가 부적합한 시간 표시를 보여 준다.

(10) the maid's gone through to the room + to + give the lady breakfast
+ she finds her dead she's been stabbed + and the window's smashed
and so is the clock + she goes down and phones the police + and +
it's + half past eight + she sees she's to + tells the police that she sees
a man going out the window + and then the police come in ++ they
look at the + the clock that's been smashed + and then + she goes
upstairs + and the lady that's been in before ++ and it's now ten o'clock
and em ++ the man and a man and lady were having a drink when
the maid sees them + police sergeant takes this down + the maid says
+ uhm + she's giving the lady that's been killed a cup of tea now +
and that was at half past nine + it' now ten o'clock + and the sergeant
finds a coat that's all covered in blood ++ then she tells + then the
sergeant that + it's been a man that's + supposed to have murdered
her + and then in the end + it's just this lady that + gets em + I've
forgot the word—oh + that gets arrested

(가정부가 방 안으로 들어갔어 + 부인에게 아침 식사를 갖다 주려고
+ 그녀는 그녀가 죽은 걸 알았어 그녀가 칼에 찔려 죽었어 + 그리고
창문이 박살이 나 있었고 벽시계도 그래 + 그녀가 아래로 내려가서
경찰에 전화를 해 + 그리고 + 그게 + 8시 반이야 + 그녀가 보았는데
그녀가 했 + 경찰에게 그녀가 어떤 남자가 창문 밖으로 나가는 걸
봤다고 말해 + 그러고 나서 경찰이 들어오고 ++ 그들이 그 + 박살이
난 벽시계를 쳐다보고 + 그러고 나서+ 그녀가 윗층으로 올라가 +
그리고 부인 그게 이전에 있었고 ++ 그게 시방 10시이고 그리고 음
++ 그 남자와 한 남자와 부인이 가정부가 그들을 봤을 때 술 마시고
있었어 + 경찰 경위가 이것을 아래로 내려가 + 가정부가 말하는데
+ 엄 + 그녀가 죽임을 당한 부인에게 시방 차 한 잔 드리고 있었어
+ 그리고 그게 9시 반이었어 + 시방 10시야 + 그리고 경위는 모두
피로 물든 외투를 한 벌 찾아내 ++ 그러고 나서 그녀가 말하는데
+ 그때 경위가 + 그게 어느 남자였어 + 그녀를 죽인 것으로 간주되
는 게 + 그러고 나서 마지막으로 + 그게 바로 이 부인이야 + 음 +
내가 아차 낱말을 까먹었는데 + 체포된 거 말야)

예시 사건을 모두 똑같이 서술하고 있는 두 명의 학생 이야기로부
터 가져온 다음 짤막한 인용 두 건과 비교해 보기 바란다.

(11) so they go to er + er a sister or somebody + and ask her + and er
+ but she's standing having a drink with this other guy
(그래서 그들이 가서 어 + 어 언니 또는 누군가에게 가서 + 그리고
그녀한테 묻거든 + 그리고 어 + 하지만 그녀는 이 다른 녀석과 술을
마시면서 서 있어)

(12) and er + then the police was asking the maid + questions about +
what she had done + and she <u>had said</u> that she had been through to

take tea through to the lady she looks after + and + her and + the
man + her daughter and the man + were sitting + having a drink
(그리고 어 + 그러고 나서 경찰이 가정부에게 묻고 있어 + 질문들을
+ 그녀가 했었던 일에 대해서 말이야 + 그리고 그녀가 자기가 돌보
는 부인에게 차를 갖다 주려고 안으로 들어갔었다고 말했었어 + 그
리고 + 그녀와 + 그 남자 + 그 딸과 남자가 + 앉아서 술을 마시고
있었어)

그들이 서술하고 있는 사건에는 가정부에게 질문을 하고 있는 경찰
관이 들어 있는 그림이 한 장 포함되어 있다. 그림에 있는 '말풍
선'(word balloon)을 써서, 가정부는 스스로 그 이야기 속의 여자 인물
중 한 사람이 어느 남자와 술 마시고 있는 것을 봤다고 진술하고 있다.
만일 인용 (12)에 세부사항들이 더 들어 있다는 사실과, 인용 (11)에
있는 화자가 관련된 여성 인물(들)에 대하여 불명확하다는 사실을 잠
시 보류하여 둔다면, 분명히 인용 사례 (11)은 심각하게 오해를 초래
하고 있다. 'having a drink'(술 마시는) 행위의 시점이 경찰이 진술들을
듣고 있는 동일한 현재 시점에서 일어나고 있는 듯하다. 이와는 달리,
(12)에 있는 화자는 다음처럼 말하여

'the police *was asking*'
(그 경찰이 <u>묻고 있었어</u>: 과거 진행)

'she *had been* through… and …her daughter and the man + *were sitting*'
(그녀가 안으로 <u>들어갔었는데</u>… 그리고… 그녀의 딸과 남자가 + <u>앉아 있</u>
<u>었어</u>: 과거 완료)

서로 다른 시제로써 관련된 시간 변화를 표시해 준다. 이런 설명으로
부터 'having a drink'(술 마시는) 행위는 경찰의 질문보다 더 앞서 일어

났음이 분명해진다.

서사 이야기에서 시간 표시를 평가하기 위한 채점 체제는, 이야기를 적합하게 이해하기 위하여 이야기에서 시간상의 변화가 반드시 명백히 표시되는 시점들에 대한 목록으로 이뤄질 듯하다. 앞에서 살펴본 예문에서는 화자가 'having a drink'(술을 마시는) 행위 시점이 경찰의 심문 이전에 일어났음을 명백히 해 주는 것 이외에 다른 것은 할 필요가 없다. 만일 두 번째 인용 (12)가 글말 영어의 한 대목이었다면,

'… what she had done + and she *had said* that …'
(… 그녀가 <u>했었던</u> 일인데 + 그리고 …라고 그녀가 <u>말했었어</u>)

을 표준 글말 용법에서 'had'(과거 완료 조동사)를 계속 보존하지 않기 때문에, 다음처럼 고치는 것이 알맞은 것으로 간주될 듯하다.14)

---

14) [역주] have 조동사를 이용하여 'had+V-ed'의 시제를 쓰면 '무대 마련'의 기능이 있고, 이 위에서 후속사건들이 과거 시제 V-ed로 표시되는 형식이다. 영국에서 전산 처리된 말뭉치(corpus)를 분석하여 머카씨(McCarty, 1998; 김지홍 뒤침, 2010), 『입말, 그리고 담화 중심의 언어교육』(도서출판 경진) 제5장에서는 시제 표현이 담화를 전개하는 중요한 방식의 하나임을 처음 밝혀내었다. 즉, 먼저 무대를 마련하고 나서, 그 무대 위에서 사건들이 이어져 나간다는 것이다. 이때 무대 마련 기능의 시제 및 후속 사건들의 시제가 정연히 다음 도표에서 보여 주듯이 일관된 호응을 보여 주는데, 영어의 전통문법에서는 전혀 꿈도 꿔 보지 못한 시제 이용 방식인 것이다.

담화 전개를 떠맡는 시제 표현 기능

담화 전개 방식 말투의 구분 및 일련의 사건		무대를 마련하는 시제 ⇨ 후속 사건을 표현하는 시제	
비격식적 말투	과거사건의 표현	have+P.P.(현재완료의 무대 설치)	-ed(단순 과거시제)
	과거사건의 표현	used to(지속적 반복행위의 무대 설치)	would(우연한 과거사건)
	미래사건의 표현	be going/supposed to (현재에 근거한 무대)	will(단순미래 조동사)
격식적 말투	과거사건의 표현	used to(지속적 반복행위의 무대 설치)	-ed(단순 과거시제)
	미래사건의 표현	be to(예정된 미래사건의 무대 설치)	will(단순미래 조동사)

여기서 비격식적 말투는 흔히 입말에 해당되고(또는 우리말의 '-요'체), 격식적 말투는 글말에 해당한다(또는 우리말의 '-습니다'체). 예를 들어, 입말에서는 과거사건을 표현하는 두 가지 시제 용법이 쓰인다. have+P.P.를 써서 지금 이 시점에 근거한 무대를 마련하거나, used to를 써서 옛날 일정 기간 동안의 반복적 습관을 가리키는 무대를

'… what she had done + and she *said* that …'
(… 그녀가 <u>했었던</u> 일인데 + 그리고 그녀가 …라고 <u>말했어</u>)

입말 서사 이야기에서 시간 변화의 표시가 평가되고 있는 경우에
는, 오직 청자에게 크게 오해를 일으키는 인용 사례 (11)에서 보인 유
형의 오류에 대해서만 학생들이 주의하도록(=실수하지 않도록) 이끌어
줄 필요가 있다.

이런 특정한 이야기에 대한 채점 체제는 두 번째 인용 (12)에서처럼
만일 화자가 적합하게 시간 변화를 표시해 주면 1점을 주도록 할 듯하
다. 시간상의 변화는 아마 가장 일반적으로 다음 문장에서처럼

'and she told them that somebody had come in + and stabbed + the lady
she looks after'
(그리고 그녀가 그들에게 말했는데 누군가 안으로 들어왔었고 + 자신이
돌보는 그 부인을 + 칼로 찔러 살해했다고)

시제의 변화로써 표시된다. 이런 경우에 이야기의 필수 요소는 경찰
에 대한 가정부의 보고 내용인데

somebody had broken in and committed a murder
(누군가가 침입해 들어왔었고 살인을 저질렀다)

마련한다. 전자에서는 단순 과거시제를 써서 -ed로 후속 사건들이 표시되고
(have+V-ed ⇨ V-ed, V-ed, V-ed, …: 단 V는 동사를 가리킴), 후자에서는 would라는
조동사를 써서 후속 사건을 표현한다(used to V ⇨ would V, would V, would V, …).
만일 미래사건을 말하려면, 먼저 be going to로써 무대를 마련한 뒤에 이 무대 위에서
앞으로 일어날 사건을 조동사 will을 써서 표현하거나(I am going to V ⇨ will V, will
V, will V,…) 또는 be supposed to로써 무대를 마련한 뒤에 조동사 will로 미래 사건을
말하게 된다(I am used V ⇨ will V, will V, will V).

따라서 성공적으로 표시된 시간 변화에 1점이 주어진다.15) 채점 체제를 구성하려면, 이야기를 분석하고 적합하게 이야기를 서술하는 데 요구되는 필수 정보들을 목록으로 만들 필요가 있다. 이들 사건의 짝이 되는 수반 사건들 사이에도 시간상 변화가 있는 경우, 그 변화의 성공적 표현에 대해서도 1점이 배당되는 것이다.

시간 변화에 효과를 주기 위해서 시제에서 변화를 이용할 뿐만 아니라, 또한 다음 예문에서 보듯이 다른 기제들도 존재한다.

(13) + and that was at half past nine + it's now ten o'clock
    (+ 그리고 그게 9시 반이었고 + 시방 10시야)

(14) a man and lady were having a drink when the maid sees them +
    (한 남자와 부인이 그 가정부가 그들을 볼 때 술을 마시고 있었어 +)

(15) + the maid was telling them + er + another lady was telling her a story the night before +
    (+ 그 가정부가 그들에게 말하고 있었는데 + 어 + 또 다른 부인이 그녀에게 그 전날 밤에 어느 이야기를 그녀에게 말해 주고 있었어 +)

이들 예문에서는 한 사건의 시간에 대하여, 또는 또 다른 사건이 동시에 진행되고 있었다는 사실에 대하여, 명백한 지시 내용이 있다. 비록 한 유형의 시간 표시가 좀 더 명백하거나 좀 더 우아한 것으로 또는 추가 정보를 전달하는 것으로 생각될 수도 있겠지만, 시간 표시

---

15) [역주] 가정부가 경찰에 보고하는 일이 하나의 사건이고, 가정부가 겪었던 일이 다른 하나의 사건이다. 후자 사건은 먼저 무대가 마련된 뒤에(had broken) 그 무대 위에서 후속 사건이 서술되어야 한다(committed). 우리말 번역에서는 이를 각각 '았었'과 '었'으로 표시해 놓았지만, 정확히 대응되는 것은 아니다. 우리말의 '았었'에서 뒤의 '었'은 더 이상 관련 사건을 경험하거나 지각할 수 없음을 뜻하기 때문이다. '침입해 들어왔었다'라고 하면, 지금은 침입한 일을 경험할 수 없음을 함의한다. 그렇지만 '침입해 들어왔다'는 동작만이 완료되어 있기 때문에, 범인과 마주칠 가능성도 있는 것이다. '꽃이 피었었다'는 더 이상 핀 꽃을 볼 수 없음을 의미한다(사건 완료+경험 완료). 그렇지만 '꽃이 피었다'는 핀 꽃을 볼 수 있다는 함의가 깃들어 있다(사건 완료). 사건 완료에 그 사건의 지속 상태가 함의되기 때문이다.

에 대한 적합한 표현이라면 어떤 것이든 똑같은 점수가 주어진다.

서사 이야기에서 시간 표시는 단순히 사건들의 순서 짓기에 대한 정보를 주는 것에 한정되지 않는다. 제5장의 시작 부분에서 서술된 첫 번째 평가 실습에서 이용된 서사 이야기는 화자로 하여금 하나의 사건이 동시에 또 다른 사건과 함께 진행되고 있었다는 중요한 대목의 정보를 언급하도록 요구하는 사례이다. 특정한 그 이야기에서, 어느 도둑이 주차된 어느 자동차에서 사진기를 한 대 훔치고 있었고, 동시에 사진기의 주인인 거리 흥행사가 '구속복'(straightjacket)으로부터16) 빠져나오고 있었음을 화자들은 명백히 해 줄 필요가 있다. 〈부록 2〉에서는 이런 서사 이야기 과제를 평가하는 데 이용된 채점 체제가 들어 있다. 채점 체제의 3에서는 '훔치는 일' 및 '빠져나오는 일' 두 가지 행위가 동시에 일어났다는 사실을 명백히 언급하는 데 대해 화자에게 1점이 주어졌음을 보여 준다.

여러 가지 서사 이야기 과제에서, 화자는 짝이 되는 자신의 청자한테 서술해 줘야 하는 만화 이야기 그림이 3장 주어진다. 청자에 대한 지시사항은, 신중히 화자의 이야기를 귀 기울여 듣고, 완전한 이야기로부터 사건들이 일어났다고 생각되는 순서대로 3장의 그림을 배열하는 것이었다.

비록 이 과제가 시간 표시 방식을 평가하는 대안임을 드러냄에도 불구하고, 우리의 원래 의도는 이 청자의 과제를 특히 어렵거나 또는 쉽게 만드는 것이 아니었다. 만일 화자가 시간상 그 이야기의 전개 구조를 전달해 주지 못하였다면, 청자가 순서대로 그림을 배열하는 일은 짐작에 근거하거나 또는 이야기 속에서 단순한 정보가 나타나는 순서에 근거할 것 같다. 이런 평가 절차는 아마 채점표 상에서 명백한 시간 표현에 대해 직접 쐐기표 질러 넣는 일을 결코 제공해 주지 못하

---

16) [역주] 구속복은 미쳐 날뛰는 사람이거나 아주 흉포한 죄수에게 입혀서 날뛰거나 꼼짝하지 못하도록 신체 행동을 구속하는 특수한 옷이다.

겠지만, 그 자체로 유용한 교실 수업 활동으로 제안된다.

지금까지 서사 이야기 과제들을 이용하여 수행을 채점하는 다양한 방식을 살펴왔다. 우리는 정보 내용에 대한 평가를 살펴보았다. 장소 변화에 대한 표현과 시간 변화에 대한 표현이다. 마지막 고려 사항은 지시내용의 명백성에 대한 논제인데, 이야기 속의 사건들이 이야기에 있는 개별 인물 또는 대상들과 손쉽게 연합될 수 있다. 이야기의 중요한 부분들을 녹취 기록(transcribing)해 놓음으로써, 이것이 우리가 장점으로 제안하려는 서사 이야기 평가의 유일한 측면이다. 절대적으로 모든 수행들의 녹취 기록이 필요하다고 말하려는 것은 아니다. 가령, 어떤 명사와 대명사들의 애매함에 관한 판단이 단순히 테이프 녹음을 가리키기보다는, 녹취 기록에 대해 가리켜 줌으로써, 더 쉽게 이뤄진다는 것이다. 지시내용의 명백성에서 부적합함을 설명하는 일은, 학생들에게 장소 표시에서 부적합함을 설명해 주는 일보다 분명히 더 어렵다. 따라서 학급에서 논의하기 위하여, 여러 가지 사례를 녹취 기록해 두는 것은 교육적 이점이 있을 듯하다.

〈부록 2〉에서는 제5장의 시작 부분에 서술된 첫 번째 평가 연구에서 이용된 채점 체제를 보여 준다. 그것은 수행 내용들이 녹취 기록되도록 요구하지 않는 절차이다. 판정관들이 단순히 각 수행에 대하여 한두 번씩 듣고, 동시에 채점표에서 점수를 매겨 나간다. 서사 이야기에 있는 지시내용의 명백성을 평가하기 위하여 시도해 본 다양한 절차들 중에서, 시간과 노력에 비춰 이 방식이 경제적으로 가장 효과가 있었다. 이런 채점 절차의 본질이 다음처럼 지시 사항들의 일부에 포함되어 있다.

> The account of the sequence of events is a success if you are *sure* throughout about WHO was involved in each event and WHAT the events were
> (만일 청자인 여러분이 각 사건에 관여된 사람이 누구였고, 그 사건들이 무엇이었는지를 잘 알게 된다면, 사건의 연결체에 대한 화자의 설명이 성공적이라고 평가된다.)

습득될 수 있는 10가지 가능한 언급들이 이야기의 본질적 요소를 드러내어 준다. 이들 언급 가운데 6가지는 지시 내용의 명백성에 대한 것이었다. 즉, 반드시 특정한 개인들이 반드시 언급되어야 하는 여섯 가지 적합한 사례가 있었는데, 다음과 같다. 단, 동그라미 숫자는 〈부록 2〉에 있는 항목의 숫자와 같고, 개입되는 항목들은 시간 표시와 개인들의 행동에 대한 언급과 관련된다.

① 인물 A 소개('구속복'으로부터 빠져나오고 있는 길거리 흥행사)
② 인물 B 소개(자동차 속으로 몰래 들어가고 있는 도둑)
④ 누가 사진기를 훔치는지 잘 식별되도록 언급한다(즉, 인물 B).
⑥ 누가 '구속복'으로부터 빠져나오는지 잘 식별되도록 언급한다(즉, 인물 A).
⑧ 누가 사진을 찍는지 잘 식별되도록 언급한다(즉, 인물 B).
⑩ 누구를 놓고 사진이 찍혔는지 잘 식별되도록 언급한다(즉, 인물 A).

해당 이야기는 유능한 화자에 따라 여러 가지 다른 방식으로 재미 있고 풍부하게 서술될 수 있겠지만, 위에 있는 6가지 지시내용이

'*who* did *what*'
(누가 무엇을 하였는지)

를 이해하는 데 중요하며, 이것이 이 접근에서 요구하는 모든 내용이다. '잘 식별되도록'(distinctively)이라는 말은 채점표에서 여러 차례 언급된다. 그런 만큼 이것이 '애매하지 않음'의 의미를 가장 강조하는 것이며, 명백히 변별적인 태(voice)를 이용한다거나[17] 매번 인물에 대

---

17) [역주] 일단 어휘 의미자질의 차이를 제외하고서, 영어에서 우리말 표현법과 크게 다른 것을 대표적으로 하나를 든다면, 영어에서는 피동 구문 또는 수동태 구문을 너무 자주 쓴다는 점이다. 가령, 우연히 내가 야구공에 머리를 맞았다면, 우리말에서는 '내가 공에

하여 온전히 서술해 주는 일과 대조된다. 즉, 유일한 기준은 반드시 청자가 이해해야 한다는 점이다.

동일한 내용이 화자가 인물들에게 부여해 주는 서술 내용에도 적용된다. 이런 채점 체제가 요구하는 모든 것은, 청자로 하여금 적합하게 그 이야기 속 여러 인물 사이를 구별할 수 있도록 개별 인물들의 서술을 말해 주어야 한다는 점이다. 그 이야기의 녹화 영상 속에는 충분한 정보가 들어 있었는데, 개별 인물 중 한 사람에 대하여 쉽게 'Max the Great Escaper'(위대한 탈출자 맥스)라고[18] 가리킬 수 있도록 녹화 영상의 제목이 녹화테이프 보관 상자 위에 나타나 있었다. 그럼에도 불구하고, 이 주인공을 소개하도록 요구받은 경우에, 학생들이 다음처럼 어떤 표현을 쓰든지 간에

'Max the Great Escaper'

머리를 맞았어'라고 말한다. 영어의 표현으로는 "the ball hit me on my head"(??공이 나를 머릴 때렸어)처럼 대상(theme)을 주어 자리에 놓기 일쑤이다(물론 굳이 공을 표현하지 않으려면 피해 수동태 "I got hit on my head"처럼 말할 수도 있음). 우리말 화자들에게는 무생물이 주어 자리에 나오므로 마치 '의인화된'(personification) 듯이 느껴질 수 있다. 특히 영어로 학술 논문을 작성할 때에는 기본적으로 무정물(inanimate, 의지가 없는 무생물) 주어 구문을 써야 한다. 언어학에서는 이런 현상을 경험주(experiencer) 의미역이 문장의 어느 자리를 점유하는지로써 다뤄왔다. 경험주 의미역을 주어 자리로 표현하는 언어가 있고, '~에게, ~한테'를 붙여 여격(dative) 자리로 표현하는 언어가 있으며, 이를 수의적인 부가어로 표현하거나 억눌러 버리는 언어(영어에서 오직 by에 의해서만 표현)도 있다. 이를 일직선으로 이어진 축으로 가정할 때에, 우리말과 영어는 각각의 끝점을 차지하고 있다. 자세한 논의는 붜머·모해넌 엮음(Verma and Mohanan, 1990), 『남아시아 언어들에서 관찰되는 경험주 주어(Experiencer Subjects in South Asian Languages)』(Stanford University, CSLI)와 레븐·뢰퍼포어호밥(B. Levin and M. Rappaport-Hovav, 1995), 『비-대격 동사 속성(Unaccusativity)』(MIT Press)를 읽어 보기 바란다. 그런데 영어에서 능동태 구문을 쓰지 않고 수동태로 쓰는 일은 마치 한 사건이 자연계의 현상처럼 결정되어 일어나는 인상을 심어 줄 수 있다. 능동태 구문은 사람이 주어 자리를 차지하기 때문에 주어의 의지 또는 의도에 의해서 한 사건이 발생함을 보여 준다. 그렇지만 수동태 구문은 그런 의지 또는 의도가 by 구문으로 나오거나 숫제 생략되어 버리기 때문에, 하나의 사건을 자연계의 현상처럼 서술해 놓는 효력을 지닌다. 이런 측면의 논의는 페어클럽(2003; 김지홍 2013 뒤침), 『담화 분석 방법』(도서출판 경진)의 제8장 6절~7절에서 자세히 읽을 수 있다.

18) [역주] 우리말은 핵어가 뒤에 나오므로, "성웅 이순신", "천사 나이팅게일"과 같이 꾸밈말(속성을 나타냄)이 먼저 나오고 핵어가 뒤에 자리 잡는다.

(위대한 탈출자 맥스)

'the man who was getting tied up'
(밧줄로 단단히 묶이고 있는 남자)

'this escape + escapologist'
(이 탈출 + 탈출 마술사)

'this + man eh + he was good at escaping chains and all that'
(이 + 남자 에 + 그가 사슬을 벗어나는 기술이 좋지 그게 전부야)

등에 대해서도 똑같이 다만 1점을 받았다. 비슷하게, 맥스(Max)가 아닌 또 다른 인물이 다음의 맥락에서 'this eh man'(이 어 남자는)로 만족스럽게 도입될 수 있었다.

(16) the film takes place when *Marvo* the magician eh + escaper was trying to escape from these ropes he was tied up + and everybody's watching him while *this* eh *man* was going round the cars trying the doors
(영화에서는 마술사 마르보 에 + 탈출 마술사가 자신을 단단히 묶고 있는 밧줄들을 빠져나오려고 애쓰고 있고 + 모두가 그를 바라보고 있는 동안에 이 어 남자는 주차된 자동차들 주위로 가서 자동차 문을 열려고 해)

엄격히 말하면 마술사의 올바른 이름이 'Max'(맥스)이므로, 이외의 다른 이름

'Marvo the magician eh + escaper'
(마술사 마르보 에 + 탈출 마술사)

는 부정확한 것이다. 그렇지만 우리가 평가하고 있는 기술의 관점에서 보면, 그 서술이 충분히 만족스럽다(=정확하지는 않더라도 식별되는 인물로 소개되었기 때문임). 첫 번째 주인공(채점표에서는 인물 A임)의 언급에 대해서 1점이 주어진다.[19] 다음, 주인공 B의 언급에 대해 평점을 받는다. 비록 'this eh man'(이 어 남자)이[20] 아주 작은 서술이지만, 이 맥락에서 두 번째 인물을 언급하는 데 온전히 알맞게 기여한다. 청자들은 '맥스'(Max)가 아닌 다른 어떤 사람이 가리켜지고 있음을 아는 것이다. 다른 화자는 두 번째 인물을 'this thief'(이 도둑)로 언급하였다. 이것이 앞의 서술보다 더 올바른 서술이지만, 그럼에도 똑같이 다만 1점을 받는다.

이 특정한 이야기를 놓고서 학생들은 흔히 두 번째 인물을 언급하면서 아주 간략한 표현만으로 만족하였다. 앞으로 살펴보게 되듯이, 이는 이야기의 마지막 부분 쪽에서 문제를 일으킬 가능성이 있다. 화자들은 이야기 속의 도둑이 맥스의 자동차에 몰래 들어가서 사진기를 훔친 뒤 그 사진기로 탈출 행위를 마감하고 있는 맥스를 찍는 데 이용함을 설명해 줄 필요가 있다. 자신의 서술을 'the thief'(그 도둑)로 가다듬어 놓은 다음 학생은 이를 제대로 잘 처리해 낸다.

(17) then he went to the second car and the door was locked + so then
he went to another door that must have been that guy's door + the
car + and 'cause it had Max the Great Escaper on and he took his

---

19) [역주] 이런 점들을 구별하여 점수를 차이가 나게 만들어 줄 수도 있다. 각 점수를 1점으로 고정시키는 것이 아니라, 3점으로 구성하여 그 3점을 '상·중·하'로 다시 나누는 방식이 도입될 수 있는 것이다. 식별되는 지시 표현을 말하더라도, 분명히 기대되는 적합한 표현이면 3점이 배당되고, 그렇지 않고 여기서처럼 Max라는 이름을 Mavo라고 잘못 말하였을 경우에 감점 처리를 하여 1점을 배당하는 것이다. 아주 옳은 것도 아니고, 아주 틀린 것도 아닐 경우에 2점이 배당될 수 있다.

20) [역주] 바로 앞에서 모두가 마술사를 바라보고 있다고 하였으므로, 이런 맥락에서 this(이)가 다른 사람을 가리킬 수 있는 것이다. 화자가 자신이 갖고 있는 그림을 보면서 말하므로 'this man'(이 남자)라고 말한 듯하다.

camera + and when the guy got out + the guy *the thief* took a photo of him

(그런 다음에 그가 두 번째 차로 갔는데 문이 잠겨 있었어 + 그래서 그 뒤 또 다른 차 문으로 갔는데 분명히 그 사람 차였어 + 그 차 + 그리고 왜냐면 '위대한 탈출자 맥스'라는 문구가 차에 붙어 있었기 때문이지 그리고 그가 그 사람의 사진기를 훔쳤고 + 그리고 그 녀석이 차 밖으로 나오고서 + 그 녀석이 그 도둑이 그 사람 사진을 한 장 찍었어)

　화자는 오직 맥스(Max)를 가리키기 위하여 'guy'(사람, 녀석, 놈)이란 낱말을 죽 써 나갔다.21) 그렇지만 바로 이야기의 마지막 대목에서 한 사람이 다른 사람의 사진을 찍었다고 말하려고 하면서, 두 사람의 남성 인물을 가리키기 위하여

'the guy took a photo of him'22)

---

21) [역주] 탈출 마술가 맥스도 the guy(그 사람, 그 녀석, 그 친구)로 부르고 있지만, 다시 도둑도 the guy(그 녀석)으로 표현하고 있다. 인용 (17)에서 두 곳에 밑줄 그어 놓았는 데, 도둑을 가리킨다. 이런 혼용 때문에 마지막 문장에서는 혼란을 없애기 위하여 this guy(이 녀석)을 the thief(그 도둑)으로 바꿔 말해 주고 있다.

22) [역주] 참스키(Chomsky) 교수의 '결속 이론'(binding theory)에 대한 논의 덕택에 대명사 가 무엇을 대신하는지를 선명하게 찾을 수 있다. '-self'가 붙는 '재귀 대명사'(himself, themselves 따위)는 모두 자신이 실현된 영역 안에서 자신의 짝을 찾아 결속되어야 한 다. 그 영역은 문장 또는 명사구이다. "she loves herself"에서 목적어로 나온 재귀 대명사 의 실현 영역은 전체 문장이 되며, 이 영역 안에서 짝을 찾아야 한다. 후보는 주어 she이 다. 따라서 그 여자가 자기 자신을 사랑한다는 뜻이 된다.
그렇지만 대명사는 재귀 대명사와 상보적(배타적)인 분포를 보이며, 서로 반대의 영역 에서 짝을 찾는다. 가령, her는 자신의 실현 영역 밖에서 짝을 찾아 결속되어야 한다. 이때 선행 문장에서 짝을 찾는 경우도 있고, 그렇지 않은 경우도 있다(머릿속에 기억해 있는 담화세계 지식에서 찾아야 하며, 참스키 1981에서는 'obviative pronominal'[선행 문에서 짝을 찾을 필요가 없는 대명사]로 불렸음). "She loves her"에서 목적어로 나온 대명사 her의 실현 문장이다. 만일 her가 짝을 문장 밖에 있는 제3의 여성과 결속되는 경우에는 올바른 해석이 나온다. 서로 다른 여성으로서 '영이'가 '순이'를 사랑한다는 해석 따위이다. 만일 자신의 실현 영역이 명사구일 경우에는, 주어 자리에 나오는지 아니면 목적어 자리에 나오는지에 따라 조금 복잡해지지만, 일단 본문에 있는 "the guy took a picture of him"에서는 목적어 명사구 속에 들어 있으므로, him은 자신의 짝으로

(그 녀석이 그를 사진을 한 장 찍었어)

라고 말했지만, 곧 이 표현이 애매함을 깨달았다. 그래서 'the guy'(그 사람이)를 'the thief'(그 도둑이)로 바꿔 말해 준다. 대상을 지시하기에서 명백히 또 다른 이야기는 다음 방식으로 끝난다.

> (18) + the man takes a photograph of + the great escaper with his camera
> (+ 그 남자가 사진을 + 그의 사진기로 위대한 탈출 마술사를 한 장 찍거든)

이 경우에 누가 누구의 사진을 찍고 있는지 분명하다. 그렇지만 다음의 인용에서는 그런 내용이 분명치 않고 훨씬 더 애매하다.

> (19) and he was trying to keep in time with the + the man who was getting tied up ++ trying to get finished at the same time as the other man was + broke into two cars ++ and he got a camera + and he took a photo with the man at the end with the camera
> (그리고 그가 시간에 맞추려고 하였는데 그 + 밧줄에 단단히 묶여 있던 남자가 ++ 끝내려고 노력하는데 동시에 또 다른 남자가 + 두 대의 차에 몰래 숨어들어 가서 + 그리고 그가 사진기 하나를 훔쳤고 + 그리고 마지막으로 그 사진기로 그가 그 남자 사진을 한 장 찍었어)

이 인용에 바로 앞서서, 이 화자는 이미 두 사람의 다른 인물을 언급해 놓았었다. 이런 종류의 서술은 화자가 'he'(그)와 'the man'(그 남자)을 말하는 경우에, 누가 언급되고 있는 것인지 추론하려면 청자에게 분명히 많은 '일을 하도록' 요구한다. 이런 종류의 서술에서 무엇이

이 문장 밖에 있는 제3자 남성과 결속된다고 말할 수 있다.

진행되고 있는지 추적해 나가는 일은, 앞서 인용된 명백한 서술들보다 더욱 어렵다. 여기서 관계절을 이용하여

'the man who was getting tied up'
(밧줄로 단단히 묶여 있던 남자)

이라고 말하는 경우에 내용이 명백하고, 화자가 이 사건들이 동시에 일어나고 있었다는 정보를 성공적으로 표현한다. 그럼에도 불구하고 그 시점으로부터 계속 가장 최소한도의 서술들만이 이용되므로, 이어지는 이야기에서 누가 무엇을 하고 있었는지를 이해하기가 아주 어렵다. 마지막 두 개의 문장은 애매하다. 도둑이 탈출 마술사의 사진을 찍은 이야기를 서술하고 있거나, 또는 똑같이 마찬가지로 탈출 마술사가 도둑의 사진을 찍은 이야기를 서술하고 있다. 애매한 지시표현 'he'(그)와 'he'(그)와 'the man'(그 남자)을 담고 있다는 점에서 그러하다. 이 수행이 정확히 도막이 어떻게 나뉘는지에 따라,23)

---

23) [역주] 만일 도둑이 남의 차 안으로 물건을 훔치려고 들어간 맥락이 그대로 보존되어 다음 문장의 해석에까지 이른다면, 계속 도둑이 '주어 자리'를 점유하고 있으므로, 여기서도 he가 도둑을 가리키는 것으로 해석될 것이다(담화 초점으로서 '중심소'가 지속되는 해석임). 그렇지만 마지막 문장의 해석에서는, 만일 절도 사건이 이 담화의 초점이라면, 절도 행위를 몰래 사진 찍는 것으로 파악할 소지가 있다. 즉, 마술사가 도둑을 사진 찍고 있다고도 해석 가능하다(담화 초점으로서 '중심소'가 급격히 전환되는 해석임). 따라서 중의적인 해석이 가능하며, 이 학생은 인물들을 서로 잘 식별할 수 있도록 이야기를 전해 주지 못하였다고 판정을 받게 된다.
   언어심리학, 담화 처리, 전산언어학 쪽에서는 이런 대명사의 지시내용에 대한 연구들이 많이 축적되어 왔다. 19편의 글이 담긴 워커·조쉬·프륀스 엮음(Walker, Joshi, and Prince, 1998), 『담화에서 중심소 전개 이론(Centering Theory in Discourse)』(Clarendon Press)에서는 담화 초점(이곳의 본문에서는 주어 대명사 'he'로 나옴)으로서 중심소(centering)가

   ① 지속되는 경우-(continue)
   ② 매끄럽게 전환되는 경우-(smooth-shift)
   ③ 보류되는 경우(retain: 19쪽 각주 13)에서 자연스런 담화에서는 드물다고 언급함)
   ④ 급격히 전환되는 경우-(rough-shift)

   가 있음을 밝히고 나서, 담화 전개의 선호도를 "①>②>③>④"로 가정하였는데, 이런 가정을 여러 언어의 담화 전개 자료를 통하여 실증해 나가고 있다. 이 경우에 중심소와 담화 초점이 과연 별개의 것인지에 대하여 심도 있는 추가 논의가 이어져야 할 것이다.

'and he got a camera'

(그리고 그가 사진기를 한 대 훔쳤다/가졌다)

는 아주 분명히 도둑이 주차된 자동차들 중 한 대에서 사진기를 하나 훔쳤음을 의미하는 것으로 느낄 가능성도 있다. 그렇지만 마지막 문장으로부터 사진 찍히고 있던 사람이 바로 탈출 마술사였다는 점이 확실히 아주 불분명해져 버림에 주목하기 바란다.

이런 특정한 서사 이야기 과제가 지시 표현을 검사하기 위해 우리가 이용했던 가장 간단한 것들 중 하나이다. 오직 잠재적으로 혼란을 빚을 수 있는 두 사람의 인물을 포함했던 것이다. 그럼에도 불구하고, 가장 단순한 서사 이야기의 채점에서 채택된 원리는 더 복잡한 유형의 서사 이야기에도 응용된다.

권태로움 및 불륜에 관련된 서사 이야기는 그 일부가 〈부록 1〉에서 〈그림 3a, b, c〉로 제시되어 있는데, 모두 'she'(그녀) 또는 'the woman'(그 부인)으로 가리켜질 수 있다. 그런 만큼 청자에게 잠재적으로 혼란스러울 수 있을 두 사람의 인물이 있다는 점에서 앞의 이야기와 비슷하다. 그렇지만 이 이야기는 모두 더 많은 인물이 들어 있고, 이야기의 진행 경로에서 여성 인물이 사라졌다가 다시 나타나며, 인물들 사이에 있는 관계가 변한다는 점에서 지시 내용상 좀 더 복잡하다.

비록 이런 측면에서 서사 이야기가 서로 차이가 나지만, 똑같은 평가 원리가 두 번째 서사 이야기에 확장 적용될 수 있다. 첫째, 지시 내용의 명확성을 평가하는 채점표에서는 화자의 이야기 내용에서 오직 어느 인물의 소개 또는 재등장 언급을 포함하는 그런 부분들에만 관심을 둔다는 점이 강조되어야 한다. 이런 점들이 청자가 그 이야기에서 무엇이 일어나고 있는지에 대해 절대적으로 분명히 알아야 할

우리말로는 서종훈(2014), 『국어교육과 단락』(도서출판 경진)에서 읽을 수 있는데, 현장 연구를 통하여 생각의 전개가 의미 단락의 연쇄로 이어져 나감을 국어교육학계에서 실증적으로 처음 논의한 연구이다.

관련 인물 언급에 대한 채점표 (항목당 1점)

관련 인물	수행 사례
① 남성 인물 A 를 소개함	sitting down talking(이야기하면서 앉아 있는); sitting smoking a cigarette(담배를 피우면서 앉아 있는); sitting in a room(어느 방에 앉아 있는)
② 여성 인물 B 를 소개함	sitting in the + in the living room(거 + 거실에 앉아 있는); sitting in a chair(어느 의자에 앉아 있는)
③ 두 번째 여성 C를 소개함	he just happened to meet this really nice young lady(그가 우연히 이 진짜 멋진 젊은 여인을 만났다); and meets a girl(그리고 어느 여자를 만난다)
④ B의 재등장	she starts crying(그녀가 울기 시작한다); was at the door listening in(문밖에서 엿듣고 있었다); just happened to be at the door listening(막 우연히 문밖에서 엿듣고 있었다)
⑤ C의 재등장	and he meets his eh + new girlfriend(그리고 그가 어 + 새 여자를 만난다); moving into a house with the girl(그 여자와 함께 어느 집으로 이사한다)
⑥ B의 재등장	he meets his wife and she is dancing too(그가 자기 아내를 만나고 그녀가 또한 춤추고 있다); she saw his old wife sitting there having a great time with all the men(그녀가 그의 옛 아내가 모든 남자들과 재미있는 시간을 보내면서 거기 앉아 있는 것을 보았다)

초점들이다. 그렇지 않다면 이야기에 대한 청자의 이해가 근본적으로 잘못될 개연성이 있다. 인물들의 행동에 대한 세부사항 대부분이 또한 서사 이야기에서 이미 논의해 온 정보 내용을 평가하는 채점표에 포함될 것이다. 다음에 주어져 있듯이, 인물들이 소개되거나 또는 재등장하여 다시 언급되는 이들 행동이 핵심 요소가 되는 한, 현재 이런 지시내용에 대한 명백성은 인물들의 행동에만 관심을 둔다.

지시내용의 명백성에 비춰서 적합한 것으로 판정된 수행은 모두 6점을 받을 듯하다. 녹음된 수행을 두 번 이하로 귀 기울여 들은 다음에, 분명히 어떤 점수에 이르는 일이 가능해져야 한다. 이런 평가가 서술 내용 그 자체의 정확성이나 적합성과는 아무 관련이 없음에 유의하기 바란다.[24) 이 이야기를 다시 말해 준 학생들은 주인공 A를 'Mr Jones(조은즈 씨); the man(그 남자); the guy(그 사람, 그 녀석)'

등 여러 가지 방식으로 가리켰다. 채점표에 있는 항목 ①에 따라, 이들 서술에 모두 1점이 주어진다. 똑같이 다음처럼 말한 학생도 인물 A와 B를

'There's this couple sitting in the + in the living room …'
(거기 이들 부부가 그 + 거실에 앉아 있는데 …)

충분히 명백하게 언급하였다. 표준 영어 용법에서 'a couple'(부부)는 한 지아비와 한 지어머니를 속뜻으로 지니기 때문이며, 2점이 주어진 다. 어느 화자가 주인공 C를 성공적으로 언급하기 위해서는, 청자에 게 어느 새로운 인물이 소개되고 있음을 분명하게 만들어 주는 서술 을 이용해야 한다. 한 명의 화자는 이 시점에서 불분명하게 다음처럼 오직 3인칭 대명사만을 이용하였다.

'they started dancing + after that they started talking ++ after that they went home'
(그들이 춤추기 시작했어 + 그 뒤 그들이 이야기하기 시작했어 ++ 그 뒤 그들이 집으로 갔어)

이런 언급으로부터 이야기 속으로 어느 새로운 인물이 도입되었음

---

24) [역주] 낮은 단계에서는 서로 식별되도록 말해 주기만 하면 모두 점수를 받는다. 그렇 지만 만일 더 고급 단계의 말하기 평가에서 정확성이나 적합성을 점수로 만들고자 한 다면, 짝수로 된 몇 단계(대략 4단계)를 상정하여, 그 단계만큼 곱하여 전체 점수를 높여 주면 가능하다. 각 단계를 어떻게 설정하는지는 선험적으로 결정되는 것이 아니 다. 학생들의 수행 표본들을 검토한 뒤에 이뤄지는 것이 바람직하다고 본다. 가령, '부 부, 어느 남편, 어느 남자, 어떤 사람'과 같은 표현이 있다면, 위 이야기에 알맞은 것은 앞의 두 낱말이며, 뒤의 것은 그 이야기에만 특별히 적용되지 않는다. 따라서 4단계의 하위 점수를 구성할 수 있다. 만일 위의 채점 내용 체계의 6항목에 각 4단계의 정확성 여부를 도입하면, 총점이 24점으로 되고, 3단계를 도입하면 총점이 18점으로 된다. 그 렇지만 이런 표현의 정확성이나 적합성을 점검하려면, 아무리 급하더라도 녹음된 학생 들의 수행을 적어도 서너 번씩 귀 기울여 들어야 할 것이다. 이는 더 많은 시간과 노력 의 투입을 전제로 한다.

이 분명치 않다. 이 이야기로부터 청자는 오직 그 남자가 자신의 아내와 함께 춤추거나, 또는 술집 주인과 함께 춤추고 있다고 추론할 수밖에 없다. 따라서 이 화자는 채점표에 있는 항목 ③에 대하여 분명히 점수를 받지 못한다.

채점표의 항목 ④는 인물 B의 재등장에 대한 언급에 관심을 둔다. 이 인물과 관련하여 이야기의 이 시점에서 화자가 얼마나 많은 사건을 서술했는지에 따라 차이가 난다. 우리의 목적을 위하여, 서사 이야기가 적합하게 되기 위해 필요한 모든 것은, 인물 B가 이야기의 이 단계에서 성공적으로 다시 언급되는 것이다. 인물 B가 'is at the door listening in'(문밖에서 엿듣고 있었다)고 말하는지, 아니면 단순히 인물 B가 'starts crying'(울기 시작하였다)고 말하는지는 중요하지 않다. 가리켜지고 있는 여성 인물이 여전히 이야기의 앞부분에 나왔던 여성 인물 C가 아님을 명백히 해 주면 1점이 주어진다. 여성 인물 C의 재언급도 비슷한 방식으로 점수가 주어진다.

이런 채점 체제나 비슷한 채점표의 목적은 아주 엄격히 정의된 과제의 측면들과 관련해서 학생의 수행에 대하여 간단한 계량적(quantitative) 평가를[25] 교사에게 제공해 주어야 한다는 것이다. 과제가 특정한 의사소통 기술들의 이용을 하나하나 명백히 따로 떼어 놓도록 잘 마련되어 있는 한, 이런 측정은 교사로 하여금 학생이 특정 기술을 활용하는 데 어려움들을 겪고 있음을 추론할 수 있게 해 준다. 어느 개별 학생에 대한 향상법을 판단하기 위하여 교사는 이 진단을 이용할 수 있다. 아마 학생은 이미 더 고급 수준이나 고급 유형의 과제에 대해 준비가 되어 있을 수도 있다. 아마 현재의 과제 수준에서 더 많은 시간을 쏟을 필요가 있을 수도 있고, 또는 아마 포함된 기술들에 대하여 더 많이

---

25) [역주] 각 항목마다 1점이 배당되어 있으므로 계산하여 그 총합을 구할 수 있기 때문에 '계량적' 또는 '양적' 평가라고 말한다. 그럼에도 잊지 말아야 할 점은, 이 계량적 또는 양적 평가 밑바닥에는 질적인 차이나 등급 상의 차이가 들어 있다는 점이다. 다시 말하여 등급화된 질적 차이를 잠정적으로 숫자로 표시해 놓고 비교를 할 수 있게 만들어 놓은 것이다. 순수히 계량적 평가와는 다르다.

배우기 위해 이전 수준의 난이도로 간략히 되돌아감으로써 혜택을 입을 수도 있다. 이런 평가의 진단적 이용은 '형성 평가'(formative evaluation)와 일치한다. 이는 학생들에게 학년말 수료증을 주는 일이나 추가 고급 과정을 위해 학생을 선발하는 일에 포함된 '총괄 평가'(summative evaluation)와 대립된다.

이런 종류의 평가에 대한 일반적 의미가 '절대 기준에 근거한 평가'(criterion-referenced assessment)로[26] 불려온 것에 응용됨에 주목하기 바란다. 이는 학생의 능력을 동급생들과 비교하여 판단하는 데 관심이 있는 것이 아니라, 오히려 구체적으로 그런 특정 기술과 능력을 검사하도록 마련된 과제들 상의 수행에 근거하여 [절대적·객관적 기준으로] 학생의 기술과 능력에 대하여 말해 주고자 하는 평가이다. 절대 기준에 근거한 평가의 논의를 보려면 브라운(S. Brown, 1980)을 참고하기 바란다.

이런 과제를 받은 학생들의 특정한 모집단에 대하여, 채점 방식들을 논의하고 있는 서사 이야기 과제로 되돌아가 보기로 한다. 임의의 적합한 수행은 일반적으로 항목 ①과 ⑤의 경우에, 충분히 명백한 지시내용을 표현하는 일로 이뤄진다. 아마 또한 이야기의 바로 마지막 부분에서 인물 B의 재언급인 항목 ⑥에 대해서도 1점이 주어진다. 항목 ①과 ⑤에 비교하여, 우리가 검사하였던 학생들에게는 항목 ⑥이

---

26) [역주] 쉽게 우리말로 '절대 평가'이다. 상대 평가는 norm-referenced assessment(정규분포에 근거한 평가)로 표현한다. 교육학에서는 번역을 잘못하여 절대 평가와 상대 평가를 각각 '준거 참조' 평가와 '규준 참조' 평가로 쓰고 있다. 두 용어가 모두 '물 높이 잴 준'(準)을 갖고 있다는 점에서 두 용어를 구분할 수 없는 실패작이다. '참조'(비춰 본다)란 말도 어색하며, 근거한(바탕을 둔)으로 바뀌는 것이 부드럽다. norm은 통계학에서 이등변 삼각형 모습의 '서양 종'을 가리키는 '정규 분포'이다. 정규 분포란 어떤 대상에서이든지 모집단에서 많은 구성원들이 중앙으로 집중하여 분포하는 현상을 가리키며, 이런 분포를 다루는 통계를 모수 통계라고 부른다. 모수 통계는 모든 대상들을 다 다뤄야 하겠지만, 너무 많을 경우에 고쎗(Gosset, 1876~1937)의 제안에 따라 무작위 표본(randon sampling)을 추출하여 30개 전후로 이뤄진 소표본(t, 작은 표본)을 만든 다음에, 소표본 검사(t-test)를 시행하는 경우가 많다. 그렇지만 가령 어느 학급을 우열 반으로 나눈다면, 결코 이런 정규 분포는 얻어질 수 없고 오직 치우친 분포만이 나온다. 후자까지 다룰 수 있는 통계는 비-모수(non-parametric) 통계로 불린다.

더 어렵다는 사실이 입증되었다. 비교적 소수의 학생들만 이야기의 이 시점에서 인물 B를 성공적으로 다시 언급했던 것이다. 이는 우리들로 하여금 두 가지 간략한 일반 논점을 제안하게 해 준다. 하나는 평가에 대한 것이고, 다른 하나는 시험문제 구성에 대한 것이다.

첫째, 학생의 수행 능력이 서사 이야기 과제의 끝 쪽으로 갈수록 점차 떨어진다. 만일 이야기에 대한 마지막 한 장 또는 두 장의 그림에 있는 어떤 정보를 다음 (20)처럼 화자가 제대로 전달해 주지 못한다고 가정해 보자.

(20) and she looks depressed + and she gets up to the window + the man
   + looks up + she goes out + with the man + goes to the same club
   again and starts dancing
   (그리고 그녀가 우울한 듯이 보여 + 그리고 그녀가 일어서서 창가로
   가거든 + 그 남자가 + 쳐다봐 + 그녀가 밖으로 나가 + 그 남자와
   함께 + 다시 그 똑같은 클럽으로 가서 춤추기 시작해)

인물 B를 다시 언급하지 않았으므로, 분명히 항목 ⑥에 대한 점수를 받지 못한다. 이런 경우, 하나의 채점표에 따라서 이 학생은 지시 내용의 명백성에서 결함이 있다. 또한 두 번째 채점 체제에 따라 세부사항의 서술에 결함이 있다고 판정하려고 이 수행을 거듭 이용하는 것은 부적합한 듯하다. 달리 말하여, 학생이 결함 있는 수행이나 수행 부분에 대하여 한 번 이상 불리하게 벌점을 거듭 받아서는 안 되는 것이다.

둘째, 시험문제 구성에 대한 두 번째 논점은, 도형 그리기 과제와 관련하여 더 앞에서 이뤄진 논점을 그대로 반복한다. 과제의 수행들을 판정하는 경우, 많은 것들이 당연한 것으로 간주되어, 정보 전달내용 속에 들어가지 않았음이 주목되어야 한다. 언제나 기본값으로서 선들은 일반 연필 굵기로 되어 있음 따위가 가정되었다. 그런 것을 평가에 포함하는 것은 전혀 이점이 없다. 비슷하게, 과제의 너무 어려

운 어떤 측면들은 검사되고 있는 전체 모집단의 정상적인 능력 범위를 벗어나 있는 것으로 입증될 수 있다. 그런 경우, 똑같이 과제의 그런 측면과 관련된 모든 수행을 채점하는 것은 무의미하다. 우리가 현재 살펴보고 있는 서사 이야기 과제의 경우, 어느 학생이든 항목 ⑥에 대해서 모두 1점을 받는 것이 불가능하다고 입증될 수도 있다. 그럴 경우에, 채점 절차나 제시 자료들이 고쳐질 필요가 있을 듯하다. 그렇지만 실제로 아주 유능한 수행에서는 이야기의 끄트머리에서 적합하게 인물 B를 다시 언급하는 데 성공하였다. 따라서 항목 ⑥이 나머지 모집단에 대하여 세워 놓을 합당한 목표였음을 가리키고 있다.

이런 방식으로 학습자들의 반응에 따라 서사 이야기들을 채점하였으므로, 이는 우리로 하여금 그 남자의 아내에 대한 마지막 재등장을 빠뜨려 언급하지 못하고, 따라서 더 능숙한 화자와 독자에게는 원래 만화의 역설(irony)이 될 법한 내용(이 이야기의 핵심 내용임)을 전달해 주지 못한 수행을 놓고서도,[27] 지시 표현의 명백성에 대해서 그리고 다른 것들을 대해서 거의 만점을 주도록 허용해 주었음에 주목하기 바란다.

서사 이야기 수행의 작은 일부에서는 일부 화자가 이야기에 있는 사건들에 대하여 다음 사례와 같이 주어진 그림에 없던 이례적 구성을 제멋대로 배치해 놓고 있음을 보여 주었다.

(21) they were sitting on the sofa and they must have been arguing because
then the girl went to the window and started blowing kisses to a man

---

27) [역주] 원래 조사 연구자들은 한 남편이 바람을 피우다가, 우연히 아내도 자신에게 보복하려는 듯이 그렇게 바람을 피우는 사건을 보고서 문득 잘못을 깨닫고, 서로 다시 합쳐지는 극적인 '반전'을 이야기 속에 담아 놓을 수 있을 것으로 판단했던 듯하다. 그렇지만 이런 반전은 중학생들이 깨닫기에는 너무 수준이 높음이 수행 결과들을 분석하면서 드러났다. 따라서 반전에 대한 언급은 급기야 채점표의 항목에서 제외되었고, 오직 마지막 그림에서 자신의 아내에 대한 언급을 분명히 하는지 여부만을 채점 항목으로 올려 두었던 듯하다.

outside + she walked out and the other man behind her unhappy then
he went to a dance with his wife before that and the girl went away
with another man

(그들이 그 소파에 앉아 있었어 그리고 분명히 말다툼하고 있었어
왜냐면 그 때 그 여자가 창가로 가서 밖에 있는 어느 남자에게 손으
로 입맞춤 신호를 보내기 시작했기 때문이거든 + 그녀가 밖으로 걸
어 나갔어 그리고 그 다른 남자가 그녀 뒤에 불행한 그 때 그가 그
이전에 그의 아내와 춤추러 갔어 그리고 그 여자가 또 다른 남자와
떠나갔어)

특정한 수행의 끝대목이 어떻게 평가되어야 하는지 분명하지 않으므
로 잠정적으로 이런 수행은 우려스럽다(=그림에서 주어진 정보만을 이
용해야 하며, 제멋대로 이야기를 꾸며 내어서는 안 됨). 이 학생은 이야기의
이 부분을 잘못 오해하였든지, 그렇지 않다면 학생 자신에게 이해되
지 않는 사건들이 주어졌을 것으로 보인다. 여기서 중요한 일반적 관
찰의 한 가지는, 그런 과제에 이용된 이야기 자료가 학습자의 합리적
난이도 수준에 맞춰져야 한다는 점이다. 이런 특정한 이야기는 오직
소수의 학생에게만 이런 종류의 이해 난점으로 이끌어 갔다. 이 점에
대해서는 더 뒤에서 새로운 평가 자료들을 계발하는 일에 무엇이 포
함되는지를 살펴보는 경우에 좀 더 언급될 것이다. 당분간은 언제나
간단히 평가될 수 없는 엉뚱하고 특이한 수행들이 있을 것임을 유의
하는 것이 중요하다.

어떤 수행에 이런 종류의 이해 난점이 깔려 있는 듯한 경우에, 특정
한 그 수행은 전체적으로 평가에 대한 근거로 이용될 수 없다. 우리가
평가하고자 하는 것은 바로 정보를 전달하는 능력이지, 만화 이야기
를 제멋대로 상상하여 말하는 기술은 아닌 것이다. 위에 인용한 화자
의 경우에, 그 시점까지의 이야기는 혼동되지 않았고, 간단한 방식으
로 채점이 이뤄질 수 있었다. 따라서 다만 처음 부분을 평가함으로써,

특정한 이 수행으로부터 어떤 평가를 산출해 줄 수 있을 듯하다.

서사 이야기 과제에서 일찍부터 이해의 난점들이 지속적으로 나타나고, 이야기 내용의 정합적 연결(coherence)에 점점 지장을 더 많이 일으킬 경우에, 교사는 반드시 특정한 그 수행에 근거하여 평가가 이뤄질 수 없음(=학습자의 현재 수준보다 훨씬 더 넘어서 있는 과제이므로 평가가 보류되어야 한다는 뜻: 뒤친이)을 받아들일 준비가 되어 있어야 한다. 두 번째 시도로서 그 이야기를 말해 주도록 하기 위하여, 미리 그런 학생과 토론하여 이야기 내용을 충분히 명백하게 만들어 줄 가능성도 있다. 또는 특정한 부류의 학생들에게 이야기 전개가 더 잘 파악될 수 있도록 자료들이 그 자체로 바뀔 수도 있다. 진단 목적을 위한 평가에서는, 그런 수행이 특정한 학생의 향상을 평가하고 싶어 하는 교사에게, 오직 잠시 동안의 불편함이다. 그러나 총괄 평가를 실시하는 경우에 그런 수행 내용은 더욱 큰 문제가 된다.

이런 과제 연습의 핵심이 지시 표현(reference)의 기술을 평가하고 향상시키는 것임이 반드시 강조되어야 한다. 이야기에 대한 학생의 이해(이해 여부)가 그것 자체로 목적이 되는 것은 아니다. 단순히 이야기에서 등장인물들이 처음 소개되는 그런 시점과 한 인물이 다시 재등장하여 언급되는 그런 시점들을 목록으로 만들어 줌으로써, 채점 체제가 특정한 서사 이야기를 위해서 계발될 수 있다. 거기에서는 인물이 동일한 성별이 되거나, 아니면 다른 속성을 공통적으로 지녀서 잠재적으로 이전의 등장인물과 서로 혼동될 수 있는 것이다.

5.9. 자동차 충돌 과제의 채점

일련의 사진에 근거하여 자동차 충돌에 대한 묘사 설명은28) 우리가

---

28) [역주] 원문 descriptive accounts(묘사 설명)는 먼저 충돌 사건을 묘사하고 나서, 어느

계발한 두 번째 주요 유형의 '유동적' 과제였다. 그런 서술은 막 살펴 보았던 서사 이야기 과제와는 아주 차이가 나는 갈래에 속한다. 예를 들면, 경찰이나 또는 보험회사에 진술하여 말하는 경우에, 목격 사건 묘사가 어떤 내용처럼 되어야 하는지에 관하여 아주 분명한 관례들이 있다. 즉, 어떤 유형의 세부사항이 포함되어야 하고, 얼마만큼 포함되 어야 하는지에 대하여 분명한 관례가 있다. 많은 서사 이야기 과제들 에서, 무엇이 관련되고, 무엇이 무관한지를 공식적으로 결정하는 관 례는 종종 훨씬 덜 분명하다. 학생들에 의해서 주어진 묘사 설명은, 자동차 충돌 과제에 관한 제시 자료들이 '주변적인 세부사항'으로 불 릴 만한 것들을, 다른 서사 이야기 갈래들에 속하는 제시 자료들이 포함하는 것보다 훨씬 덜 포함한다는 사실과 더불어, 이런 점을 반영 해 주는 듯하다. 그럼에도 불구하고, 우리는 여전히 자동차 충돌 과제 를 '유동적' 과제로 범주를 부여해 둔다. 왜냐하면 서사 이야기 과제들 처럼 학생들에게 사건을 서술해 주는 시간 구조를 산출하도록 요구하 는데, 거기에서는 해당 사건을 묘사하기 위하여 청자가 일련의 사건 을 혼동하지 않는 방식으로 언급되고 다시 언급될 사건들에 화자들이 참여하도록 요구하기 때문이다.

자동차 충돌 서술을 평가하는 간단한 절차가 두 번째 평가 연구로서 이미 제5장의 시작 부분에서 언급되었다. 평가자들은 화자의 서술에 대한 자신의 해석에 따라, 세 가지 가능한 그림 ①, ②, ③ 가운데에서 하나를 골라 쐐기표(✔)를 표시하거나, 또는 ④ '잘 모르겠음' 항목에 쐐기표(✔)를 표시한다.[29] 판정은 일련의 충돌사건에 대한 시작 부분과 중간 부분과 끝 부분에서 자동차들이 어떤 모습으로 있었는지에 대해

차가 신호를 위반하고 어떤 잘못을 범했는지에 대하여 설명해 주는 복합적인 일이기 때문에, 두 낱말을 한데 붙여 쓴 것으로 판단된다. 간단히 말하여, 묘사는 몇 대의 자동 차가 충돌했다고 말하는 것이고, 설명은 어느 차가 어떤 잘못을 하여 그런 충돌이 일어 났다고 말하는 것이다.

29) [역주] 시작 부분에 대한 학생의 서술 중 하나를 골라 쐐기표(✔)를 지르시오.

이뤄졌다. 채점표의 서식이 한 장 〈부록 2〉에 주어져 있다. 올바른 선택의 숫자는 그른 항목 및 '잘 모르겠음' 항목의 선택 숫자와 비교하여 대체로 서술 속 지시의 명확성을 반영해 줄 것이다. 교차로에 대하여 'the crossroads'(교차로), 'the crossing'(건널목), 'a T-junction'(T자 교차로) 등과 같이 정확한 서술이 중요한 역할을 맡겠지만, 이 과제를 평가하는 방식을 살펴보는 이 자리에서는 이것에 관심을 두지 않게 될 것이다.

예를 들면, 대체로 심각한 지시내용의 결함에 의해서 충돌 사건의 마지막 단계에 일치하는 올바른 모습을 선택하지 못할 가능성이 있다. 다음 서술을 살펴보기로 한다.

(22) this car was taking over I was standing at the crossroads and this car was taking over + a car coming down from + the middle of the crossroads and this car was turning to the right + they banged together + because they were going real fast and they couldn't stop + eh *three of them* eh banged into each other + and + banged into the one that was going away + pulling out eh just one of them got away + from it ++ it was quite a bad crash

(이 자동차가 추월을 하고 있었거든 내가 교차로에 서 있었는데 이 자동차가 추월을 하고 있었는데 + 차 한 대가 내려오고 있었거든 + 교차로 가운데로부터 말이야 그리고 이 자동차가 오른쪽으로 방향을 돌리고 있었는데 + 자동차들이 서로 부딪쳤지 + 왜냐면 차들이 사실 빠르게 달리고 있었고 그리고 멈출 수 없었거든 + 어 <u>자동차 3대가</u> 어 서로서로 부딪쳤어 + 그리고 + 빠져 나가고 있던 자동차 쪽으로 부딪쳤거든 + 교차로를 빠져 나가면서 어 그 자동차들 중에

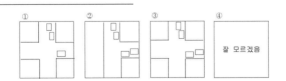

바로 한 대가 **빠져 나갔어** + 교차로로부터 ++ 그게 아주 심각한 충돌이었지)

청자에게 가장 혼동을 일으키는 것 중 한 가지는 이 수행으로부터 정확히 몇 대의 자동차가 포함되는지 명확하지 않다는 점이다. 'three of them'(그 자동차들 3대)라는 구절에 이르기 전까지는, 2대 또는 3대의 자동차를 가리키는 것으로 해석할 가능성이 있다. 일단 청자가 3대의 자동차가 포함되어야 함을 결정한 뒤, 화자는

'and + banged into the one that was going away'
(그리고 + 빠져 나가고 있던 자동차 쪽으로 부딪쳤거든)

이라고 말해 주는데, 이는 제4의 자동차가 포함될 가능성을 야기한다. 이를 다른 학생으로부터 가져온 다음 수행과 비교해 보기로 한다.

(23) there's *two cars* coming down in one line and *another one* coming in the other + and then + the car just came down and the two cars kept going and it didn't stop and it went right into another car + and it crashed +++ and the other there was another car and it just drove away + it didn't stop
(2대의 자동차가 한 차선으로 내려오고 있었고 또 다른 자동차가 다른 노선으로 오고 있었어 + 그러고 나서 + 그 자동차가 막 내려왔고 2대의 자동차도 계속 진행하였지 그리고 그게 멈추지 않았고 그게 바로 다른 자동차 쪽으로 들어갔어 + 그리고 충돌했어 +++ 그리고 다른 쪽에 또 다른 차가 있었는데 운전해서 곧바로 빠져 나갔어 + 그 차가 멈추지 않았거든)

이 학생도 성공적으로 이 충돌 사고에 포함된 3대의 자동차를 언급한

다. 좀 더 자세한 그림을 원할 수도 있겠지만, 2대의 자동차가 제3의 자동차를 향해 서로 다가가고 있다는 정보를 전달해 주었다는 점에서, 이 화자는 앞의 인용 (22)를 말한 화자가 도달하지 못한 어떤 수준의 성공적인 지시를 이뤄냈다. 그러나 나머지 수행 내용은 분명하지 않다.

만일 서사 이야기 과제에서 이용된 지시의 명백성에 대한 평가의 동일 원리를 이런 특정한 유형의 '유동적' 과제로도 확장할 수 있다면 장점이 많다. 서사 이야기 과제들에서는, 화자가 성공적으로 주인공들 중 한 사람을 소개한 수행에서 초점 항목들에 점수가 주어졌다. 자동차 충돌 과제에서는 대체로 개별 자동차들을 소개하는 일을 어렵게 만들어 주는 방식으로 제시 자료들이 조절될 수 있겠다. 만일 화자가 'a black car'(검은색 자동차 한 대)나 'a sports car'(스포츠카 한 대)나 'a van'(짐차 한 대)과 같은 용어로써 개별 자동차들 언급할 수 있다면, 그런 언급이

'*a car's* going along the road'
(자동차가 한 대 길을 따라 진행하고 있어)
'there's *two cars* coming one way'
(두 대의 자동차가 한 방향으로 오고 있어)

와 같은 언급보다 더 간단한 듯하다. 종종 'going along the road'(길 따라 진행하는)과 같이 길게 늘어난 구절에 의해서 수식된 긴 명사구와 비교하여, 화자가 'a van'(짐차 한 대)과 같이 간단한 명사구를 쓰면 추적해 나가는 일이 훨씬 쉽다.

수행을 평가하는 한 가지 수단은, 화자가 관련된 모든 자동차를 적합하게 소개하였는지 여부를 판정하는 것이다. 우리가 살펴본 마지막 수행에서

'there's two cars coming down in one line and another one coming in the

other …'
(두 대의 차가 한 차선으로 내려오고 있고 또 다른 차가 다른 차선으로
오고 있었어…)

라는 언급은 3대의 차량 충돌에 대한 서술이다. 이 화자는 청자가 관
련된 자동차의 숫자를 충분히 결정하도록 말해 주었다. 따라서 이 수
행에 3점이 주어진다(=3대의 자동차가 식별됨).

우리가 연구하였던 첫 번째 화자는 'this car was taking over…'(이
동차가 추월하고 있었거든…)라고 말하였는데 점수를 받지 못한다(=자동
차들이 제대로 식별되지 음). 다음 문장에 의해서 두 대의 다른 자동차가
찾아질 수 있지만

'this car was taking over + a car coming down from + the middle of the
crossroads'
(이 차가 추월하고 있었는데 + 차 한 대가 내려오고 있었거든 + 교차로
중앙으로부터)

그 이후에 청자가 비록 3대의 자동차가 관련된 것을 알고 있더라도,
제3의 자동차가 처음 두 대의 자동차로부터 구별이 적절히 이뤄지지
않는다.

'this car was turning to the right'
(이 차가 오른쪽으로 돌고 있었어)
'the one that was going away'
(빠져 나가고 있던 차)

라는 표현은 처음 두 대의 자동차들 중 한 대를 쉽게 가리킬 수 있었
다. 이런 수행은 2점만 받는다(=2대의 자동차만 식별됨).

한 학생은 다음처럼 자동차 색깔을 언급하였다.

'two cars + a red car + and a blue one'
(두 대의 자동차 + 빨강색 차 한 대 + 그리고 파랑색 차 한 대)

우연히 제시 자료들이 채색되어 있지 않았더라면, 이는 분명히 두 대의 자동차를 표시하는 순전히 개인적인 방식이며, 그 시점에서 흑백 사진들을 보고 있는 청자들에게는 도움을 주지 못하였을 것이다. 다음 인용 (24)의 다른 특징은 두드러지게 상상력을 많이 담고 있다. 비록 아무 운전자도 보이지 않았지만, 다른 학생들은 자동차들의 운전자를 가리켰다. 그렇지만 이런 (색깔 이용) 전략의 유용성은, 화자로 하여금 자신의 나머지 서술에서 극히 성공적으로 그것들을 가리킬 수 있도록 허용해 준다는 점이다. 다음 인용 (24)에서 살펴볼 수 있다.

(24) well I was standing at the corner of the crossroads there was + two cars + a red car + and a blue one + the red one was going very fast + and then the other car was going quite slow as it came to the crossroads + the red one the blue one pulled out from the crossroads while the red one tried to take the corner + right fast they suddenly + crashed into each other and there was a terrible thud one burst into flames
(그런데 나는 교차로 구석지에 서 있었고 거기 + 두 대의 자동차가 + 빨강색 차 한 대 + 그리고 파랑색 차 한 대인데 + 빨강 차가 아주 빨리 가고 있었고 + 그리고 그 뒤 또 다른 자동차가 교차로에 이르게 되자 아주 천천히 가고 있었거든 + 빨강 차 파랑 차가 교차로로부터 빠져 나갔는데 그러는 동안 빨강 차가 구석지를 타고 가려고 했어 + 곧장 빨리 그것들이 갑자기 + 서로 부딪쳤고 엄청난 쿵쾅이 있었고 하나가 불길에 휩싸였어)

이 화자는 충돌에서 자동차들이 둘 모두 식별되도록 언급되었기 때문에, 여기서 지시의 명확성에 2점이 주어진다.

식별이 이뤄지도록 언급된 각 항목을 놓고서 학생의 수행에 1점을 주는 것은, 두 번 미만으로 녹음된 수행을 귀 기울여 들음으로써 쉽게 완성될 수 있는 채점 방식이다. 지시의 명백성에 대한 평가는 또한 그 자체로 자동차에 대한 뒤이어진 지시내용에도 관심을 두어야 한다.

서사 이야기의 평가에서, 어느 특정한 인물에 대해서 그 사건의 전개 과정 속으로 재등장하여 성공적으로 다시 언급되면 점수를 받았다. 우리가 지금 평가하고 있는 서술에서도 사건들의 각 단계에서 학생들이 각각의 자동차를 가리키도록 요구하며, 사건들의 연결체가 쉽사리 별개의 단계들로 구분될 수 없다. 간단히 말하여, 이런 유형의 서술에서는 서사 이야기에서처럼 간단히 예측할 수 있는 주어진 초점뿐만이 아니라, 계속하여 지시내용의 혼란에 대한 위험도 함께 들어 있는 것이다.

화자가 청자에게 어느 자동차를 가리키고 있는지 다양한 방식으로 분명하게 해 줄 수 있다. 만일 화자가 'there's one car coming from the right'(오른쪽으로부터 오고 있는 자동차가 한 대 있다)고 말하고, 조금 있다가 그 자동차를 다시 가리키려면, 'the car that came from the right'(오른쪽으로부터 온 자동차)가[30] 사용하기에 가장 정확히 다듬어지고 '보장된' 표현이다. 그렇지만 이런 온전한 표현도 부적합해질 법한 맥락들이 있고, 따라서 성공적이지 못할 수도 있다. 다음 인용을 살펴보기로 한다.

(25) the second car + hasn't got time to avoid + *the person who tried* + *who*
    + *swerved away to avoid the car that was pulling out* + and he hits it
    (두 번째 자동차가 + 피할 시간이 없었거든 + 피하려고 했던 사람[운

---

30) [역주] 흔히 이렇게 모든 정보를 다 집어넣은 표현을 full expression(온전히 의미를 담고 있는 표현)이라고 부른다. 이 구절은 명사구이므로, full NP(온전히 의미를 담고 있는 명사구)로 부를 수 있다. 이와 대립되는 용어는 대용 표현(anaphora)이다.

전자]이 + 교차로를 빠져 나가고 있던 자동차를 피하려고 멀리 벗어
났는데 + 하지만 그가 그걸 박았거든)

이런 경우에 청자는 또한 'the person who … + swerved away to avoid
the car that was pulling out'(…했던 사람[운전자]이 + 교차로를 빠져 나가고
있던 자동차를 피하려고 멀리 벗어났는데)라는 표현에 의해서, 비록 이
서술이 아마 주어질 수 있는 가장 온전한 내용이었겠지만, 어떤 자동차
가 지시되고 있는지 불분명하다고 판정될 수도 있다. 다시 말해, 청자
에게 처리해야 할 일거리가 너무나 많이 주어지고 있는 것이다.

　비슷하게 대명사의 해석에서도 문제가 생겨날 수 있다. 어떤 맥락
에서는 그 의미가 명백하지만, 다른 맥락에서는 그러하지 않다. 다음
에 인용한 사례에서 대명사 'it'(그것)은 뭘 가리키는지 애매하다.

　(26) the + sort of + reddishy car + is going to turn left + and the other
　　　car's going to + turn right ++ and the sports car + is going right on
　　　and + the red car's crashed into the back of *it*
　　　(그 + 일종의 + 불그스레한 차가 + 왼쪽으로 돌아가려고 해 + 그리
　　　고 다른 차가 가는데 + 오른쪽으로 돌려고 해 ++ 그리고 스포츠카가
　　　+ 계속해서 오른쪽으로 진행하고 그리고 + 그 빨강색 차가 <u>그것</u>의
　　　뒤로 충돌했어)

　다음에 있는 인용에서는 어느 자동차가 'should stop and give way'
(멈추고 길을 양보해야 하는지)를 놓고서 청자에게 의심의 여지가 없다.

　(27) there's + em a car approaching from the right-hand side + coming
　　　up to the junction where *it* should stop and give way
　　　(거기에 + 엄 오른편으로부터 접근하는 자동차가 한 대 있는데 +
　　　<u>그게</u> 멈추고 길을 양보해야 하는 나들목 쪽으로 올라오고 있어)

다음에 있는 인용 (28)~(30)에서는, 비록 그 화자들이 'the other car'(다른 나머지 차)처럼 단순한 대명사보다 더욱 다듬어진 표현을 쓰고 있음에도 불구하고, 명백한 서술을 전달해 주지 못한다.

(28) the other car tries to avoid + hitting the car + coming down + and *the car* going smashes into the side of *the car*
(다른 자동차가 + 그 차를 박는 걸 피하려고 하면서 + 아래로 내려오고 + 그리고 진행해 나가는 <u>그 차가</u> <u>그 차</u>의 옆을 박살내 버리네)

(29) that capri + he was coming along and + there was a car taking over + another car ++ and eh + *car* didn't see it taking over and eh
(저 카프리 차가31) + 그가 길을 따라 죽 오고 있었어 + 추월하는 차가 한 대 있었어 + 또 다른 차 ++ 그리고 어 + <u>차</u>가 그게 추월하고 있는 걸 보지 못했거든 그리고 어)

(30) there's two cars coming down in one line and another one coming in the other + and then + the car just came down and the two cars kept going and it didn't stop and it went right into *another car* and it crashed
(거기 한 차선으로 내려오고 있는 자동차가 두 대 있고 또 다른 차가 다른 차선으로 오고 있어 + 그러고 나서 그 차가 막 내려왔고 그 두 자동차도 계속 진행해 나갔거든 그리고 그게 멈추지 않았어 그리고 그게 <u>또 다른 차</u>가 있는 오른쪽으로 들어갔어 그리고 그게 충돌해 버렸네)

위의 예들과는 대조적으로, 다음 인용 (31)에서는 화자가 명백하게

---

31) [역주] 카프리(capri) 차는 포드 회사에서 특히 젊은이들을 겨냥하여 유럽 시장에 내놓은 자동차 이름이다.

지시내용을 설명해 주고 있다.

(31) someone was coming down the straight road + and someone was
co-coming along + the right road + the right-hand road + and then
+ the one that was at the right-hand road + was supposed to have
wait + waited + at that line + for the other ones to come straight
down
(어떤 사람[운전자]이 곧은 도로를 내려오고 있었어 + 그리고 어떤
사람[운전자]이 따라 오-오고 있었어 + 오른쪽 길로 + 오른편 길을
따라 + 그러고 나서 + 오른쪽 길에 있던 차가 + 기다려야 했었는데
+ 그 차선에서 + 다른 자동차들이 곧장 내려오도록 + 기다렸어야
했는데)

다음 인용 (32)에서는 화자가 청자에게 특정한 자동차들을 알아차
릴 것이라고 믿는 표현에 낱말들의 3/4 이상을 쏟아 넣었는데, 혼합된
결과를 지닌다.

(32) *the car what came straight* along + and *the other two what came straight to
the corner* + hit + *the one what came straight along* hit into *the* + *first car*
and *the* + *second one that hit* + crashed into *the other car*
(그 차 곧장 따라 온 것이 + 그리고 다른 두 차 구석지로 곧장 온
것을 + 박았어 + 그 차 곧장 따라서 온 것이 그 + 처음 차를 박았고
그리고 그 + 박은 두 번째 차가 또 다른 차로 충돌해 들어갔어)

이 사례는 맥락에 따라서 성공적으로 지시해 주는 데 분명히 어떤 형
식의 표현이라도 이용될 수 있음을 시범적으로 보여 준다. 마치 오직
의미를 더하면서 가다듬어 놓은 표현들이 만족스럽게 될 맥락이 있듯
이, 마찬가지로 대명사들과 같이 최소한도로 명백한 표현들이 의미를

더하면서 가다듬어 놓은 온전한 표현보다 더 적합한 맥락도 있다. 늘 적합하게 될 그리고 성공을 보장하게 될 고정된 '훌륭한 표현'들을 가르치는 일은 가능하지 않다.

5.10. '추상적' 과제의 채점

제4장에서는 어떤 의견을 개진하고 입증하는 일로 이뤄진, '학생 주도적' 이야기를 얻어내기 위한 의견 개진 과제에 대한 서술이 들어 있었다. 그 목적은 한 묶음의 일반적 기준들과 대조하여 평가될 수 있는 수행 내용들을 얻어내려는 것이었다.

제5장의 시작 부분에 있는 두 번째 평가 연구에서는, 주로 30명의 영어 교사들이 의견 개진 과제의 수행을 판정하고, 그 수행이 등급화될 수 있는 방법에 대하여 실질적인 합의에 이르는 일이 가능하였음을 시범적으로 보여 주었다. 〈부록 2〉에서는 학생들에게

'What do you think about that?'
(여러분은 그것에 대해서 어떻게 생각합니까?)

라는 질문을 던지고, 그들로 하여금 어떤 주제를 놓고서 의견을 개진 하도록 하는 과제에서, 학생들의 수행을 평가하는 데 적합하게 이용 할 수 있는 채점표를 보여 준다.

이 과제가 38명으로 된 한 집단의 학생들에게 주어졌을 때, 개시 질문 "여러분은 그것에 대해서 어떻게 생각합니까?"에 대한 학생의 대답에 근거하여 각 학생을 평가하도록 결정되었다. 분명히 만일 어 느 학생이 남에게 말을 하는 것을 꺼리거나, 'I don't think about it'(그 에 대해 생각해 보지 않습니다)와 같이 따분한 대답을 한다면,

'Do you think he was right?'

(그가 옳았다고 생각하나요?)

'Did you like what he said?'

(그가 말한 내용이 마음에 들었나요?)

'Why do you think that?'

(왜 그렇게 생각하죠?)

등과 같이 일련의 도움 질문을 이용하여 대답을 이끌어 내는 일도 가능하다. 사실상 학생들에게 이 과제를 내어 줬을 때에, 일련의 그런 구조화된 질문을 던졌다. 전체적으로 그들의 대답을 살펴보면, 일련의 질문 중 첫 번째 질문에 대한 답변만 고려하더라도 그들의 수행이 심각하게 잘못되지 않았음이 사실인 듯하였다. 일반적으로 첫 번째 답변이 전체 수행에 대해서 전형적이었다.

〈부록 2〉에 있는 채점 체제에서 정의된 등급 A·B·C를 이용하여, 이들 답변을 범주화할 수 있었는데, 아래에 반복해 놓는다.

등급	평가 기준의 세 가지 항목
A	의견이 개진되고, 근거가 하나 주어지며, 대안이 하나 고려됨
B	의견이 개진되고, 근거가 하나 주어지지만, 어떤 대안도 고려되지 않음
C	의견이 개진되지만, 근거는 주어지지 않고, 어떤 대안도 고려되지 않음

이런 과제가 38명의 학생들에게 주어졌을 때, 첫 번째 질문에 대한 반응으로 오직 2명만 대답을 산출하지 못하였다. 나머지 모든 학생들은 등급 A나 B나 C로 범주화될 수 있었다. 만일 실질적으로 상당한 답변 비율이 A나 B나 C로 등급화될 수 없다면, 분명히 주제 자료가 그런 과제에 대해서 적합하지 않음을 의미하거나 또는 질문이 수정되어야 함을 의미하는 것으로 간주되어야 한다.

2명의 무응답을 제외하면, 가장 부적합한 대답은 다음처럼 자신의 의견이 전혀 없이 제시 자료에 대한 간단한 서술만을 포함하였다.

(33) well + it's telling you about the belt

    (글쎄 + 그게 채찍 체벌에 대해서 말하고 있네요)

(34) it's a man sitting behind a desk talking

    (그게 책상 뒤에 앉아서 말하고 있는 어떤 사람이 있네요)

이런 답변이 제시 자료와 관련되고 정확하더라도, 대다수의 학생이 어떤 의견을 개진하도록 요구하는 것으로 질문을 해석하였음이 사실이라면, 반드시 이런 답변은 부적합한 것으로 간주되어야 한다. 우리의 평가에서는 이들 답변이 다음 유형의 답변들과 구별 없이 동일하게 간주되었다.

(35) he's quite right

    (그가 아주 옳습니다)

(36) true

    (사실예요)

(37) I don't think about it

    (저는 그것에 대해 생각하지 않아요)

(38) I don't think it's true

    (저는 그게 진리라고 생각하지 않습니다)

(39) the belt + don't like it much

    (채찍 체벌 + 그걸 아주 좋아하지 않죠)

(40) I don't agree with it

　　(저는 그것에 동의하지 않습니다)

이들 간략한 답변은 가부 의견 말고 다른 내용을 전혀 담고 있지 않다. 즉 질문에 대해 최소한의 적합한 대답이다. 이들은 순수히 서술적 답변 (33)~(34)와 함께 최하 등급 C로 분류된다.

　잘 가다듬어진 답변의 부류는 어떤 근거나 입증 시도에 의해 뒷받침된 의견들을 담고 있었다. 중간 등급 B를 받은 답변은 보통 다음 예문에서 보여 주듯이 '(opinion), because …'([의견 개진], …하기 때문이)의 형식이거나, '(opinion), if… then…'([의견 개진], 만일 …라면 …일 이기 때문이에요)의 형식으로 되어 있었다.

(41) I think it's wrong *cause* I think the teacher should be able to control the pupils

　　(전 그게 잘못이라고 봐요 __왜냐면__ 교사가 학생을 통제할 수 있어야 하기 때문이죠)

(42) I disagree with him *cause* there should be other means of punishing people

　　(저는 그 분에게 반대인데요 __왜냐면__ 사람들을 처벌하는 다른 수단이 있어야 하기 때문이거든요)

(43) I think it's quite true *cause* when people are mucking about + once they've been belted

　　(저는 그게 아주 옳다고 봐 __왜냐면__ 사람들이 제멋대로일 경우에는 + 일단 채찍 체벌을 받아 왔기 때문이죠)

(44) the man was quite right; *if* you do something bad, you're better getting

punished like that

(그 사람이 아주 옳았죠. 나쁜 일을 <u>하면</u> 그처럼 벌을 받는 게 났죠)

(45) well he's right; *if* the teachers didn't have a belt + *then* all their pupils would carry on

(글쎄요 그 분이 옳아요. 교사가 채찍을 안 가졌<u>더라면</u> + <u>그러면</u> 모든 학생들이 계속 떠들었을 거예요)

의견을 입증해 주는 이들 두 가지 방식이 모두 등급 B로 분류되었다. 다음처럼 학생의 답변이 의견 및 정당성 입증을 연결해 놓는 이들 두 가지 방식 중에서 어느 하나를 반드시 준수할 필요는 없다.

(46) well I think he's getting a bit dramatic at the end by saying education couldn't take place without the belt + but I think it is needed in schools to keep discipline

(글쎄요 저는 그 분이 마지막으로 채찍 없이는 교육이 되지 않을 거라고 말하는데 조금 극적으로 되고 있다고 생각하거든요 + 하지만 학교에서 훈육을 계속하기 위해서는 그게 필요하다고 생각해요)

이 사례도 등급 B에 속한다고 판정된다. 비록 'I think he's right because it's true'(그게 옳기 때문에 그 분이 맞다고 생각합니다)와 같은 사례가 because 형식을 이용했지만, 아무런 내용도 없이 순환적이므로 등급 C에 놓이는 것이 더 적합할 듯하다. 한 학생의 정당성 입증이 제시 자료로부터 곧장 얻어질 수 있다는 점은 평가와 무관하다는 것도 주목하기 바란다.

우리의 평가에서 상위 등급 A의 수행은 이미 개진된 의견과 정당성 입증에 대하여 맞서는 반대 관점에 대한 고려사항들을 담고 있다고 판정된 것들이었다. 이 질문에 가장 만족스런 답변의 하나로 판정을 받은 다음 답변을 살펴보기로 한다.

(47) they should have it cause   : Opinion(의견 개진)
(선생님이 그걸 갖고 있어야 해요 왜냐면)
people don't pay attention   : Justification(정당성 입증)
(학생들이 집중하지 않기 때문이거든요)
and it as the only way you can get them to pay attention
(그리고 유일한 방법으로서 그게 학생들에게 주목하도록 할 수 있기
때문이죠)
and if they put them on detention   : Alternative(대안 제시)
(그리고 만일 교사가 학생들을 방과 후에 억류 처벌을 한다면)
well some of them don't go
(글쎄요 일부 학생들은 억류 처벌 교실로 안 가거든요)
so it's just as well as having the belt   : Conclusion(결론)
(그래서 그게 바로 채찍 체벌을 하게 되는 거죠)

이 학생은 어떤 의견을 제시하고 그것을 입증하며, 그러고 나서 그 의견에 맞서는 논점을 고려하고(즉, 체벌 대신에 방과 후에 교실에 억류함) 원래의 의견을 다시 진술하여 결론으로 끝을 맺는다. 자신의 의견에 맞서는 반대 논점에 대한 고려가, 등급 B 수행으로부터 상위 등급 A를 구별해 주는 정교한 의견 개진이다. 불럭 보고서(Bullock Report, 1975), 『실생활에 도움을 주는 언어(A Language for Life)』(왕립 문서청 HMSO, 145쪽)에 있는 다음 진술을 생각나게 한다.

"학생들에게 하나의 설명에 만족하지 말고 그 대신 대안이 되는 다른 설명을 검토해 보는 습관을 계발하도록 장려해 주어야 한다."
(The child should be encouraged ⋯ to develop the habit of trying our alternative explanations instead of being satisfied with one)

결론으로서 원래 내 자신의 의견에 대한 재진술은 전체 대답을 좀 더 완벽하게 만들어 주지만, 그것은 다만 원래 대답의 형식만 더해 주는 것이지 내용을 더해 주는 것이 아니다. 비록 결론 맺는 대목의 출현이 우리가 개관해 놓은 평가 절차에 핵심적인 것이 아니지만, 어떤 모형의 대답에서이든지 상관없이 시도해 보도록 결론 맺기가 포함되어야 한다고 느낄 수도 있다. 그런 모형은 다음 모습과 같아질 수 있다.

① 의견을 제시하고(Give opinion),
② 거기에 대한 근거들을 대며(Give reasons for),
③ 맞서는 반대 논점들을 평가하고(Assess arguments against),
④ 결론을 맺는다(Conclude).

5.11. 오직 연습한 것만 검사하기

'정태적' 그리고 '유동적' 과제 유형의 제목 아래 지금까지 서술해 온 과제들은 모두 융통성을 지니도록 의도되어 있다. 매번 과제의 내용이 달라지므로, 어떤 한 가지 과제 유형이든지 동일한 학생들을 대상으로 반복적으로 이용될 수 있다는 점에서 그러하다. 예를 들어, 자동차 충돌 과제를 놓고서 실행될 필요가 있는 것은, 관계된 자동차의 모습이나 교차로의 유형이나 자동차의 종류들인데, 이것들이 매번 바뀔 수 있으며 동일한 학생들을 놓고서도 변형된 과제가 여러 번 이용될 수 있는 것이다.

이는 특정한 과제 유형이 그 과제의 서로 다른 내용들을 놓고서 연습할 기회가 주어짐을 뜻한다. 가령 지시 내용의 명확성 향상시키는 일처럼 학생들을 놓고서 일련의 수업에서 반복되어 이용될 수 있는 것이다. 이는 이상적인 진단 평가의 일반적인 절차로 알맞다.

이 책에서 보고된 내용에서는 거의 언제나 특정한 한 과제에 대하여 학생들의 이전 경험만이 특정한 실험 과제에 쓰였음이 사실이다. 예를 들어, 동일한 실험 과제에서 해당 학생에게 자동차 충돌 사건의 둘 또는 그 이상의 내용들을 말해 보도록 하거나, 또는 다른 학생이 화자의 역할을 맡는 동안 그 학생에게 청자로서 참여해 보도록 하였다. 이러한 이전 경험의 효과에 대해서는 제6장에서 자세히 서술될 것이다. 달리 말하여, 이 책에서 보고된 평가들은 임의의 과제를 학생들이 예상치 못한 상태로(cold) 접근하는 경우에 이뤄졌다. 그 상황이 새로운 것이었다. 이는 과거 연습 작업의 결과로서 학생들이 아주 익숙해진 과제들에 대한 수행 내용에 따라 평가를 받는 여느 학교에서 볼 수 있는 형성 평가와 아주 다른 상황이다. 관련 변수들을 변화시켜 줌으로써 간단히 학생들은 익숙한 과제 유형에 대하여 하나의 새로운 내용을 만나게 될 것이다.

<요약하기 기술 및 짝끼리 협동하는 과제에 대한 평가 계발>

　제4장에서 언급된 도표 '정태적 과제 ⇨ 유동적 과제 ⇨ 추상적 과제'의 일부로서 계발되지 않았지만, 학생들에게 복잡한 의사소통 기술들을 채택하도록 분명히 요구하는 두 가지 과제의 세부 사항을 제시해 놓았다. 그 과제 중 하나가 협동 작업 과제이다. 짝지은 학생들끼리 실행되기 때문에, 더 앞에 있는 과제들을 이용하면서 개별 학생들이 평가되었던 동일한 방식으로 학생들을 평가하는 일은 적합하지 않다. 그럼에도 불구하고 다른 과제로서 '요약해 놓기'를 과제 해결의 마지막 단계로 추가하여 해당 학생에게 점수가 주어질 수 있도록 하는 방식으로 접근하는 일도 가능하다.

5.12. 요약해 놓기 과제

　요약 과제에서는 학생들에게 서사 이야기 과제에서 미리 다루었던 내용들을 놓고서 입말 요약이나 골자를 말하도록 요구하였다. 여기서 '요약'(summary)과 '골자'(gist)라는 용어를 서로 뒤바꿔가면서 동일한 뜻으로 쓴다.32) 비록 우리가 학생들로부터 산출된 골자를 분석하였지만, 이것은 요약 기술에 대한 기존의 이론 및 서술과 서로 비교해 보려는 목적을 지닌 것이었다. 우리는 이용된 어떤 서사 이야기 자료에 대해서도, 요약 기술 계발에서 점진적 향상을 평가하기 위하여 교실 수업에서 채택될 수 있는 채점 체계를 계발하지는 않았다.

우리가 지금까지 녹음해 온 골자들은 주로 길이 및 상세함에 비춰서 약점들이 있다. '3줄' 정도의 요약을 만들라는 지시사항에도 아랑곳하지 않고, 학생들이 산출한 요약이 종종 너무 길고, 중요치 않고 장황한 세부사항을 담고 있기 일쑤이다. 우리는 요약 기술에 대한 평가가 해당 과제에서 주어진 지시사항의 측면들과 함께 시작되어야 함을 제안한다. 요구된 길이에 맞춰 요약을 알맞게 잘라내는 능력은 요약하기 과제에서 가장 기본적인 기술이다. 학습자의 요약이 원래 상태의 온전한 길이로 된 내용보다도 훨씬 더 짧게 인식될 수 있을 정도가 될 경우에만, 요약하는 일에 포함된 <u>다양한 전략들을 이용하도록</u> <u>하는 압력</u>이 생겨나게 될 것이다. 입말 요약으로 된 학습자의 시도가 충분히 짤막한지 그렇지 않은지에 대한 평가는 간단히 낱말 숫자를 헤아리는 일이다. 지시사항에 있는 '3줄'은 대략 30~40개 낱말 정도의 분량이 되어야 한다.33)

---

32) [역주] 언어심리학에서는 때로 '추론'(inference)라는 말로도 쓰고, 덩잇글이나 덩잇말을 짜 엮어 놓은 미시구조와 거시구조를 모두 싸안은 '덩잇글 기반'(text-base)이라는 용어도 쓴다. 어떤 용어를 쓰든지 간에, 이 과정을 진행시켜 나가는 정신 작용은 크게 정보를 덜어내는 일이 먼저 작용하고, 다음에 더 이상 덜어 낼 수 없는 것들을 모아 새로운 개념으로 정보를 포괄적으로 감싸는 작용이 뒤따라야 한다. 언어교육에서는 이런 과정들을 일련의 과제들로써 연습시켜 나가야 하는 것이다. 자세한 내용은 킨취(Kintsch, 1993), "덩잇글 처리에서 정보 더해 놓기 및 덜어 내기: 추론 과정(Information Accretion and Reduction in Text Processing: Inference)", 『담화 처리 과정(*Discourse Processes*)』 제16호, 193~202쪽을 읽어 보기 바란다.

33) [역주] 언어심리학에서는 흔히 '단위 진술문'이나 '명제'를 생각의 기본 단위로 간주한다. 따라서 하나의 명제가 몇 개의 낱말로 이뤄지느냐에 근거하여 발화 또는 문장의 기본 단위를 상정할 수 있다. 주먹구구의 접근 방식이지만, 하나의 사건 구성에 요구되는 요소들은 서구 수사학에서 언급해 온 '6하 원칙'들 중에서 '왜?'를 제외한 것으로 치부된다. 따라서 발화 또는 문장에 기본이 되는 핵어(head)인 동사를 한 요소로 치고, '언제, 어디서, 누가, 무엇을, 어떻게'가 모두 실현될 경우에는 여섯 개의 낱말이 필요하

학습자가 어느 요약으로부터 대수롭지 않은 세부사항을 배제하는
데 성공적이었는지 여부를 판정하기 위하여, 이야기 속에 있는 다양
한 세부사항들의 상대적 중요성에 대하여 신뢰할 만한 개념을 가질
필요가 있다. 제4장 1절 2항에서는 서술된 서사 이야기 과제를 위하여
글말 자료를 요약하는 일에 연습을 많이 한 다수의 대학생들에게 자
극 자료들을34) 제시하여, 그들로부터 3줄로 된 글말 요약을 얻어내었
다. 그들의 응답은 그 이야기에서 무엇이 중요한 점들이었는지, 무엇
이 중요한 개별 인물 및 사건들의 서술이었는지에 대하여 어떤 합의
점을 제공해 주었다. 이 연구의 결과는 적합한 임의의 요약에서 화자
에 의해서 어느 정보가 포함되어야 하는지를 놓고서 대체로 우리 공
동 연구자들의 직관을 확증해 주었다. 따라서 한 학습자가 제시한 골
자를, 중요한 정보에 대한 그런 목록과 비교하는 일이, 그 학생이 자신
의 골자로부터 대수롭지 않은 세부사항을 배제하는 데에 얼마나 성공
적이었는지에 관한 결정이 내려질 수 있도록 해 준다.

　우리가 지금까지 살펴온 수행 내용은 학생들이 지엽적인 정보를 없
애는 것이 어렵고, 더 중요한 정보를 선택하는 것이 서 쉬움을 시사해
준다.35) 학생들에게 요구한 30~40개의 낱말로 된 요약에서, 요약의

다. 그렇다면 30~40개의 낱말로 요약이 이뤄져 있다면, 어림치기로 계산하여 대략 다
섯 개에서 일곱 개 사이의 발화(문장)가 된다. 우리가 책을 읽어 나갈 경우에 킨취
(1998; 김지홍·문선모 뒤침, 2010),『이해: 인지 패러다임』I, II(나남)에서는 작업기억
(working memory)에 일시적으로 붙들 수 있는 명제의 숫자를 대략 5개 정도로 잡는다.
언어의 산출 및 이해 과정에서 유기적 연관성을 고려한다면 일시에 머릿속에서 계산을
진행할 수 있는 분량의 요약은 사람마다 편차가 있겠지만 기본값(default)으로 아마 다
섯 개 전후의 명제가 될 듯하다.
34) [역주] 이 이하에서 'the stimulus materials'(자극 자료)란 용어가 자주 쓰인다. 학습자들
로부터 어떤 반응을 이끌어 내기 위하여 주어지는 물음 또는 과제와 같은 말이다. 어떤
문제를 학습자들에게 풀도록 하기 위하여 이 책의 저자들이나 이 연구 과제의 수행을
도와주는 교사들로부터 제시된 자료인 것이다. 이하에서는 쉽게 말뜻을 알아차릴 수
있도록 '자극 자료' 옆에 작은 괄호로써 '(제시 자료)'를 덧붙여 두도록 하겠다.
35) [역주] 매우 중요한 지적이다. 번역자의 제자 중 한 사람이 자신의 근무하는 어느 중학
교에서 요약하는 일을 가르친 적이 있었다. 임의의 논설류를 한 편 택하고서, 중요한
대목들에 밑줄을 긋도록 하였다. 그런데 학습자들이 거의 모두가 모든 문장에 다 밑줄
을 그었고, 더 이상 요약 과정에 대한 일을 진행할 수 없었다고 말해 주었다. 이런 이야

중요한 정보를 나타내는 부분 및 사소한 정보를 나타내는 그런 부분을 나눠 놓는 일은 간단한 절차이다. 애초부터 이런 정보가 표현되는 형식에 대하여 어떤 설명도 취해질 필요가 없다. 동일한 정보가 다양한 언어 형식들을 이용하면서 다양한 방식으로 전달될 수 있다. 아주 간단한 언어가 정보를 전달해 주는 데에 있어서 바로 더 복잡한 언어만큼이나 효과적으로 될 수 있다. 만일 요약하기 기술들이 정보 전달하기 관점으로부터 분석되고 있다면, 한 학생의 요약에 대한 평가가 골자 속에 포함된 정보의 지위(=필수성 여부)를 판정함으로써 진행되어 나갈 수 있는 것이다.

요약될 자료의 내용에 따라서, 임의의 골자에 사소한 정보의 포함을 놓고 벌점을 주는 일도 가능하다. 예를 들면, 골자 속에 언급된 사소한(trivial, 쉽사리 예측될 수 있는)36) 사건 각각에 대해서, 또는 언급된 사소한 인물 각각에 대해서, 또는 사소치 않은 중요한 인물에 붙어 남아 있는 사소한 서술 각각에 대하여 벌점 1점을 주어 전체 점수를 깎는 것이다.

이미 말하였듯이, 다양한 전략들이 효과적인 입말 요약들 쪽으로 이바지하는 것으로 보인다. 자극 자료(제시 자료)들의 속성이 특정한 전략을 권장하거나 단념시키는 데 기여할 것이다. 따라서 만일 요약 기술이 연구되고 있다면, 학생들에게 광범위한 자료들을 제공해 주는 일을 옹호하는 논의가 있다.

기를 들으면서 나이가 어린 학습자들은 과감하게 사소하고 지엽적인 정보들을 배제하여 없애는 판단 능력이 제대로 갖춰지지 않았음을 깨달을 수 있었다.

이 책의 저자들도 스코틀런드 중학생들을 대상으로 하여 거의 비슷한 경험을 하였음을 이 진술로부터 알 수 있다. 그렇다면 이를 극복해 나가는 방법은 무엇일까? 번역자의 생각에는 문장들의 전개과정을 도표로 만들면서 위계화 또는 구조화해 나가는 방법이라고 본다. 물론 여기에서 구조화된 지식 체계가 간여할 것이므로, 그런 지식 체계에 대하여 교사들이 먼저 수업을 하면서 제대로 알려 주는 일이 선행되어야 할 것이다.

36) [역주] 수학에서는 분명히 0값을 가지는 명백한 답을 'trivial'(자명한)이라고 부른다. 일상 언어로는 '허드레, 대수롭지 않은, 시시한' 정도로 새길 수도 있다. 중요한 정보로부터 이내 도출해 낼 수 있으며 이런 점에서 예측 가능한 내용이라고 말할 수 있다.

예를 들어, 브라운·데이(Brown and Day, 1983)에서 논의된 주요한 한 가지 전략이 '상위 범주로 묶기'(superordination)이다.[37] 이는 원래 이야기에 있는 상당수의 개체들이 별개로 나뉘지만 서로 관련됨을 가리키기 위하여, 요약에서 하나의 단일한 상위 범주의 용어를 채택함을 뜻한다. 예를 들면, 원래의 내용이 나무·식물·물고기·물에 사는 동물·조류에 대한 지시 내용을 포함할 수 있다. 그런 경우에 그 요약은 적합하게 '모든 생물'을 가리킨다. 하나의 단일한 상위 범주 용어로 교체될 수 있을 여러 항목들이나 인물들을 학생에게 제시해 주는 자극 자료(제시 자료)들은, 이런 전략을 이용하도록 장려할 것이다. 학생이 그런 전략을 운용해 보려고 하였는지 여부에 따라, 평가는 간단히 '예, 아니오' 판정으로 될 것이다.

이용된 자극 자료(제시 자료)에 따라 때로 효과적인 요약이 포함하는 세 번째 전략은 화자가 주제 문장이나 구절과 함께 시작하는 것이다. 이런 특정한 전략의 이용을 장려하기 위하여, 적합한 자극 자료(제시 자료)들이 어떤 종류의 짤막한 제목으로 주어질 수 있다. 비록 그러하더라도 종종 명백하게 이야기의 갈래가 드러나도록

'It's a *recipe* for… '(그것은 …에 대한 요리법이다) 또는
'It's a *murder story* …'(그것은 … 살인 사건 이야기이다)

등으로 말해 줌으로써, 학생이 요약을 시작하도록 이미 충분히 장려

---

37) [역주] 이는 여러 가지 이름으로 불린다. '추론'(inference) 과정, '정교화(가다듬기, elaboration) 과정', '거시구조'(macro-structure) 형성, '전반적 연결'(global coherence) 과정 등이다. 킨취(Kintsch, 1993), "덩잇글 처리에서 정보 더해 놓기 및 덜어 내기: 추론 과정(Information Accretion and Reduction in Text Processing: Inference)", 『담화 처리 과정(*Discourse Processes*)』 제16호, 193~202쪽에서는 새로운 정보를 더해 놓는 과정(accretion)으로 불렸다. 또한 위도슨(Widdowson, 2004), 『텍스트, 맥락, 숨겨진 텍스트 산출 동시: 담화 분석에서의 핵심 논제들(*Text, Context, Pretext: Critical Issues in Discourse Analysis*)』(Blackwell)에서는 독자나 청자의 고유한 배경지식을 이용하여(이는 extralinguistic information 표현되지 않은 언어 외적 정보라고 불림) 해석 대상을 더 심층적인 모습으로 재구성해 주는 일이라고 불렀다.

될 것이다. 그러므로 상위 범주가 제시된다면 주제 문장의 제시가 불필요하게 된다. 다시, 그 평가도 '예, 아니오' 판정으로 될 것이다.

결론적으로, 학생들이 자료에 대한 요약을 만들기 위해 채택되어 활용될 전략들이 많이 있는 듯하다. 우리는 다만 언급된 세 가지 가장 일반적인 전략을 갖고 있다. 전략들은 요약하게 될 자료의 형식 및 내용에 의해서 크게 영향을 받는다. 흔히 동일한 자료가 여러 가지 다른 방식으로 요약될 수 있는 것이 실제 경우일 것이다. 여러 가지 요약 산출물들이 모두 동등하게 적합하지만, 서로 다른 전략이 활용되었다는 점에서 다르다. 이런 이유 때문에 요약을 생산하기 위한 '훌륭한 전략들'의 목록을 처방해 주고, 특정한 묶음의 자극 자료(제시료)들을 위한 모범적 요약을 제시하는 일은 부적합할 듯하다. 우리가 주로 관심을 두고 있는 것은, 요약 속에 들어가야 할 것으로 판단된 정보를 담는 일이다. 특정한 어휘나 특정한 언어 형식에 대한 이용은 아닌 것이다.

이런 견지에서, 가능한 한 광범위하게 학생들에게 요약할 자료를 내어 주도록 확실히 해 두는 것이 적합한 듯하다. 학생들이 자료를 요약하도록 요구받기 전에, 그 자료에 익숙해지는 것이 바람직하다. 우리가 언급한 전략들을 이끌어 내도록 마련된 자극 자료(제시 자료)들이 이용되어야 한다. 그 목적은 적합한 요약을 산출하기 위하여 학생들로 하여금 요약하기 문제들에 대하여, 그리고 자신이 선택할 법한 가능한 전략들의 범위에 대하여 스스로 감각을 갖게 되도록 하는 것이다.38)

---

38) [역주] 이런 생각은 영국에서 '언어 자각'(Language Awareness) 운동으로 전개되었는데, 오늘날에는 담화 교육(Discourse Education)으로 흡수되어 있다. 자세한 내용은 개관 장에 있는 역주 3)을 읽어 보기 바란다.

5.13. 협동하여 풀기 과제: 지도 과제

제4장에서 서술된 지도에 표시하기 과제는, 교실 수업 밖에서와 같이 질문을 던지고 다른 사람이 자신에게 말한 것에 대하여 대응을 할수 있는, 어느 짝과 의사소통을 하는 데 포함된 아주 복잡한 기술의일부를 학생들로 하여금 깨닫도록 하는 수단을 드러낸다. 이런 과제를 수행하고 있는 학생들은 오직 두 사람의 짝으로서 평가를 받게 될수 있다. 따라서 관련된 기술들을 고려하도록 학생들을 자극하고 장려하기 위하여, 이전의 과제들과 함께 수행할 수 있으므로, 그 평가의기록을 보존하는 일보다는 이런 과제의 평가를 활용하는 편이 더 적합한 듯하다.

지도에 표시하기 과제에 있는 정보의 전달에서 협동 작업을 평가하는 한 가지 간단한 수단이 있다. 표시가 없는 지도 위에서 그 짝의한 사람이 자기 짝의 일러주기를 들으면서 지도 위에 길을 따져 보는것이다. 이 연습의 목적은 지도의 특정 지점들 상에서 길을 복제하는것이다. 그렇다면 학생들이 스스로 두 개의 지도를 비교하는 경우에주요한 차이점들이 지도 위에 표시되는 일이 가능해질 것이다. 평가되고 있는 것은 지도 제도사의 정밀 기술이 아니다. 그 지도의 중요한거점들에서 왼쪽 또는 오른쪽으로 가야 할지, 아니면 위쪽 또는 아래쪽으로 가야 할지를 들을 필요가 있음을 인식하는 능력이라는 점을기억하기 바란다. 그 길이 올바른 쪽에서 올바른 방향으로 해당 특징을 제대로 통과하여 나감이 사실이라면, 서술된 경로가 단순히 올바른 길로 가는 지도상의 각 특징에 대하여 1점을 줌으로써 채점이 이뤄질 수도 있다.

테이프에 녹음된 수행의 여러 측면을 평가하는 일도 가능하다. 과제 수행이 녹음된 테이프를 한 번 들음으로써, 그 대화에서 지도상의경로를 서술해 주고 있는 학생이, 자신의 짝에 의해서 흔히 천천히말해 주도록 요구하거나, 뭔가를 반복하도록 하거나, 그 경로 상의 특정 지점으로 되돌아가도록 요구하거나, 별도의 추가 정보를 말해 주도록 요구하거나, 또는 자신이 짝이 다만 의심스러워하는 뭔가를 확증해 주기 위하여 진행이 중단되는 시점들이 나올 것이다. 이들 시점에서 간략히 녹음된 테이프를 멈춤으로써, 분명히 학생들이 스스로 얼마만큼 자주 임의의 요구사항이 무시되고, 얼마만큼 자주 응답되며, 얼마만큼 적합하게 그 정보가 전달되는지를 명심하도록 하는 일이 가능하다.[39]

특히 짝끼리 이룬 수행 내용들이 비교되는 경우에, 또한 특정한 전략을 인식하는 것도 가능할 것이다. 예를 들어, 아주 능숙한 화자들의 짝은 서로 상치되는 지도들을 대면하였을 경우에, 어디서 어려움이 일어날 수 있을지를 예측하기 위하여, 각자 지도에 들어 있는 모든 특징들을 목록으로 말해 주는 전략을 채택하였다. 짝을 이룬 화자들은, 또한 한 사람의 짝이 다른 사람에게 허용해 준 말하기 기회의 길이에서도 차이가 났다. 한 사람의 짝은 가끔 각각 일러 주기를 단순히

'uhuh'(아, 아?, 무슨 말이니?, 뭐가 어쨌다는 거야?)[40]

로 반응하면서, 무슨 말을 하는지 이해할 수 없음을 알려 주기 위하여, 아주 빈번하게 다른 짝의 말을 중단하였다. 학생들에게 이렇게 하는 일의 이점에 대하여 살펴보도록 장려될 수 있다.[41] 이와는 달리 몇몇

---

39) [역주] 이는 교실 수업에서 연습되는 말하기가 두 방향 의사소통이기 때문에, 청자가 피동적 또는 수동적이지 않고, 능동적으로 상대방 화자의 발화에 반응을 하면서 이해가 불분명하다고 느낄 경우에 명확히 말해 주도록 요구할 권리를 갖고 있다고 보는 것이다.

40) [역주] '아, 아'라고 중간 짧은 휴지를 두고 소리를 낸다. 상대방의 말이 무슨 뜻인지, 제대로 이해가 안 된다는 뜻을 드러내려고 내는 소리이다. 이런 반응 소리를 냄으로써, 상대방 화자에게 현재 내가 이해되지 않았음을 드러내고, 상대방 화자가 더 자세한 설명을 해 주도록 요구하게 된다. 영어 사전에는 사람들이 어떤 질문에 대하여 'No'라고 대답할 경우에 내는 소리로 풀이되어 있다.

41) [역주] 자기가 이해하지 못하였음을 즉각 언어 반응으로 보여 주는 일은 장점도 있고, 단점도 있다. 장점은 상대방의 말을 즉시 하나하나 모두 다 이해할 수 있다. 이는 두

262

학생은 그들의 짝으로부터 어떤 중단도 허용하지 않고 계속 말하도록 해 두었고, 한두 번의 말하기 기회에서 전체 경로를 서술하는 선택을 함으로써, 명백히 그 과제의 의사소통 압박감을 줄이려고 노력하였다.

일단 그 수행 내용들을 귀 기울여 듣는다면, 상당수의 전략들이 부각되어 나오는데, 모두 장점과 단점을 지닌다. 짝을 이룬 화자들은 서로 말하는 습관과 배경 지식에서 크게 차이가 난다. 따라서 수행 내용에 대한 반쯤 격식화된 평가를 구성하기보다는, 오히려 우리가 막 언급해 놓은 전략들, 부각되어 나오는 또 다른 것들, 이 과제가 요구하는 협동 작업의 다른 많은 측면들을 학생들에게 자각시켜 주기 위하여, 해당 과제를 이용하는 편이 아마 적합할 것이다.

평가를 제5장의 결론을 내리자면, '정태적 과제, 유동적 과제, 추상적 과제'로 범주를 나눈 세 가지 유형의 과제들을 살펴보았다. 학생의 정보 전달 기술을 가능한 한 객관적으로 드러내어 주는 수행 내용의 평가에 도달하기 위하여, 간단한 절차들이 과제의 난이도에 대한 모든 등급에 적용될 수 있음을 시범적으로 보여 주었다. 이 책의 다른 곳에서 이들 특정한 기술들을 놓고서 집중적으로 다루기 위한 논의를 마련해 놓았지만, 그럼에도 불구하고 우리는 교사들이 또한 학습자의 말하기에 대한 다른 측면들에도 관심을 갖게 될 것임을 잘 알고 있다. 우리가 서술해 놓은 평가 절차들은 개별 학생의 평가내용 윤곽(profile) 쪽으로 기여할 것이다. 교사가

문법 정확성·적합한 어휘 사용·유창성·발음

등과 같은 학생들의 입말 기술들에 대하여 부여하고 싶어 할 다른 판

사람끼리 말을 나누는 경우에만 가능하다. 대중 강연에서는 그럴 수 없기 때문이다. 따라서 제2 언어 듣기 교육에서도 매번 즉시 이해되지 않았음을 나타내기보다, 중요한 대목은 화자가 반복해서 말하기 일쑤이므로, 이해가 될 수 있는 지점까지 조금 기다려 보다가(또는 메모를 해 두었다가), 이해가 잘 되지 않을 경우에 그 대목을 되물어 볼 수 있는 것이다.

정 내용과 함께, 정보 전달에 대한 평가는 다음 〈표 5-3〉에서와 같이 전반적인 평가 기록철에 대한 적정한 일부로서 존재할 것이다.42)

〈표 5-3〉 평가내용 윤곽(장기간에 걸쳐 향상 여부와 속도를 파악할 수 있음)

날짜	말하기유형	정보 전달	유창성	발음	어휘	…
		⇩ 단계1				
		⇩ 단계2				
		⇩ 단계3				
		⇩…				
…	…	⇩단계 n		…	…	…

---

42) [역주] 제7차 국어과 교육과정(1997년 교육부 고시 제15호)에서부터 들여 놓은 중학교 생활 국어 교과서에 말하기와 관련된 활동들이 들어 있다. 그렇지만 그 활동을 학습자들이 스스로 어떻게 평가할지에 대하여 아무런 지침도 들어 있지 않다. 말하기 평가는 없는 듯이 간주되거나, 굳이 말하기를 평가할 필요가 있는 것이냐는 듯이 제시되어 있다. 아주 잘못이다. 이명박 정권 때는 교육과정이 두 번 개정되었는데, 정말로 부끄럽고 부끄러운 일이다. 두 번 개정해서 뭐가 어떻게 달라졌는가? '교육과학기술부 고시 2012-14호 [별책 5]'도 평가에 대한 내용이 '계획, 운용, 활용'과 같이 뜬구름 잡듯 아무 도움도 되지 못하며, 한갓 공리공담만을 되풀이하고 있을 뿐이다. 이는 학습자 중심 활동으로 전환하기 이전인 제6차 교육과정의 평가 내용(지식, 기능 태도)을 반복한 것에 불과하다. 그만큼 올바른 평가를 해야 된다는 의식이 거의 없는 셈이라고 단언할 수 있다. 이런 교육과정에 따라 만들어진 교과서들에서도 평가표가 들어 있지 않기는 마찬가지이다. 스스로 그리고 짝끼리 학습 활동에 대하여 어떻게 평가할지를 제시해 주지 못하는 활동이 과연 무슨 의미가 있을까?
말하기에 대하여 실제 평가 활동을 하려면 말하기 활동에 관련된 구성물 및 명세표를 정해 주어야 하며, 과제 유형별 활동의 초점에 대한 요소가 더 추가되어야 한다. 자세한 루오마(Luoma, 2001; 김지홍 뒤침, 2013), 『말하기 평가』(글로벌콘텐츠)와 벅(Buck, 2001; 김지홍 뒤침, 2013), 『듣기 평가』(글로벌콘텐츠)를 읽어 보기 바란다. 심리 측정의 엄격한 근거 위에서 평가표를 만들 수 있겠지만, 언어 사용에 대한 기호학의 질서 위에서 형식 및 내용을 대분하여 평가표를 만들어 줄 수도 있는데, 제5장 8절 역주 11)에 제시된 김수업 선생의 이야기 대회 평가표를 참고 바란다.

제6장 도움이 되는 조건들: 문제를 극복해 나가기

제5장에서 우리는 학생들의 수행 내용이 어떻게 평가될 수 있었는 지를 살펴보았다. 제6장에서는 어떤 조건 하에 학생들이 향상으로 보여 주는지 그런 조건들을 시범적으로 보여 주기 위하여 이들 평가 유형들을 이용할 것이다. 우리가 받아들인 과제 중심(task-based) 접근의[1] 이점들 중 하나가, 교사 또는 조사연구자가 임의의 학생이 한 과제를 수행하는 조건들을 조절할 수 있고, 과제 수행을 위한 객관적인 평가 절차의 도움과 함께, 특정한 과제들에서 특정한 학생들에게 어느 조건이 가장 확실히 성공을 보장해 주는지를 확신할 수 있다는 점이다.

이하에서는 이런 방식으로 우리가 조사한 조건들을 보고할 것이며, 이들 통제된 조사 내용들로부터 교실 수업에서 유용하게 채택될 수 있을 법한 절차들을 제안할 것이다.

---

1) [역주] 개관 장에 있는 역주 3)을 읽어 보기 바란다.

6.1. 과제들에 대한 연습

제4장에 있는 사례들에서 예시해 주듯이, 우리가 고안해 놓은 다양한 과제를 수행하고 있는 학생들을 녹음하고 있었던 무렵, 거의 우리의 모든 과제들에서 적어도 몇몇 화자들이 부적합하게 수행하고 있었음을 깨달았다. 특히 더 어려운 수준에 있는 많은 수행 내용들에서, 그리고 더 어려운 과제 유형들 상에서, 개선을 위한 소지가 훨씬 많이 있었다. 우리가 녹음한 더 빈약한 일부 수행 내용들에 대해서 관련된 이유들을 찾아내려고 노력하였다. 따라서 이들 화자가 우리 과제들에 대하여 갖고 있던 문제점들을 경감시켜 줄 법한 조건들을 제공해 줄 수 있었다.

이런 측면에서 우리가 유용할 것으로 느꼈던 첫 번째 분명한 설명은, 화자들이 놓였던 상황의 새로움이었다. 제4장에서는 화자들에게 제시한 과제 내용의 새로움 및 과제 유형들의 다양성이, 확장된 양의 말하기 및 명백히 협동 작업 행위를 둘 모두의 화자들로부터 이끌어 내는 데에 하나의 동기 요인이 되었음을 논의하였다. 그렇지만 일반적으로 상황의 새로움이 실제로 화자들에게 동기를 부여해 줄 수도 있는 반면에, 반대로 그 과제들의 낯선 성격과 그 과제들의 요구 내용들이 일부 화자들을 어느 특정 과제에서 그들에게 요구하는 게 무엇인지에 대해서 제대로 알아차리지 못하게 해 놓을 소지도 있다. 이런 불확실성의 결과로서, 학습자들이 적합하지 않은 수행을 산출할 수 있고, 그들의 참된 능력을 드러내지 못할 가능성도 있다. 그러므로 여러 가지 상이한 통제 조건들 아래에서 수행을 실험해 보기로 결정하였다. 첫 번째 연구는 화자들에게 특정 과제들을 반복하여 수행하는 기회를 제공해 주었다. 따라서 주어진 과제의 수행 내용을 놓고서 연습의 효과를 조사하는 기회가 되었다.

6.1.1. '정태적' 과제의 수행에서 연습의 효과

우리가 실행한 첫 번째 연구에서는 '정태적' 과제들에 대한 화자들의 수행을 놓고서 연습의 효과를 조사하였다. 도형 그리기 과제와 모눈 홈판 위에서 도형 꾸미기 과제와 같이 '정태적' 과제들을 놓고서 이뤄진 화자들의 수행들에 대한 많은 시간의 녹음 내용을 분석하면서 (이들 과제에 대한 온전한 서술에 대해서는 〈부록 1〉를 보기 바람), 많은 화자들이 아주 성공적으로 수행하지 못하였음을 알았다.

제5장에서 서술된 평가 절차들로부터, 우리는 그 화자들이 종종 자신의 청자에게 의사소통을 하고 있었던 정보를 온전히 구체적으로 말해 주지 못했음을 관찰할 수 있었다. 따라서 일부 화자들은 자신의 말해 주기(instructions)에[2] 포함된 크기나 거리에 대하여 필요한 정보를 누락하였거나, 또는 빈 종이나 모눈 홈판 위에서 어디에서부터 시작할지를 말해 주는 일을 빠뜨렸거나, 또는 그들의 말해 주기 전체가 아니라 오직 일부에 대해서만 온전히 구체적인 내용을 말해 주는 듯하였다. 일반적으로 일부 화자는 온전히 명백한 말해 주기를 들어야 하는 청자의 필요성을 고려하지 못한 채 제멋대로 수행을 하였거나 또는 일관된 말해 주기를 수행하지 못하였다. 한 모둠의 화자들에게 이들 과제를 수행할 반복된 기회를 제공해 줌으로써, 연습이 이들 문제점을 둘 모두 또는 어느 하나를 경감시켜 주는지, 그리고 더 나은 수행으로 귀결될 것인지를 찾아내려고 희망하였다.

연습의 효과에 대한 연구에서, 우리는 이들 과제를 1주일 간격을 두고서 두 번씩 수행하는 한 집단의 화자들을 녹음하였다. 첫 번째 시도와 두 번째 시도에서 그들의 수행 내용들을 비교하였다. 평균 잡아 화자들은 첫 번째 시도에서 도형 그리기 및 모눈 홈판 위에서 도형

---

2) [역주] 화자가 지닌 그림의 동일한 모양새를 그려 주도록 청자에게 명령 형태로 말해 주는 내용

만들기 과제들에 대한 채점 체계로 보인 대로, 필요한 정보의 60%를 산출하였다. 두 번째 수행에서는 필요한 정보의 62%를 산출하였다. 이런 작은 수치상의 차이는 통계 검사에서 우연한 변동인 것으로 밝혀졌다.[3] 그런 과제들을 수행하기 위한 하나의 단일한 녹음 기간 안에, 비슷한 결과들이 두 번의 기회를 부여받은 주어진 나이 어린 화자들의 대규모 집단에서도 찾아졌다. 다시 한 번, 말하기에서 연습이 유의미하게 향상된 수행들로 이끌어가지 않았다. 그들을 대상으로 하여 수행된 결과들과 통계상의 분석에 대한 요약이 〈부록 3〉에 들어 있다. 이들 연구에 대한 자세한 논의는 앤더슨·율·브롸운(Anderson·Yule and Brown, 1984)을 보기 바란다.[4] 이들 연구로부터 우리는 임의의 과제를 놓고서 말하기에서 단순히 화자들에게 연습을 제공해 주는 일이 수행 내용에서 어떤 유의미한 향상으로도 이끌어 가지 않았다고 결론을 내렸다.

만일 말하기 연습이 향상된 수행으로 이끌어 가지 않았다면, 화자들에게 그들의 어려움들을 극복하도록 도와주기 위해 어떤 다른 과제 조건들이 조절될 수 있을 것인가? 우리의 녹음 기간 뒤에 학생들과 격식 없이 가진 논의들로부터, 과제에서 청자의 역할을 맡았던 학생이 화자보다 과제에 대하여 좀 더 통찰력이 있는 반응을 전달해 주었음이 많은 경우에 사실인 듯하였다. 이 관찰은 우리로 하여금 나이가 어린 학습자들의 의사소통 기술들에 대한 조사연구를 되돌아보게 만들었다. 그 연구에서는 청자 역할의 경험이 과제들을 놓고서 '자기중심적'(egocentric) 수행 내용—즉, 나이 어린 화자들이 상대방 청자의 관

---

3) [역주] 전문 용어로 차이가 중요하고 확실하다면 '유의미한 차이'(significant difference) 라고 말하고, 그런 차이가 무시될 수 있거나 우연의 결과라면 '우연한 차이'(chance difference)라고 말한다. 앞의 차이는 반드시 다른 연구자에 의해서도 같은 실험 조건에 서 동일한 결과가 얻어짐을 전제로 한다. 어떤 실험이나 현장조사가 유의미한 차이를 갖는다고 말하려면, 먼저 몇 가지 조건들이 반드시 만족되어야 하며, 이를 타당도 (validity) 및 신뢰도(reliability)에 대한 문제라고 부른다.

4) [역주] 『제1 언어(*First Language*)』 제5호 13권에 실려 있다. 현재 Sage Journals Online을 통해 유료 접속이 가능하다.

점이나 지식 따위를 전혀 고려하지 않은 채 오직 자신에게 필요한 것만 산출하는 일—을 극복하는 데 도움이 될 수 있음이 시사되었다. 이런 연구에 대한 최근 개관을 보려면 딕슨(Dickson, 1980)을 살펴보기 바란다. 그러므로 동일한 혜택 효과가 우리 10대 모집단에서도 찾아낼 수 있을 것인지 여부를 알아보기 위하여, 청자 역할에서 사전 경험에 대한 효과를, 계속 이어진 말하기 수행들에서도 검사하기로 결정하였다.

6.1.2. '정태적' 과제 수행에서 청자 역할에 대한 경험 효과

청자 역할에서의 경험 효과를 연구하기 위하여, 먼저 1주일 간격을 두고서 녹음을 해 놓은 학생들의 두 분기의 수행을 서로 비교하였다. 이들 화자는 첫 번째 주에서 애초에 화자의 역할을 맡았었다. 그러고 나서 동일한 기간 동안에 동일한 과제의 상이한 내용을 놓고서, 다른 학생이 해당 내용을 말해 주는 것을 귀 기울여 듣는 청자의 역할을 맡았다. 1주일 뒤에, 두 가지 '정태적' 과제—도형 그리기 및 모눈 홈판 위에서 도형 꾸미기—의 서로 다른 내용을 놓고서 그들의 수행을 녹음하였다. 그들의 애초 입말 수행 내용에서는, 이 연구에서 화자들이 두 과제를 놓고서 말해 준 내용에서 평균하여 필요한 정보의 58%를 산출하였다. 1주일 뒤에 그들의 두 번째 수행에서는 청자의 역할을 맡음으로써 평균 점수가 필요한 정보의 78% 산출로까지 높아졌다. 이는 유의미한 향상이다.

규모가 더 큰 두 번째 연구가 시행되었다. 화자로서 이들 과제를 수행하기에 바로 앞서 사전에 청자 역할을 해 본 화자들이 수행이, 녹음 기간 동안에 이런 기회가 주어지지 않은 그들의 짝의 수행과 서로 비교되었다. 청자 역할을 경험해 보았던 학생들이 유의미하게 훨씬 수행을 잘하였다. 동일한 첫 번째 연구 조건에서의 학생 수행 결과와도 아주 비슷하였다. 그들은 평균하여 필요한 정보의 75%를 산출하

<표 6-1> '정태적' 과제에서 청자 역할 효과를 검사하는 실험 계획

<첫 번째 소규모 실험>

기 간	청자 역할을 안 해 본 화자의 수행	청자 역할을 해 본 화자의 수행
제1주 1분기	학생들이 화자의 역할을 떠맡음(60%)	학생들이 화자의 역할을 떠맡음(58%)
제1주 2분기	없음	여러 학생들이 청자의 역할을 떠맡음
제2주	학생들이 화자의 역할을 떠맡음(62%)	학생들이 화자의 역할을 떠맡음(78%)

<두 번째 대규모 실험>

기 간	청자 역할을 안 해 본 화자의 수행	청자 역할을 해 본 화자의 수행
제1주 1분기	학생들이 화자의 역할을 떠맡음(62%)	여러 학생들이 청자의 역할을 떠맡음
제1주 2분기	여러 학생들이 청자의 역할을 떠맡음	학생들이 화자의 역할을 떠맡음(75%)

였다. 이는 평균 필요한 정보의 62%를 산출한, 청자 역할을 해 보지 못한 학생들의 수행 결과와 비교된다. 〈표 6-1〉에서는 이들 두 실험의 계획을 보여 주며, 그 결과 및 분석의 세부 내용이 〈부록 3〉에 들어 있다.

6.1.3. 청자 역할 경험의 유무와 더불어 화자로부터 나온 수행 사례들

다음에 있는 사례들에서 서로 다른 두 부류의 화자에 의해서 이뤄진 '정태적' 과제들의 아주 전형적인 수행 내용을 보게 된다. 오직 그 과제들만을 놓고서 말하기를 하였던 두 사람의 화자, 그리고 청자의 역할에서 미리 경험을 해 본 두 사람의 화자이다. 서술되고 있는 도형과 모눈 홈판은 〈부록 1〉의 〈그림 1, 2〉로 들어 있다.

(1) 도형 그리기 과제, 청자 역할을 해 보지 않은 화자의 수행임
   three ++ in orange line under it + then a square in black + then a line

under the square in + orange

(세 개의 + 귤색 선으로 그 아래에 + 그러고 나서 검정색으로 된 정사
각형 하나 + 그러고 나서 그 정사각형 아래에 선 하나 + 귤색으로)

(2) 도형 그리기 과제, 미리 청자 역할을 해 본 화자의 수행임

about a third of the way down from the middle of the page + on the
right-hand side + there's a large box + about two centimeters + each
+ line + it's a square directly below it about + half centimeter there's
a red line + the full width of the + line of the square + going back
to the + top of the square + about a centimeter above that + there's
a red line + about half the size of the box + and about another
centimeter up + there's a + number three + in black + which is quite
large

(대략 1/3쯤 아래로 그 빈 종이 가운데로부터 + 오른쪽으로 + 큰 상자
가 하나 있어 + 대략 2cm정도이고 + 각 + 선이 + 그게 정사각형이거
든 바로 그 밑으로 대략 + 0.5cm쯤에 빨강 선이 하나 있는데 + 그
정사각형 선의 + 충분한 길이로 말이야 + 도로 그 + 사각형 꼭대기로
되돌아가서 + 대략 1cm정도 그 위로 + 빨강 선이 하나 있어 + 대략
그 상자의 절반 크기로 말이야 + 그리고 또다시 1cm정도 위에 + 거기
하나의 + 숫자 3이 있어 + 검정색으로 + 아주 크거든)

(3) 모눈 홈판 위에서 도형 꾸미기 과제, 청자 역할을 안 해 본 화자의
수행임

there's a yellow + dot and + down from that there's a red one + directly
below + no straight below a few spaces away + then + it's the same
on the other side + eh going the other way + instead of going down
go across + then put two green elastic + join all eh the bits up + oh
on the other one there's a blue and a red + down a bit + then directly

above the red + there's a blue + then join all the elastic bands up +
the red ones + on the first one you done there's a blue one that goes
between your + right bottom one + and your left top one + which goes
right in the center + of both of them

(거기 하나의 노랑 + 점[=말뚝]이 있고 그리고 + 그것으로부터 아래
로 빨간 게[=말뚝] 하나 있어 + 바로 아래로 + 곧장 아래는 아니지만
공간을 약간 벗어나서 + 그러고 나서 + 다른 쪽에도 그게 똑같아 +
오 다른 방향으로 가면서 + 밑으로 내려가는 대신에 가로질러 가 +
그리고 두 개의 초록색 고무를 넣고서 + 모든 에 도막들을 결합해
놓아 + 오 다른 쪽[=오른쪽 구석지]에 파랑 하나와 빨강 하나가 있어
+ 조금 아래로 + 그러고 곧장 그 빨강 위로 + 파랑이 하나 있어 +
그러고 모든 고무줄을 결합해 놔 + 그 빨강 것[=고무줄]들을 + 네가
한 첫 번째 것[=삼각형]에 네 오른쪽 밑바닥 것[=도형]과 네 왼쪽 꼭
대기 것[=삼각형] 사이로 지나가는 파란 게[=말뚝] 하나 있는데 + 그
것들 둘 모두의 + 바로 한 가운데로 가거든)

(4) 모눈 홈판 위에서 도형 꾸미기 과제, 청자 역할을 해 본 화자의 수행임.
(모든 참여자 짝들에게 동일한 지시사항이 주어졌지만, 다음 청자가
다른 사람보다 더 많이 화자에게 확인 질문을 던지면서 적극적으로
참여한 것은5) 우연일 뿐임)

화자: halfway down from the right-hand side + and put in a pink peg +
pink + then go to your right halfway along the board + and put in
a yellow + then come down + down so the two + put in another red
peg + so the two red so the two red pegs are opposite each other +
making a triangle + you come down from the yellow peg straight down

(오른쪽으로부터 중간쯤 아래로 와서 + 그리고 분홍 말뚝을 하나 꽂

---

5) [역주] 이를 흔히 '두 방향 듣기' 활동이라고 부르며, 이런 청자를 능동적 청자라고 부른다.

아 + 분홍색 + 그리고 그 판을 따라 중간쯤인데 네 오른쪽으로 가 + 그리고 노랑을 하나 꽂아 + 그러고 나서 아래로 내려 가 + 아래로 그래서 그 두 개 + 또 다른 빨강 말뚝을 꽂아 + 그래서 그 두 개의 빨강 그래서 그 두 개의 빨강 말뚝들이 서로 반대편이 되거든 + 하나의 삼각형을 만들면서 말야 + 네가 그 노랑 말뚝으로부터 곧장 아래로 밑으로 내려가)

청자: oh aye I get you now
(아 그래 이제 네 말뜻을 알았어)

화자: so the two pink pegs + are diagonal opposite each other + then go along and put in a blue peg at the left-hand side + to make a square + so it makes a square + then get a green elastic band + put it round the two pink ones and the yellow + leaving out the blue + now come along from the + bottom bottom right-hand pink + and go right along to the right-hand side + so the blue pink and blue and put in a blue peg
(그래서 그 두 개의 분홍색 말뚝들이 대각선으로 서로 반대가 되거든 + 그러고 나서 계속 가서 + 정사각형을 하나 만들도록 + 왼쪽에 파랑 말뚝을 하나 꽂아 + 그래서 그게 하나의 정사각형이 되거든 + 그러고 나서 초록 고무줄을 하나 갖고서 + 그 두 개의 분홍 말뚝들과 그 노랑 말뚝을 빙 둘러 놔 +그 파랑 말뚝은 내버려 두면서 + 이제 그 밑바닥 밑바닥 오른쪽 분홍으로부터 죽 나와 + 그리고 바로 오른쪽을 따라서 가 + 그래서 그 파랑 분홍 그리고 파랑 그리고 파랑 말뚝을 하나 꽂아)

청자: blue peg?
(파랑 말뚝이야?)

화자: yes so you've got a blue pink and blue all in line + right go down go down to the bottom right-hand corner and put in a pink + straight down
(응 그래서 네가 한 줄로 모두 파랑 분홍 파랑을 꾸며 놔 + 바로

아래로 내려가 밑바닥 오른쪽 구석까지 아래로 내려가서 분홍색 하나를 꽂아 + 곧장 아래로)

청자: from the blue?

(그 파랑색으로부터 곧장 아래로야?)

화자: yes + from your right-hand blue + right at the bottom + then go halfway along till you come underneath your pink again + then put one in there to make triangle

(그래 + 네 오른쪽 파랑으로부터 + 바로 밑바닥에 + 그러고서 중간 쯤 계속 가 다시 네 분홍색 밑바닥에 이르기까지 + 그리고 나서 삼각형을 만들기 위해서 거기에 하나를 꽂아 넣어)

청자: what colour?

(무슨 색으로?)

화자: blue + straight underneath your pink

(파랑색 + 곧장 네 분홍색 밑바닥에다)

청자: straight under it?

(곧장 그거 아래에다 말이야?)

화자: no not under it pink straight along from your right-hand pink + then take a pink elastic band and put it round your + your blue your blue and your pink

(아니 그 아래가 아니고 분홍색 네 오른쪽 분홍으로부터 앞으로 곧장 + 그러고 분홍색 고무줄을 하나 갖고서 그것을 둘러 놔 네 + 네 파랑색 파랑색 그리고 분홍색을 말이야)

이들 사례와 더불어 우리가 예시해 놓고자 하는 점은, 사례 (2)와 (4)의 화자에게 더 높은 점수가 부여될 이들 과제 채점의 세부내용이 아니라, 그 과제의 요구 사항들에 대한 실제 인식을 놓고서 이들 수행이 전해 주는 좀 더 일반적인 인상이다. 자신의 청자들에게 그 과제를 성공적으로 완결 짓도록 해 주려고, 충분히 명백한 정보를 제공해 주려는 화자의 시도인 것이다.

물론 (2)와 (4)에 있는 화자들이 모든 경우에서 적합하게 정보를 제공하는 것은 아니다. 예들 들어 (2)에서 화자는 자신의 청자에게 정사각형을 그리도록 말해 주면서도 정사각형의 색깔을 언급하지 않았다. (4)에서는 화자가 자신의 청자에게 말뚝을 하나 꼽아 놓도록

'so the two red pegs are opposite each other + making a triangle'
(그래서 그 두 개의 빨강 말뚝들이 서로 반대가 되는데 하나의 삼각형을 만들면서 말이야)

라고 말해 줌으로써, 어느 특정한 위치를 구체화해 놓았다고 부정확하게 가정한다. 비록 이들 화자가 과제를 완벽히 수행하고 있지 않다고 하더라도, 정보의 전달에서는 사례 (1)과 (3)에서 보인 수행의 종류보다, 그들이 두드러지게 효과적인 말하기를 산출하고 있는 것으로 보인다.

(1)과 (3)에서 예시된 정보 누락의 종류들은, 이들 화자가 실제로 해당 과제에서 청자에게 필요한 요구사항을 깨닫지 못함을 시사해 준다. 만일 해당 정보를 잘 알고 있는 우리가 이들 화자가 서술하고 있는 도형이나 모눈 홈판에 접속한다면, 이들 화자가 의미하는 바를 따라갈 수 있으며, 서술 내용으로서 이들 수행이 실제로 부적합하지 않음을 알 수 있다.[6] (모자란 측면을 따지자면) 예시로 보인 일러주기에서는 청자의 지식 결여를 고려하지 않는다. 따라서 명확하지도 않고, 청자가 그 도형을 정확한 복제하여 그려내거나 그 말뚝(pegs, 나무못)들을 적합하게 배열하는 일을 끝마치도록 하기에는 충분한 정보도 담지 못

---

6) [역주] 오직 정확성이 떨어지고, 불충분할 뿐인데, 이런 측면을 다시 청자의 관점에서 화자 자신의 서술 방식을 검토해 주지 못한다고 서술하고 있다. 이런 설명 방식은 '청자로서의 경험' 유무가 말하기 수행을 현격히 바꿔 놓는다는 이 책 저자들의 주장과 정합적으로 되도록 해 준다.

하였다. 화자가 자신의 청자에게 수행의 시작점에서 그리기나 말뚝 꽂기에 대한 길라잡이를 말해 주지 않은 채, 과제에 있는 요소들에 대한 서술을 시작하는 방식은, 특히 청자의 관점을 올바로 인식하지 못한 이런 종류의 실패를 나타내는 듯하다.

수행 내용의 길이도 또한 사례 (2)와 (4)에 있는 화자들은, 자신의 청자에게 적합하게 정보를 알려 주려고 더 노력을 많이 하고 있음을 나타내는 듯하다. 어떤 '가외의'(extra, 별도의) 말하기가, 별개의 정보를 제공해 주고 있는 이들 화자로부터 생겨 나온다. 사례 (1)에 있는 화자에 의해 제시된 아주 최소한의 정보와 비교하여, 사례 (2)에서 화자는 도표에 있는 요소들의 거리·차원·위치를 구체적으로 말해 준다. 흥미롭게도, 가령 화자가 첫 번째 말뚝(peg, 나무못)의 색깔을 반복하고 있는 사례 (4)의 시작 부분에서, 그리고

'red peg + so the two red so the two red pegs are opposite each other'
(빨강 말뚝 + 그래서 그 두 빨강 그래서 그 두 빨강 말뚝들이 서로 반대편 이 되거든)

이라는 일러주기처럼, 어떤 가외의 정보는 사실상 정보의 반복에 해당한다. 일러주기도 또한 비슷하게 어떤 경우에 추가된 가외의 정보와 더불어 재정의된다. 그렇지만 이런 가외의 정보는 엄격하게 말하여 잉여적이다. 그런 것은 우리가 마련한 채점 절차에서 수행이 얻어낼 법한 점수에 전혀 기여하지 않는다. 우리가 세운 채점 절차는 오직 최소한의 요구사항에만 점수를 준다.

교사들은 격식에 구애 없이 그런 추가적인 노력을 장려하고 싶어 할 수도 있다. 예를 들어, 사례 (2)에서 화자는 포함된 요소의 하나를 '상자'(a box)로 서술한다. 우리는 이를 전체 모집단에 있는 많은 화자 및 청자의 수행으로부터 나온 '정사각형'(a square)과 동의어로 간주한다. 그렇지만 여전히 해당 화자는 둘을 모두(=상자와 정사각형) 언급한

다. 그 상자의 선의 길이가 각각 2cm이고, 또한

'it's a square'(그게 정사각형이야)

라고 추가해 준다. 비슷하게 사례 (4)에서도 화자가 어느 말뚝들에다 초록 고무줄을 둘러놔야 하는지에 대해서, 그리고 어느 말뚝이 밖에 남겨져야 하는지도 추가해서 말해 준다. 그 화자는 청자에게 장소를 정의해 주면서 다음처럼 말하였다.

'now come along from the + bottom bottom right-hand pink + and go right along to the right-hand side'
(이제 그 + 밑바닥 밑바닥 오른쪽 분홍으로부터 죽 나와 + 그리고 바로 그 오른쪽을 따라서 가)

그런 뒤 한 줄로 늘어선 세 개의 말뚝들에 대한 잉여적인 정보를 더해 준다. 임의의 말뚝이 어디에 위치해야 하는지를 일러주는 것이다. 다시 또 다른 말뚝에 대하여 청자에게 일러주는 경우에는 그 화자가

'from your right-hand blue'
(네 오른쪽 파랑으로부터)

(이 말뚝의 색깔은 실제로 분홍색이었지만, 그 화자는 파랑이라고 잘못 말하였음)

'right at the bottom + then go halfway along'
(바로 밑바닥에 + 그러고서 중간쯤 계속 가)

라고 말한다. 색깔 혼동을 논외로 한다면 이는 어느 특정 위치를 확인

해 주지만, 다시 화자는

'till you come underneath your pink again'
(네 분홍색 밑바닥에 다시 이르기까지)

라고 말하여 잉여적인 서술을 추가해 놓는다.

이런 종류의 반복과 잉여성은, 대체로 청자의 역할을 해 보지 않은 화자들의 수행에서는 결여된다. 반면에 청자 경험을 미리 가져 봤던 화자들은 청자들의 요구사항들을 이해하고, 이들 과제에서 도움이 되고 정보가 담긴 일러주기를 제공해 주려고 노력한다는 일반적인 인상을 심어 준다. 화자는 이전 어느 짝의 부적합한 일러주기로부터 과제를 완성하려고 노력하던 자기 나름의 경험을 되살리고서, 이들 과제에서 청자가 충분히 명백한 정보를 요구하며, 오직 화자만이 그런 정보를 제공할 수 있음을 깨닫는다. 따라서 그 자신의 뒤이은 입말 수행에서 이런 경험을 가진 화자는, 실제로 무엇이 필요한지를 이해하고, 그의 일러주기에서 요구된 정보를 자세히 제공해 주려고 노력하는 것이다.

6.1.4. '정태적' 과제 수행에서 청자 역할에 대한 과제 난이도, 순서, 연습 효과

우리는 정보 전달하기 기술을 가르치는 일을 놓고서, 과제 중심 접근의 이점들 중 하나가 알려지고 등급화된 난이도 수준을 포함하는 교과과정이 마련될 수 있다는 점임을 주장하였다. 우리가 체계적으로 조사하려고 했던 첫 번째 과제 조건들 중 한 가지는, 서로 다른 난이도 수준을 나타내려고 마련해 놓은 과제들을 놓고서 이뤄진 화자들의 수행이었다. 임의의 과제 유형으로 배당해 놓은 난이도 수준이, 과연 화자들의 수행으로 반영될 것인지를 발견해 내고자 조바심이 났다.

우리는 정태적인 도형 그리기 및 모눈 홈판 도형 꾸미기에 들어 있는 두 수준의 난이도를 놓고서 화자들의 수행을 조사하는 일에 착수하였다. 화자 각자에게 임의의 '쉬운' 수준에 있는 한 가지 과제와 '어려운' 수준에 있는 한 가지 과제를 제시하였는데, 〈부록 1〉을 참고하기 바란다. 그 과제들을 놓고서 수행을 녹음하고 채점하였다. 그 뒤 두 수준의 난이도들에 대한 점수를 비교하였다. 우리는 두 과제를 동등하게 취급하였다. 첫째, 원칙적으로 그것들이 둘 모두 대상들 및 그것들의 공간적 관계에 대한 정확한 서술을 포함하는 아주 비슷한 정보 전달하기 기술을 검사하였다고 믿었기 때문이다. 둘째, 더 앞선 연구에서 두 유형의 과제들에 대한 점수들 사이에서 통계상으로 유의미한 상관성을 발견하였었기 때문이다(피어슨 상관 계수 r = .76, 유의 확률 p 〈 .01). 이는 일반적으로 도형 그리기 과제에서 잘 수행한 화자가 또한 모눈 홈판 위에서 도형 꾸미기 과제도 수행을 잘하며, 반대로 한 과제에서 제대로 수행하지 못한 화자는 또한 일반적으로 다른 과제에서도 수행을 제대로 하지 못할 것임을 의미한다. 우리가 얻어낸 결과는 두 과제 모두 쉬운 내용을 놓고서 수행된 화자들의 평균 점수가 필요한 정보의 74%가 제공되었다.[7] 이는 과제들의 어려운 내용을 놓고서 수행된 51%의 평균 점수와 서로 비교된다.

두 번째 연구에서는 동일한 과제의 쉬운 내용과 중간 내용을 놓고서 또 다른 집단의 화자들을 검사하였다. 쉬운 과제에 대한 점수가 평균 74%였다. 이는 중간 등급의 과제에 대한 평균 점수 64%와 서로 비교되었다. 다시 이 연구에서 이용된 중간 등급의 과제들은 〈부록 1〉에 들어 있다.

이들 연구의 결과로부터 적어도 일러주기 종류의 '정태적' 과제들을 놓고서, 과제를 대체로 어렵게 보이도록 만들려고 조절해 놓은 과

---

7) [역주] 미리 세워 둔 채점표에 들어 있는 모든 정보를 말해 주었을 경우 이를 100%로 보는 것이다. 74%와 51%는 각각 말해 주어야 할 내용들을 26%와 49%나 빠뜨리고 말해 주지 못하였음을 뜻한다.

제 자극 자료의 특징들이, 예측된 방향으로 화자들의 수행에 영향을 미쳤음을 결론 내렸다. 우리가 더 쉬울 것으로 예측한 수준의 과제들을 놓고서 화자들은 실제로 더 성공적인 수행을 하였다.

우리의 다음 관심거리는, 화자들에게 서로 다른 순서로 제시된 다양한 정도의 난이도를 지닌 과제들의 영향을 조사하는 것이었다. 특히 우리 조사 연구에서 상정한 난이도 증가 순서로 제시된 등급화 과제들로 꾸며진 교과과정에 대한 개념이, 과연 학교에서 사용하기에 도움이 될 것인지 여부를 검사하고 싶었다. 이런 가정을 검사하기 위하여, 쉬운 난이도와 중간 등급의 난이도로 된 두 가지 '정태적' 과제를 제시받은 두 집단 화자들의 수행을 서로 비교해 보았다. 한 집단은 먼저 쉬운 과제로 된 것을 받았지만, 다른 집단에서는 순서가 거꾸로 된 어려운 과제를 먼저 받았다. 다른 연구들에서와 같이, 이 연구에서 이용된 도형 그리기 및 모눈 홈판 위에서의 도형 꾸미기 과제가 비교될 수 있는 대안으로 이용되었다. 따라서 절반의 학생들에게는 쉬운 과제가 도형 그리기 과제였다. 반면에 나머지 절반의 학생들에게는 쉬운 과제가 모눈 홈판 도형 꾸미기 과제였다. 그 결과, 먼저 더 쉬운 과제가 주어진 화자들이, 처음부터 중간 등급 과제가 주어진 화자들보다도 후속되는 중간 등급 과제를 놓고서 수행을 더 잘하였음을 보여 주었다. 다시 말하여, 난이도 증가 순서로 된 과제들을 제시해 주는 일이, 더 어려운 과제들을 놓고서 더 나은 수행을 산출하였던 것이다.8)

우리는 이런 결과에 기여하는 두 가지 가능한 요인들이 있을 것으로

---

8) [역주] 이 결론에는 번역자로서 동의할 수 없다. 번역자의 직관적 판단에는, 인지 처리 과정의 복잡성 정도를 과연 이 책 저자들이 제시한 두 유형의 과제가 충실히 반영해 줄 수 있는지가 의심스럽다. 도형 그리기 과제 및 도형 꾸미기 과제는 중학생의 인지 수준에서는 동등하게 수행할 수 있으며, 서로 차별을 찾을 수 없는 과제로 판단되기 때문이다. 만일 인지 복잡성의 정도를 높여 주려면 이런 단순 과제보다는 여러 가지 과제들을 이어 놓은 복합 과제를 제시해 주어야 옳을 듯하다. 도형 그리기 과제의 수행 결과가 다른 과제를 푸는 데에 한 가지 단서가 되는 일련의 과제들을 제시할 경우에라야 비로소 인지 처리의 복잡성을 차등화할 수 있을 것으로 보는 것이다.

짐작할 수 있다. 한 가지 요인은 학생들이 임의 과제의 쉬운 내용에 대한 요구 사항들을 이해하는 것이 아주 쉬움을 깨달았다. 해당 과제 유형을 이해해 놓음으로써 그 이해 사항을 더 어려운 내용으로 전이할 수 있었다는 것이다. 두 번째 요인은 앞선 수행에서 성공했다고 느낌을 경험하게 됨으로써, 학생들이 자신감을 얻을 수 있다는 것이다.

화자들의 수행을 놓고서 과제 조건들의 효과에 대한 이런 일련의 연구들에서 나온 결과는 우리가 믿는 바를 입증해 준다. 입말 의사소통 기술을 훈련시키는 일에 대한 과제 중심 접근에 대한 이점들 중 하나가, 과제 조건들이 체계적으로 학생들에게 혜택이 되는 방식으로 조절될 수 있다는 점이다. 우리는 다수의 간단한 조절이 두드러지게 유익한 효과를 지님을 발견하였다. 그 과제에서 화자에게 미리 청자의 역할을 해 보도록 제시하는 것과 같이, 이들 조건이 화자를 과제의 요구 사항들에 대하여 민감해지게 하는 것이다.

우리는 최선의 입말 수행이 화자가 청자 역할을 경험하였고 또한 난이도 증가 순서로 된 과제를 받았을 경우에 일어났음을 찾아내었다. 우리가 조사한 다른 어떤 조건들에서보다도 이들 환경 아래에서 화자들은 더 어려운 과제들을 놓고서 유의미하게 더 성공적으로 수행하였다. 실제로 이들 조건에서 과제 난이도들에 들어 있는 일반적인 난점이 극복되었다. 화자의 일러주기에 제공된 필요한 정보의 백분율에 비춰 보면, 평균 점수가 실질적으로 다른 조건들에서보다 20%에서 33%까지 더 높아졌다. 이런 과제 조건들의 간단한 결합에 대한 유익한 효과의 규모는, 체계적인 실험 조사로부터 도출된 이런 발견이 또한 상당히 교육적 중요성도 지님을 시사해 준다.

'정태적 일러주기 과제'에 대한 이들 조사의 전반적인 결과는, 청자 역할의 경험을 난이도 증가 순서로 된 일련의 등급화된 과제들과 거듭 결합해 놓음으로써, 교사가 학생들에게 화자가 정보 전달하기 과제를 성공적으로 완성하도록 허용해 주는 최적의 조건들을 제시해 줄 수 있을 것임을 시사한다. 이런 결과는 일반적으로 도움 없는 환경 속의 학습자들이 지닌 입말 의사소통 기술보다 훨씬 더 뛰어넘어 있을 듯하다.

6.1.5. '유동적 서사 이야기' 과제 수행에서 연습의 효과

과제 조건들을 조절해 주는 일이 '정태적' 과제에 대한 화자 수행에 유익한 효과를 지닐 수 있음을 발견하면서, 우리는 동일한 종류의 조절이 '유동적' 과제들의 수행에 대해서도 비슷한 효과를 지니게 될 것인지 여부를 알고 싶었다.

우리가 실행한 첫 번째 연구는 서사 이야기의 수행을 놓고서, 간단히 연습의 효과를 조사하였다. 제4장에서 서술된 이야기 말해 주기 과제를 25명의 화자들을 대상으로 하여 1주일을 간격으로 수행하도록 하여 두 번 녹음하였다. 두 분기에 모든 화자들에 의해 말해진 이야기들이 녹취 기록되었다. 그들이 담은 세부사항들의 양을 놓고서 이야기들이 분석되었다. '서사 이야기' 과제를 위하여 만화 자극 자료(제 자료)에 그려진 세부 사항들이 간단히 하나의 목록으로 나열되어 마련되었다. 모두 전체 점수가 67점이다. 그 화자의 이야기에서 이들 세부사항들이 하나 언급될 경우마다 매번 1점이 부여되었다. 이런 절차에 대한 하나의 사례가 〈부록 2〉에 들어 있다. 거기에서는 자극 자료(제시 자료)에 있는 첫 번째 그림에 대한 채점 절차를, 몇몇 화자 이야기의 시작 부분에 대한 점수들의 사례와 함께 보여 준다.

우리는 화자들에 의해서 말해진 평균 숫자가 두 번째 분기에서 더 많아졌음을 발견하였다. 그 결과와 분석의 세부 내용은 〈부록 3〉에 들어 있다.

처음에 '정태적' 과제들에 관하여 보고한 발견 결과와 불일치하는 듯한 '유동적' 과제들로부터 얻어 낸 이런 연구의 결과는, 연습의 유익한 효과를 발견한 것으로 보인다. 그렇지만 두 가지 묶음의 결과들에 대하여 좀 더 신중히 고려해 나간다면, 우리는 이런 불일치가 실제

드러난 것보다 더 명백하다고 믿는다.

  연습을 한 이야기 말하기 과제에 대한 이런 연구에서, 평균하여 화자들이 두 번째 시도에서 해당 과제에서 5가지 가외의(extra) 정보 항목을 포함하였음을 발견하였다. 그러나 두 분기에서 화자들의 수행을 살펴보았을 때, 대다수의 이야기들이 그들이 포함시킨 정보의 양으로 보면 아주 적합하였음을 알았다. 이 과제에서 14장이 자극 자료(제시 자료)로 이용되었다. 이 점이 고려된다면, 화자들에 의해 제시된 세부 사항의 평균 양은 첫 번째 분기에서 그림 한 장마다 2.5개 항목의 정보가 들어 있다. 두 번째 분기에서 그림 한 장마다 3개 항목의 정보가 들어 있다.[9] 그 이야기를 귀 기울여 들음으로써, 그리고 일련의 그림들에서 어느 것이 자신이 듣고 있는 이야기에 속하는지를 결정하고 있는 청자를 지켜봄으로써, 대다수의 화자들이 그림들에 포함된 정보를 아주 적합하게 서술할 수 있었다. 오직 아주 소수의 화자들만이 그들이 포함시킨 정보에 비춰서 부적합한 듯한 이야기를 산출하였다. 이들 화자는 두 분기의 녹음에서 모두 비슷하게 빈약한 이야기 내용을 산출하는 경향이 있었다.

  이들 수행 내용에 대한 자세한 분석으로부터, 우리는 연습이 화자들로 하여금 대체로 이미 익혀 놓은 과제의 관련 측면들을 개선할 수 있게 해 주었음을 결론 내렸다. 직관적으로, 이는 우리 자신의 경험과도 일치하는 듯하다. 우리는 모두 이미 지니고 있는 기술들을 반복하고 즐거이 개선하는 일을 한다. 또한 오히려 불확실하거나 실패했다

---

9) [역주] 앞에서 채점 내용 체계에 모두 67개 항목을 넣어 두었다고 하였으므로, 14장의 그림을 나눠 놓으면 그림 한 장마다 4.7개 항목의 정보를 담고 있는 셈이다. 첫 번째 시도에서는 25명의 학생들이 평균 그림 한 장마다 2.5개 항목의 정보가 담긴 그림을 제공받았다. 두 번째 시도에서는 3개 항목의 정보를 담았다고 하였다. 그러므로 첫 번째 시도에서는 평균 모두 35개 항목을 정보를 산출하였고, 두 번째 시도에서는 42개 항목의 정보를 산출한 셈이다.
두 번째 시도에서는 가외의(extra) 정보 항목이 평균 5개 추가되었다고 말하였다. 가외의 정보 항목이란 원래 마련해 둔 채점표에 들어 있지 않은 정보를 화자가 말하였음을 가리킨다. 즉, 5개의 정보 항목은 채점에서 제외된 것이다.

고 느끼게 할 과제를 놓고서는 무모하게 시도를 하려고 하지 않는다. '정태적' 과제 실험의 결과는, 화자가 특정한 과제의 요구내용을 이해하고 준수하는 데에 실제 어려움을 지니는 경우에, 화자의 역할을 하면서 과제를 여러 번 시도해 보는 반복된 기회들이 주어지더라도, 이들 어려움을 극복하는 데에 거의 도움이 되지 않을 것임을 시사해 준다.10)

이들 발견 결과의 교육적 함의는, 화자에게 청자 역할의 경험을 내어 주는 일이, 화자가 특정한 과제가 요구하는 것이 무엇인지를 파악하는 데 실제로 어려움을 지니는 과제들에서 단순 반복 연습보다도 더 도움이 크다는 점인 듯하다. 화자가 대체로 특정한 과제 요구내용을 충족시키는 데에, 성공적인 과제들에서는 반복 연습이 그들로 하여금 이런 측면에서 그들의 수행을 더욱 향상시켜 줄 수 있고, 실제로 즐겁고 일반적으로 동기를 북돋는 경험이 될 수 있는 것이다.

6.1.6. '유동적' 과제(자동차 충돌 과제) 수행에서 연습의 효과

우리는 앞의 연구에서 두 차례로 나뉜 분기 상으로 화자들이 얼마만큼의 정보를 자신의 이야기에 포함시켰는지를 검토함으로써, '유동적' 과제들을 놓고서도 연습의 효과 여부를 조사해 왔다. 우리의 주장은 이것이 화자 모집단에서 대다수가 그들의 입말 의사소통 능력 속에서 제대로 찾아낸 서사 이야기 말하기의 한 측면이었다. 따라서 간단한 연습이라도 유익한 효과를 산출하였음을 알 수 있다. 다음 연구에서 우리는 화자들이 더 어려운 것으로 깨닫는다고 증거가 들어 있는 '유동적' 과제들의 그런 측면들을 놓고서, 연습의 효과 여부를 조사하였다. 이는 청자 역할에서의 사전 경험 효과와 비교되었다.

---

10) [역주] 그렇다면 이 주장의 시사하는 바는 무엇일까? 번역자에게 이는 정태적 과제이거나 유동적 과제이거나 화자의 인지 상의 준비성 또는 복합 인지 능력이 아무리 연습을 시키더라도 금새 획득될 수 없다는 뜻으로 이해된다.

제4장에서는 '유동적' 과제들의 특징적인 요구 사항을 논의하였다. 한 가지 주요한 측면이 화자가 자신의 언어 사용에서 지시 표현상 분명해져야 할 필요성이었다고 언급하였다. 다시 말하여, 화자들은 자신의 서술이나 이야기에서 어느 인물이나 대상이 임의의 특정 시점에서 관계되는지 분명히 서술해 주어야 하는 것이다. 화자들에 의해서 산출된 여러 이야기들을 통해서, 우리는 이런 요구 사항이 충족되지 않은 경우에 귀결되어 나오는 이야기가 청자에게 사뭇 혼란스러운 것이었음을 예시해 놓았다. 우리는 임의의 '유동적' 과제들에 관련된 동일한 성별의 인물이나 대상들의 숫자가, 좀 더 많아지면 많아질수록 그 과제가 화자들에게 더 큰 어려움을 부과해 줄 것이라고 제안하였다. 화자들에게 여러 사람의 그런 동일한 성별의 인물을 지닌 '유동적' 과제들을 수행하도록 만들어 놓은 녹음 내용들로부터, 우리는 이것이 많은 화자들에게 실제로 어려움을 부과해 준 과제 요구 사항이었음을 발견하였다. 그러므로 이는 제6장의 더 앞쪽에서 서술된 연구들에서와 같이, 과제 조건들이 조절될 수 있을 것으로 보는 연구에서 후속 조사를 위하여 유망한 주제인 듯하였다.

우리는 자동차 충돌 과제를 이런 연구를 위해서 선택하였다. 이 과제의 세부 사항을 보려면 〈부록 1〉을 참고하기 바란다. 왜냐하면 그것이 지시 표현상 명백성이 하나의 핵심적인 요구 사항인 과제였기 때문이다. 자동차 충돌의 서술(=설명)에서11) 청자는 부적합하게 구체화된 '바퀴 달린 것'(vehicle)들12) 사이를 식별하기 위하여 일반적인 지식

---

11) [역주] description(down+write, 아래에다+적다)은 기술(記述, 받아 적음)이라는 말로 번역되지만, 이 번역에서는 묘사·서술·설명 등으로 다양하게 번역해 두었다. 과제의 성격에 따라서 어떤 그림을 그대로 본뜨는 것이라면 '묘사'로 번역하였다. 어떤 사건의 진행이나 변화를 언급하는 것이라면 '서술'이라고 번역하였다. 자동차 충돌에서와 같이 부가적으로 인과율 및 평가 따위가 더 들어가는 경우에는 아마 '설명'으로 번역되는 것이 더 나을 듯하다.

12) [역주] 어원은 carry(싣다)는 뜻을 지닌 vehere에서 나왔다. 짐을 운반하거나 사람을 옮겨 주는 수단이다(운송 수단). '탈 것'으로 번역하면 배나 말이나 비행기나 우주선 또는 잠수함도 또한 탈 것 속에 포함될 것이다. 여기서는 '바퀴 달린 것'으로 번역해 둔다.

을 이용할 수 없다. 모든 자동차(car, 승용차)와 바퀴 달린 것들이 아주 비슷하다. 만일 화자가 임의의 시점에서 명백히 어떤 자동차가 서술되고 있는지를 구별해 내지 못한다면, 청자가 서술되고 있는 사건들에 대하여 혼란스럽거나 부적합한 인상을 지니게 될 것이다. 이런 유형의 과제를 수행하고 있는 화자들에 대한 애초의 녹음 내용들은, 많은 화자들이 그 사건을 놓고서 눈으로 목격한 설명에 포함된 자동차들의 명백하고 일관된 서술에 대한 필요성을 인식하지 못하였음을 시사하였다. 따라서 많은 수행들이 지시 표현상의 명백성에 비춰서 부적합하였다.

연습의 효과 및 청자 역할에서의 경험에 대한 연구에서, 우리는 54명의 학생들 각자에게 〈부록 1〉에 서술된 방식으로 청자에게 서술해 줄 두 대의 자동차 충돌을 제시해 주었다. 따라서 각 화자에 대해서 우리는 비교할 두 개의 수행 내용을 가졌다. 우리가 녹음한 절반의 화자들은 그 녹음 기간에 일찍 수행하였다. 따라서 오직 화자의 역할만 경험하였다. 반면에 나머지 절반의 화자들은, 뒤이은 화자의 역할을 수행하기 이전에, 먼저 이들 수행 동안에 청자의 역할을 경험하였다. 이 집단을 청자 역할의 사전 경험을 가진 화자들로 나타냈다. 화자 각자에게 각 과제마다 두 대의 자동차 또는 바퀴 달린 것을 담고 있으며, 다른 과제에서는 세 대의 자동차 또는 바퀴 달린 것을 담고 있는 자극 자료(제시 자료)가 제시되었다. 이런 연구 계획에 대한 충실한 세부 내용은 앤더슨(Anderson, 출간 예정)에 들어 있다. 이 연구는

① 말하기에서 간단한 연습의 효과,
② 사전에 청자 역할을 경험한 효과,
③ 앞의 두 경험이 결합된 효과,

---

motor vehicle(동력을 이용한 바퀴 달린 것)에는, cars(자동차, 승용차) buses(버스) lorry/truck(짐차) 등이 포함된다. 따라서 vehicle(바퀴 달린 것)이 더 상위의 개념이 된다. 바퀴 달린 것에는 또한 자전거 수레 마차 따위도 포함된다.

④ 관련된 바퀴 달린 것들의 숫자 및 유형별로 정의된 과제 난이도 수준
에 대한 효과

에 대하여 정보를 제공해 주려고 마련되었다.

　모든 수행들이 녹음되고 전사되었다. 그런 뒤 지시 표현상의 명백성에 대하여 점수가 주어졌다. 이 연구를 위하여 우리는 화자가 자동차나 바퀴 달린 것을 서술하는 모든 경우를 살펴보았다. 제5장에서 서술되어 있듯이, 만일 이용된 서술이 화자가 애초에 문제가 되는 자동차나 바퀴 달린 것을 서술하는 방식과 동일하였다면, 그리고 그 서술이 다른 자동차와 바퀴 달린 것들이 서술되는 방식에서 차이가 있었다면, 그 서술이 성공적인 것으로 간주되었다. 각 유형의 자동차 충돌에서 성공적인 서술 및 실패한 서술의 숫자가, 그리고 그 연구의 각 조건이 총계로 모아졌고, 성공의 전반적인 백분율이 계산되었다. 이런 연구의 결과들이 〈표 6-2〉에 들어 있다.

　그 결과에 대한 통계 분석은 전반적으로 청자 역할에서 경험을 해봄으로써 유의미하고 유익한 효과가 있었음을 보여 주었다(자세한 논의는 〈부록 3〉에 있음). 그렇지만 말하기에서 단순한 연습에 대해서는 그런 효과가 전혀 없었다. 연습 및 청자 역할에서의 경험에 대한 두 가지 효과 사이에 있는 관계가 검사되었을 때, 우리는 두 효과가 결합되는 경우에 실제 향상이 일어났음을 발견하였다. 오직 청자 역할을 경험해 보고 두 번째 과제를 수행하고 있었던 화자들에 대해서만, 점수가 유의미하게 다른 점수들보다도 더 높았다. 〈표 6-2〉에서 보인 백분율로부터 알 수 있듯이, 이것이 통계상으로 유의미한 결과일 뿐

〈표 6-2〉 자동차 충돌 과제에서 지시 표현상의 평균 성공률

청자 역할을 안 한 화자		청자 역할을 해 본 화자		과제의 유형	
첫 번째 수행	두 번째 수행	첫 번째 수행	두 번째 수행	2대의 자동차	3대의 자동차
56%	62%	68%	85%	81%	54%
전체 평균 59%		전체 평균 77%			

만 아니라, 또한 관련된 차이의 크기—가장 도움이 적었던 '첫 번째 과제에서 청자 경험이 없었던 조건'보다 전반적으로 평균 거의 30%의 향상—는13) 과제 조건들에 대한 이런 결합이 화자들로부터 훨씬 더 성공적인 수행을 이끌어 내는 데에 중요하고 유익한 요인이 될 수 있음을 시사해 준다.

상이한 과제 유형 각각에 대하여 찾아진 평균 성공 점수들은, 다시 난이도 수준이 관련된 대상들의 숫자처럼 객관적 기준들에 따라서 미리 마련될 수 있다. 이들 수준이 화자들의 수행에서 반영될 것임을 확증해 준다.

6.1.7 자동차 충돌 과제의 수행 사례들

다음 사례 (5)는 어느 화자가 자신의 첫 번째 자동차 충돌 과제를 서술하고 있는 것이다. 그 화자는 미리 청자의 역할을 해 보지 않았다. 자동차 서술 뒤에 있는 아래 첨자는, 이용된 표현이 성공($\underline{s}$, successful 번역에서는 '<u>성</u>'으로 표시)인지, '실패'($\underline{u}$, unsuccessful 번역에서는 '<u>실</u>'로 표시)로 점수가 매겨졌는지를 나타낸다.

(5) the car$_\underline{s}$ went + the car$_\underline{s}$ came from + the right-hand side and tried to cross + the road + up to + in front of it$_\underline{u}$ + and it$_\underline{u}$ turned + and the other car$_\underline{u}$ tried to turn + the car$_\underline{u}$ behind it$_\underline{u}$ crashed + into the right car$_\underline{u}$

(그 자동차가$_\underline{성}$ 갔어 + 그 자동차가$_\underline{성}$ + 오른쪽으로부터 왔고 + 그 길을 가로 지르려고 해 + 위로까지 + 그것의$_\underline{실}$ 앞에서 + 그리고 그것이$_\underline{실}$ 돌았어 + 그리고 다른 차가$_\underline{실}$ 돌려고 해 + 그것$_\underline{실}$ 뒤에 있는 차가$_\underline{실}$

---

13) [역주] 위에 있는 표에서 청자 경험과 두 번째 수행이 85%이다. 이것을 청자 경험이 없는 첫 번째 수행의 백분율 56%를 뺀 값이다. 85%-56%=29%. 본문에서는 이를 대략 30%로 간주하였다.

충돌했어 + 그 오른쪽 차$_실$ 속으로: 성공적인 지시 표현 2개, 실패 6개)

다음 사례 (6)에서는 어느 화자가 자신의 두 번째 자동차 충돌 과제를 서술하고 있다. 따라서 그 과제에서 이미 화자의 역할을 연습한 뒤에 나온 수행을 나타낸다.

(6) there was two cars$_s$ coming + it's a crossroads + there's two cars$_s$ coming + down the road and there's one car$_u$ going + right across + and the first car$_u$ + stops and lets + one of the cars$_u$ round + and then it$_u$ starts and then the other car$_u$ + comes + right down + without stopping and + the car that let one of them past$_u$ + goes smashes right into it$_u$ (두 대의 자동차들이$_성$ 오고 있었어 + 그게 교차로이거든 + 두 대의 자동차가$_성$ + 그 길로 내려오고 있고 한 대의 차가$_실$ 가고 있어 + 바로 가로질러서 + 그리고 첫 번째 차가$_실$ + 멈추고서 + 그 차들 중 하나를 $_실$ 돌게 해 주고 + 그러고 나서 그것이$_실$ 시작하고 그러고 다른 차가$_실$ + 바로 아래로 오는데 + 멈추지 않은 채 그리고 + 그것들 중 하나를 지나게$_실$ 한 그 차가 + 바로 그것$_실$ 속으로 가서 박살이 나: 성공적인 지시 표현 2개, 실패 7개)

다음 사례 (7)은 어느 화자가 자신의 첫 번째 자동차 충돌 과제를 서술해 주고 있다. 그런데 미리 청자 역할을 해 본 화자의 경우이다.

(7) two + one car$_s$ was overtaking + a car with some black tyres on the roof$_s$ + the other cars$_s$ was coming in from the left-hand side a sports car$_s$ + as the car$_u$ was taking over the sports car$_s$ stopped + then moved on moved on + the mini$_u$ + the sort of mini$_u$ + turned to the left + and the custom car$_u$ came right across + and hit the sports car$_s$ + and

both bonnets were sent + flapping up

(두 + 한 대의 차가$_{성}$ 추월하고 있었는데 + 한 차는 어떤 검정색 타이어를 차 지붕에$_{성}$ 얹었어 + 다른 차들이$_{성}$ 오고 있었는데 왼쪽 편으로부터 하나의 스포츠 카가$_{성}$ + 그 차가$_{실}$ 추월하고 있었고 멈춰 선 스포츠 카를$_{성}$ + 그러고 나서 계속 움직이고 계속 움직였어 + 그 작은 미니 자동차가$_{실}$ + 일종의 작은 차가$_{실}$ 왼쪽으로 돌고 + 그리고 그 일반적인 차가$_{실}$ 오른쪽을 가로질러 왔고 + 그리고 그 스포츠 카를$_{성}$ 들이받았어 + 그리고 두 덮개가 모두 날아 갔어 + 꽈당 부닥치면서: 성공적인 지시 표현 6개, 실패 4개)

사례 (8)에서는 어느 화자가 자신의 두 번째 자동차 충돌 과제를 서술하고 있다. 따라서 화자로서의 미리 경험을 하였고, 또한 미리 청자 역할도 해 보았다.

(8) coming in from + the + right is a a black a blackish car + with a white top$_{s}$ + and coming up from the top is + a sports$_{s}$ and just another car$_{s}$ + a lightish sports car$_{s}$ and another car$_{s}$ + right + the black car with the white top$_{s}$ starts + just starts just starts to move out + so the car the black car with the white top$_{s}$ moves out + and + just turns the way the + other two cars$_{s}$ are coming + and the sports car$_{s}$ turns right + the car behind$_{u}$ the sports car$_{s}$ just crashed into the sports car$_{s}$

(오고 있는 게 + 그 + 오른쪽으로부터 하나의 하나의 검정 하나의 거므스레한 차이거든 + 하얀 지붕을$_{성}$ 하고 + 그리고 꼭대기로부터 올라오는 것이 + 한 대의 스포츠$_{성}$ 그리고 바로 다른 차인데$_{성}$ + 한 밝은 스포츠 카와 또 다른 차야 + 바로 + 그 하얀 지붕을$_{성}$ 가진 검정 차가 움직이기 시작하는데 + 막 시작하는데 막 움직여 나가기 시작해 + 그래서 그 차 그 하얀 지붕을$_{성}$ 가진 검정 차가 움직여 나가거든 + 그리고 + 길을 꺾는데 그 + 다른 두 대의 자동차가$_{성}$ 오고 있거든

+ 그리고 그 스포츠 카가₍성₎ 오른쪽으로 돌아 + 그 스포츠 카₍성₎ 뒤에
있는₍실₎ 그 차가 바로 그 스포츠 카₍성₎ 속으로 충돌했어: 성공적인 지시
표현 9개, 실패 1개)

이들 모든 사례는 사고와 관련된 세 대의 자동차를 포함하고 있는
자극 사진(제시 사진)에 따라 이끌어 낸 수행들이다. (5), (6), (7)에서
화자들은 충분히 지시 표현상 명백해지지 못하였기 때문에, 관련된
자동차들의 숫자가 이들 수행으로부터 결정되기가 아주 어렵다. 각
화자가 여러 경우에서 적합한 정도로 명백해지지는 못하였을 뿐만
아니라, 또한 서로 다른 형식의 낱말들을 이용하지 못했음에 주목해
야 한다.

(5)에 있는 화자는 청자 역할을 해 보지 않은 채, 첫 번째 자동차
충돌 과제를 서술한 화자들의 수행을 전형적으로 보여 준다. 사고에
포함된 자동차들을 서술하는 데 쓰인 낱말은 정보를 제대로 전달해
주지 못한다. 가령

'the car'(그 자동차), 'it'(그것), 'the other car'(다른 자동차)

처럼 쓰인 표현이 관련된 세 대의 자동차 사이를 구별해 주지 못하는
것이다.14) 이런 서술을 듣고 있는 청자는 서술되고 있는 사건을 따라
갈 수 없을 듯하다.

이 과제에서 말하기 연습을 이미 한 번 해 본 화자의 수행 내용을
나타내는 사례 (6)은, 분명하고 명백한 서술에 대한 필요성을 제대로
처리해 내지 못하기 때문에, 거의 따라가기가 어렵다(≒화자로서 연습
을 아무리 여러 번 해 봐도, 청자에게 필요한 정보를 전해 주는 일에 아무런

---

14) [역주] 더 구체적으로 자동차들을 구별해 주려면, 색깔과 모양(종류)과 자동차 모델
이름을 이용하는 것이다. 여기에 덧붙여 새 차나 헌 차 등 관련 자동차의 특징도 서술해
줄 수 있다.

향상도 보여 주지 못함). 이런 수행에서 단순한 연습이 화자로 하여금 좀 더 정보를 담고 있는 언어를 이용하도록 장려한다는 증거는 전혀 없다. 가령

'the first car'(첫 번째 차), 'one of the cars'(그 차들 중 하나), 'the other car'(다른 차), 'it'(그것)

과 같이 다양한 자동차를 언급하기 위해 선택된 표현들은, 첫 번째 수행상 화자들에 의해 선택된 부적합한 표현들과 비교하여 형식에서 유사하며, 마찬가지로 올바르게 지시해 내지 못한다.

'정태적 일러주기 과제'의 수행에서 검사했을 때 알아낸 것처럼, 화자들이 종종 청자들의 관점을 고려해 주지 못하는 듯하다. 단지 이용할 수 있는 불분명하고 정보가 없는 표현과 더불어, 청자가 서술되고 있는 바를 이해할 수 없을 것임을 전혀 깨닫지 못하는 것이다. 이 점은 화자들이 파악하기에 아주 어려운 사실인 듯하다. 앞에서 언급한 이전의 연구에서와 같이, 말하기에서 단순한 연습만으로는 효과적으로 화자가 이런 청자의 요구 사항(필요한 정보)을 인식하는 데 실패하는 일을 해결하거나 극복해 주지 못한다.

사례 (7)에서, 화자는 청자 역할의 경험을 하였다. 우리의 이전 연구들로부터, 이런 경험은 화자가 온전하고 정보를 담은 서술들에 대한 청자의 필요성을 깨우치는 쪽으로 이끌 것으로 기대하였다. 이 조건에서 전반적인 평균 성공률은 68%인데, 사실상 두 가지 이전의 조건들에서 보인 수행들보다 유의미하게 더 나은 것은 아니었다. 앞에 있는 사례 (7)에서 볼 수 있듯이, 이 조건에서 이용된 실패한 표현들이 많다. 만일 다시 어떤 합리적인 표현의 수행인 (7)에 쓰인 낱말들을 어느 정도 자세히 살펴본다면, 비록 전반적인 성공률이 앞의 조건들과 비슷하더라도, 그 화자에 의해서 쓰인 표현들의 형식은 오히려 차이가 난다. (7)에서 화자는 다음 표현들을 쓰고 있다.

'a car with some black tyres on the roof'(어떤 검정 타이어를 지붕에 얹고 있는 차 한 대), 'the mini'(그 작은 자동차), 'the custom car'(그 일반적인 차)

이는 (5)와 (6)에서 쓰인 낱말의 종류보다 청자에게 더 식별력이 있는 정보를 담고 있다. 심지어 'the other car'(다른 차)처럼 불충분한 정보 표현이 쓰인 경우에라도, 화자는 이런 모자란 정보 성격이 도움이 안 됨을 깨닫는 듯하다. 따라서 논의 중인 자동차를 더 도움이 되도록 'the sports car'(그 스포츠 카)로 다시 서술해 준다. 명백히 그 화자는 정확하게 서술하려는 시도로 다양한 유형의 낱말을 이용하고 있으며, 이 사건에 포함된 자동차들을 구별하고 있다. 화자는 명백한 정보에 대한 청자의 필요성을 잘 깨닫고 있는 듯하다.

그렇지만 그 화자가 아주 성공적이지 못한 대목은 일관되지 못한 지시 표현이다. 이런 과제에서 이용된 표현이 관련된 자동차들을 청자가 충분히 구별할 수 있도록 명백해져야 될 뿐만이 아니라, 또한 청자로 하여금 애초에 'overtaking'(추월하고 있는) 것으로 소개된 차가, 뒤에 'turning left'(왼쪽으로 돌고 있거나) 또는 'pulling out'(빠져 나가고 있는) 것으로 서술된 동일한 차임을 알 수 있도록, 충분히 일관적이어야 한다는 점을 깨달아야 한다.

청자가 그 사건들을 이해하게 될 유일한 방식은, 동일하거나 아주 비슷한 표현들이 동일한 자동차를 가리키기 위해서 서술하는 동안 계속해서 이용되는지 여부이다. 사실상 사례 (7)은 잠재적으로 청자를 오도하는 듯하다. 왜냐하면 화자가 명백해져야 할 필요성을 파악했지만, 자신의 언어 사용에서 충분히 일관적으로 되지 못하였기 때문이다. 서술되고 있는 충돌에 대한 구체적인 서술이 각각 하나의 새로운 자동차를 사건 속으로 도입하는 듯이 보인다. 따라서 4대가 아니라 별개의 6대 자동차가 포함되는 듯하다.

사례 (8)에서는 청자의 역할을 하였을 뿐만 아니라 또한 말하기 연습도 했던 어느 화자로부터 나온 수행을 본다. 오직 이런 결합만이 지시 표현상 명백성에 비춰서 대체로 성공적인 서술로 귀결되는 듯하다. 이런 사례에서 화자는 사례 (7)에 있는 화자처럼 종종 애초의 서술을 정교히 가다듬으면서 청자에게 정보가 담긴 서술을 제공해 주려고 노력한다. 이 화자는 또한 이들 서술을 일관적으로 이용하는 능력도 시범적으로 보여 준다.

동일한 성별과 비슷한 세 개의 참여 대상을 포함하고 있는 일련의 사건 연결체를 서술하는 이런 아주 어려운 과제를 놓고서, 화자는 관련된 자동차들에 대하여 서술 내용을 선택하는 데에 온전히 명백하고 정보를 담아 놓을 필요가 있다. 미리 청자의 역할을 해 보는 것이 이런 과제의 요구 사항에 대하여 화자들을 민감해지도록 만든다. 이런 복잡한 과제에서 화자는 또한 과제를 놓고서 해당 사건을 청자에게 충분히 성공적으로 의사소통하기 위하여, 일관되게 말을 쓰도록 연습할 필요가 있다. 두 가지 변수(미리 청자 경험+반복된 말하기 경험)를 결합시킨 경험이, 다른 과제 조건들에서 산출된 것들보다도 현저하게 더 효과적인 수행으로 귀결된다. 그리고 이들 조건이 정보 전달 기술을 훈련시키는 데 교육적 가능성을 지님을 시사해 준다.

6.2. 수행을 향상시키기 위한 모둠별 작업

일련의 대규모 실험 연구에서 화자들에 의해서 향상된 수행으로 이끌어 가는 한 조의 도움 되는 과제 조건들을 발견해 냄으로써, 우리는 그런 과제 조건들이 교실 수업 실천과 관련될 법한 좀 더 격식 없는 방식으로 유익하게 이용될 수 있는지를 알고 싶었다. 우리는 교육을 실천하는 교사가 아니라 연구 조사자들이므로, 교실 수업 연습으로서가 아니라, 학교에서 그런 수업들과 가능한 한 가까운 조건 아래 조사 연구를 실행하였다.

먼저 우리는 가장 낮은 점수의 수행을 보인 한 집단의 학생들을 우리가 이전에 두 번 방문하였던 어느 학교로부터 선발하였다. 따라서 당시의 연구가 시작되기 이전에 1시간 30분 정도를 우리와 함께 보내었었다. 이들 학생은 이전에 우리가 가장 덜 성공적으로 평가했던 수행들을 산출했었다. 우리가 그들을 선발한 것은, 이것이 아주 우리의 조사 연구 절차들 가운데 더 엄격히 준수되어야 하는 검사인 듯했기 때문이다. 또한 명백히 그런 학생들이 정보를 전달하는 학습에서 도움을 많이 받을 필요가 있었기 때문이다.

우리가 이들 학생을 만나는 일이 제한되어 있었다. 그러므로 여러 주 동안에 걸쳐 일련의 40분 수업을 하는 것이 아니라, 그 대신에 아주 강도 높은 훈련 및 검사 분기들을 모두 단 하루 사이에 실행해야만 하였다. 그 조사 연구는 다음과 같이 실행되었다. 아침에, 5명의 집단으로 된 학생들이15) 처음으로 과제들을 선별한 녹음된 수행들을 귀기울여 들었다. 녹음테이프를 듣는 동안에, 학생들은 개별적으로 적

---

15) [역주] 이런 연구를 사례 연구(case study)라고 부르거나, 질적 연구(qualitative study, 현학적인 번역으로는 '정성적 연구'[定性的])라고 부르거나, 인류학이나 사회학에서는 ethnography(민족지)라고도 부른다. '민족지'라는 말을 교육 현장에 맞게 고쳐 부른다면 '하위 집단 관찰 기록' 또는 '소집단 관찰지'라고 말할 수 있다. 원래 인류학에서는 작은 부족 단위의 집단을 관찰하였었기 때문에 용어를 ethno(민족의)라는 어근을 썼던 것이다.
보통 양적 통계(현학적인 번역으로 '정량적 연구'[定量的])에서 서양의 종 모습을 지니는 분포를 얻어내려면, 적어도 100명 이상의 무작위 추출 표본을 얻어야 한다고 본다. 교육 현장의 조사연구에서는 적어도 30명 이상이 되어야 종 모습의 '정규 분포'(normal distribution)를 얻는다고 생각한다. 이런 적은 숫자의 소표본(small sample)으로도 정규 분포의 모습을 상정하고 통계적 논의가 가능하다는 것을 1908년 고쎗(Willam Gosset, 1876~1937)이 처음 발견하였고, 피셔는 이를 t-test(소표본 검사)로 불렀다. 100명이든 30명 이상이든, 여기서 다룬 5명과는 차이가 너무 많이 난다. 그런 차이를 어떻게 좁혀 나갈 수 있을 것인가? 통계적 방법에서는 질적 연구가 반드시 일반화 가능성 (generalizability)을 얻어야 한다고 본다. 그런 가능성을 얻는 방법을 이른바 '삼각 측량'(triangulation)으로 부른다. 삼각 측량은 '자료·조사자·이론·방법론·여러 학문 영역·시간·장소' 등의 여러 변수를 놓고서 다른 자원들을 이용하여 여러 차례 측정하면서 동일하거나 유사한 결과를 얻음을 보여 주는 일이다. 이렇게 함으로써 질적인 통계가 양적인 통계에서같이 일반성을 얻는 것으로 본다.
통계는 질적이든 양적이든 타당도(validity)와 신뢰도(reliability)가 확보되어야 한다. 타당도는 그 통계 변인들 사이에 성립되는 내적 구성 관계의 합리성을 가리키며, 신뢰도는 다른 사람이 그와 같은 방식으로 통계를 얻을 때 동일한 결론을 얻을 수 있어야 하는 것이다.

합한 청자의 과제를 완성하려고 노력하였다. 각 수행의 마지막에서 그 모둠이 자신의 완성 과제들을 비교하였다. 그들 사이에서 그리고 조사연구자들과 더불어, 그들이 겪은 어려움 및 화자의 수행에 들어 있는 부적합성으로부터 귀결되어 나온 그들 과제들 사이의 차이점을 토론하였다.

그들이 귀 기울여 들었던 수행들이 완벽한 것과는 거리가 멀기 때문에(사실상 그것들이 이들 학생이 스스로 이전에 산출하였던 수행들의 종류와 비슷하게 완벽하지 않은 것들로 선별되었음), 화자가 말해 주었어야 하는 것들에 대한 토론은 보통 생동감이 있었다. 다른 화자들의 수행에 대한 부적합성을 놓고서 학생들도 우리 조사 연구자들처럼 민감하였음을 보여 주었다. 그리고 나서 수행 녹음을 반복하여 들려주고, 무슨 다른 대목의 정보나 어떤 다른 형태의 표현이 청자들에게 더 도움이 될 것인지를 놓고서 더 자세히 토론하기 위하여 적합한 시점에서 녹음기를 멈추었다. 그리고 나서 모둠의 구성원들에게 논의 중인 과제의 대안이 되는 내용을 수행할 기회가 주어졌다. 나머지 학생들이 다시 청자로서 역할을 맡는 동안에 그 수행이 녹음되었다. 이 수행 동안에 그리고 수행 뒤에 모두 청자들이 비평을 하거나 명확하게 표현해 달라는 요구를 하도록 허용되었다.

이런 연구의 목적 한 가지는, 화자들이 얻은 통찰력이 어떤 것이든지 더 이후의 기회에 다른 과제들에 대해 일반화될 수 있는지 여부를 발견하는 것이었다. 그러므로 아침 훈련 분기를 위해 선별된 과제들은, 내용에서 오후 검사 분기에서 제시된 과제들과는 차이가 났다. 주요한 아침 훈련 분기에 '정태적' 모눈 홈판 과제를 이용하였다면, 한편 오후 분기에는 다양하게 다른 '정태적' 과제들은 물론 모눈 홈판 과제도 검사하였다.

검사 분기에서는 다양한 '정태적' 그리고 '유동적' 과제들이 이용되었다. 전반적으로 우리가 학생들로부터 녹음해 놓은 수행들은 동일한 화자들로부터 이전에 우리가 녹음한 수행들보다도 현저하게 더욱 효과적이었다. 일반적으로, 우리의 훈련 분기가 그들의 수행에 대해 유익한 효과를 지녔었음을 알아내었다. 특히, 그 수행들은 화자들이 자신의 짝(=청자)들에게 온전하고 명백한 정보를 내어 주려고 시도를 하고 있음을 보여 주었다. 세 가지 상이한 과제들을 놓고서 그 모둠에서 3명의 화자들에 의해서 훈련 이전(A 분기) 및 훈련 이후(B 분기)의 수행들에 대한 다음의 사례에서는, 이런 종류의 과제 요구 사항을 놓고서 증가된 인식의 증거가 있으며, 결과적으로 수행이 좀 더 성공적이라는 증거가 있다. 과제 훈련 계획은 〈표 6-3〉에 들어 있다.

〈표 6-3〉 과제 훈련의 설계

	분기			
	A분기: 훈련 이전	공백기	B분기: 훈련	C분기: 검사
시간	1) 제1주 2) 제2주	4주 동안 쉼	아침	오후

6.2.1. 훈련 이전과 훈련 이후 수행의 사례들

(9a) 모눈 홈판 위에 도형 꾸미기 과제에 대한 훈련 이전의 수행

put a red peg + in the box + anywhere you want + take a yellow peg + go straight along + about ten holes + then take another peg and put it below + the yellow one + about + ten down + and take a yellow green + elastic band + and put it on them + and then + take a blue ++ put it + on the board + take another blue + another red put it below + the blue about eleven + twelve down + and take a blue + and put it ten along from the red + then take a red elastic band and join them all up

(빨강 말뚝을 하나 놔 + 그 상자 안에 + 아무 곳이나 네가 놓고 싶은 데에다 말이야 + 노랑 말뚝을 하나 집어 들고서 + 곧장 따라 가 +

약 10개 홈쯤 + 그리고 나서 또 다른 말뚝을 집어 들고서 그 아래에 놔 + 그 노랑 거 말이야 + 약 10 밑으로 + 그리고 노랑 초록 + 고무줄을 하나 집어 들고서 + 그것들 위에다 놔 + 그러고 나서 + 파랑을 하나 집어 들고서 ++ 그걸 놔 + 가장자리에 + 또 다른 파랑을 집어 들고서 + 또 다른 빨강을 그것 아래 놔 + 그 파랑을 약 열하나 + 열 둘 아래로 + 그리고 파랑을 하나 집어 들고서 + 그리고 그 빨강으로부터 죽 따라서 그것을 열 [홈 떨어지게] 놔 + 그 빨강으로부터 말이야 + 그러고 나서 빨강 고무줄을 하나 집어 들고서 그것들을 모두 다 묶어)

(9b) 또 다른 모눈 홈판 도형 꾸미기 과제에 대한 동일한 화자의 훈련 이후 수행

화자: put + a red peg + at the bottom + right-hand corner + then about two inches + put a green peg in + then go back to the + red peg + over from the red peg + to your left + in the middle + it's still in the bottom line put another red peg + then put a green + elastic band over them all + then go to the middle + and a little bit up from the middle + put + a blue + and then + on the top + right-hand corner + about two inches away from that on the very top line + put a blue + abut four inches away from that + put a blue + then about three inches down + put a green + then along from the green to your left + at the other side of the board + at the left-hand corner + down from it about + no put it the same + same line as the other green but right at the corner right at the edge of the board ++ then put a + red elastic band over them the whole band and then + the blue and the two greens

(빨강 말뚝을 하나 + 오른쪽 구석지 + 바닥에다 + 놓고 + 그리고 나서 대략 5cm쯤에다 + 초록 말뚝을 하나 집어넣어 + 그리고 나서

그 + 빨강 말뚝으로 되돌아 가 + 그 빨강 말뚝으로부터 건너서 네
왼쪽으로 + 중간 부분에서 + 그게 여전히 바닥 선에 있고 또 다른
빨강 말뚝을 놔 + 그리고 나서 초록 + 고무줄을 하나 그것들 모두
위에다 놔 + 그리고 나서 가운데로 가고 + 그리고 가운데에서부터
조금 위쪽으로 + 놔 + 파랑을 하나 + 그리고 나서 + 꼭대기 + 오른
쪽 구석지에다 + 그것으로부터 약 5cm 떨어져서 바로 꼭대기 선에
+ 파랑을 하나 놔 + 대략 거기로부터 10cm쯤에다 말이야 + 파랑을
하나 놔 + 그리고 나서 약 7.5cm 아래로 말이야 + 초록을 하나
놔 +그리고 나서 그 초록으로부터 죽 네 왼쪽으로 + 그 모눈 홈판
의 다른 쪽에다 + 네 왼쪽 구석지에다 + 그것으로부터 아래로 약
+ 아니야 그것을 똑같은 + 다른 초록 선처럼 똑같은 선이지만 바로
그 구석지에 바로 그 홈판 가장자리에다 놔 ++ 그리고 나서 + 빨강
고무줄을 하나 놔+ 그것들 위로 전체 고무줄로 그리고 나서 + 그
파랑과 그 초록 두 개)

청자: what colour of peg?
(말뚝 색깔이 뭔데?)

화자: a green
(초록 하나)

청자: and a red elastic band?
(그리고 빨강 고무줄 하나야?)

화자: aye
(그래 맞아)

청자: what three?
(뭐가 셋이야?)

화자: the blue the blue at the top and the two reds the two greens sorry
(그 파랑 꼭대기에 있는 그 파랑과 그 두 개의 빨강 그 두 개의
초록이야 미안)

비록 우리가 6개의 상이한 과제를 놓고서 이 작은 집단(=5명)의 수
행으로 아주 전형적인 사례 (10), (11), (12)로부터16) 이들 화자의 훈련
이후 수행이 완벽하다고 선언하지는 않겠지만, 훈련 이후의 수행은
애초의 수행에 대해 현저한 향상을 보여 준다. 만일 먼저 그 집단에게
훈련을 위해 주어진 '정태적인' 모눈 홈판 과제를 살펴본다면, 바로
그 화자의 애초 일러주기에서부터 두 수행들 사이에 중요한 차이점이
있음을 보게 된다.

(9a)에서 화자는 청자에게 말뚝 하나를 'anywhere you want'(네가 놓
고 싶은 곳에 아무데에나) 넣도록 말해 줌으로써, 과제 완성에 대한 책임
을 명백히 포기하고 있다. 이것이 바로 첫 번째 일러주기이므로, 이
수행 뒤에는 화자가 말하는 것이 아무런 것도 청자에게 적합한 모눈
홈판 형상을 재생할 수 있도록 귀결될 수 없다. 그래서 비록 채점 절차
에서 화자가 내어 주거나 빠뜨려 말해 주지 못하는 정보에 가중치를
부여하지 않더라도, 일반적인 용어로 그런 누락은 화자가 이런 과제
에서 전적으로 청자에게 필요한 요구 사항들을 인지하지 못함을 시사
해 주는 듯하다.

대조적으로 훈련 이후의 수행에서 학습자는 자신의 청자에게 과제
의 시작 부분에서 올바르게 방향을 일러준다. 또한 일러주는 동안에
계속하여 자신의 더 앞에 수행한 시도보다도 더 일관적으로 훨씬 많
은 정보를 제공해 준다.

제6장 1절 3항에 있는 조사연구 보고에서, 계속 이어진 입말 수행들
상으로 청자 경험을 해 본 한 가지 효과가, 설사 잉여적일 수 있더라도
화자가 실제로 청자에게 최대한도의 정보를 제공해 주려고 애쓰고 있
다는 일반적인 인상을 주며, 또한 동일한 정보의 대안이 되는 형식들
을 담고 있는 일러주기를 실행하는 것이라고 언급하였다. (9b)에서 또

---

16) [역주] 원문에서는 예문 (11)과 (12)를 (10)과 함께 모아 놓았다. 예문과 설명이 서로
    멀리 떨어져 있어서 불편하다. 번역에서는 보기에 편하도록 예문들을 설명이 있는 곳
    바로 앞에다 새로 배치해 둔다.

한 이를 실행한다. 예를 들어 다음처럼 말해 주고 있는 것이다.

'to your left at the other side of the board at the left-hand corner … same
line as the other green but right at the corner right at the edge of the board'
(네 왼쪽으로 모눈 홈판의 다른 쪽에다 왼쪽 구석지에다 … 다른 초록
선과 같이 똑같은 선이지만, 바로 그 구석지에 바로 모눈 홈판의 가장자
리에)

그 화자는 청자가 어디에 말뚝(peg, 나무못)을 놓을지 확실히 알게 해
주려고, 다양한 추가 보완 서술로써 어느 단일한 지점을 정의하려고
애쓰고 있다. 흥미롭게도, 명시적으로 만들기 위해 이렇게 늘여 놓으
려는 노력은 관련된 말뚝의 색깔을 언급하는 일을 빠뜨리는 원인이
된다. 그렇지만 이런 잘못은 해당 과제를 놓고 추가 연습을 하면서
극복할 수 있는 것일 듯하다. (9b)에서 화자가 시범적으로 보여 주는
주요한 성취는, 과제 해결을 위한 청자의 필요성을 놓고서 더 커진
화자 자신의 인식 및 효과적으로 필요한 정보를 전달해 주기 위하여
융통성 있고 합리적으로 언어를 쓰는 능력이다.

(10a) 도형 그리기 과제에 대한 훈련 이전의 수행
draw with the red pen draw half a square + and then + between the
half a square go up to the corner + and draw another square eh with
the black pen + and then from the top right-hand corner of the
square draw a red line ++ and then draw a black line next to the
red one + and then draw a full red square + have you done it? +
and then up the very top put a A
(빨강 펜으로 그려 절반의 정사각형을 그려 + 그러고 나서 그 절반
의 정사각형 사이로 구석지로 올라가 + 그리고 또 다른 정사각형을
그려 에또 검정 펜으로 + 그러고 나서 그 정사각형의 꼭대기 오른

쪽 구석으로부터 빨강 선을 하나 그려 ++ 그러고 나서 그 빨강 거 바로 옆에 검정 선을 하나 그려 + 그러고 나서 완전히 빨강 정사각 형을 하나 그려 + 다 끝냈어? + 그러고 나서 바로 위쪽으로 올라가 서 A를 하나 놔)

(10b) 같은 화자가 도형 그리기 과제의 또 다른 내용을 놓고서 수행한 훈련 이후의 내용

at the + the right-hand corner at the bottom go up about three inches and in from the paper about three inches + and when you go up three inches draw a black line about four inches + right you done that? + right get the red pen and draw a square about four by five + right done it? + you've drawn a black line about four inches drawn + a square about the same length as four inches and up five + right you done that? + right about one inch from the square draw a black line about + three inches no two + up the tip of your square ++ then about another inch up draw a number five with the red pen + right done it? + that's it

(그 + 오른쪽 구석지에 그 바닥에서 위로 약 7.5cm 올라가고 그 종이로부터 약 7.5cm쯤에 + 네가 7.5cm 위로 올라가면 약 10cm 정 도로 검정 선을 하나 그려 + 좋아 그것 끝냈어? + 그래 그 빨강 펜을 갖고서 사각형을 하나 약 4×5크기[10cm×12.5cm]로 그려 + 좋아 그것 끝냈니? + 약 5cm 아래에 검정 선을 하나 그려 놔 + 대략 똑같은 길이로 10cm에서 12.5cm정도까지 사각형 하나 [그려] + 좋아 그거 끝냈어?+ 그래 그 사각형으로부터 약 2.5cm에 점정 선을 하나 그려 약 + 7.5cm 아니다 5cm + 네 사각형 꼭대기 위로 ++ 그러고 나서 또 약 2.5cm 위로 빨강 펜으로 숫자 5를 하나 그려 + 그래 했어? + 그게 전부야)

도형 그리기 과제에 대한 수행은 더 흥미로웠다. 왜냐하면 훈련 분기에 오직 모눈 흄판 과제만을 포함하였고, 따라서 도형 그리기 과제에 대한 수행에 있는 향상은 어떤 것이든지 학생들이 하나의 과제로부터 얻은 통찰력을 비슷한 유형의 다른 과제에로 일반화할 수 있었다는 전이의 증거가 될 법하기 때문이다.

(10a)와 (10b)에 예시된 수행은 그런 일반화가 실제로 일어났음을 시사해 준다. 앞에서 봤던 (9a)에서와 비슷하게, (10a)에서 화자는 온전히 명백한 일러주기의 필요성에 대한 이해가 결여되어 있음을 보여 준다. 그렇지만 (10b)에서 이제 그 화자는 요구되는 정보를 훨씬 더 많이 포함시킨다. 또한 자신의 청자에게 필요한 요구 사항들을 인지하는 전형적인 화자들의 수행도 보여 주는데, 큰 방향을 정하여 일러주는 시작 부분 및 반복되고 자세히 풀이를 추가해 주는 내용들이 그러하다.

지금까지의 결과들을 종합하면, 훈련 분기에 이용한 격식 없이 자유로운 토론과 청자 역할에서의 연습이 많을수록, 과제 조건들에 대한 실험적 조절에서 관찰한 것들과 대비하여 '정태적 일러주기 과제'의 수행에서 비슷한 향상을 보여 주었음을 시사한다. 우리의 다음 관심거리는 비슷한 향상이 '유동적' 과제의 수행에서도 일어날 것인지를 찾아내는 일이었다.

(11a) 자동차 충돌 설명 과제에 대한 훈련 이전의 수행 내용

There was this + car + on the left-hand side he's turning round to go straight + straight on ++ then he's turning too quick and the other car + looks as if it's going straight on + and that pulls out in front of it + and it's going + that is turning up to go up the way and the other guy's going straight down and he brakes + and the other car brakes and the other ++ the car at the back of it rams right into the other car

(거기 이 + 차가 있는데 + 왼쪽에 그 사람이 직진으로 가기 위해
돌고 있어 + 죽 계속 ++ 그러고 나서 그 사람이 너무 빨리 돌고
있고 다른 차가 + 계속 직진하고 있는 것처럼 보여 + 그리고 그게
그것 앞으로 빠져 나가 + 그리고 그게 가고 있어 + 그게 그 길 위로
가려고 돌고 있어 그리고 다른 사람이 곧장 내려가고 있고 그가
브레이크를 밟아 + 그리고 다른 차가 브레이크를 밟고 그 다른 ++
그것의 뒤쪽에서 그 차가 바로 다른 차 속으로 쳐박네)

(11b) 같은 화자가 또 다른 자동차 충돌 설명 과제를 놓고서 수행한 훈련
이후의 내용

this red car with the white roof + and it's + going + as it was going
along the road + to turn up the way to go up the way ++ and there's
two cars coming down an orange car with a + it's like a tyre on it
yes it's like a big sticker a tyre a big circle and + an white stripe going
through it and there's a Ford Capri + an red Ford Capri behind it
+ and the white the big red car with the white roof + goes round
to turn a corner ++ and that car with the circle on it it's going straight
down with the Capri at its back + and then + that big right + the
two of them are + the big red car with the white roof is turning the
corner and that other car with the round circle on it is turning in
++ and that turns it and takes them by surprise and the + the big
+ the big white the big red car with the white roof + turns round
and takes a driver doing that orange car + with the circle on it takes
him by surprise + and as it turns round the Ford Capri at the back
comes smashing right into it
(이 하얀 지붕을 가진 빨강 차가 + 그리고 그게 + 가고 있어 + 그
길을 따라서 + 그 도로 위로 가려고 그 도로 위로 돌기 위해서 가고
있었거든 ++ 거기 두 대의 차가 내려오고 있는데 귤색 차 한 대

말이야 + 그게 그[=자동차] 위에 타이어 같은데 맞아 그게 얹혀 붙인 큰 거 하나 어떤 타이어 어떤 큰 원 그리고 + 그것[=타이어]을 가로질러 흰색 줄이 하나 나 있어 + 거기 포드 회사 카프리 차가 하나 있어 + 그거 뒤에 빨강색 포드 카프리 차 한 대 말이야 + 그리고 그 흰 색 흰색 지붕을 가진 그 큰 빨강 차가 어느 모퉁이를 돌려고 돌아가고 있어 ++ 그리고 그것[=지붕] 위에 그 원을 얹은 그 차가 그 카프리 차와 함께 그 뒤에서 그게 곧장 내려가고 있어 + 그러고 나서 + 그 큰 오른쪽 + 그것들 두 대가 + 흰색 지붕을 가진 그 큰 빨강 차가 그 모퉁이를 돌고 있고 그것[=지붕] 위에 둥근 원을 지닌 다른 차가 그 모퉁이를 돌아 들어오고 있어 ++ 그리고 그것이 돌아서 그게 그리고 그것들을 놀랍게도 추월해 그리고 그 + 그 큰 + 그 큰 흰색 그 흰색 지붕을 가진 그 큰 빨강 차가 회전을 해서 그것[=지붕] 위에 그 원을 지닌 그 귤색 차를 몰고 있는 운전자를 추월해 + 놀랍게도 그를 추월해 + 그리고 그게 방향을 틀어 돌아가자 뒤쪽에서 그 포드 카프리 차가 와서 바로 그 차 속으로 들어가 박살이 나)

'유동적' 과제의 애초 수행들은 이들 화자가 가장 많이 어려워했던 것이 상당히 지시표현 상의 명백성을 요구하는 자동차 충돌 설명이었음을 시사해 준다. 사례 (11a)와 (11b)는 이들 과제의 수행에서 전형적인 변화를 예시해 주고 있다. 훈련 분기 동안에는 다양한 과제들을 놓고서 청자로서 학습자들에게 자동차들에 대한 정보 및 일관된 서술을 해 주어야 할 필요성을 느끼고 알도록 훈련을 시켰다. 이 집단의 학생들에게 ① 여러 짝으로 된 대안들로부터 서술될 적합한 그림을 스스로 선택할 수 있게 해 주었다. ② 또 다른 수행에서는 충돌 사건을 도식적으로 그려 보도록 했다. ③ 다시 또 다른 수행에서는 모형 자동차들을 도면 모습으로 배열하도록 해 보았다. 비록 화자의 수행에 대하여 통찰력 있고 관련된 비판과 제안들로 이끌어 갔지만, 이 마지막 과제가 학생들을 자동차의 색깔에 노출시켜 놓았다. 이는 화자들이 서술하고 있었던 자극 자료(제시 자료)에서는 원래 흑백 사진으로 되어 있던 것들이었다.

오후 시간에 실시한 검사 분기에서, 비록 학생들에게 애초에 훈련 이전의 녹음을 위하여 이용된 자료들과 비슷한 자극 자료(제시 자료)들이 제시되었지만, 학생들 대부분이 자신들의 서술에서 모형 자동차의 색깔들을 기억하고 이용할 수 있었다. 이는 애초 수행에서 그들에게 이용될 수 없었던 추가 선택 사항이다. 이는 두 묶음의 수행들이 엄격하게 따져 비교될 수 없음을 의미한다. 그럼에도 불구하고, 이런 요인에도 아랑곳하지 않고 두 조건들에 있는 언어 사용에서 차이점들이 드러날 만큼 충분히 흥미로웠다.

(11a)와 (11b) 사이에는 길이에서 현격한 차이가 있다. (11b)에서는 화자가 충돌 사건을 정확하고 완벽히 서술해 주려고 하여, 훨씬 더 많은 관심 사항들을 시범적으로 보여 주고 있다. 사실상 늘어난 길이는 대부분 정확히 훈련 분기에서 강조하고자 노력했던 과제의 그런 측면들로부터 귀결되어 나왔다. 화자는 관련된 자동차들에 대하여 확장되고 더 잘 식별되는 서술을 산출하고, '정태적' 과제들에서와 같이 종종 가외의 정보를 추가해 놓음으로써 이들 서술 내용을 정밀히 가다듬어 주려고 노력하였다. 그 화자는 다음과 같이 말하면서 어떤 자동차를 소개한다.

'an orange car with a it's like a tyre on it yes it's like a big sticker a tyre a big circle and + a white strip going through it'
(귤색 차 한 대 말이야 + 그게 그 위에 타이어 같은데, 맞아 그게 얹혀 붙인 큰 거 하나 어떤 타이어 어떤 큰 원 그리고 + 그것[=타이어]을 가로질러 흰색 줄이 하나 나 있어)

이런 확장된 서술은 우리가 학교에서 녹음해 놓은 애초 수행 어떤 것에서도 거의 드러나지 않았던 것이다. (11b)에서는 자동차 도입 서술에서처럼 또한 더 뒤에 있는 서술 내용들이 정보를 담고 있고 일관된 것으로 되어야 한다는 중요성을 깨닫고 있는 듯하다. 예를 들면 적합한 서술에 다가가기 위하여 다음 인용에서와 같이 애를 쓰면서 추가 정보를 더해 준다.

'the the big the big white the big red car with the white roof'
(그 그 큰 그 크고 하얀 그 흰색 지붕을 지닌 그 크고 빨간 차)

따라서 (11b)의 화자는 (11a)의 화자와는 달리

'this car'(이 차), 'the other car'(다른 차), 'it'(그것), 'he'(그)

와 같이 (11a)에서 부실한 표현으로 완벽히 결여되고 있는 과제 요구 사항을 잘 파악하여, 충실히 추가 정보들을 덧붙여 말해 주고 있다는 점에서 모범적이다.

수행상 이런 변화는, 간단한 훈련 절차를 따름으로써 '정태적' 과제와 '유동적' 과제에서 모두 일어났다. 따라서 우리 실험 연구에서 향상된 수행들로 귀결된 과제 조건에 대한 이런 종류의 조절이, 격식 갖추지 않은 이런 조사 연구로부터 제약이 덜한 교실 수업 환경에서도 이용 가능하게 채택될 수 있음을 결론짓는다.

6.3. 다른 과제 유형을 위한 과제 조건들을 놓고서 제안된 조절 내용

앞에 있는 논의들에서는 더 효율적인 의사소통을 산출하도록 화자들을 도와주는 조건들을 놓고 크게 확대된 조사연구들을 서술하였다.

이 절에서 우리는 어떤 다른 유형의 과제들과 애초의 시도들을 언급할 것인데, 과제들을 수행하는 데에 유익한 조건을 마련해 준다.

6.3.1. 협동 과제에서 도움이 되는 조건

제4장에서는 다른 과제 유형들과는 차이가 나는 한 유형의 과제를 서술해 놓았다. 이는 평가되는 기술이 과제 목표를 달성하는 데 학생이 두 명 서로 협동하는 능력을 볼 수 있었던 협동 과제이다. 각각의 경우에 두 명의 학생이 모두 사본(서로 차이가 있는 사본임)을 갖고 있는 어느 지도 위에서, A는 B에게 길을 그려 놓는 방법을 알려 주는 것이었다. 그렇지만 A의 지도는 B의 지도와 조금 차이가 났다. 오직 A만이 자신의 지도 위에 그 길이 표시되어 있었다. 이런 과제에 대한 수행의 애초 녹음들로부터, 관련 정보를 B(=청자)가 자발적으로 물었을 경우, 일부 A 화자들이 이런 요구에 아주 둔감하고 도움이 되지 않았다. 일부 B(=청자)들은 과제 해결에서 A와 서로 공유해야 하는 정보에 대해 충분히 자신감을[17] 지니지 못했거나, 자기 짝의 일러주기에 정보가 결여되어 따르기가 불가능한 경우들이 있음을 발견하였다. 과제 조건들에 대한 조절에서, 우리는 화자들에게 좀 더 효과적으로 상호 작용을 하도록 장려해 주는 상황들을 마련하는 일에 관심이 있었다.

최근에 큰 집단의 10대 화자들을 대상으로 실시한 지도 길 표시 과제에 대한 한 가지 연구에서, 우리는 상당수의 잠재적으로 유익한

---

17) [역주] assertive(자신감 넘치는)는 적극적(active) 청자라고도 부른다. 원문은 not…assertive이다. 이는 소극적 청자이며, 어떤 말을 잘 이해하지 못했을 때에 이를 자신의 능력 부족으로 돌리고 그만 포기해 버리고 만다. 흔히 나이 어린 화자나 능력이 떨어지는 화자는 어떤 말이나 글을 이해할 적에 잘 모르는 부분이 나오면, 자신의 무능함으로 돌려 곧잘 포기해 버리고 만다. 이런 태도를 완화시키거나 극복하는 방식은 여러 가지로 강구되어야 할 것이다. 이해 부족의 원인이 여러 가지이나, 그중 하나는 말을 만들어 내는 화자나 집필자 쪽에서 일관되지 못하고 부정확한 표현에서 말미암을 수 있다. 이럴 경우에 반드시 상대방에게 더 정확히 말해 달라고 하거나 또는 풀어서 말해 주도록 요청하는 훈련을 시켜야 한다. 이를 asking for clarity(분명히 말해 달라는 요구)라고 부른다.

조건들에서 제공된 이야기의 분량에 대한 효과를 검사하였다. 일반적으로 애초 녹음에서 우리는 최소한의 효과적인 협동 수행들이 아주 적은 양의 말하기—특히 화자 B가 기여한 아주 적은 양의 말하기—에 의해서 특성이 지워졌음을 알아내었다. 따라서 서로 협동하는 화자들 사이에서 '더 많은 이야기'(more talk)를 과제 관련 정보의 더 많은 교환에 대한 소략한 지표로 간주한다. 후속 연구로부터 나온 결과들은 다양한 과제 조건들에서 각 참여자에 의해 산출된 낱말들에 대한 평균 숫자에 비춰 논의될 것이다. 물론 이야기의 증가된 분량이 반드시 더 효과적인 협동을 가리키는 것이 아님을 잘 깨닫고 있다.

우리는 이들 과제에 대한 수행들을 위하여 좀 더 민감한 평가 체계를 만들어 가는 과정에 있지만, 말하기 양에 관한 애초 발견 결과는 그것들 나름대로 시사적이고 흥미로운 듯하다. 따라서 여기서 그것들을 교사들이 풍부하게 추구해 볼 가능성이 있는 길들에 대한 순간 포착 사진들로서 보고하는 것이다. 우리가 조사하고자 선택한 조건들 가운데에는, 뒤에 계속된 입말 수행들을 놓고서 해당 과제에서 미리 B의 역할을 해 본 효과 측정이 있었다.

우리는 짝을 이룬 학생들에게 4장의 지도 과제를 제시해 주었다. 처음 두 개의 과제에서는 한 학생이 A의 역할을 맡았다. 이들 수행은 'B의 역할에 대한 경험이 없음'을 나타내었다. 다음 두 개의 과제에서는 학생들이 역할을 서로 바꿨다. 이들 과제에서 A는 'B의 역할을 해 본 화자'를 나타내었다. 우리는 B의 역할을 해 본 A 화자들이, A의 역할만 해 본 화자보다도, 평균하여 거의 두 배나 많은 이야기를 산출하였음을 깨달았다. 뒤에 있는 두 개의 절에서 보인 인용들은, 미리 이런 청자 경험을 해 본 화자들이 더 큰 협동 및 더 많은 정보를 제공함을 잘 보여 준다.

우리가 조사한 두 번째 조건은 보조적인 B 역할에서 학생들의 수행에 초점을 모았다. 짝을 이룬 학생들에게 4장의 지도로 된 한 묶음의 과제들을 내어 주었다. 한 사람의 참여자 A가 자신의 지도 사본 위에 그려진 길을 다 완벽히 그려 넣음으로써, 과제의 실행에서 더 큰 권위를 지닌 어떤 조건들을 포함해 놓았다.18) 이런 조건에서 B의 역할은 자신이 정보를 결여하고 있거나 또는 A 화자가 서술해 주는 정보와 불일치한 정보를 발견한 경우에, 새로 더해 놓거나 고쳐 가는 일을 해 나가는 것이었다.

그 과제의 또 다른 조건에서는 그 길을 구역별로 보여 주었다. 부분적인 정보가 일부분씩 각자의 지도 위에 있었다. 이런 조건에서 화자로서 B의 역할은 짝이 되는 화자 A와 동등하였다. 따라서 과제를 해결하는 동안에 A와 B가 서로 실질적인 정보 양을 기여하리라 짐작하였다.19)

우리가 관심을 갖고 검사하였던 유익한 효과는, 서로에게 정보가 배분되어 동등하게 권위자의 역할을 해 본 B로 하여금, 지도 위의 길을 완성해야 하는 데에 일방적으로 A만이 더 큰 권위를 부여받는 수행보다도, 의사소통이 더 많이 이뤄지도록 만드는지 여부였다. 우리는 정보가 서로 나누어진 조건(서로가 자신의 갖고 있는 정보를 말해 줘야 하는 동등한 권위자 조건)에서 과제를 풀어 본 학생들이 B의 역할을 맡아 산출된 말하기 양을, 일방적으로 상대방 A의 말만 들으면서 지도에 길을 표시한 학생들이 B의 역할을 맡았을 때의 수행 내용을 서로 비교하였다. 서로 정보를 나눠 가져서 미리 동등한 권위자의 경험을 가졌던 B 역할의 학생들이, 그런 경험이 없이 B의 역할을 맡은 학생들

---

18) [역주] 이는 오직 A만이 길에 대한 올바른 정보를 지니고 있기 때문에 A에게 일방적인 권위가 부여된 불균등한 정보간격 놀이가 된다. 이를 '일방적인 정보 간격' 과제라고 부를 수 있다. 이 책의 저자들은 '일방적 권위자'(greater authority, '더 큰 권한')라는 말을 쓰고 있다.

19) [역주] 앞의 경우와는 달리, 지도에 대한 정보들이 공평하게 각자에게 주어진 지도 그림 위에 표시되어 있다. 따라서 서로 협동하여야 상보적으로 서로 모자란 정보를 채워 가면서 그 간격을 줄여 나가는 과제이다. 이는 오늘날 언어교육에서 목표로 삼는 '능동적, 적극적' 청자를 길러내는 중요한 방법이다. 뒤친이는 이를 '서로 협동하여 채우는 정보 간격' 과제로 부른다. 이 책의 저자들은 '동등한 권위자'(shared authority, '공유된 권한')라는 표현을 쓴다.

보다, 뒤에 이어진 수행에서 평균적으로 거의 두 배나 많은 양의 말하기를 산출하였다. 다음에 있는 인용들은 이들 두 가지 상이한 조건을 따르면서, B의 역할을 한 학생들에 의해서 산출된 서로 다른 종류의 이야기를 보여 준다.

6.3.2. 지도 위 길 표시 과제에[20] 대한 협동하는 수행 사례

(12) 동등한 권위자로서 B의 역할을 해 보지 못한 화자 A의 수행(일방적임)

    A: you start + beside the graveyard

        (네가 시작하기를 + 그 무덤 옆에서부터 하자)

    B: right

        (좋아)

    A: go straight up to the volcano + turn right

        (그 화산에까지 곧장 위로 가고 + 오른쪽으로 돌아가)

    B: can you slow down?

        (좀 천천히 말해 줄 수 있겠니?)

    A: turn right

---

20) [역주] 3.3의 역주 5)에서 인용된 화자 A의 지도를 다시 가져왔다.

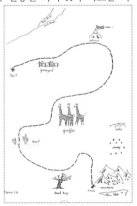

(오른쪽으로 돌아)

B: right?

(오른쪽이라고?)

A: uhu + go str - a wee bit down + you come to the giraffes + right

(어 아니 + 곧- 조금만 아래로 가 + 그 기린들을 만나게 돼 + 알겠어)

B: right

(알았어)

A: then you turn down + and come to a desert

(그러고서 아래로 돌아 + 그리고 어느 사막으로 들어가)

B: right

(그래)

A: right you go down + turn left + and go down

(옳아 계속 아래로 가 + 왼쪽으로 돌고 + 그리고 아래로 가)

B: where to?

(어디로 가?)

A: and you come to a dead tree

(그리고 죽은 나무[고사목] 있는 데까지 가)

B: right

(그래)

A: then you go up + then come down beside the mountains

(그리고 나서 위로 올라가 + 그런 뒤 산맥 옆으로 내려가)

B: right

(그래)

(13) 미리 동등한 권위자로서 B의 역할을 해 본 화자 A의 수행(협동적임)

A: have you got a graveyard?

(네 지도 위에 무덤이 들어 있니?)

B: yes

(응)

A: well go over to the graveyard

(그럼 그 무덤 쪽으로 가서 시작해)

B: right

(그래)

A: go above it just a little bit

(그 무덤의 조금 더 위쪽으로 더 가)

B: right

(그래)

A: have you got a volcano?

(화산이 그려져 있니?)

B: yes

(응)

A: well go from the graveyard right up to the volcano

(그럼 무덤으로부터 막 바로 화산까지 가렴)

B: right

(그래)

A: then + have you got giraffes?

(그런 다음 + 기린들이 그려져 있니?)

B: yes

(응)

A: well go from the volcano + turn right round

(그럼 그 화산으로부터 출발하는데 + 오른쪽으로 빙 돌아가)

B: go right round it + over the smoking?

(그 화산 주위로 오른쪽으로 가서 + 연기 나는 위쪽으로 돌라는 말이니?)

A: what?

(뭐라고?)

B: over the top + where the smoke is coming out?

(화산 꼭대기에 + 연기가 솟아 나오는 데 말이야?)

A: no + underneath the volcano

(아냐 + 바로 그 화산 밑으로야)

만일 이들 두 가지 수행을 비교한다면, 두 사람의 화자 (12A)와 (13A)가 이 과제에 접근하는 방식 사이에 두드러진 차이가 있음을 알게 된다. 사례 (12)는 완벽한 과제 수행이다. 이와는 달리, (13)에서 화자 A는 단지 몇 마디 낱말로 두 가지 특징

'the graveyard'(무덤)

'the volcano'(화산)

들 사이에서 그 길의 일부를 서술해 주고 있다(동시에 청자로부터 확을 거침). 이 길의 일부는 (12)의 화자 A도 자신의 첫 시작 부분에 있는 두 대목의 일러주기에서 (청자의 확인을 거치지 않은 채 일방적으로) 오직 몇 낱말로만 서술해 주었던 것이다. 두 가지 조건을 전체적으로 비교하는 경우에, 이런 종류의 차이가 우리가 관찰한 말하기의 분량에서 명백히 전반적인 차등으로 귀결된다.

위 사례에서는 이런 과제에서 산출된 말하기의 분량이 학생들이 보여 주는 효과적 협동의 정도와 어떻게 관련되는지를 살펴볼 수 있다. 예를 들어, 사례 (12)에서 화자 A는 B에게 길 일러주기에서 최소한의 정보만 제공해 줄 뿐만이 아니라, 또한 분명히 너무 성급히 이런 정보를 제공해 준다. 그리고 청자로부터 천천히 말해 주도록 요청받았지만, 오직 한 대목의 일러주기에서 끝 부분(turn right, '오른쪽으로 돌아')만 반복해 준다. 더 뒷부분의 수행에서는 더 많은 정보를 말해 달라는 B의 요구를 완전히 무시해 버린다. 전체적으로 그 수행은 최소한의 정보만 담고 있고, 최소한의 협동으로 평가되었다.

대조적으로 (13)에서 화자 A는, 목표 지점으로 어떤 특징을 이용하여, 일반적으로 일러주기에 앞서서 자신의 짝이 지닌 지도 위에 그런 특징이 있는지 여부를 점검한다. 또한 길 방향이

'to the graveyard'(그 무덤 쪽으로)

향해 갈 뿐만 아니라, 또한 청자 B가 표시해 주어야 할 길이

'above it just a little bit'(조금만 그 무덤의 더 위쪽으로)

더 뻗어 있음을 말해 줌으로써, 길이 놓인 위치에 대하여 더 자세한 정보를 전해 준다. 사례 (12)의 화자 A에게서 찾아볼 수 없는 이런 종류의 구체적인 언급은, B가 길을 정확하게 그려 줄 가능성을 더욱 높여 준다. (13)의 화자 A는 또한 B의 반응에 대하여 더 적극적으로 대처하고 있음을 보여 준다. 예를 들어, B가 어느 방향에 대하여 구체적으로 말해 주도록 요구하였을 때, A는 먼저 자신이 B의 반응을 잘 이해하지 못하였음을 알려 주었다. 그리고 나서, 청자 B가 자신의 질문을 더 자세히 풀어 줬을 때, 차례로 A가 자신의 일러주기를 길게 풀어 설명해 주었다. 이런 종류의 협동하는 의견 교환이 해당 과제를 좀 더 성공적으로 만들어 준다.

(12)에서 화자 A가 청자 B로부터 나온 질문들을 무시하였을 때 보여 준 종류의 둔감성은, 그런 효과적인 대화의 기회를 현격히 줄여 버릴 것 같다. 왜냐하면 화자 A가 반응을 보여 주지 않으므로, 이런 무반응이 해당 과제에서 청자 B로 하여금 낙담하여 능동적 참여를 막아 버릴 것이기 때문이다. 청자 B의 역할을 해 보는 일은 화자로 하여금 이런 과제에서 B의 관점에 대해 민감해지도록 만들어 주며, 후속 과제들에서 화자가 일방적이고 비생산적인 의사소통 전략을 채택하지 않도록 해 줄 것이다.

(14) 청자 B에 의해 그려질 길에 관한 모든 정보를 화자 A 혼자만 갖고
     있다. 이런 유형의 과제에서 청자 B는 미리 지도의 길 표시 정보를
     각자 반반씩 공유하여 동등한 권위를 지니고서 지도의 길을 완성하
     는 경험을 해 보지 못하였다. 이들이 지도 위에 길을 표시하는 수행
     의 일부를 인용한다.

     A: and you come to a dead tree
        (그리고 죽은 나무[고사목]까지 와)

     B: right
        (그래)

     A: then you go up + then come down beside the mountain
        (그러고 나서 위로 올라가 + 그런 뒤 그 산 옆까지 아래로 내려와)

     B: right
        (그래)

(15) 화자 A만이 청자 B가 표시해야 할 길의 모든 정보를 갖고 있다. 그러
     나 B가 미리 그런 유형의 과제에서 각자 반반씩 길 표시 정보를 나눠
     갖고서 서로 협동하면서 길을 완성해 보았다. 이들이 지도 위에 길을
     표시하는 수행을 일부를 인용한다.

     A: turn right across the top of the dead tree + go up a wee bit + across
        em left + right + across right and down to the finish—have you got
        that?
        (그 죽은 나무[고사목]의 꼭대기를 건너서 오른쪽으로 돌아 + 약
        간만 더 위로 가 + 건너가서 음 왼쪽 + 오른쪽 + 오른쪽을 건너가
        서 그리고 마지막 지점까지 아래로 가—잘 알아들었니?)

     B: I've not got the finish + down to the lake?
        (난 마지막 지점을 찾지 못했어 + 호수까지 아래로 가라는 말이
        니?)

     A: well you know where the lake is?

(그러면 말이야 호수가 어디 있는지는 알고 있니?)

B: aye

(응)

A: go up a wee bit that's where the finish mark is

(약간만 위로 가면 그게 마지막 지점 표시가 있는 곳이야)

B: OK I've got that

(그래 잘 알았어)

이들 짤막한 대목의 (14, 15) 인용에서, 두 사람의 화자 A는 각각 청자 B가 어떻게 자신의 지도 위에서 길의 마지막 지점을 그려 주어야 하는지를 서술하고 있다. (15)에서 화자 A는 어디에서 끝을 맺을지를 청자 B에게 다음과 같이 아주 애매하게 서술해 주고 있다.

'down beside the mountain'(그 산 옆 아래로)

그러나 청자 B는 이런 막연한 일러주기를 놓고서 분명한 추가 설명을 어떤 것도 요구하지 않는다. 이런 일러주기를 청자 B 자신의 지도 위에서 가까이에 있는 다른 특징과 관련짓기 위하여 필요한 정보를 더 이상 화자 A에게 되묻지도 않고 있는 것이다. 심지어 화자 A의 이런 막연한 일러주기가 명백성과는 거리가 멀어도, 그리고 청자 B가 일러주기의 다시 확인하기 위해 이용될 수 있는 관련 정보를 자신의 지도 위에 갖고 있더라도, 대체로 아무 반응도 없이 화자 A의 일러주기를 그대로 받아들이기만 한다. 최소한의 참여(소극적 청자)만 보여 주고 있다.

인용 사례 (15)에서 청자 B는 오히려 더 자신감이 넘치며, 결과적으로 지도 위에 표시되어야 할 마지막 지점에 대한 서술이 더욱 정확해진다. (14)의 청자 B처럼 자신의 지도 위에서 정확히 동일한 정보를 갖고 있는 (15)의 청자 B는 이를 이용한다. 즉, 청자 B의 지도 위에 표시되어 있지 않은 'the finish'(마지막 지점)의 특징을 일러 주는 대목에서, 마지막 지점이 될 만한 곳을 'lake'(호수)이라는 특징을 이용하면서 화자 A에게 반문하고 있는 것이다. 이들 짤막한 인용에서조차 참여자들 사이에서 협동하는 대화의 양이 많으면 많을수록 해당 과제를 정확히 성공적으로 완성하게 될 가능성이 높아진다.

참여자들에게 제공해 준 간단한 조건은, 정보의 권위를 서로 반반씩 나눠 갖고, 서로 협력하여 귀를 기울여야 하는 경험이다(능동적 청자를 만드는 경험). 이는 두 가지 역할에서 화자들에게 그 과제를 놓고서 더 많은 정보를 교환하도록 장려하는 듯하였다. 만일 좀 더 자세한 검사 및 이들 조건에서 산출된 수행에 대한 평가가, 일반적으로 더 많은 정보 교환이 더 효과적인 협동을 의미하고 따라서 더욱 성공적인 과제 수행들을 확증해 준다면, 이것들은 입말 과제에서 학생들에게 의사소통을 장려하고 성공적으로 협동하도록 격려하는 교실 수업에 이용될 수 있는 조건들이다.

6.3.3. 요약하기' 과제에서 도움이 되는 조건

긴 분량의 정보에 대해 간명한 요약을 산출해 내는 능력은, 일반적으로 중요한 학습 기술로 인식된다. 제4장에서 언급되었듯이 브라운·데이(Brown and Day, 1983)에서는

① 자명한 정보를 생략하고 오직 요약에 포함시켜 놓을 중요한 정보만을 선별하는 능력
② 특정 항목이나 사건들을 놓고서 목록 작성상 좀 더 일반적인 서술로 대체해 놓는 능력
③ 임의의 요약을 시작하게 되는 주제 문장을 선별하거나 만들어 내는 능력

과 같이 요약에 포함된 일부 구성 요소의 기술들을 조사하였다.[21) 입

---

21) [역주] 위의 요약 과정은 글말을 중심으로 크게 두 구비를 통해 발전해 왔다(폰대익
·킨취 교수). 폰대익(van Dijk, 1980), 『거시 구조: 담화·상호작용·인지에서 전반적인
구조를 만들어 내는 학제적 연구(Macrostructures: An Interdisciplinary Study of Global Structures
in Discourse, Interaction, and Cognition)』(Lawrence Erlbaum)에서 요약을 만들어 내는 거시규
칙(Macrorules)을 다음과 같이 네 단계로 상정하였는데, 추론(inference) 또는 의미 도출
(semantic derivation) 규칙으로도 부를 수 있다.

① 생략/선택(deletion/selection)
② 더욱 강력한 생략(strong deletion)
③ 일반화(generalization rule)
④ 구성(construction rule)

화란의 언어학자 폰대익 교수와 함께 1983년, 『여러 가지 담화 이해 전략(Strategies of
Discourse Comprehension)』(Academic Press)을 펴냈던 미국 심리학자 킨취(Kintsch) 교수는
이런 추론 과정을 더욱 간단한 모형으로 발전시켰다. 킨취(1993), "덩잇글 처리 과정에
서 정보 덜어내기 및 더해 놓기(Information Accretion and Reduction in Text Processing)",
『담화 처리과정들(Discourse Processes)』 제16권(pp. 193~202)에서 각각 ㉠ '정보 덜어내
기'(information reduction), ㉡ '정보 더해 놓기'(information accretion)라고 불렀다. 폰대
익 교수의 ①과 ② 단계가 정보를 덜어내는 일에 해당하고, ③과 ④가 자신의 배경지식
속에서 관련된 정보를 인출하여 정보를 더해 놓는 일에 해당한다. 이런 과정이 끝나면
덩잇글에 대한 미시구조와 거시구조가 만들어진다. 킨취(Kintsch 1998; 김지홍·문선모
뒤침, 2010), 『이해: 인지 패러다임』 I, II(나남)에서는 미시구조와 거시구조를 합쳐서
'덩잇글 기반'(text-base)이라고 부른다. 즉, 임의의 덩잇글이 재구성될 수 있는 토대인
것이다.
언어교육에서는 주로 덩잇글의 표면구조로부터 미시구조와 거시구조를 거쳐 덩잇글
기반을 만들어 놓는 단계까지만 다뤄 왔다. 이는 결정적인 중요한 기억 단계를 거론하
지 못한다는 점에서 결정적인 한계를 지닌다. 킨취 교수는 인간의 기억을 촉발하는
재료가 감각 재료 및 추상적 재료(언어나 개념으로 표상됨)가 있다는 점을 중시하면서
덩잇글 기반에 다시 감각 재료를 덧입히는 과정을 도입하는데, 이것이 바로 덩잇글에
대한 '상황 모형' 수립 과정이다. 덩잇글 기반을 만드는 과정을 구성(construction)으로
부르고 상황 모형을 더해 놓는 과정을 통합(integration)으로 불러, 킨취 교수는 자신의
이해 모형을 구성-통합(CI) 모형이라고도 한다.
오정환(2010), "덩잇글 이해에서 학습자의 상황모형 구성 사례들에 대한 분석"(경상대
학교 박사논문)에 따르면, 비록 어떤 논설 부류의 글을 읽고서 중학생 학습자들이 만들
어 내는 상황 모형이 아주 다양하지만, 서로 엉뚱하게 엇나가는 것이 아니라 어떤 공통
된 특성들이 있음을 찾아내었다. 이 상황 모형이 바로 우리 기억 속에 저장된다. 이런
상황 모형이 일정 범위로 반복되며 구축될 경우에는 '인출 구조'(retrieval structure)라고
불렀는데, 이런 인출 구조는 장기기억을 일부 작업기억으로 이용하면서 저장해 놓는
데, 이해 능력이 뛰어난 사람은 이런 인출구조들을 여러 영역에 걸쳐 다양하게 구축해
놓은 사람에 해당한다. 전문지식들도 잘 위계화된 인출구조를 지닌다. 에뤽슨·킨취
(Ericson and Kintsch, 1995), "장기 작업기억 (Long-term Working Memory)", 『심리학
논평(Psychological Review)』 제102권 2호를 읽어 보기 바란다.
학교 교실 수업에서 요약하기 과정을 가르칠 경우에 유의해야 하는 것이 있다. 킨취의
이해 모형에 따라 이를 서술한다면, 덩잇글 표면구조, 미시구조(소주제문) 세우기, 거
시구조(대주제문) 세우기, 덩잇글 기반 마련하기, 상황 모형 통합하기, 기억 속에 인출

말 요약하기에 대한 우리의 애초 연구들에서, 학업상으로 능력이 떨어지는 많은 학생들이 이들 기술을 쉽게 활용하지 못하였고, 일반적으로 아주 간단한 서사 이야기 자극 자료(제시 자료)에 대한 간명한 요약을 만들어 내는 데에도 실패하였음을 깨달았다.

우리는 이런 중요한 유형의 과제에서 좀 더 효과적인 수행을 이끌어 내고자 하였고, 따라서 요약하기 기술들에 대한 두 번째 연구에서 화자들에게 더 도움을 주는 과제 조건들을 제공해 주려고 노력하였다.

더 앞선 우리의 연구에서는 일찍이 녹음하는 시간 동안에, 좀 더 뒤에서 그 이야기에 대한 요약을 만들어 내도록 요구받기 이전에, 몇몇 화자들에게 자극 자료(제시 자료)에 보인 전체 이야기를 미리 짐작하여 말하는 기회를 제공해 주는 효과를 조사하였다. 우리는 이것이 요약 과제에 대한 성공적 수행을 어떤 것이든 이끌어 낸 유일한 조건이었음을 깨달았다. 화자들에게 한 묶음의 자극 그림(제시 그림)들을

구조 수립하기로 이뤄진다. 그렇지만 이런 과정들이 하나하나 순서별로 진행하는 것이 아니라 동시에 여러 층위의 요소들이 전반적으로든 부분적으로든 충분히 가동되고 있어야 한다. 주어진 덩잇글에 대하여 미리 짐작해 보도록 하는 일이 거시구조를 만들어 내는 데에 중요하다. 짐작한 거시구조가 맞지 않거나 너무 동떨어져 있을 경우도 허다하다. 이런 어긋남은 글을 읽어 나가는 과정에서 빨리 수정되고 대안이 제시되도록 가르쳐져야 한다. 심리학에서는 이런 수정 과정을 무관한 거시구조를 빨리 없애 버리는 '억제 기제 효율성' 가정으로 부른다(김선주(1998), 「글 이해 능력의 개인차: 억제 기제 효율성 가설을 중심으로」, 이정모·이재호 엮음, 『인지심리학의 제문제 II: 언어와 인지』, 학지사, 343~358쪽). 또한 거시구조와 상황 모형을 동시에 정교하게 가다듬어 나가도록 하는 일도 장려되어야 한다. 뒤친이는 이런 일을 글 이해의 '다중 층위 처리'(multiple processing) 모형으로 부르고 있다(부록에 있는 논문을 읽어 보기 바람). 그런데 이런 모형에서 다루지 못하는 것이 있다. 비판적 글 읽기로 불리는 과정이다. 이 일이 가능해지려면 반드시 덩잇글 기반을 마련해 나가는 과정에서 해당 덩잇글에 대한 모형을 배경지식을 활용하여 스스로 만들어 내어야 한다. 이해 주체가 만들어 낸 '덩잇글 모형'(text model)을 기준으로 삼아 자신이 읽어 나가는 덩잇글과의 유사점과 차이점을 점검하면서, 해당 덩잇글이 서술되어 나가는 의도와 동기를 찾아내어야 하는 것이다. 이런 점이 심리학적 이해 과정에서 소홀히 다뤄져 있지만, 덩잇글을 이해해 나가는 과정이 모두 이해 주체의 배경지식을 이용하여 전반적으로 그 내용을 재구성(reconstruct)하는 일이기 때문에, 언제나 능동적 독자와 능동적 청자로서 역할을 해나가도록 교실 수업의 과제들이 장려해야 한다. 만일 이런 주장이 타당하다면, 언어 교실 수업에서는 읽기 과제에서 항상 '덩잇글 모형'을 만들도록 장려하고, 급우들이나 교사가 준비한 모형들과도 서로 비교하면서 더욱 입체적이고 심층적인 모형을 구성해 내는 과정을 거듭거듭 연습시켜야 할 것이다.

살펴보도록 요구한 뒤, 보여 준 사건들에 대하여 아주 짤막한 내용이나 요약을 말하도록 한 경우에, 심지어 요구된 '3줄 요약' 분량에 가깝게 간 수행을 이들 화자가 아무도 산출해 내지 못했다. 우리가 화자들에게 좀 더 효과적인 요약을 산출해 내도록 격려해 준 뒤의 다음 시도에서, 한 가지 도움을 줄 만한 과제 조건으로서 과제들에 대하여 앞에서 다룬 이야기 요약 순서를22) 그대로 유지하였다.

초기 녹음으로부터 나온 다음 관찰 내용은, 화자들이 과도하게 자극 자료(제시 자료)에 의존하였다는 점이다. 해당 과제에서 이용한 그

---

22) [역주] 더 쉽게 표현하면 어떤 관련된 사건들의 발생 순서를 가리킨다. 흔히 '기 → 승 → 전 → 결'이나 '서론 → 본론 → 결론'이나 '배경 → 주인공 도입 → 문제 발생 → 해결 시도 → 평가' 등과 같은 방식이다. 이런 짜임새는 어릴 때부터 자주 들어왔던 옛날이야기 속에도 깃들어 있다. 따라서 이야기 갈래마다 선호되는 사건 전개 방식들이 여럿 제시될 수도 있다.

이런 연구는 이야기 문법이란 분야에서 꾸준히 이뤄져 왔는데(Trabasso, Secco, and van den Broek, 1984), 중요한 첫 연구로서 러보웁·윌리츠키(Labov and Waletzky, 1967), "서사 이야기 분석: 개인 체험담 구술 내용(Narrative Analysis: Oral Versions of Personal Experience)", 폴스턴·터커 엮음(Paulston and Tucker, 2003), 『사회 언어학: 필독 논문선(*Sociolinguistics: The Essential Readings*)』(Blackwell, 74~104쪽에 재수록)에서는 입말 서사 구조를 '도입(orientation) → 꼬임(complication) → 평가(evaluation) → 해결(resolution) → 마무리(coda)' 라는 단계로 논의하면서 다음의 그림으로 제시하였다. 시계 방향으로 한 바퀴 돌면 일단 이야기가 끝나는 것으로 보았다.

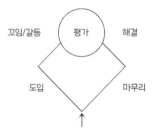

그간의 발전 과정을 개관하고 평가한 쉬글롭(Schegloff, 1997), "서사 이야기 분석 이후의 30년 동안의 발전('Narrative Analysis' Thirty Years Later)", 폴스턴·터커 엮음(2003 재수록, 105~113쪽)도 같이 읽어 보기 바란다. 한편 심리학 분야의 연구로서 김소영(1998), "덩잇글의 문장 통합: 인과 연결망 모델의 접근", 이정모·이재호 엮음, 『인지심리학의 제문제 II: 언어와 인지』(학지사) 및 김소영(2003), "텍스트의 이해와 기억", 조명한 외 11인, 『언어 심리학』(학지사)에서도 서사 이야기와 관련된 연구 내용을 개관할 수 있다.

림이 14장이 있었으므로, '요약'을 이야기해 주면서 각각의 그림을 고려하는 경향이 있었다. 이는 그들의 수행에 엄청 많은 세부사항을 포함하였음을 의미하였다. 우리의 다음 연구에서는 화자들에게 이미 이야기를 완벽히 말해 보았던 내용으로부터 자극 그림(제시 그림)들을 제시해 주기로 결정하였고, 그러고 나서 화자들에게 그림들을 고려해 보는 추가 기회를 주지만 개별 그림 숫자에 영향을 받지 않도록 과제 수행 이전에 즉시 자극 자료를 제거해 버렸다. 이런 일이 화자들에게 사건의 세부사항들을 놓고서 더욱 선별하도록 장려하기를 희망하였고, 또한 화자들로 하여금 자신의 요약을 시작하기 이전에 그림들을 고려하는 데 시간을 허비하지 않도록 해 줄 것으로 희망하였다. 더 앞에 시행한 이전의 연구에서는 많은 화자들이 시작하기 위한 고려와 준비에 과도하게 시간을 쏟으면서 머뭇거리곤 하였다.

또한 우리는 요약될 서사 이야기의 내용을 신중히 마련하기로 결정을 내렸다. 브롸운·데이(Brown and Day, 1983)에 서술되어 있듯이, 일부 화자들이 보여 준 유일한 요약하기 기술이, 일부 사소한 정보를 삭제하는 능력이었음을 발견하였다. 요약하기 과제를 염두에 두면서 우리는 서사 이야기 자극 자료를 마련해 놓는 데에서, 소수의 아주 두드러진 세부사항들만을 담고 있는 이야기를 찾고자 하였다. 가장 적합한 듯한 이야기 갈래가 살인 이야기였다.[23] 그 요약에서 대부분의 사람

---

23) [역주] 비윤리적이거나 폭력적인 불륜·강간·강도·살인 따위의 소재가 우리 학생들에게 다뤄져서는 안 될 소재인 듯하다. 이 책의 저자들의 가치와 판단은 우리의 상식적 생각과는 완전히 다른 듯하다. 여러 서사 이야기 소재들 중에서도, 왜 꼭 '살인'을 다뤄야 하는 것일까? 우리나라 텔레비전들에서 방영하는 미국 영화의 대부분이, 살인이 없으면 영화가 진행되지 않는 경우가 많다. 갈등이나 꼬임이 사람을 죽이는 일로부터 시작하는 할리우드 양키 문화를 담고 있는 것이다.
언어교육은 단지 말하고 듣고 읽고 쓰는 네 가지 기능만을 다루는 것이 아니다. 이런 활동 속에 깃들어 있는 언어 사용의 가치를 다뤄야 하는 것이다. 그렇다면 대안은 무엇일까? 가장 손쉬운 대안은 주변에서 많이 들어온 설화나 전설이라고 본다. 1980년대에 한국학중앙연구원에서 간행한 『한국 구비문학 대계』 80권 속에는 각 지역별로 풍부하게 많은 이야기들이 녹취 기록(또는 채록)되어 있다. 채록된 음성 자료 및 텍스트는 한국학 중앙연구원의 왕실도서관 장서각 디지털 아카이브('음성자료'를 선택) http://yoksa.aks.ac.kr/로부터 얻을 수 있다. 이솝 우화와 같이 많이 알려진 이야기도 있고, 중학생들

들에게 가령

'the body'(시체), 'the discovery of the killer'(살인자 검거), 'the arrest'(체포)

와 같은 세부사항이, 구경꾼들이 행했거나 말한 것에 대한 사소한 일들보다도, 훨씬 더 중요할 것으로 가정하였다.

극적인(dramatic, 학습자들의 흥미와 관심을 끄는) 과제 내용으로부터 손쉽게 중요 항목들을 추정하여 선별하는 일, 미리 똑같은 자극 자료로부터 나온 서사 이야기 말하기 과제에 대한 경험, 요약하기 과제 진행 동안 자극 자료를 제거하는 일들을 서로 결합해 놓는 것이 우리가 희망한 대로 화자들이 요약을 산출하기에 최대한 도움을 주는 조건들을 제공해 주었다.

귀결되어 나온 요약들은 4.4.1에서 서술된 우리의 이전 연구에서 산출된 것보다도 현저하게 더 성공적이었다. 요약의 평균 길이는 대략 30개 낱말이었다. 따라서 대부분의 수행이 성공적으로 분량에 대한 요구를 충족시켰다. 이야기의 내용과 비교된 경우, 요약 내용들이 또한 비록 일부 사소한 세부사항이 그대로 들어 있었지만, 일반적으로 화자들이 적합하게 두드러진 정보를 선별할 수 있었음을 보여 주었다. 전형적인 이야기 및 요약에 대한 한 가지 사례가 다음에 제시되어 있다. 이 과제를 위해 마련해 놓은 조건이, 화자들로 하여금 비록 특히 지시내용 상의 명백성과 관련하여 흔히 잘못이 들어 있더라도, 인식 가능한 요약으로 수행을 산출하였음을 보여 준다. 해당 학생은 교사가 광범위한 자료들과 더불어 수립할 수 있던 기술을 시범적으로 보여 주고 있다.

이 많이 보는 만화들을 대상으로 하되, 일본인들이 가치관을 반영하는 것을 배제하고서, 적합한 소재를 찾아볼 수도 있을 것이다. 다른 대안으로 방송 내용의 녹화물을 누리집에서 내려받아 쓸 수도 있다. 가령, 자신의 어려움을 극복한 일을 말해 주는 '강연 100℃' 등에서 선별하는 것이다.

6.3.4. 살인 이야기 및 요약 사례

(16a) 서사 이야기 내용

there's a maid and she's got a teapot + and a tray with + food on it + and she walks into a room + and she sees + a lady stabbed + lying in her bed + and + the maid + runs out and phones the police + and tells what she thinks + might have happened + the police come to investigate + and the police are asking questions + to a + lady + the lady is telling what she thinks + happened + the + maid is now telling + the police + what she thought might have happened ++ and what she did + she's saying something else as well + then the policeman brings in a coat with blood on it + and the police thinks it's + the young girl's friend stabbing + the lady + and + the police have caught the girl

(어느 가정부가 있는데 찻주전자를 들고 있어요24) + 그리고 접시를 + 그 위에 음식이 놓여 있어요 + 그리고 방으로 걸어 들어가요 + 그리고 부인이 칼에 찔려 죽은 걸 봤어요 + 침대에 눠 있는 채로 + 그리고 가정부가 + 밖으로 뛰어나가 경찰에 전화를 했어요 + 그리고 그녀 생각에 살인 사건과 관련하여 무슨 일이 일어났을 건지 말해 줘요 + 경찰에서 수사관들이 들어오고 + 경찰이 질문을 해요 + 한 + 부인 + 그 부인에게 가정부의 생각에 무슨 일이 일어났는지를 말해 주고 있어요 + 그 + 가정부가요 시방 + 경찰관에게 + 자기가 생각하기에 무슨 일이 일어났을지 ++ 그리고 그녀가 했던 일을 + 말해 주고 있어요 + 가정부가 또한 뭔가 다른 것도 말해 주고 있어요 + 그러고 나서 경찰관이 피가 홍건히 묻은 외투를 들고 들

---

24) [역주] 번역에서는 교사가 학생에게 말해 주는 듯이 대우 표현 '요'체를 써서 번역하였다. 만일 급우가 다른 급우에게 말해 주는 것이라면, '요'를 없앤 채 번역할 수 있을 것이다. 이에 대한 서사 이야기 요약도 교사를 상대로 말하는 듯이 '요'체를 써 놓았다.

어와요 + 그리고 경찰이 그게 + 젊은 아가씨의 친구가 + 부인을 칼로 찔러 죽인 거라고 생각해요 + 그리고 + 경찰에서 그 아가씨를 체포했어요)

(16b) 요약하기 수행

the maid + goes into the room and finds that the lady's dead in her bed + so she phones the police + the police come to investigate + and then the police start asking questions + about what's happened + to the maid and another girl + and then the police find the coat and they find out + that the lady + had killed the lady in bed

(가정부가 + 방으로 들어가서 부인이 자기 침대에서 죽은 걸 알았어요 + 그래서 경찰에 전화하자 + 경찰에서 수사하러 왔어요 + 그러고 나서 경찰에서 수사 질문들을 던지기 시작해요 + 가정부와 또 다른 여성에게 + 무슨 일이 일어났는지에 대해서 말이에요 + 그러고 나서 경찰에서 외투를 발견하고 + 부인이 + 그 부인을 침대에서 죽였음을 알아내었어요)

6.4. 교실 수업 실천을 위한 함의

제6장에서는 일반적으로 효과적인 정보를 전달하는 기술을 보여 주지 않는 학생들로부터 좀 더 성공적인 의사소통을 이끌어 내기 위하여, 과제 중심 접근에서 채택될 수 있는 조건들을 놓고서 체계적으로 그리고 격식 없이 이뤄진 일련의 조사들을 서술해 놓았다. 광범위하고 다양한 의사소통 과제들에서, 과제들이 수행되는 조건에 대하여 사뭇 비슷하고 기본적으로 간단한 조절이, 화자가 성공적으로 과제를 수행하는 일에 유의미한 효과를 지닐 수 있음을 찾아내었다. 교사가 주어진 임의의 과제에서 가장 도움이 되는 조건들로 과제를 제시해

줌으로써, 학생의 성공 기회를 극대화해 줄 수 있다고 믿는다. 학습자들이 가장 효과적으로 수행하는 경우는, 화자 쪽에서 분명하고 신중하게 정보를 전달해 주면서 목표가 잘 이해된 과제를 완성하려고 노력하는 다른 학생과 의사소통을 하고 있을 때이다. 화자는 과제에서 말하기를 해 본 경우에, 그리고 더 중요한 것으로서 그 화자가 미리 청자 역할을 해 본 경우에 수행을 가장 잘한다. 이렇게 미리 해 본 화자 경험 및 청자 경험이 서로 결합된 경험은, 화자로 하여금 청자의 요구 사항에 민감히 반응하도록 하며, 화자로 하여금 더욱 명백하게 정보를 담아 놓도록 장려한다. 과제들도 또한 난이도의 증가 순서로 제시되어야 하는데, 특정한 유형의 과제에서는 더 쉬운 내용을 먼저 제시해 주거나, 또는 과제 유형들 사이에서는 요약하기 이전에 서사 이야기를 해 보기처럼 더 쉬운 과제 유형을 제시해 줄 수 있다. 이것들이 다양하게 서로 다른 과제 유형들에 두루 걸쳐서 효과를 지닌 것으로 우리가 찾아낸 유익한 조건들이다.

우리는 또한 요약하기 과제 동안에 자극 자료(제시 자료)들을 학습자로부터 제거하는 일, 그리고 협동 과제에서 서로 공평하게 반반씩 정보를 나눠 갖고 정보를 완성하는 경험의 제공과 같이, 특정한 과제 유형에 특정하게 도움이 되는 어떤 조건들도 발견하였다. 분명히 입말 기술을 향상시키는 교실 수업을 만들어내고 가르치는 경우에 교사들이 찾아내게 될 더욱 특징적인 조건과 일반적으로 도움을 주는 조건이 (우리가 찾아낸 것보다) 더 많이 있을 것이다.

우리가 발견해 낸 조건들은 그런 교육을 고려하는 경우에 교사에게 하나의 유용한 출발점을 제공해 줄 수 있다. 우리가 보고해 놓은 효과들은 실험적 배경과 격식 갖추지 않은(≒비실험적) 배경에서 모두 다 발생하였다. 화자들의 수행에서 우리가 관찰한 향상들이 아주 실질적이었고, 그 효과가 오랜 기간 지속되었음을 관찰하였다. 화자들이 한 가지 과제에서 제공된 도움 되는 조건들을 따르면서 얻어낸 통찰력은, 또한 다른 비슷한 과제들의 수행에서도 향상으로 이끌어 갔다. 우리가 이 책에서 보고한 과제 조건들에 대한 유익한 효과의 크기·지속성·일반화 가능성은, 이것들이 교사가 교실 수업에서 적용할 수 있는 유용한 자원임을 시사해 준다.

이러한 발견 결과가 교사로 하여금 학생들을 도와서 그 조건들이 입말 의사소통 기술을 발달시킬 수 있음을 입증하고, 그런 종류의 진전을 시범적으로 보여줄 수 있도록 조절될 수 있는 다른 조건도 찾아보도록 장려하게 되기를 희망한다. 우리가 녹음해 놓은 수행들은 많은 10대 화자들이 애초에 정보를 의사소통하는 데에 충분하게 효과적이지 않음을 시사해 주었지만, 또한 좀 더 긍정적으로 올바른 조건들의 도움과 더불어 그리고 토론과 교사로부터의 도움에 힙입어 이런 영역에서 실질적 향상을 모범적으로 보여줄 수 있음을 시사해 준다.

6.5. 결론

이 책에서는 교실 수업에서 입말 교육을 심각하게 떠맡는 일이 뭘 의미할지를 놓고서 점차 늘어나는 논의에 기여하려고 노력하였다. 우리는 의도적으로 논점을 제한시켜 놓았다. 대체로

유창성·발음·어휘 선택·수사학적 문체·자아 표현(self-presentation)[25]

---

25) [역주] 자기 자신 또는 자아를 영어로는 self나 ego라고 말하는데, 이를 주제로 한 분야가 상호작용 사회학 또는 미시 사회학(microsociology)이다. 이 흐름은 사회 전반의 구조를 다루는 거시사회학과 대립된다. 이른바 시카고 학파의 대부로 불리는 미이드(G.H. Mead, 1863~1931)로부터 시작하여, 상징적 상호작용론이란 이름을 붙인 그의 제자 블러머(Blumer, 1900~1987)와 체면(face)이란 개념을 부각시킨 고프먼(Goffman, 1922~1983)이 큰 업적들을 남겼다. 미시사회학에 관한 글들은 고프먼의 번역 3권 이외에는 우리말로 번역된 것이 없어서 아쉬움이 크다.

미이드의 글들을 모아 모두 사후에 펴낸 책들인데, 모두 시카고 대학 출판부에서 나왔다. 『미이드 저작물 1권: 사회 행동주의 관점에서 바라본 정신·자아·사회학(*Works of G.H. Mead vol.1: Mind, Self, and Society from the Standpoint of a Social Behaviorist*)』(1934), 『행위에 관한 철학(*The Philosophy of the Act*)』(1938), 『사회 심리학에 관한 미이드 글(*G.H. Mead*

과 같이 흔히 논의되는 입말의 측면을 다루지 않았다. 또한

자기 생각 발표(self expression)·연극·회의 주재 능력·논쟁 참여

등 많은 교사들이 흥미를 지닐 법한 입말 교육의 측면도 무시하였
다. 우리가 이들 영역이 중요치 않다고 시사하는 것이 아니다. 그 반대
이다. 이는 그것들이 너무 중요하기 때문에26) 그것들이 모두 비교적
잘 알려져 있고 잘 논의가 이뤄져 있기 때문이다. 우리는 극히 중요하
지만 알 수 없는 이유로 말미암아 간과된 것으로 보이는 어떤 영역에
집중하기로 선택을 하였다. 우리는 정보를 명확히 전달하는 능력을
집중적으로 다뤘다. 우리는 이런 능력이 말하기에 대해서뿐만 아니라
또한 글쓰기에 대해서도 관련된다고 믿고 있다. 사실상 우리는 정보
전달 기술이 모든 과정의 교육에 근본적이라고 믿으며, 다음처럼 19
세기 학자의 말을 메아리처럼 그대로 복사해 둔다.

They who are learning to compose and arrange their sentences with accuracy
and order, are learning, at the same time, to think with accuracy and order.
(Lindley Murray[1745~1826], *English grammar adapted to different classes of*

---

on *Social Psychology)*』(1956), 『미이드 논문 선집(*Selected Writings: G.H. Mead)*』(1964); 블루머
(1969), 『상징적 상호작용론: 관점 및 방법(*Symbolic Interactionism: Perspective and Method)*』
(University of California Press).
고프먼의 책은 3권이 번역되어 있다. 진수미 뒤침(2013), 『상호작용 의례』(아카넷); 김
병서 뒤침(1987), 『자아표현과 인상관리: 연극적 사회분석론』(경문사); 김용환 뒤침
(1995), 『오점』(강원대 출판부); 윤선길·정기현 뒤침(2009), 『스티그마』(한신대 출판부)
이다. 또한 고프먼(1974), 『틀 분석: 경험의 짜얽음에 대한 글(*Frame Analysis: An Essay
on the Organization of Experience)*』(Northeastern University Press)와 고프먼(1981), 『이야기의
형식들(*Forms of Talk)*』(University of Pennsylvania Press)도 중요한 저작물이다.

26) [역주] 스텐포드 대학 심리학과 클락(H. Clark) 교수가 일상언어 철학·화용론·사회학·
담화·심리학 등어 걸려 여러 흐름들을 통합하는 '언어 사용'의 연구를 40년 넘게 진행
해 왔다. 이 분야에 대하여 개관하려면 그의 저서가 크게 도움을 준다. 클락(1996; 김지
홍 뒤침, 2009), 『언어사용 밑바닥에 깔린 원리』(도서출판 경진) 및 클락(1992), 『여러
언어사용의 무대(Arenas of Language Use)』(University of Chicago Press)를 읽어 보기 바
란다. 후자에는 그의 논문 12편이 모아져 있다.

learners)

(정확성 및 질서로써 자신의 문장들을 지어내고 배열하는 일을 배우고 있는 사람은, 동시에 정확성과 질서를 갖고서 생각하는 일을 배우고 있는 것이다, 린들리 머뤠이,『서로 다른 부류의 학습자들에게 맞춰진 영어 문법』)

〈부록 1〉 과제들에 대한 묘사와 예시

1.1. 정태적 관계를 지닌 과제들의 예

1.1.1. 도형 그리기 과제

이 과제에서 화자는 청자가 볼 수 없는 도형을 갖고 있다. 청자는 빈 종이와 빨강 색연필과 검정 색연필을 갖고 있다. 화자는 청자에게 가능한 한 정확히 그 도형을 복제하는 방법에 대하여 자세히 일러주어야 한다.

이 과제는 선·정사각형·숫자 등과 같이 반드시 그려져야 하는 일련의 대상들에 대하여 그리고 크기·모양·색깔과 같이 이들 대상들의 관련 성격들과 이것들 사이에 성립하는 공간 관계들에 대하여 화자가 청자에게 분명히 서술해 주도록 요구한다.

이 과제를 놓고서 적합한 수행 사례와 덜 적합한 수행 사례들은 제4장, 제5장, 제6장에 들어 있다. 이런 과제를 놓고서 수행들에 대한 채점표는 〈부록 2〉에 들어 있다.

이 과제는 특정한 도형에 포함된 대상들의 숫자와 그것들 사이에 존재하는 공간적 관계의 본질에 따라서 화자들에게 대체로 어렵게 되도록 이내 만들어질 수 있다. 〈그림 1a, 1b, 1c〉는 우리가 광범위하게 이용했던 도형 그리기 과제 자극 그림(제시 그림)을 보여 준다. 우리는 이것이 10대 화자들에게 세 가지 난이도 증가 수준을 나타냄을 발견하였다. 이것들을 도형 그리기 과제의 쉬운 수준·중간 등급 수준·어려운 수준의 내용으로 부른다.

〈그림 1a〉 도형 그리기 과제, 쉬운 수준

주의: 실선은 검정색, 점선은 빨강색을 가리키며, 원래 크기는 30cm×20cm임

〈그림 1b〉 도형 그리기 과제, 중간 등급 수준

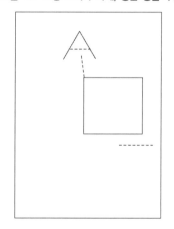

주의: 실선은 검정색, 점선은 빨강색을 가리킴

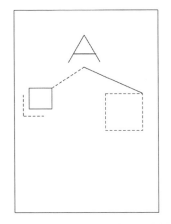

주의: 실선은 검정색, 점선은 빨강색을 가리킴

1.1.2. 모눈 홈판 위에서 도형 꾸미기 과제

이 과제에서 화자는 청자가 볼 수 없는 도형을 갖고 있다. 그 도형은 모눈 홈판 위에서 채색 말뚝(peg, 나무못)들과 채색 고무줄의 특정한 배열을 보여 준다. 청자는 모눈 홈판과 다수의 채색 말뚝과 채색 고무줄을 갖고 있다. 화자는 청자에게 그 도형에 보인 배열을 복제하기 위하여 관련 대상들을 선택하고 배치하는 방법을 일러주어야 한다.

이런 과제는 대상들이 서술되어야 하고 그것들 사이에 있는 공간 관계가 신중히 구체화되어야 한다는 점에서, 화자의 요구 사항들을 도형 그리기 과제에서와 같이 비슷하게 만들어 준다. 이 과제를 놓고 이뤄진 수행의 사례는 제5장과 제6장에 들어 있다.

다시 도형 그리기 과제에서와 같이, 포함된 대상들의 숫자와 그것들 사이에 있는 공간 관계를 바꿔 줌으로써 상이한 수준의 난이도가 제공될 수 있다. 〈그림 2a, 2b, 2c〉는 우리가 이용한 모눈 홈판 제시 자료를 보여 준다. 우리는 이것들이 이 과제의 쉬운 수준·중간 등급· 어려운 수준의 내용을 나타냄을 깨달았다.

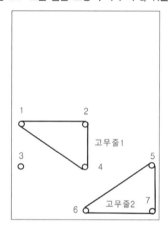

주의: 동그라미 'ㅇ'는 채색 말뚝, 실선 'ㅡ'은 채색 고무줄을 가리킴. 전체 크기는 20cm×15cm임. 원래 과제에는 숫자가 없었음. 숫자는 제5장의 채점 항목들을 가리키기 위한 것임

〈그림 2b〉 모눈 홈판 도형 꾸미기 과제, 중간 등급 수준

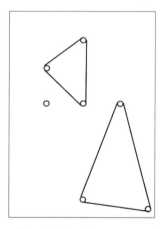

주의: 동그라미는 채색 말뚝, 실선은 채색 고무줄을 가리킴

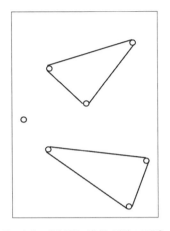

<그림 2c> 모눈 홈판 도형 꾸미기 과제, 어려운 수준

주의: 동그라미는 채색 말뚝, 실선은 채색 고무줄을 가리킴

1.1.3. 카드놀이 과제

이 과제에서는 화자에게 한 벌의 카드가 주어지는데, 거기에서 여러 장의 놀이 카드가 특정한 배열로 고정되어 있다. 청자에게 동일한 놀이 카드를 담고 있는 봉투와 그 카드들을 배열할 수 있는 한 벌의 카드가 주어진다. 화자는 자신의 카드 배열을 그대로 베낄 수 있도록, 청자에게 청자가 갖고 있는 카드를 배열하는 방법을 일러주어야 한다. 이 과제는 화자의 요구사항들을 도형 그리기 과제 및 도형 꾸미기 과제와 비슷하게 만들어 준다. 이 과제는 화자에게 논의거리로 삼고 있는 카드들을 구체적으로 말해 주고, 그것들 사이의 공간적 관계들 정확하게 서술해 주도록 요구한다. 일부 학생들이 오히려 어리둥절하게 여길 수 있는 도형들보다도 쉬운 대상들을 포함한다는 점에서 이 과제는 유용한 대안이나 추가 과제가 될 수 있다.

다시, 관련된 놀이 카드 숫자와 그것들 사이에 있는 공간적 관계의 다양성과 복잡성에 따라서 일정 범위의 난이도 수준을 지니는 과제들이 쉽게 제공될 수 있다.

1.1.4. 물건 조립 과제

이 과제는 어떤 대상을 조립하는 일을 포함한다. 우리는 과거에 유행된 가정용 고기 저미개(mincer, 고기를 갈아주는 기계)를 이용하였지만,[1] 학생들에게 알려지지 않은 임의의 아주 간단한 대상도 이용될 수 있을 것이다. 먼저 화자에게 다섯 가지 부품으로부터 고기 저미개를 조립하는 방법을 보여 준다. 화자는 자신의 앞에 다섯 가지 부품을 보여 주는 사진을 한 장 갖고 있다(간단한 그림으로도 교체될 수 있음). 그 사진에는 각 부품의 옆에 그 조립 순서에서 순번을 가리켜 주는 숫자가 적혀 있다. 청자는 자기 앞에 다섯 가지 부품을 갖고 있고, 화자가 일러줌에 따라 그것들을 조립하도록 요구받는다. 화자는 청자가 하고 있는 바를 볼 수 없다.

그런 과제의 주요한 요구 사항은 화자가 정확히 관련된 대상들을 확인해 내고, 그러고 나서 대상들 사이의 관계, 즉 하나의 대상이 다른 대상으로 어떻게 끼워 맞춰 들어가는지를 분명히 표현하는 것이다.

객관적인 채점표에 따라서, 화자가 분명하게 대상을 지정해 주지 못하거나 또는 대상들 사이에 있는 관련성의 어떤 중요한 부분을 언급하지 못하는 경우에는 점수를 깎음으로써 이런 과제의 수행들에 응

---

1) [역주] 브롸운 및 율(1983, 154쪽)의 부록에 있는 〈예시 사진 5〉를 옮겨 싣는다. 관련된 소재들을 주변에서 쉽게 찾을 수 있는데, 최근 'do it yourself'(스스로 만들기)에 관련된 기자재들을 이용할 수 있을 것이다.

용할 수 있다. 실제 수행으로부터 나온 다음 두 가지 간략한 인용이 그런 채점 절차가 어떻게 운용될지를 예시해 줄 것이다.

(1) take your biggest part + and hold it with the biggest ring + the widest end facing upwards to the roof + and get your bit with the + ken like a screw + and + put it in with the square end at the bottom
(가장 큰 부품을 갖고서 + 그리고 그걸 가장 큰 고리로 끼워 + 가장 넓은 끝이 지붕으로 위쪽으로 향해 있어 + 그리고 작은 걸 갖고서 그 + 나사 같이 보이는데 + 그리고 + 그걸 밑바닥에 있는 정사각형 끝에 집어넣어)

(2) the part that looks like a gun that's the first one + then you've got the second part's a drill ++ and then you fit it in
(총처럼 보이는 부품이 첫 번째 거야 + 그리고 나서 두 번째 부품이 드릴야 + 그리고 나서 그걸 끼워 넣어)

두 개의 인용에서 관련된 대상들이 적합하게 확인되고 그것들 사이의 기본적인 관계가 표현된다. 그렇지만 두 번째 서술에서는 두 번째 대상이 첫 번째 대상 속으로 어떻게 끼워져 들어가는지에 대하여, 비록 이것이 반드시 언급되어야 한다고 분명히 과제에서 요구하지만 일러주지 않는다. 채점표는 수행들 사이에서 그런 차이점들을 반영해 줄 수 있다.

상이한 난이도 수준으로 된 일련의 물건(object, 대상) 조립 과제들이 더 많거나 더 적은 수의 부품들을 포함하는 상이한 물건이나 그것들 사이에 있는 더 복잡한 관계를 이용하면서, 아니면 조립 과정에서 애초에는 따로따로 부분별로 처리된 뒤에 전체적으로 한꺼번에 시도될 수 있는 여러 단계들을 지닌 물건을 갖고서도 산출될 수 있다.

이런 유형의 과제가 제공해 주는 이점은, 화자들에게 언어를 구성적으로 이용하도록 장려한다는 것이다. 물건의 부품들을 확인하는 데에 일반적으로 이용 가능한 단 하나의 올바른 낱말은 없다.[2] 화자는 자기 나름대로 낱말을 만들어 써야 한다. 이 과제는 또한 화자들에 대하여 훌륭한 겉보기(face)[3] 타당도를 지닌다. 오직 화자가 분명히 훌륭히 일러줄 경우에라야 해당 물건이 조립될 수가 있는 것이다. 이는 청자가 조립하거나 조립하지 못한 물건을 검사함으로써, 그리고 화자의 일러주기에 대한 녹음물을 물건의 조립 과정에 있는 임의의 문제점과 비교해 봄으로써 쉽게 시범적으로 보여줄 수 있다.

---

2) [역주] 프랑스 소설가 플로베르가 하나의 사물에 오직 단 하나의 낱말만이 있다고 주장하였다. 이를 흔히 일물일어설(一物一語說)로 부른다. 본문의 이 주장은 일물일어설과 반대가 된다. 하나의 대상을 표현하는 방식이 적어도 두 개 이상 여러 개가 있음을 뜻하기 때문이다. 언어교육뿐만 아니라, 인문학에서는 인간이 결코 기계가 아니라 자유의지를 지닌 존재로 본다. 자유의지는 또한 창의성과도 연결되어 있다. 의사소통 또한 화자만의 문제가 아니라 두 방향으로 청자 화자 사이의 문제이다. 만일 어떤 표현을 썼을 때에 의사소통이 제대로 잘 안 이뤄졌다고 판단하면, 다른 표현을 써서 다시 시도를 해 보아야 한다. 이를 언어교육에서는 'negotiation of meaning'(의미 타개하기, 어려움이 생겨 의미 전달이 잘 안 되는 경우 여러 가지 다른 방식으로 시도해 보는 일)라고 부른다. 임의의 표현은 인간이 지닌 자유의지에 따라 의사소통 의도가 생겨나고 그리고 청자와의 정보 간격에 따라 낱말 선택뿐만 아니라 표현 방식도 선택하게 된다. 이런 청자 맞춤형 의사소통은 우리가 떠받드는 성인들도 이미 그렇게 자각하고 실행하였었다. 공자도 인(仁)이라는 개념을 제자들의 특성에 따라 달리 말하였고, 부처도 자신이 깨우친 수승한 화엄의 경지를 듣는 사람에 따라 달리 표현하여 말하였는데, 불교에서는 이를 '방편품'이라고 부른다.

3) [역주] 교육학에서는 뜻도 안 통하는 '안면 타당도'라는 잘못된 번역어를 쓴다. 겉보기 타당도(또는 외양 타당도)는 얼핏 봐서 타당한 듯한 긍정적인 느낌을 주는 일을 말한다.

1.2. 유동적 관계를 지닌 과제들의 예

1.2.1. 서사 이야기 말하기 과제

이들 과제에서 화자에게 펜으로 그린 일련의 그림들이 제시되고, 그것들이 예시해 주는 이야기를 다른 학생에게 말해 주도록 요구한다.

관련된 서사 이야기를 듣는 동안에 청자에게 올바른 순서로 일련의 그림들을 배열해 놓는 일이나, 또는 여러 장으로 그려진 인물들 중에 누가 그 이야기에 등장하는지를 알아내는 일처럼, 수행해야 할 과제가 주어진다. 화자에게는 미리 청자의 과제가 말해지지도 않고, 볼 수도 없다. 그렇지만 화자에게는 과제의 성공 여부가 그 이야기를 청자가 올바르게 이해하는 일에 달려 있음을 알려 준다.

우리가 널리 이용한 하나의 특정한 서사 이야기 과제를 놓고서 화자들이 수행해 놓은 사례들은 제4장, 제5장, 제6장에 들어 있다. 이 과제에 대하여 모두 14장 가운데 처음 3장의 자극 그림(제시 그림)들이 〈그림 3a, 3b, 3c〉에 주어져 있다.

제4장에서 서술되어 있듯이, 서사 이야기 과제는 화자들에게 네 가지 주요한 요구사항들을 만들어 놓는다. ① 화자는 자신의 언어 사용에서 지시 표현상 반드시 명백히 말해 주어야 한다. 즉, 이야기의 특정한 어느 시점에서 어느 인물이나 대상들이 포함되는지 분명히 일러주어야 하는 것이다. ② 화자는 이야기에서 일어나는 주요 활동이나 사건들을 명백히 서술해 주어야 한다. ③ 화자는 시간 흐름상 반드시 임의의 중요한 변화들이 언제 일어나는지를 일러주어야 한다.④ 그리고 장소 이동상 반드시 임의의 중요한 변화들이 언제 일어나는지를 가리켜 주어야 한다.

모든 서사 이야기 과제가 동등하게 네 가지 측면을 모두 요구하게 되는 것은 아니다. 예를 들어, 부분적으로 〈그림 3a, 3b, 3c〉에 예시된 서사 이야기 과제는 오직 잠재적으로 혼동을 일으킬 수 있는 두 사람의 인물을 담고 있다. 즉, 두 사람의 여성 인물이다. 따라서 지시 표현에서 아주 어려운 것은 아니다. 이 서사 이야기는 장소 이동상 언급되어야 할 두 가지 변화를 실제로 요구하지만, 시간 흐름상 변화에 대해서는 특정한 지시내용을 요구하는 것이 아니다. 만일 난이도에 따라 서사 이야기 과제들의 등급화를 고려한다면, 반드시 이들 별개의 요구사항들로써 각 과제를 서술해 주어야 한다. 예를 들어, 우리가 이용했던 또 다른 서사 이야기 과제는 네 명의 여성 인물들을 포함하는 가게 물건 훔치기 사건을[4] 특징으로 한다. 이 과제는 지시내용상의 명백성에 대한 필요성에 비추어 더 어렵지만, 이야기 속에서 사건들이 하나의 단일한 장소에서 일정 기간에 걸쳐 일어난다. 이런 점에서 이전의 과제보다 덜 어렵다.

---

4) [역주] 브롸운 및 율(1983, 156쪽)의 그림을 옮겨 둔다. 밀대 속의 어린이 행동을 보기 바란다.

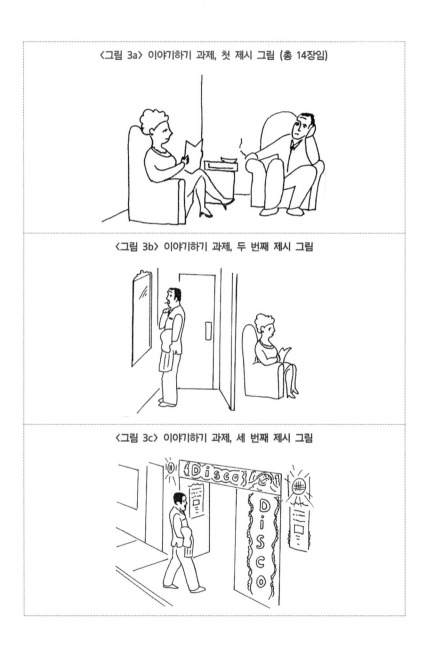

〈그림 3a〉 이야기하기 과제, 첫 제시 그림 (총 14장임)

〈그림 3b〉 이야기하기 과제, 두 번째 제시 그림

〈그림 3c〉 이야기하기 과제, 세 번째 제시 그림

제5장과 제6장에서는 살인 이야기의 수행을 예시해 놓았다. 거기에서는 세 명의 여성 인물들이 포함된다. 지시 표현상의 명백성에 비추어 중간 등급의 난이도이다. 그렇지만 시간 흐름상 이야기가 중요한 순간들에 대하여 여러 가지 '회상' 장면들을 포함한다. 그러므로 화자 쪽에 서술된 사건들의 시간대를 명백히 해 놓도록 하는 두드러진 요구사항들을 부과한다.

화자들은 서로 다른 요구사항을 부과해 놓는 일정 범위의 서사 이야기 과제들을 시도해 보아야 한다. 특정한 서사 이야기 요구사항을 갖는 문제점들에 주목할 수 있으며, 학생들에게 어떤 특정한 요구내용을 포함하는 서사 이야기를 시도해 보는 추가 기회들이 제공될 수 있다.

1.2.2. 자동차 충돌 설명하기 과제

이 과제에서는 화자에게 모형 차들을 포함하여 교통사고가 일어나는 사건을 보여 주는 4장의 흑백 사진이 함께 꾸러미로 제시된다. 다음과 같은 주의사항을 화자가 듣도록 실험자가 읽어 주었다.

'이 꾸러미에 있는 모형 자동차들을 이용하여 만들어 놓은 자동차 충돌 사건에 대한 사진들이 들어 있습니다. 이들 사진이 실제 자동차 충돌 사건 동안에 찍힌 것처럼 생각하기 바랍니다. 여러분은 이 실제 자동차 충돌 사건을 목격하였습니다. 마치 경찰관에게 그 충돌 사건을 보고하고 있는 듯이, 여러분은 자신의 짝에게 될 수 있는 대로 명백히 충돌 사건이 어떻게 일어났는지를 말해 주어야 합니다. 될 수 있는 대로 세부사항을 자세히 포함하여, 여러분의 짝이 그 충돌 사고가 어떻게 일어났는지를 정확히 알도록 해야 함을 기억하십시오.'

그런 뒤 화자에게 꾸러미를 열고서 자신의 서술을 시작해 가기 전에 충돌 사진들을 신중하게 연구하도록 말해 주었다. 과제 수행 동안 사진들은 계속 화자 앞에 놓여 있었다.

<화자에게 주어진 자동차 충돌 관련 사진>

<그림 4a> 자동차 충돌 과제, 첫 번째 제시 그림

<그림 4b> 자동차 충돌 과제, 두 번째 제시 그림

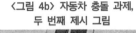

<그림 4c> 자동차 충돌 과제, 세 번째 제시 그림

<그림 4d> 자동차 충돌 과제, 네 번째 제시 그림

청자에게도 또한 그림들을 담고 있는 꾸러미가 건네졌다. 이 경우에 임의의 자동차 충돌 사건에 대하여 시작·중간·끝을 그림으로 나타내 주는 3쌍의 그림이 있었다.[5] 청자에게는 다음과 같은 주의사항이 주어졌다.

'화자가 자동차 충돌 사건을 서술하려고 합니다. 여러분은 그 서술의 시작·중간·끝 부분에 대한 올바른 그림을 선택해야 합니다. 여러분이 선택한 그림의 동그라미 번호에다 쐐기표(✔)를 질러 넣으십시오. 여러분의

---

5) [역주] 원문의 166쪽에 있는 그림들을 쉽게 이해할 수 있도록 여기로 가져 왔다.

짝에게는 어떤 질문도 하지 못합니다.'

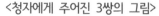

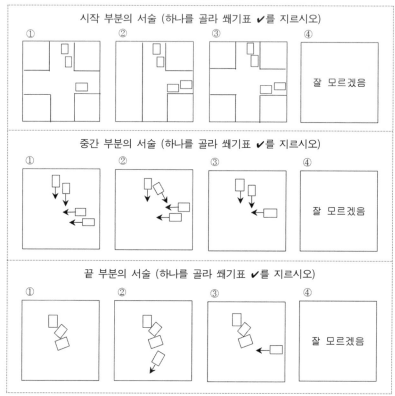

화자와 청자에게 모두 과제를 시작하기 전에 질문할 기회가 주어졌다. 실험 주체는 일반적으로 주의사항들을 반복하거나 다시 풀어줌으로써, 모든 학습자들이 과제를 이해하도록 확실히 해 두고자 노력하였다.

서사 이야기 과제에서처럼 자동차 충돌 사건에서 성공을 위한 주요한 요구사항은, 화자가 자신의 언어 사용에서 충돌 사건에 관여된 자동차들을 지시 표현상 명백하게 도입하고 계속하여 관련 자동차를 가리켜 주는 것이다. 적합한 서술도 또한 화자가 사고로 이끌어 가는 사건들의 물리적 위치와 시간상의 순서에 대하여 적합한 정보를 전달해 주기를 요구한다.

자동차 충돌 과제들은 관련 자동차들의 숫자와 식별 가능성을 바꿔 놓음으로써 난이도를 다양하게 만들어 제시될 수 있다. 예를 들어, 지시 표현상 더 높은 정도의 성공은 아주 비슷하게 보이는 자동차들을 세 대 포함하는 사건을 서술하고 있는 화자들에서보다, 한 대의 승용차와 한 대의 짐차를 포함하는 충돌 사건을 서술한 화자들에게서 성취되었음을 발견하였다.

과제는 공간 관련성의 복잡성에 따라 난이도가 등급으로 나뉘어 제시될 수 있다. 제5장과 제6장에서 인용된 모든 예문이 교차로에서 일어난 사고들을 포함하였다. 따라서 관련 자동차들이 아주 복잡한 공간상의 배치로 놓여 있었다. 더 단순한 과제는 나들목이나 직선 도로만을 포함할 것이다.

〈부록 2〉 채점표(protocol)

2.1. 서사 이야기 말하기에 대한 교사 평가
: 구조화된 채점 : 구조화되지 않은 채점

아래에서 보인 것은 제5장에서 서술된 첫 번째 평가 연구에 참여한 교사들에게 내어 준 지시사항과 한 가지 표본 채점표이다. 원래 실험에서 이용된 서식 상에는 아무런 제목도 들어 있지 않았다.

서사 이야기 과제의 '구조화된' 채점표에 대한 지시사항

허용 시간: 10분   이름 : _____

한 편의 영화에서 일어난 사건들에 대하여 녹음된 5개(=5명의 화자 수행)의 이야기를 듣고, 각각의 해설이 얼마나 '좋다'고 생각하는지, 여러분의 평가로서 10점 만점에서 점수를 매겨 주시기 바랍니다.

여러분에게 이용하도록 요구한 평가 방법은, 다음처럼 각각의 이야기에 대하여 채점 총점 10점으로 제시되어 있습니다. 화자의 이야기에서 번호별 상자 옆에 있는 정보가 분명하고 애매함 없이 표현되는 경우에 매번 1점을 주십시오.[1]

누가 무엇을 하였는지를 알아내는 데에 집중하시기 바랍니다. 만일 여러분이 각 사건에서 누가 포함되었고, 그 사건들이 무엇이었으며, 등장인물들과 사건들 사이의 간단한 관련에 대하여 분명히 말해 주었다고 계속 확신한다면, 사건들의 연결에 대한 이야기는 성공적입니다.

〈주의〉
① 여러분에게 특정한 어휘에 대하여 점수를 부여하도록 요구하는 것이 아닙니다.

예를 들면, 화자가 반드시 escape(벗어나다)라는 낱말을 쓸 필요는 없습니다. ② 등장인물들이 적합하게 확인되고 서로 간에 구별되어야 함이 중요합니다. 오직 각 사건마다 어떤 인물이 관련된다고 확신한다면 점수를 주십시오.

만일 여러분에게 채점 절차에 대하여 언급할 간략한 촌평이나 반응이 있다면 어떤 것이든지 비고란에 적어 주시기 바랍니다.

서사 이야기 과제의 '구조화된' 채점표

1. ☐ 등장인물 A … rope(밧줄)/chains(사슬)/a straightjacket(구속 복) …escaping from(로부터 벗어나는)/getting out of(에서 밖으로 빠져나가는)
2. ☐ 등장인물 B … cars(자동차들)…breaking into(속으로 몰래 들어가는)/ stealing things from(로부터 물건을 훔쳐내는)
3. ☐ 동시 발생 행위 표시… B stealing while A (B가 훔치고 있는 동안 A는) … as(하자)/while(동안)/meanwhile(그러는 한편)…

4. ☐ (식별이 가능하다고 확신된) 등장인물 B
5. ☐ … steals a camera(사진기를 한 대 훔치다)

6. ☐ (식별이 가능하다고 확신된) 등장인물 A
7. ☐ … gets out of the rope(그 밧줄로부터 빠져 나오다) 등등

8. ☐ (식별이 가능하다고 확신된) 등장인물 B
9. ☐ … takes a photo of (의 사진을 찍다)
10. ☐ … (식별이 가능하게 확인된) 등장인물 A

비 고	

---

1) [역주] 이런 채점표는 적어도 5장이 있어야, 각각 5명의 화자 수행을 평가해 줄 수 있다. 이 점은 다음에 살필 '구조화되지 않은' 채점표와 구별된다.

```
┌─────────────────────────────────────────────────────────────────────────┐
│         서사 이야기 과제의 '구조화되지 않은' 채점표에 대한 지시사항              │
│                                                                           │
│   허용 시간: 10분                                      이름 : _____       │
│                                                                           │
│   한 편의 영화에서 일어난 사건에 대하여 녹음된 5개(=5명의 화자 수행 녹음)의     │
│   이야기를 듣고서, 각 이야기가 얼마나 '좋다'고 생각하는지를 놓고 여러분의 평가로 │
│   서 10점 만점에서 점수를 매겨 주시기 바랍니다. 평가에 대한 근거로서 적합하다고  │
│   생각하는 여러분의 기준을 어떤 것이든 이용하십시오.                          │
│   만일 여러분의 평가에 (좋게 또는 나쁘게) 영향을 미친 화자의 입말 영어의 측면   │
│   들을 찾아낼 수 있다면, 채점표 아래 비고란에 간단히 써 주십시오.             │
│                                                                           │
│      화자 1: 10만점 중___점                                               │
│      화자 2: 10만점 중___점                                               │
│      화자 3: 10만점 중___점                                               │
│      화자 4: 10만점 중___점                                               │
│      화자 5: 10만점 중___점                                               │
├───┬───────────────────────────────────────────────────────────────────┤
│ 비 │                                                                      │
│    │                                                                      │
│ 고 │                                                                      │
└───┴───────────────────────────────────────────────────────────────────┘
```

2.2. 도형 그리기 일러주기에 대한 교사 평가
: 구조화된 채점 대 비구조화된 채점

아래에 보인 것은 제5장에서 서술된 첫 번째 평가 연구에 참여한
교사들에게 주어진 지시사항과 채점표이다. 교사들을 무작위로 두 집
단으로 나누었다. 한 집단에서는 구조화된 채점표를 써서 서사 이야
기 과제를 채점하였고, 구조화되지 않은 채점표를 써서 도형 그리기
과제를 채점하였다. 거꾸로 다른 집단에서는 도형 그리기 일러주기를
구조화된 채점표를 이용하여 채점하였고, 서사 이야기 과제를 채점하
기 위하여 구조화되지 않은 채점표를 썼다. 각 집단에서는 구조화된

채점표를 쓰기 전에 먼저 구조화되지 않은 채점표를 써 보았다. 원래 교사들에게 주어진 자료에는 아무런 제목도 들어 있지 않았다.

도형 그리기 과제의 '구조화되지 않은' 채점에 대한 지시사항

허용 시간 : 20분   이름 : _____

이 부분의 녹음에서는 특정한 도형을 그려주는 방법을 일러주는 10대들의 수행이 5편이 녹음되어 있습니다. 화자에게는 각각 자기 앞에 해당 도형이 있습니다. 빈 종이와 색연필들을 갖고 있지만 도형이 어떻게 되어 있는지 전혀 알지 못하는 청자에게 도형을 그리는 방법을 일러주어야 합니다.

여러분은 각각의 서술이 얼마나 '좋다'고 생각하는지에 대해 10점 만점에서 점수를 주어야 합니다. 평가에 대한 근거로서 적합하다고 생각하는 기준을 어떤 것이든 이용하십시오.

만일 여러분의 평가에 (좋게 또는 나쁘게) 영향을 미친 화자의 입말 영어의 측면들을 찾아낼 수 있다면, 채점표 아래 비고란에 적어 주십시오. 녹음테이프의 반복 듣기는 두 번 이하로만 해 주십시오.

  화자 1: 10만점 중____점
  화자 2: 10만점 중____점
  화자 3: 10만점 중____점
  화자 4: 10만점 중____점
  화자 5: 10만점 중____점

| 비

고 | |

도형 그리기 과제의 '구조화된' 채점 일러두기

허용 시간 : 20분   이름 : _____

이 녹음 내용 속에는 특정한 도형을 그리는 방법을 일러주고 있는 10대들의 수행이 5편 녹음되어 있습니다. 각 화자에게는 자기 앞에 도형이 있습니다. 빈 종이와 색연필들을 갖고 있지만 그 도형이 어떻게 되는지를 전혀 알지 못하는 청자에게 도형을 그리는 방법을 일러주어야 합니다. 여러분의 과제는 각 화자가 얼마나 잘 일러주어 정보를 전달해 주는지 채점하는 것입니다. 다음에 목록으로 보인 것은 화자가 제공해 주어야 하는 20가지 정보 항목(낱말)입니다. 여러분은 각각의 녹음 대목을 듣는 동안에, 화자에 의해 언급된 항목들마다 쐐기표를 질러 놓아야 합니다.

예를 들어 화자가 'At the top put a large number three'(꼭대기에 큰 숫자 3을 넣어)라고 말하면서 시작한다고 합시다. 여러분은 TOP(꼭대기)·THREE(3)·SIZE (크기) 난에다 쐐기표를 질러 넣습니다. 화자가 그 종이 오른쪽 꼭대기에 있는 '3'에 대해서는 아무 말도 하지 않았고, 또한 '3'의 색깔에 대해서도 아무 언급도 하지 않았으므로, RIGHT(오른쪽)·COLOR(색깔)의 상자는 빈 칸으로 놔두어야 합니다. 화자가 크기나 거리를 인치나 센티미터로 된 실제 측정값으로 제시해 주거나, 일반적인 용어로 제시하거나 또는 앞서 언급된 임의의 항목과 관련하여 제시해 줄 수도 있습니다. 이런 경우에 모두 해당 빈칸에 쐐기 표지를 질러 주어야 합니다. 가령 'A big box'(큰 상자 하나)와 'A square two inches'(2인치 정사각형 하나)는 둘 모두 'A square bigger than the red line'(그 빨강 선보다 더 큰 정사각형 하나)라는 표현이 점수가 매겨지듯이, SQUARE(정사각형)와 SIZE(크기)에 대한 빈칸에 쐐기표를 질러 넣어 점수를 주게 될 것입니다. 그 빈칸 상자들은 논리적 연결로 순서가 배열되어 있습니다. 따라서 가령

THREE(3)   ☐
SIZE(크기)   ☐
COLOR(색깔)   ☐

에서, 크기와 색깔의 빈칸은 그림에 있는 숫자 3에 대한 색깔이나 크기의 언급을 가리킵니다. 그렇지만 화자가 언제나 순서대로 정보를 제공해 주는 것이 아닙니다. 따라서 여전히 일러주기의 어떤 단계에서든 상관없이 제공된 정보에 대하여 빈칸에 쐐기표를 넣음으로써 점수들이 매겨집니다.

여러분이 그 녹음 내용을 듣고 나서가 아니라, 듣는 동안에 즉시 적합한 빈칸 상자에 쐐기표를 넣어 주십시오. 녹음 내용을 어떤 도막이든 두 번 이상 재생하지 않도록 기억해 주시기 바랍니다.

도형 그리기 과제의 '구조화된' 채점표

항목	화자A	화자B	화자C	화자D	화자E
top(꼭대기)					
right(오른쪽)					
three(숫자 3)					
size(크기)					
colour(색깔)					
down(밑으로)/under(밑에)/below(아래)					
distance(거리)					
line(선)					
colour(색깔)					
size(크기)					
down(밑으로)/under(밑에)/below(아래)					
distance(거리)					
square(정사각형)/box(상자)					
colour(색깔)					
size(크기)					
down(밑으로)/under(밑에)/below(아래)					
distance(거리)					
line(선)					
colour(색깔)					
size(크기)					

2.3. 자동차 충돌 설명 과제에 대한 교사 평가

아래에 보인 것은 제5장에서 서술된 두 번째 평가 연구에 참여한 교사들에게 제시해 준 지시사항이며, 표본 채점표가 바로 이어져 있다.

이 서식과 함께 세 가지 평가 실습 및 한 개의 녹음테이프가 있습니다. 녹음에는 스코틀런드 학교에 다니는 15살에서 16살 난 학생들의 말하기 사례들이 들어 있습니다.

첫 번째 평가는 '자동차 충돌 사건 서술'이며, 주어진 서식 위에 자세히 나와 있습니다. 몇 분 동안 첫 번째 페이지를 두루 읽어 두십시오. 녹음 카세트의 A면에 자동차 충돌 사건 서술에 대한 사례가 5건 있습니다. 이 서술들을 잘 듣고 지시사항에 따라 평가를 실행하십시오.

지시사항을 읽고, 5건의 녹음 사례를 들으면서 서식 위에 쐐기표를 질러 넣는 데에 드는 전체 시간은 20분을 넘지 말아야 합니다.

자동차 충돌 사건 서술

이름 : _____

이 과제에서는 화자들에게 어느 자동차 충돌 사건에 대한 목격담을 자동차 충돌 당시 현장에 있지 않았던 어느 청자에게 말해 주도록 요구하였습니다.

같이 딸려 있는 녹음 속에는 5명의 목격담이 들어 있습니다. 여러분은 다섯 명의 설명을 듣고서 화자가 일어난 사건을 얼마나 효과적으로 서술해 주었는지를 각각 평가해 주십시오.

여러분에게 이용하도록 요구된 채점표가 다음에 그림으로 제시되어 있습니다. 각 화자마다 그 서술의 시작 부분에 대한 세 가지 가능한 자동차 배치도와, 중간 부분에 대한 세 가지 가능한 배치도와, 마지막 부분에 대한 세 가지 가능한 자동차 배치도가 있습니다. 각 부분(시작·중간·끝)에 대해서 각 화자에 대한 녹음 설명을 들으면서 여러분이 듣는 서술 내용에 따라서 세 가지 배열 가운데에서 하나를 골라 내어야 합니다.

따라서 화자 1의 녹음을 듣고서 세 번의 쐐기표(✔)를 질러 넣어야 합니다. 여러분이 그 화자가 서술하고 있다고 생각하는 '시작' 배치도의 동그라미 번호에 쐐기표를 하나, 여러분이 선택한 '중간' 배열의 번호에 쐐기표를 하나, 그리고 여러분이 선택한 '끝' 배열의 번호에 쐐기표를 하나 질러 놓으십시오.

오직 여러분이 무엇이 서술되고 있는지를 전체적으로 알 수 없는 경우에만 '잘 모르겠음'의 번호에 쐐기표를 질러 놓으십시오.

이 실습에 긴 시간을 보내지 마십시오. 여러분은 그 녹음을 두 번 연속해서 들은 뒤 평가 실습을 완성해야 합니다. 실습 시간을 15분 이상 소비하지 마십시오. 이런 평가 실습에 대하여 간략히 촌평이나 의견을 제시하고 싶다면 어떤 것이든 비고란에 적어 주십시오.

비	
고	

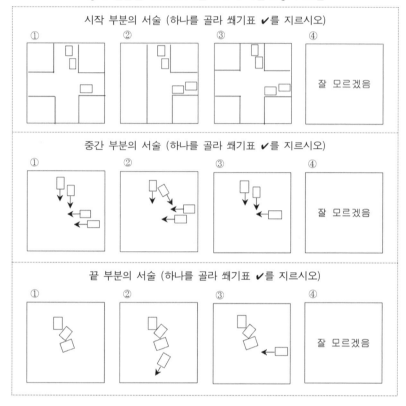

<평가 실습을 위해 교사들에게 주어진 3쌍의 그림>

2.4. 이야기 시작하기와 의견들에 대한 교사들의 평가

아래에 보인 것은 두 번째 평가 연구에 참여한 교사들에게 주어진 지시사항이다. 여기서는 두 가지 평가 과제에 관심을 둔다. 하나는 화자들이 이야기를 어떻게 시작하는지에 관심을 둔다. 다른 하나는 화자들이 얼마나 잘 자신의 의견을 표현하는지에 관심을 둔다. 두 평가 실습 모두에 대한 채점표를 살펴볼 수 있다.

두 번째 평가 실습은 '이야기 시작 부분'을 포함합니다. 별도 서식의 종이에 지시사항과 채점표가 있습니다. 녹음 B면에는 '이야기 시작 부분'의 사례가 6건 들어 있습니다. 이들 인용 대목을 들어보고 그 지시사항에 따라 실습을 실행하십시오. 전체 소요 시간이 10분을 넘지 말아야 합니다.

세 번째 평가 실습은 '채찍 처벌에 대한 의견'을 포함합니다. 별도 서식의 종이에 지시사항과 채점표가 있습니다. 녹음 B면의 두 번째 부분에는 '채찍 처벌 의견'을 놓고 6건의 사례가 들어 있습니다. 이들 인용을 들어보고 지시사항에 따라 실습을 실행하십시오. 전체 소요 시간이 15분을 넘지 말아야 합니다.

입말 영어 평가 실습

이름 : _____

이 실습에서는 화자들에게 이야기 연결체를 형성한 일련의 선 그리기들을 놓고 살펴보도록 하고 나서, 마치 친구에게 무슨 일이 발생했는지 말해 주는 것처럼 그 이야기를 말해 주도록 요구합니다. 그 연결체의 첫 번째 두 개의 선 그리기는 아래에 〈그림 1〉과 〈그림 2〉로 재생됩니다.

같이 딸려 있는 녹음테이프에는 화자들이 자신의 설명을 어떻게 시작했는지에 대한 6건의 수행이 들어 있는데, 제시된 두 개의 선 그려 주기에 근거하고 있습니다. 6건의 수행을 듣고서, 화자가 얼마나 잘 설명을 시작했는지 평가하십시오.

여러분이 이용하도록 요청받은 평가 방법은 각 설명마다 배점이 주어져서 총 8점으로 제시됩니다. 각 숫자의 옆에 있는 정보가 화자의 설명에서 분명하게 표현될 때마다 각각 적합한 빈칸에 쐐기표(✔)를 표시해 놓으십시오. 부록 1에 있는 〈그림 3a, 3b〉를 보기 바람.

채점 세부항목	화자 A	화자 B	화자 C	화자 D	화자 E	화자 F
① 장소: house(집)/living room(거실)						
② 남성 인물: a man(한 남자)/husband(남편)						
③ 그의 행동: sitting(앉아)/smoking(담배 피고 있)						
④ 그의 상태: bored(따분한)/fed up(지루한)						
⑤ 여성 인물: a woman(한 부인)/wife(아내)						
⑥ 그녀 행동: sitting(앉아)/reading(읽고 있)						

⑦ 남성 인물: he(그)/the man(그 남자)					
⑧ 그의 행동: goes to window(창가로 가다)					

이 평가 실습에 대해서 (간략한) 촌평이나 의견이 있다면 어떤 것이든지 적어 주십시오.

입말 영어 평가 실습

한 남자가 자신의 손에 채찍을 들고서 책상 뒤에 앉아 있는 영화를 한 집단의 학생들에게 보여 주었습니다. 그 남자는 자신의 의견에 스코틀런드 학교에서는 채찍 처벌이 필요하다고 말하였습니다. 여러분이 갖고 있는 녹음테이프의 시작 부분에서 이 영화에 대한 입말 수행을 들을 수 있습니다. 그 영화를 다 본 뒤에 학생들에게 다음 질문을 하였습니다.

'What do you think about that?'(그것에 대해 여러분은 어떻게 생각하십니까?)

여러분에게 주어진 녹음 내용 속에는 이 질문에 대한 여섯 가지 다른 대답이 들어 있습니다. 이 평가 실습에서 여러분은 여섯 가지 대답을 듣고서, 각 대답에 대하여 A나 B나 C 등급을 하나 매겨 주십시오. 이들 등급에 대한 기준은 평가표의 오른쪽에 제시되어 있습니다.

화자	A, B, C 등급	
1		C=의견이 개진되나, 근거 제시가 없고 대안 의견도 없음
2		
3		B=의견이 개진되고 근거도 주어지나, 대안 의견이 없음
4		
5		A=의견도 개진되고 근거도 주어지며 대안 의견도 고려됨
6		

만일 이런 평가 절차에 대하여 언급할 촌평이나 의견이 있다면 이곳에다 적어 주십시오.

〈부록 3〉 평가 실험에 대한 기술적인 세부사항

3.1. 과제 수행에 대한 평가

3.1.1. 교사들에 의한 과제 수행의 평가: 첫 번째 연구

제5장에서 서술된 첫 번째 평가 연구에서, 30명의 영어 교사가 '서사 이야기' 과제를 수행하고 있는 5명의 화자와 도형 그리기 과제를 수행하고 있는 5명의 화자를 판정하였다. 15명의 교사는 〈부록 2〉에 서술된 '구조화되지 않은' 채점표를 써서 서사 이야기 수행을 평가하였고, 그런 뒤에 다시 '구조화된' 채점표를 써서 도형 그리기 수행을 평가하였다. 나머지 15명의 교사도 동일한 화자들을 평가하였지만, 먼저 '구조화되지 않은' 채점표를 써서 도형 그리기 과제를 평가하였고, 그런 다음에 '구조화된' 채점표를 써서 서사 이야기 과제를 평가하였다. 구조화되지 않은 채점표가 먼저 이용되었다. 그 이유는 이런 조건에서 학습자의 수행이 얼마나 좋았는지를 판정하기 위하여, 우선 교사들이 그들 자신의 기준을 이용하기를 희망하였고, 우리의 구조화된 채점표가 그들의 주의력을 끌었던 특징들에 의해 영향 받는 것을 원하지 않았기 때문이다.

구조화되지 않은 채점표를 쓰는 경우에, 서사 이야기 과제에서 교사들은 5명의 화자에 대해 10점 만점으로 점수를 주었고, 다시 이들 점수가 5명의 화자들의 등급(=상대평가 등급)으로 전환되었다. 비슷하게 그 집단의 교사가 구조화된 채점표를 쓴 경우에, 특정 정보 사항이 분명히 전달된다면 각 화자의 수행에 대해 쐐기표로 표시해 두었다. 각 화자에게 매겨진 쐐기표들의 숫자가 또한 그 교사를 위하여 5명의 화자에 대한 등급(=상대평가 등급)으로 전환되었다. 〈표 1〉에서는 두 가지 평가 방법을 이용하면서 두 집단의 교사들에 의해 채점이 이뤄진 동일한 5명의 화자에 대한 전반적 등급을 보여 주는데, 각 교사의 평가로부터 도출되어 나온 개별 등급에 바탕을 두고 있다.

〈표 1〉 서사 이야기 수행에 대한 교사들의 평가(두 집단 간에 서로 차이가 남)

집단 1: '구조화되지 않은' 채점표 이용	집단 2: '구조화된' 채점표 이용
학생 2 '가장 좋은' 수행으로 평가함	학생 3 '가장 좋은' 수행으로 평가함
학생 5	학생 4
학생 3	학생 1
학생 4	학생 2
학생 1 '가장 나쁜' 수행으로 평가함	학생 5 '가장 나쁜' 수행으로 평가함

교사들의 평가 간에 합치점이 있는지 여부를 알아보기 위하여, 켄들(Kendall)의 일치 계수(coefficients of concordance) 'W'가 5명의 화자에 대한 각 교사의 등급화에 토대를 두고 계산되었다. 구조화되지 않은 채점 조건에서는

$$W(일치\ 계수) = 0.33,$$
$$p(유의\ 확률) < 0.001$$

이다. 구조화된 채점 조건에서는

$$W(일치\ 계수) = 0.84,$$
$$p(유의\ 확률) < 0.001$$

이다. 그러므로 비록 〈표 1〉이 두 조건에서 서로 다른 등급화에 일치하는 것으로 보이지만, 서사 이야기 과제를 놓고 두 조건에서 모두

교사들 사이에 유의한 정도의 일치가 있었다. 비슷한 절차가 도형 그리기 수행에 대한 교사들의 평가에도 적용되었다. 〈표 2〉는 두 가지 채점표를 이용하여 동일한 화자들의 평균 등급화를 보여 준다.

〈표 2〉 도형 그리기 수행 내용에 대한 교사들의 평가

집단 1:'구조화된' 채점표 이용	집단 2: '구조화되지 않은' 채점표 이용
학생 5'가장 좋은' 수행으로 평가함	학생 2'가장 좋은' 수행으로 평가함
학생 3	학생 3
학생 2	학생 5
학생 1	학생 1
학생 4'가장 나쁜' 수행으로 평가함	학생 4'가장 나쁜' 수행으로 평가함

켄들(Kendall)의 일치 계수가 다시 한 번 두 집단에 있는 합치점을 평가하기 위하여 계산되었다. 구조화된 조건에서는

W(일치 계수) = 0.84,
p(유의 확률) 〈 0.001

이며 구조화되지 않은 조건에서는

W(일치 계수) = 0.71,
p(유의 확률) 〈 0.001

이다. 이는 다시 한 번 각 집단의 교사들 내부에서 유의한 정도의 일치를 보여 주며, 또한 구조화된 조건에서 명백히 더 큰 합치를 보여 준다.

3.1.2. 교사들에 의한 과제 수행의 평가: 두 번째 연구

30명의 영어 담당 수석 교사가 〈부록 2〉에 보인 채점표를 이용하면서 제5장에서 서술된 두 번째 평가 연구에 참여하였다. 교사들이 평가한 과제들 중 하나는 5명의 화자가 자동차 충돌 사진들을 서술한 방식이었다. 채점표에서 보여 주듯이, 교사들은 세 가지 가능한 자동차 배치도 중에 어느 그림을 그 화자가 충돌 사고 설명에 대한 시작·중간·끝 부분에서 서술하고 있는지를 결정해야 했다. 또한 화자의 서술에 근거하여 임의의 단계에서 교사가 그런 결정을 내리지 못했을 경우에는 '잘 모르겠음'을 선택하도록 하였다.

우리는 5명의 화자 각각에 대하여 교사 30명이 시행한 평가들을 비교하였다. 계산된 일치 백분율이 〈표 3〉에 제시되어 있다. 그 영문 글자 'A, B, C'들은 대부분의 교사들이 화자가 충돌 사고의 설명에서 해당 시점에 서술하고 있었던 것으로 동의하는 자동차 배치도를 가리킨다. 작은 괄호 속에 있는 영문 글자 '(A, B, C)'는 원래 화자에게 서술하도록 제시되었던 자동차 배치를 가리킨다. 따라서 화자가 명백히 서술해 주고 있었어야 할 배치도를 나타낸다. 가능한 여러 가지 범주에 걸쳐서 무작위 분포로부터 이것들이 유의미하게 차이가 나는지 여부를 검사하기 위하여, 교사들의 판단에 대해 '빈도 비교 검사'(카이 곱 χ^2 검사)가 시행되었다. 한 개의 별 ★은 유의 확률

p(유의 확률) 〈 0.01

수준에서 우연성으로부터 유의미하게 차이가 나는 분포를 가리킨다. 두 개의 별 ★★은 유의 확률

p(유의 확률) 〈 0.001

을 가리킨다.

〈표 3〉 자동차 충돌 사고 서술에 대한 교사들의 평가

학생 수행 및 교사 평가 일치율	교사들에 의해 선택된 충돌 자동차들에 대한 배치도		
	시작 부분	중간 부분	끝 부분
화자 1의 수행 평가일치 백분율	A로 봤음(C가 정답) 100%★★	C로 봤음(A가 정답) 100%★★	A로 봤음(B가 정답) 97%★★
화자 2의 수행 평가일치 백분율	C로 봤음(A가 정답) 73%★★	C로 봤음(B가 정답) 77%★★	A로 봤음(B가 정답) 33%
화자 3의 수행 평가일치 백분율	모르겠음 선택 (B가 정답) 33%	모르겠음 선택 (C가 정답) 47%★	A로 봤음 (정답 A 맞춤) 43%
화자 4의 수행 평가일치 백분율	모르겠음 선택 (C가 정답) 53%★★	모르겠음 선택 (B가 정답) 50%★★	모르겠음 선택 (A가 정답) 53%★★
화자 5의 수행 평가일치 백분율	B로 봤음(정답 B 맞춤) 93%★★	C로 봤음 (정답 C 맞춤) 97%★★	B로 봤음(정답 B 맞춤) 100%★★

따라서 교사들에 의한 15건의 판단 가운데에서 12건이 유의한 합치점을 보여 주지만, 이들 화자 중 오직 화자 5만이 분명히 적합한 서술을 전달해 주고 있다.

30명의 교사들은 또한 6명의 화자가 서사 이야기 수행의 초반부에 얼마만큼 정보를 포함하였는지를 평가하였다. 교사들은 〈부록 2〉에서 보인 채점표를 이용하였다. 6명의 화자들에게 쐐기표가 질러진 정보의 점수 수치가 합산되었다. 각 교사에 의해서 6명의 화자들에 대한 등급화(=상대 평가 등급)가 계산되었다. 〈표 4〉에서는 작은 팔호 속에 보인 일치율과 더불어 30명의 모든 교사에 의해서 이뤄진 화자들에 대한 등급화를 보여 준다. 일치의 정도가 통계상으로 유의미한지 여부를 검사하기 위하여, 켄들(Kendall)의 일치 계수(W)가 개별 교사들에 의해 이뤄진 화자들의 등급화에 토대를 두고 계산되었다. 그 결과

W(일치 계수) = 0.61,
p(유의 확률) 〈 0.001

인데, 이는 이 연구에서 교사들 사이에 아주 믿을 만한 일치를 보여 준 것이다.

<표 4> 이야기 시작 부분의 정보에 대한 교사들의 평가

합치점 등급화		일치에 대한 백분율
화자 1	화자 3	(73%)
화자 2	화자 1	(83%)
화자 3	화자 5	(50%)
화자 4	화자 4	(57%)
화자 5	화자 2	(50%)
화자 6	화자 6	(37%)

3.2. 평가 실험들에 대한 결과와 분석

3.2.1. 말하기 연습 및 청자 역할의 경험에 대한 '정태적' 과제들에서의 수행 효과

제6장에서는 화자가 말하기에서 '정태적' 과제들을 연습하며 수행 해 본 효과와 청자 역할에서 경험을 해 본 효과를 검사하기 위해서 실행한 두 가지 실험을 논의하였다. 첫 번째 실험에서는 1주일 간격을 둔 두 분기에서 두 집단의 화자들의 수행들을 비교하였다. 오직 한 집단만이 두 분기 사이에 청자의 역할을 놓고 경험을 해 보았다. 두 분기에서 두 집단에 있는 각 화자에 대한 과제의 평균 점수는 분산

분석(analysis of variance)으로 시행되었다.

두 집단에 걸쳐서 평균을 낸 두 번째 분기의 수행들과 더불어, 분기별 주요 효과가 있었는데

$$F \ 1, \ 14 = 11.2, \ p < 0.01$$

첫 번째 분기의 수행보다 더 높은 점수를 산출하였다. 집단 주요 효과는 없었다($F < 1$). 이는 두 분기에 걸쳐 평균을 낸 두 집단의 화자에 대한 점수 사이에 차이가 없었음을 의미한다.

$$F \ 3, \ 14 = 3.61, \ p < 0.05$$

이런 상호작용 내부에서, 계획된 비교 검사는 미리 청자 역할을 해 보지 않은 화자들에 대해서 1분기와 2분기에 대한 점수 사이에 유의미한 차이가 없었음을 보여 주었다(60% 대 62%). 그러나 미리 청자 경험을 해 본 화자의 수행에서는 1분기와 2분기 사이에 통계상으로 유의미한($p < 0.05$) 향상이 있었다(58% 대 78%).

3.2.2. 청자 역할의 경험·과제 난이도·과제 순서에 대한 '정태적' 과제들의 수행 효과

49명의 학습자를 포함한 두 번째 실험에서는, '정태적' 과제 수행을 놓고서 미리 청자 역할에서의 연습 효과가, 과제 난이도 효과 및 과제 순서 효과와 더불어 검사되었다. 그 실험의 설계는 〈표 5〉에 주어져 있다.

<표 5> 청자 역할 경험·과제 난이도·과제 제시의 순서 효과를 검사하는 실험 설계

모둠	화자 조건	난이도 수준과 과제 제시 순서
모둠 1	청자 역할을 하지 않은 화자	쉬운 것 다음에 중급 수준
모둠 2	청자 역할을 하지 않은 화자	중급 수준 다음에 쉬운 것
모둠 3	미리 청자 역할을 해 본 화자	쉬운 것 다음에 중급 수준
모둠 4	미리 청자 역할을 해 본 화자	중급 수준 다음에 쉬운 것

쉬운 과제와 중급 수준의 과제를 모두 수행하고 있는 각 학습자(피자)의 평균 점수는, 학습자들을 무작위 효과로 처치하고, 화자 조건 및 과제 제시 순서를 고정된 효과로 취급하며, 난이도 수준을 반복 측정된 고정된 효과로 취급하여, 혼합된 3요인 분산 분석(three-way nalysis of variance) 모형으로 시행된다. 그 분석은 다음과 같이 유의미한 효과를 보여 주었다. 첫째 화자 조건의 주요 효과가

$$F \ 1, \ 45 = 9.83, \ p < 0.005$$

로서 미리 청자 경험을 해 본 화자가 더 높은 점수의 수행을 산출한다(요구된 정보의 75% 대 62%). 그 분석은 또한 과제 난이도의 주요 효과가

$$F \ 1, \ 45 = 15.9, \ p < 0.005$$

로서, 중급 수준의 과제들과 비교하여 쉬운 과제들에서 더 높은 점수를 얻음을 보여 준다(요구된 정보의 74% 대 64%). 과제 제시 순서에 대한 주요 효과는 없었다. 과제 난이도와 과제 제시 순서 사이에 유의미한 상호작용이 있었는데,

$$F \ 1, \ 45 = 37.9, \ p < 0.001$$

이다. 이런 상호작용 속에서, 계획된 비교 검사에서는 학습자(피험자)

들에게 먼저 첫 번째로 제시된 중급 수준의 과제들이, 중급 수준이나 쉬운 과제들이 학습자(피험자)가 해결하는 두 번째 과제인 경우보다도 유의미하게 낮은 점수로 귀결되었음을 보여 주었다. 각각 요구된 정보의 58% 대 74%와 79%이다.

화자 조건·과제 제시 순서·과제 난이도의 세 차원의 상호작용도 또한 유의미한 것으로 밝혀졌는데,

$$F\ 1,\ 45 = 5.18,\ p \langle 0.05$$

였다. 이런 상호작용 속에서, 계획된 비교 검사에서는 여러 가지 유의미한 차이점들을 보여 주었다. 이것들이 다양한 실험 조건들에 대한 평균 점수와 더불어 〈표 6〉에 제시되어 있다. 화살표들은 통계상으로 유의미한 것으로 찾아진 차이점과 그 차이점의 방향을 가리킨다.

〈표 6〉 '화자 조건×과제 순서×과제 난이도' 상호작용에서 화자가 제공한 필수 정보의 백분율 상 유의성의 차이

난이도 수준과 과제 제시 순서	화자 조건	
	청자 역할을 맡아 보지 않았음	미리 청자 역할을 해 보았음
맨 먼저 쉬운 과제	66%	72%
버금에 쉬운 과제	70%	87%
맨 먼저 중급 수준의 과제	51%	59%
버금에 중급 수준의 과제	64%	84%

3.2.3. 서사 이야기에서 화자들이 포함한 정보 분량에 대한 연습 효과

이 실험에서 25명의 화자들을 대상으로 하여 1주일 간격을 두고서 두 분기에 걸쳐 14장의 만화 그림에 근거하여 어느 서사 이야기를 말하는 수행이 녹음되었다. 해당 녹음이 녹취 기록(전사)되고, 각 수행이 포함한 세부사항의 양에 대하여 분석되었다. 자극 자료(제시 자료)에 묘사된 세부사항들은 단순히 16점의 목록으로 마련되었다. 화자의 이야기에서 세부사항들 중 하나가 언급될 때마다 1점이 부여되었다. 상관 자료(correlated data)를 위한 소표본 검사(t-test, 무작위 표본 추출로 20명을 뽑아 검사함)가 각 화자에 대하여 1분기와 2분기로부터 나온 점수 짝들을 놓고서 이뤄졌는데,

t 1, 24 = 2.81, p < 0.05

이다. 이는 화자들에 의해 제시된 평균 세부항목의 숫자가 그 이야기를 두 번째 말한 경우에 더 컸음을 보여 주었다(각각 평균 41개의 세부항목 대 36개의 세부항목임).

3.2.4. 자동차 충돌 과제에서 성공적 지시하기를 놓고서 청자 역할에서의 연습 및 경험 효과

지시 표현상 성공을 놓고서 연습 및 청자 역할 경험의 효과를 연구하기 위하여, 우리는 45명의 화자에게 두 대의 자동차 충돌 사고를 서술하도록 제시해 주었다. 〈부록 1〉에 그 과제 자체가 자세하게 서술되어 있다. 우리는 각 화자마다 서로 비교할 두 개의 수행을 확보하였다. 절반의 화자가 오직 말하는 경험만 하였으나, 반면에 절반의 화자들이 또한 미리 청자 역할을 경험하였다. 각 화자에게 자극 사진을

제시해 주었다. 한 가지 과제에서는 두 대의 승용차나 두 대의 자동차를 담고 있었다. 다른 과제에서는 세 대의 승용차나 세 대의 자동차를 담고 있었다. 그 수행이 녹음되고 전사되었다. 그러고 나서 지시 표현상 성공에 대해 점수가 매겨졌다. 자동차들 중 한 대를 가리키기 위하여 화자에 의해서 이용된 개별 표현이 제6장에서 서술된 기준을 이용하면서 성공적이었는지 실패였는지 여부가 판정되었다. 그런 뒤에 각각의 수행에 대해서 지시 표현상 성공의 전반적인 비율이 이용된 성공적 표현의 숫자에 근거하여 계산되었다. 화자가 자동차들을 가리키려고 이용한 표현의 전체 숫자와 비교가 이뤄졌다.

이 자료는 화자들의 집단에 의해서 수용된 자극의 유형(승용차 3대, 승용차 2대, 자동차 3대, 자동차 2대), 학습자 집단화 요인 사이의 것으로서 화자 집단(청자 역할을 경험한 그리고 경험해 보지 못한 화자들), 학습자들 내부에서 반복된 측정으로서 연습(첫 번째 과제 및 두 번째 과제)과 더불어 3요인 분산 분석(three-factor analysis of variance)으로 실시되었다.

이 분석은 지시 표현상 더 높이 성공하는 경험을 지닌 미리 청자 역할을 해 본 화자들과 더불어(77% 대 59%), 화자 집단의 주요 요인을 보여 주었는데,

$$F_{1,\ 45} = 10.39,\ p < 0.005$$

이다. 중요한 연습의 효과도 있었는데,

$$F_{1,\ 45} = 4.51,\ p < 0.05$$

이며, 두 번째 수행이 더욱 성공적이다(지시내용 상으로 성공이 73% 대 62%임).

'화자 집단에 의해 수용된 자극의 유형 × 화자 집단 × 연습'에 대한 유의미한 3원 상호작용도 있었는데,

F 3, 45 = 7.95, p < 0.001

이었다. 이런 상호작용 내부에서 계획된 비교 검사를 이용함으로써, 우리는 성공률을 놓고 자극의 유형에 대한 효과를 비교할 수 있었다. 자동차 3대의 과제가 자동차 2대의 과제보다 덜 성공적이었고(유의 확률 p < 0.05임), 3대의 자동차 충돌 사고가 2대의 충돌 사고보다 덜 성공적으로 되는 경향이 있었으며(0.05 < p < 0.1), 3대의 자동차 서술이 2대의 자동차 서술보다 덜 성공적이었다(유의 확률 p < 0.05). 비록 (미리 청자 역할을 해 본 화자들 그리고 경험해 보지 않은 화자들) '화자 집단 × 연습' 상호작용이 통계상으로 유의미하지 않았지만

F 3, 45 = 1.04, p < 0.05

계획된 비교 검사들에서는 오직 미리 청자 역할을 맡아 본 화자들만이 첫 번째 수행 내용과 두 번째 수행 내용 사이에서 향상이 이뤄졌고(유의 확률 p < 0.05, 85% 대 68%의 성공률), 오직 이들 두 번째 수행이 유의미하게 청자 역할을 경험해 보지 않은 화자들의 수행 내용보다 훨씬 더 나았음을 보여 주었다(유의 확률 p < 0.05).

〈부록 4〉 언어의 산출과 이해에 대한 '다중 처리' 모형[※]

김지홍

1. 들머리

언어 사용은 크게 산출과 이해로 나뉜다. 이 글에서는 언어 사용에 관여하는 여러 부서들의 내용과 작동 과정을 간략하게 소개하고, 언어 교육과 어떻게 연관되는지를 생각해 보려고 한다. 더 정직하게 표현한다면, 국어교육을 공부하는 필자가 아는 범위에만 국한하여, 언어의 산출 및 이해 과정을 다룬 뒤에, 참된 실생활 자료인 담화를 다루는 과제 중심의 언어교육을 살펴볼 것이다.

여기에는 우선 언급되어야 할 전제들이 있다. 인간의 정신과 그 정신을 작동시키는 요소들이다. 정신은 궁극적으로 물질적 기반을 지닌 두뇌로 환원될 것이지만, 여기서는 고유한 정신 영역이 있다고 전제하고, 정신에 대한 논의에서부터 출발하기로 한다.

전통적으로 인류 지성사에서 논의되어 온 영역은 자연과 생물과 사회와 인간이다. 자연은 인과율로 설명되지만, 이를 생물에게 적용하

※ 이 글은 한국일본어교육학회 학술지 『일본어교육연구』 제62집, 2012, 1~20쪽에 실린 논문임.

기 위하여 인과율 대신 본능이란 말로 바꿔 쓴다. 그렇지만 인간으로 이뤄진 사회와 개별 인간을 다룰 경우에는, 본능 이외에도 다른 것이 필요하다고 보아, 그것을 인간 정신이라고 부르고 그 본질을 추구해 왔다. 정신이란 말과 동일한 말로서 최근에 '인지'와 인지 주체(cognizer)란 말을 쓰기도 한다. 의식이나 영혼 따위도 인간 정신을 다루는 유의어이다.

그런데, 인간이 먼저인지 사회가 먼저인지에 대해서는 대답하기가 쉽지 않다. 자연과 생물 사이에는 자연이 먼저 주어져야 한다는 점에 아무도 의심하지 않는다. 그렇지만 인간과 사회는 인문학과 사회학을 나눌 만큼, 존재론적인 선후 물음에는 가닥을 잡기가 쉽지 않다. 만일 좀 더 큰 돋보기를 들이대면, 사회라는 개념도 거시적 관점으로 사회 구조를 다루는 거시사회학과 미시적 관점으로 인간들의 상호작용을 다루는 미시사회학으로 구분됨을 알 수 있다. 또한 인간이란 대상도 여러 인간들 및 모든 인간을 대표하는 하나의 개인으로 구분될 수 있다. 그렇다면 여기서 미시사회학과 인간들이 서로 겹치는 영역에 속함을 알 수 있다. 소박하게, 세 사람의 인간이 모이면 집단이 되고, 집단이 확장되면서 추상적 실체인 사회를 이룬다고 가정할 수 있다. 일단 사회가 성립하려면 경제·정치·문화·예술 등의 여러 차원에서 세워진 제도와 규범이 주어져야 한다. 이 규범을 준수하면서 구성원들이 행동하게 되는 것이다.

인문학은 한 개인을 모든 인간의 대표로 내세워 인간 정신을 다루게 된다. 그런데 인간 정신이 얼마나 많은 부서들이 한데 얽혀 작동하는지에 대해서는, 연구자들의 관점에 따라 다양하게 달라질 듯하다. 칸트는 계몽의 시대를 확고히 다지면서, 적어도 순수이성의 영역과 실천이성의 영역과 판단력이라는 세 가지 영역이 필요하다고 보았다. 이는 흔히 말하는 진선미 삼분 영역과 상응한다. 이렇게 인간의 능력을 구성하는 여러 부서들을 정의해 주는 일을 심리학에서 흔히 구성물 정의로 부른다.

이런 접근과는 달리, 근대에 들어 언어학을 확립시킨 소쉬르는 공통성 영역과 개별성 영역을 상정하였다. 소쉬르의 머릿속에는 아직 사회라는 실체가 미리 수립된 실체로 간주되지 않았던 듯하다. 오직 '랑그'로 불린 언어의 공통 영역을 통해서만 사회가 이뤄지고, 여기에서 객관성이 확보된다고 보았던 듯하다. 그렇지만 언어란 대상이 담화로 확대되고, 사회적으로 고정된 형태의 담화가[1] 직접 한 개인의 언어 사용에 영향을 미침이 밝혀지면서, 소쉬르의 생각과는 달리 간단치 않음을 깨닫게 되었다.

2. 정신 작동 요소와 다중 기억 모형

인간의 정신이 어떤 요소들로 작동하는지에 대해서는 두뇌 진화의 시각에서 바라볼 수 있다. 인간 두뇌의 진화는 대체로 세 단계에 걸쳐 일어났다.[2] 물속에서 등뼈와 척수가 생겨난 뒤에 온몸의 신진대사를 자동적으로 관장하는 작은 뇌가 먼저 발현된다. 이는 뇌 화석 증거로 보면 원시 파충류(reptilian)에서 찾아진다. 다음으로 이를 테두리처럼 둘러싸고 있는 제2의 뇌가 있는데, 주로 감정과 욕망을 맡는 것으로 알려져 있다. 테두리 뇌는[3] 화석상의 증거에서 원시 포유류(paleomammalian)로부터 찾아진다. 여기에 다시 회백질의 신생 뇌로서 두 개의 반구로 이뤄진 큰 뇌가 자리 잡는다. 이를 신 포유류(neomammalian)의 뇌라고

---

1) 담화 형식이 고정되어 사회에서 특정한 기능을 맡게 되면 흔히 담론으로 불린다. 이를 구분하기 위하여 영어에서는 전자에는 소문자 discourse를 쓰고, 후자에는 대문자 Discourse를 쓰기도 한다.
2) 머클린(MacLean)은 이를 세 겹 두뇌 가정이라고 불렀다.
3) Limbic system(테두리 뇌)은 작은 뇌를 마치 정구채의 테처럼 둘러싸고 있다고 하여 붙여진 이름이다. 쉽게 테두리 뇌라고 번역할 수 있다. 일본인들은 '갓 변(邊)+옷 가장자리 연(緣)'을 써서 '변연계'라고 번역하였다. 생물학에서 체계라는 말은 '계'라고만 번역하여 붙여 쓰는 경우가 많다. 우리나라 학자들도 변연계라는 말을 그대로 따라 쓰기도 한다.

부른다.[4]

제1의 뇌와 제2의 뇌는 주로 감각을 맡고 있다. 감각은 먼저 외부 감각과 내부 감각으로 나뉜다. 외부 감각 수용기는 세 가지 감각을 받아들인다. 물질적 접촉에 반응하는 감각(촉각, 청각)과 화학적 신호에 반응하는 감각(후각, 미각)과 광자에 반응하는 감각(시각)으로[5] 나뉜다. 인간에게는 다른 피조물처럼 지구 자기장에 반응하는 특정한 수용기는 없다. 내부 감각은 크게 재귀적 감지체계(priprioception)와 내부 감각체계(visceral feeling)로 나뉜다. 이를 뭉뚱그려 감각 자료 또는 감각 인상이라고 부른다.

그런데 이런 감각 자료 이외에도 머릿속에서 작동하는 중요한 요소가 있다. 추상적인 요소로서 흔히 자연언어를 포함하여 일반 개념 요소들이 대표적이다. 철학이나 심리학에서는 흔히 이를 통틀어 명제 요소라고 부른다.[6] 또한 인간의 정신이 발현되기 위해서는 내 머릿속에 있는 감각이나 의식을 스스로 깨달을 수 있는 상위 차원의 의식도 필요하다. 흔히 이를 재귀의식(reflection)이라고 부른다.

신화의 세계에서 이성적인 사고를 확립한 서구 계몽주의 시대에 데이빗 흄(Hume, 1748)은 이미 내성을 통하여 적어도 감각 자료와 추상적인 자료가 사고의 재료임을 깨닫고 있었다. 오늘날에도 갤러버더 외(Galaburda et als, 2002), 『두뇌 작동 언어(*The Language of the Brain*)』(Harvard Univ. Press)에서 크게 비언어 표상과 언어 표상으로 나누고 있으며, 존슨레어드(Johnson-Laird, 1996)에서는 하나를 더 추가하여 '감각 인상·명제 표상·정신 모형'으로 보았다.[7]

---

4) 레스탁(1984; 김현택·류재욱·이강준 뒤침, 2004: 73~74쪽), 『나의 뇌 뇌의 나』 2(예문지)를 보기 바란다.

5) 파커(2003; 오은숙 뒤침 2007), 『눈의 탄생: 캄프리아기 폭발의 수수께끼를 풀다』(뿌리와 이파리)에서는 5억 4천만 년 전 선 캄브리아기 화석들로부터 눈의 발생이 확인된다고 한다.

6) '명제'란 일본인들의 번역어는 명령문(命)으로 된 표제(題)란 뜻이다. 그렇지만 명제에서 다루는 형식은 오직 서술문일 뿐이며, 결코 명령문이 아니다. 잘못된 조어의 뜻을 전혀 새기지 않은 채, 우리나라에서도 그냥 굳어져 쓰이고 있다.

이런 요소들은 인간의 머릿속에서 직접적으로 기억 창고 속에 들어가 있다. 기억에 대한 신경생리학적 연구는 아직 초보 단계이며, 서로 대립하는 가정들이 있다. 크게 보면, 장기 강화에 의해서 뇌신경 접합부가 새로 생겨난다는 환원론적 연구가 있고(Crick, Kandel), 이에 맞서서 뇌신경들이 다발을 이루고 분류 쌍을 만들어 관련 정보들이 반복 재유입을 거쳐 안정되어야 기억이 생겨난다는 통합론적 연구가 있다(W. James, Edelman). 이는 매우 낮은 수준의 기억을 대상으로 하고 있다. 그렇지만 우리가 이용하는 기억은, 낮은 수준의 기억뿐만 아니라, 또한 높은 수준의 기억을 이용한다. 여기서 수준의 높고 낮음에 대한 기준은, 스스로 그런 기억을 깨달을 수 있는지 여부이다. 즉 재귀의식이 가능한지 여부에 달려 있다. 언어의 사용과 관련된 기억은, 발화 산출시 목 근육 운동을 제어하는 명령 계통만을 제외한다면, 거의 대부분 높은 수준의 기억만을 대상으로 삼고 있다.

현재 우리 인간이 이용하는 기억에 대한 심리학적 연구는 앳킨슨·쉬프륀(Aitchson and Schiffrin, 1968) 이후 '다중 기억' 모형으로 불린다.[8] 다음처럼 여러 가지 종류의 기억을 우리가 이용하고 있는 것이다.

감각 기억, 단기 기억(=작업 기억), 장기 기억, 영구 기억

언어의 산출과 이해에 관련된 기억은 특히 단기 기억과 장기 기억이다. 단기 기억은 배들리(Baddeley, 1986), 『작업 기억(*Working Memory*)』(Clarendon Press)에서 비로소 작업 기억으로 불리면서, 음성 순환회로·공간 시각적 그림판이 중앙 처리기에 의해 작동되는 모습으로 상정되었다. 그런데 이는 주로 언어 이해와 관련하여 연구가 이뤄졌다. 르두(2002; 강봉균 뒤침, 2005), 『시냅스와 자아』(동녘 사이언스)에 보면, 전전

---

7) 베가 외(Vega et als, 1996), 『시공간 인지의 여러 모형(*Models of Visuospatial Cognition*)』(Oxford Univ. Press)에 "심상, 모형, 명제 표상"으로 실려 있다.

8) 배들리(Baddley, 1984: 16), 『작업 기억(*Working Memory*)』(Clarendon Press)에서 재인용함.

두엽에 위치한 작업 기억은 세 군데 자리 잡고 있다. 복측(안와) 전전두엽·내측 전전두엽·외측 전전두엽이다. 이 중 마지막 외측 전전두엽만이 인간의 두뇌에서 찾아진다.

장기기억은 털빙(Tulving)의 연구에 따라 크게 서술지식 기억과 절차지식 기억으로 나뉜다.9) 전자는 다시 구체사례 기억과10) 일반의미 기억으로 나뉜다. 털빙·르파쥬(Tulving and Leparge, 2001)에서는 기능상으로 이들을 각각 뒤돌아보는(palinscopic) 기억과 앞만 내다보는(proscopic) 기억으로 부르는데, 인간은 두 기억을 모두 지니지만, 여타 동물들은 오직 후자의 기억만을 지닌다.

핑커(1999; 김한영 뒤침, 2009), 『단어와 규칙』(사이언스 북스)을 보면, 불규칙한 모습을 지닌 낱말들은 제3의 뇌(큰 뇌, 대뇌 피질)의 두정엽과 후두엽에 저장된다. 그러나 규칙적인 낱말들은 제2의 뇌(테두리 뇌)의 기저핵과 전두엽에서 동시에 활성화가 일어난다. 언어의 하위 단원체들인 통사·어휘·형태·음소·의미가 장기 기억의 어느 곳에 들어가 있는지에 대해서 아직 잘 알려져 있지 않다.11) 언어 사용 과정을 단계별

---

9) 이 용어는 연구자에 따라서 다음처럼 다양하게 달리 불린다.

연구자 \ 용어	서술지식(declarative) 기억	절차지식(procedural) 기억
William James	1차(primary) 기억	2차(secondary) 기억
Jerome S. Bruner	또렷한 외현(explicit) 기억	막연한 암묵(implicit) 기억
Gilbert Ryle	세계지식(what-knowledge) 기억	방법지식(how-knowledge) 기억
Tulving and Leparge	자체 지각적 기억(재귀의식 있음)	지각적 기억(재귀의식 없음)

10) 일본 사람들은 episodic memory를 일화 기억 또는 삽화 기억으로 부른다. 일화(逸話)란 시시하여 무시하거나 빼 버려도 될 이야기란 뜻이고, 삽화(揷話)는 이야기 줄거리에다 꽂아 놓은 부차적 이야기란 뜻이다. epsode(구체적 사건)이란 우리가 현장에서 직접 겪는 구체적 사건들을 가리킨다. 즉 내가 경험한 개별 사건이다. 이를 가리키기 위한 낱말로서는 일화도 삽화도 모두 적절하지 않다. 여기서는 구체사건 기억이라고 부르기로 한다. semantic memory(일반의미 기억)에서 semantic은 1970년대에 털빙이 의미론의 논의(특히 낱말들의 상하관계)들을 참고하면서 붙였던 데에서 말미암았다. 굳이 '의미'에 집착하지 않는다면, 일반화된 기억이나 추상화된 기억이라고 말할 수 있다.

11) 브로카 영역과 베르니케 영역은 그 중 한 부분에 불과하다. 마치 두 부서만이 전적으로 언어에 관련된 부서인 냥 서술하는 것은 오류이다. 더군다나 낱말 창고는 제2의 뇌와 제3의 뇌에 두루 퍼져 있으므로, 그런 서술이 잘못임을 알 수 있다.

로 추적하면서, 유관한 정보들이 저장되고 인출되는 관련 부서들이
확정된다면, 그런 부서들의 신경생리학적 상관물에 대해서도 본격적
으로 탐구를 시작될 수 있을 것이다.

3. 생각의 단위와 작동 방식

만일 비언어적 요소인 감각 자료를 제외하고, 언어적 요소들에만
국한시켜 추상적인 생각의 진행 과정을 다룰 경우에, 언어적 요소들
의 기본 단위에 대한 물음이 제기된다. 이 물음에 대해서 대략 세 가지
후보를 답변의 후보로 검토할 수 있다.

첫째, 소박하게 기본 단위가 낱말이다.
둘째, 낱말보다 좀 더 큰 구절(XP, 최대투영 구)이거나 이음말(collocation
　　연어)이다.
셋째, 동사가 지닌 요소들이 투영된 절 또는 명제이다.

첫 번째 후보는 일반 사람들이 직관적으로 느낄 수 있는 대답이며,
또한 일상언어 철학자인 오스틴(Austin)이나 그롸이스(Grice) 등이 제안
할 후보이다. 머릿속의 기억 창고에 저장되어 있는 것이 바로 낱말이
라고 스스로 느껴지기 때문이다. 일상언어 철학에서는 특히 발화 행
위에 주목한다. 발화는 얼굴을 마주보는 두 사람 사이에서 꼭 필요한
정보 간격만을 산출하는데, 이는 최소한 한 낱말 또는 그 이상으로
되어 있다. 그렇지만 이를 분석하기 위해서는 관련된 상황과 앞뒤로
오가는 발화들을 참고해야 한다. 따라서 비록 한 낱말로 된 발화이더
라도, 생략되기 이전의 원래 모습으로 복원될 수 있다고 전제한다. 그
렇다면 표면에서 한 낱말만이 실현되었다고 하더라도, 좀 더 큰 모습
으로 재구성될 수 있는 것이다. 이는 두 번째 후보를 검토하도록 요구

한다.

두 번째 후보에서 최대투영 구(XP)는 생성문법에서 자족적인 단위로 상정된다. 그 핵어가 처음에는 어휘범주의 명사와 동사였다. 그 후에 논의가 기능범주의 어미들로까지 확대되어, 핵어 X에 서법을 나타내는 종결어미도 실현될 수 있었다. 만일 종결어미의 최대투영이라면, 이는 문장과 동일하기 때문에 세 번째 후보와 서로 겹치며, 명제와 함께 논의될 수 있다. 그런데 종전에 핵어 X는 전형적으로 동사와 명사로 대표되었는데, 왜 명사도 핵어로서 최대투영 구절을 형성해야 하는지에 대한 근거를 제시하지 못하였다. 필자는 명사의 투영이 일반의미 기억과 상응하는 언어 표현으로 본다. 이와는 달리 동사 및 종결어미의 투영인 문장을 구체사례 기억으로 파악한다.

두 번째 후보에서 이음말은 전산 처리된 말뭉치(corpus)로 처음 코빌드(COBUILD) 사전을 편찬하였던 씽클레어(Sinclair, 1991) 교수가 주장한 것이다.12) 그는 이음말을 미리 짜인 단위라고 부르는데, 관용적 결합원리에 의해 지배된다. 이 단위는 더 큰 단위를 만들어 내기 위하여 개방적 선택원리의 적용을 받는다. 더 큰 단위는 단순한 문장을 훨씬 넘어, 거시언어학에서 다루는 담화로까지 이어진다. 그런데 이음말을 기본 단위로 상정할 경우에는, 참값을 지닌 요소들만을 모으면서 일관되게 참된 논리를 전개하는 데에 어려움이 생긴다. 이 점은 수학자 프레게(Frege)에 의해서 처음으로 제기되었고, 세 번째 후보로 해결책을 마련하게 된다.

세 번째 후보는 현재 철학, 심리학, 인공지능, 수학기초론, 언어교육 등에서 수용한 답변이다. 그만큼 이를 가리키는 용어도 스무 가지가 넘는다.13) 프레게(1879)는 처음으로 문장을 주어와 술어로 나눈 전통

---

12) 씽클레어(1991), 『말뭉치·용례·이음말(*Corpus, Concordance, and Collocation*)』(Oxford Univ. Press), 씽클레어(2003), 『용례 해석(*Reading Concordance*)』(Pearson), 씽클레어(2004), 『언어 교육에서 말뭉치 이용 방법(*How to Use Copora in Language Teaching*)』(John Benjamins) 등을 보기 바란다.

문법의 개념으로는 더 이상 엄격히 참된 학문을 전개할 수 없음을 깨달았다.[14] 오직 방법론 상으로 일원론을 택할 때에라야, 그 대상의 참값을 확보한 뒤에 이를 토대로 하여 참된 논리 전개가 가능한 것이다. 그의 선택은 술어를 기본으로 하여, 주어가 술어 속에 들어가 있다는 생각으로 전환하였다. 곧 술어는 집합이 되고, 주어가 원소가 되는 것이다. 그는 이를 각각 함수(function)와 논항(argument)으로 불렀으며, 함수는 자연수의 질서를 따라 언제나 양화사(적용 범위)를 기본적으로 갖게 된다.

만일 명제가 실제로 우리가 생각을 전개하는 기본 단위임에 틀림없다면, 이를 증명하는 실험도 고안할 수 있다. 킨취(1989; 김지홍·문선모 뒤침, 2010: 제3장),『이해: 인지 패러다임』제1권(나남)에서는 비록 한 문장이더라도 두 개의 명제를 갖고 있는 것과 오직 하나의 명제만을 갖고 있는 것을 나란히 제시하여, 그 처리 속도를 측정하여 차이가 있는지 여부를 관찰하였다. 두 개 이상의 명제가 들어 있는 문장은, 하나만 들어 있는 것보다 과연 처리 속도에서 유의미하게 차이가 났다. 이는 생각의 단위가 명제로 이뤄지며, 명제의 수가 늘어날수록 처리 속도가 정비례하여 늘어남을 시사해 준다. 즉, 명제가 '심리적 실재'라는 것이다.

일단 우리가 생각의 단위를 명제라고 합의하더라도, 생각들이 작동하는 방식이 다뤄져야 한다. 생각을 다루는 방식은 1950년대에 튜링(Turing)에 의해서 다뤄졌다.[15] 튜링은 수학 기초론에서 계산 가능성에

---

13) 르펠트(1989; 김지홍 뒤침, 2008: 59),『말하기: 그 의도에서 조음까지』제1권(나남)에 18개의 용어가 올라 있다. 주기, 심층 절, 착상, 정보 벽돌, 정보 단위, 내적 표지, 전달 내용, 음운 절, 명제 구조, 문장, 분출, 표면 절, 통합체, 어조 집단, 어조 단위, 총체 개념물, 발언기회 구성단위, 최대투영 구절이다. 이밖에도 글쓰기에서 자주 거론하는 종결 가능 단위(T-unit)을 비롯하여, 단순 개념(simplex), 억양 단위, 정신 언어, 내적 언어, 최소 진술문 등도 추가될 수 있다.

14) 프레게(1879) "개념 표기법 Begriffsschrift", Heijenoort 엮음『프레게로부터 괴델까지 From Frege to Gödel』(Harvard Univ. Press)에 영역이 실려 있다.

15) 튜링의 관련 글들이 쉬버(Shieber 2004) 엮음『튜링 검사 The Turing Test』(MIT Press)에

대한 문제를 풀면서, 생각이 진행하는 방식에 자의성을 배제시키고 엄격한 질서를 부여하여 오직 그 질서만 따른다면, 보편적인 생각에 도달할 수 있을 것으로 보았다. 그는 '입출력 장치, 기억 장치, 중앙연산 처리장치'로 된 사고 모형을 처음 제시하고, 이를 연산(computation)이라고 불렀다. 인간의 사고나 생각도 또한 연산의 흐름으로 나타낼 수 있고, 우주에 있는 생명체도 임의의 생각을 한다면 모두 똑같이 그러할 것으로 여겼다.

더 나아가, 뉴얼·싸이먼(Newell and Simon, 1972), 『인간의 문제 해결능력(*Human Problem Solving*)』(Prentice-Hall)에서는 상징 체계도 연산에 의해 구현되며, 문제 해결 능력도 연산의 흐름으로 나타낼 수 있음을 보여주었다. 또한 포더(Fodor, 1983), 『정신의 단원체 속성(*The Modularity of Mind*)』(MIT Press)에서는 인간 정신 그 자체가 몇 개의 독자적 부서들로 이뤄져 있고, 이들 간에 연산의 흐름으로 정보를 주고받는다고 제안하였다.

그렇지만 우리 머릿속에서는 하나하나 순차적으로 계산이 일어나서 마지막에 판단과 결정을 하는 것이 아니다. 그보다는 동시 다발적으로 자유연상에 의해 한꺼번에 처리가 일어나며, 직관적으로 판단하고 결정을 내리게 된다. 이런 점을 부각시키면서 룀멜하앗·머클랠런드(Rumelhart and McClleland, 1986), 『병렬 분산 처리(*Parallel Distributed Processing*)』 제1~2권(MIT Press)가 제안되었다. 이는 현재 '연결주의, 제약만족 이론, 활성화 확산 이론' 등의 이름으로도 불린다.

연산주의와 연결주의는 서로 배타적이지만은 않다. 언어 산출에 대한 르펠트의 연구는 연산주의에 근거하고 있고, 언어 이해에 대한 킨취의 연구는 연결주의(제약만족 이론)에 근거하고 있다. 비록 서로 다른 가정 위에서 연구가 이뤄져 있더라고, 양자가 서로 통합될 수 있는 것이다. 한 방향의 단선적인 처리 방식을 벗어나서, 여러 방향의 복선

해설과 함께 모두 모아져 있다.

적인 처리와 자기 점검 방식을 도입함으로써, 대립적으로 보이는 두 작동 방식이 긴밀히 맞물려 들 수 있는 것이다. 이미 핑커(1997; 김한영 뒤침 2007), 『마음은 어떻게 작동하는가』(동녘 사이언스)와 마커스(Marcus, 2001), 『대수적 마음: 연결주의와 인지과학의 통합(*The Algebraic Mind: Integrating Connectionism and Congnitive Science*)』에서는 연산주의와 연결주의가 통합된 정신의 작동 방식을 보여 주고 있다.

4. 입말 산출 과정: 르펠트 모형

언어 산출 과정에 대한 연구는 입말 산출을 중심으로 하여 1980년대에 들어와서 본격화되었다. 기호학에서 가정하듯이, 만일 언어가 형식과 내용의 결합체라면, 언어 산출은 내용을 결정하는 일에서부터 시작하여, 형식을 선택하여 입 밖으로(또는 글자로) 내보내는 일로 이어진다. 그런데 내용은 어떻게 결정되는 것일까? 이를 다루기 위해서는 언어 산출의 전형적인 모습을 상정하여, 어떤 단계들이 관여하는지를 밝히고, 각 단계마다의 속성을 드러내어야 한다.

현재 언어 산출에 대한 연구로서 연산주의에 입각하여 르펠트(1989,: 김지홍 뒤침), 『말하기: 그 의도에서 조음까지』 1~2권(나남)의 연구가 있다. 이 내용의 핵심이 르펠트(1999)에서 간단히 다음 그림처럼 제시되었다. 이를 마치 정지 사진처럼 하나의 발화가 만들어지는 과정을 종단면으로 잘라서 설명해 주는 것이다.[16]

다음 〈그림 1〉에는 두 개의 음영 글상자와 세 개의 타원이 들어 있다. 위쪽의 음영 글상자는 '수사-의미-통사 체계'로 이름이 붙여져 있고, 아래쪽의 음영 글상자는 '음성-음운 체계'로 이름이 붙여져 있

---

16) 김지홍(2011), 「르펠트의 언어 산출 모형에서 몇 가지 문제」, 한국언어학회, 『언어』 36-4(887~901쪽)도 참고하기 바란다.

다. 이들이 각각 내용과 형식에 대응하는 부서이다.

먼저 '수사-의미-통사 체계'에서는 언어로 되기 이전의 전달내용 (메시지)이 마련되어야 한다. 이를 위해 먼저 의사소통을 하려는 화자가 스스로 개념을 마련하여야 한다. 이는 외부세계에 있는 청자를 파악하여 그와 공유하는 공통기반을 가늠하고, '나는 알되, 너는 모르는' 정보간격(information gap)도 가늠해야 한다. 이를 맨 위쪽의 타원에서는 '청자 모형'으로 부른다. 공통기반과 정보간격이 확정되면, 이제 화자는 자신의 장기기억에서 관련된 적절한 담화모형을 인출해 내어야 한다. 이 일이 곧 의사소통 의도가 결정되는 과정이다. 이 과정은 명제 형식으로 매개된다. 이를 자연언어로 바꾸기 위해서는 어휘 창고에서 먼저 동사를 인출하고, 그 동사가 거느리는 논항들을 차례로 인출해 낸 다음에, 하나의 발화나 문장을 완성하고, 시제와 양태와 종결어미 등의 문법 요소도 함께 실현해 놓아야 한다. 이것이 문법 부호화로 불린다.

이는 머릿속에서 두 음영 글상자를 매개해 주는 '표면 구조'가 되어 다시 다음 단원체인 '음성-음운 체계'의 입력물로 들어간다. 이 입력물에 다시 형태소 활용과 음운 동화 과정을 덧얹혀 출력물로서 음운 내역을 만들어 낸다. 이는 다시 재음절화의 과정을 거쳐 음성 부호화 내용을 출력하고, 근육을 자동적으로 움직이기 위한 명령들로 전환하여 직접 목소리를 내게 되는 것이다.

여기서 최종 출력물은 외현된 발화이다. 그런데 맨 왼쪽에 긴 화살표로 자기 점검 체계를 그려 놓았다. 자신의 목소리는 제일 먼저 화자 자신이 듣게 된다. 이런 자기 점검이 스스로 헛말이 튀어나오는지 여부를 알 수 있게 하고, 그런 실수를 교정할 수 있게 해 주는 것이다.

그런데 이런 모습이 실제 말을 주고받는 일을 그대로 재현하듯이 역동적인 모습이 되려면, 추가되어야 할 부서들이 있다. 먼저 내 스스로 의사소통 의도를 결정하는 과정이 복선적으로 이뤄져야 한다. '의도'를 다루는 문헌에서는 세 가지 의도를 상정하여 다룬다. 예비 의도,

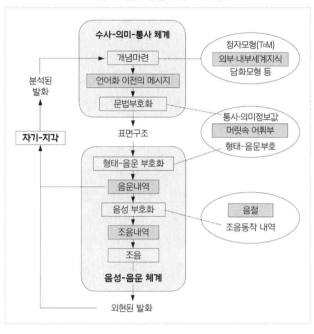

〈그림 1〉 언어 산출 과정의 두 단계

현재 작동 중인 의도, 상대방이 내 말뜻을 알아차리지 못했을 경우에
현재 의도를 지속할지 바꾸어 놓을지를 결정해 주는 상위 의도들이
다. 그러나 앞의 그림에서는 이런 복합 층위의 의도 결정 과정을 제대
로 반영해 주지 못한다.

만일 의사소통 의도가 결정되었다고 하더라도, 두 가지 사항이 계
속 신속히 결정되어야 한다. 하나는 표현할 내용에서 서술 관점이 수
립되어야 한다. 이는 대략 과정 중심으로 사건을 서술할지, 아니면 결
과 중심으로 서술할지를 결정하는 일이다.17) 과정 중심 표현에서는

---

17) 영어에서는 능동태 구문과 수동태 구문의 대립으로 다뤄진다. 우리말에서는 예를 들면
다음과 같다. "철수가 그 책을 태웠다"에서는 관련 사건에 책임질 주체가 문장 속에
들어 있다. 그렇지만 동일한 사건이 "그 책이 다 탔다" 또는 "그 책이 불태워졌다"라고
표현한다면, 누가 그 사건의 책임을 지는지 알 수 없다. 관공서의 공문서나 신문의 보도
에서는 책임질 주체를 일부러 숨기는 표현을 선호하는 것으로 알려져 있다. 페어클럽

한 사건의 행위 주체와 책임 주체가 명시적으로 들어간다. 그렇지만 결과 중심 표현에서는 행위 주체와 책임 주체가 표현되어 있지 않다. 따라서 상대방으로 하여금 이미 확립된 사실로 주어져 있어서 사태의 추이를 변화시킬 수 없다는 암시를 깔 수 있는 것이다.

뿐만 아니라, 서술 관점이 수립되었다고 하더라도, 언어 표현을 직접적으로 표현할지, 간접적으로 표현할지를 결정해야 한다. 간접 표현에는 다시 우회적으로 표현할지, 비유적으로 표현할지가 결정되어야 한다. 따라서 언어 표현 방식에는 적어도 세 가지 선택이 있는 것이다. 표현법의 선택도 함께 결정되어야 한다.

만일 하나의 발화가 지속적으로 이어져 나갈 경우에는, 진지하게 담화 전개 방식이 고려되어야 한다. 클락(1996; 김지홍 뒤침; 2010), 『언어사용 밑바닥에 깔린 원리』(도서출판 경진)를 보면, 담화 주제를 전개시키는 방식에 다섯 가지 선택이 있다.

① 다음으로, ② 심화 전진, ③ 빠져 나옴, ④ 잠시 일탈, ⑤ 본론으로 복귀

주제 내용의 진전에 따라서 워커 외(Walker et als, 1998), 『담화에서 중심소 전개 이론(*Centering Theory in Discourse*)』(Clarendon Press)에서는 다음처럼 표현하였다.

① 지속적 전개, ② 전환 유보, ③ 부드러운 전환, ④ 급격한 전환

이는 일반적으로 선호되는 순서로 배열되어 있다. 이는 주제 전개 전략에 해당하며, 현장 상황과 청자의 반응에 따라 역동적으로 즉석에서 선택되고 바뀌어야 하는 과정이다. 담화는 다른 일처럼 마디 또는 매듭을 이어가면서 전개된다. 하나의 마디나 매듭이 지어져야 할

(2001; 김지홍 뒤침, 2011), 『언어와 권력』(도서출판 경진)의 제5장을 참고하기 바란다.

경우에는, 대체로 이전의 얘기를 정리해 주거나 아니면 이전 얘기에 대한 평가를 내리게 된다. 이런 매듭짓기는 의사소통 참여자들 사이에서 묵시적으로 다음 마디나 매듭으로 옮겨갈 수 있게 해 준다.

언어 산출에 전념하면서 화자는 자신의 발언 기회를 지속할지 여부를 판단하고, 상대방의 반응을 놓고서도 부지런히 나름대로의 평가를 내려야 한다. 이 평가에 관련된 원리는 다음과 같이 제안된다. 첫째, 공평성 원리가 지켜지고 있는지, 둘째, 나 자신의 자율성이 존중받고 있는지, 셋째 나의 자존심이 지켜지고 있는지에 비춰 지금까지의 상호작용과 이에 수반된 의사소통을 판결하는 것이다. 이 판결에 따라서, 되돌아가서 수정이나 사과를 상대방에게 요구할 것인지, 계속하여 다음 단계로 넘어갈 것인지에 대하여 결정하고, 행동을 지속해 나가는 것이다.

이런 과정은 매우 역동적이고 즉각적이며, 순간의 판단력이 발휘되어야 하는 어려운 일이다. 그러나 르펠트의 그림에서는 이런 일을 도맡아 진행할 부서가 전혀 제시되어 있지 않다. 다시 말하여, '수사-의미-통사 체계'와 '음성-음운 체계'가 통제될 수 있는 제3의 부서가 동시에 작동해야 하는 것이다. 이 제3의 부서에는 자기 점검은 물론, 재귀의식이 가동되어 매 순간 나 자신과 상대방의 반응을 점검하고 확인해 나가는 일이 중요한 몫으로 주어져야 한다. 이런 점들은 언어 산출에서 '작업 기억'과 유사한 부서를 요구하며, 반드시 동시에 같이 연동하면서 진행되어야 하는 연결주의의 필요성을 강조해 주고 있다.

5. 덩잇글 이해 과정: 킨취의 구성-통합 모형

언어 교육의 네 가지 영역 가운데, 읽기에 대한 연구는 수를 다 헤아리기가 어려울 만큼이나 아주 많다. 이는 읽기의 대상으로서 그 갈래가 다양할 뿐만 아니라, 각 갈래마다 읽을 각 편들의 수가 압도적이다.

언어 교육 쪽에서의 읽기 연구와 심리학자의 읽기 연구는 과연 다른 것인가? 만일 다르다면 과연 무엇이 어떻게 다른 것인가?

종이 위에 글자로 쓰인 대상을 놓고 연구한다는 공통점이 분명히 있지만, 두 분야에서의 접근 방식은 매우 다르다. 언어 교육 쪽에서는 글 그 자체에 매달려 있어서 그 글을 떠나거나 벗어나는 일을 거의 권장해 주지 않는다. 또한 글의 갈래마다 지닌 특성들을 부각하면서 각 갈래별 특성대로 글을 읽어야 함을 강조하며, 마치 진리가 하나로 고정되어 있는 듯이 암시한다. 따라서 마치 비디오 영상처럼 모든 글 내용을 원상태대로 복원해 내어야 하는 것을 최상으로 삼는다고 해도 과언이 아니다.[18]

그렇지만 글을 읽는다는 일 그 자체는 피상적인 과정이다. 글들 밑에 깔려 있는[19] 글 이해의 과정에 초점을 모아야 한다. 글 이해의 과정은, 글 내용에 대한 재구성 과정이다. 이는 곧 재구성된 내용을 이해 주체가 자신의 장기 기억 속으로 저장하는 일이며, 필요할 때에 알맞게 관련 정보를 인출하여 문제를 해결하는 일이다. 덩잇글을 이해하는 과정은 심리학적으로 기억에 토대를 두고 있다. 그 기억 내용 또한 글을 읽는 주체가 글 내용을 상황 모형으로 재구성하여, 장차 쉽게 인출될 수 있도록 대비하는 것에 지나지 않는다. 이런 이해 과정이라야 비로소 임의의 글 내용을 자기 자신의 지식으로 만들고, 그것을 이용하여 새로운 생산물을 만들어 낼 수 있는 것이다.

이는 전통적인 글 읽기의 연구 및 교육 방식이 잘못이라는 뜻이 아니다. 오히려 필자는 더욱 정확히 글 내용을 파악하고 오독을 방지할

---

18) 듣기 활동 또한 마찬가지이다. 결코 상대방의 이야기를 그대로 녹음기처럼 복원해 내는 일을 요구하지 않는다. 듣기 또한 이해하기이기 때문이다. 이해하기란 상대방의 이야기를 단서로 하여, 그 이야기를 하게 된 의도나 동기를 찾아내는 일에 해당한다.

19) 흔히 일상적으로 "행간 사이를 읽는다, 종이 뒷장을 꿰뚫는다(지배[紙背]를 철[徹]하다), 저의를 파악한다"라는 말을 한다. 이런 것을 심층적 읽기, 또는 깊은 이해라고 말할 수 있다. 어떤 이는 이를 1차적 이해와 구분되는 2차적 이해로 부르기도 하고, 어떤 이는 표면적 이해를 이해로 부르고, 심층적 이해를 해석으로 달리 부르기도 한다.

수 있도록 도와주는 측면들이 아주 중요한 기여라고 평가한다. 그렇지만 그것만 전부인 것으로 관념하여 끝내서는 안 된다. 장기 기억 속에 집어넣는 일과 필요할 때에 그 기억을 꺼내어 활용하도록 하는 일까지 다뤄야 한다. 비유한다면, 학습자가 읽은 글 내용이 자신의 피가 되고 살이 되도록 도와주어야 한다.

그렇다면 글 읽기의 심리학적 모형에서는 이해가 어떻게 진전되어 나가는 것일까? 앞에서도 언급하였듯이, 킨취(1988)에서는 연결주의 모형을 받아들이고 있다.[20] 그곳에서 논의의 대상으로 삼은 글은 주로 중학교 교과서에 있는 덩잇글들이며, 대략 논설류에 속한다. 이런 글은 일상 언어를 그대로 이용하고 있으므로, 학습자들이 스스로 덩잇글을 이해하는 과정과 방식을 익힐 수 있다는 장점이 있다. 그뿐만이 아니다. '인지 패러다임(이론 체계)'이란 이 책의 부제목이 시사해 주듯이, 덩잇글을 이해하는 구성–통합의 모형은 단지 덩잇글에만 국한되어 적용되는 것이 아니다. 더 나아가 수학 문제를 풀이하는 과정, 행위를 계획하고, 문제를 해결하며, 일상적으로 만나는 임의의 사람들에 대한 인상을 형성하는 일에까지도 폭넓게 적용될 수 있음을 보여 주고 있다.

킨취의 구성–통합 모형에서는 적어도 다음과 같이 세 가지 층위의 이해 과정이 동시에 작동해 나간다고 가정한다.

---

20) 특정한 제약들이 만족되면(이를 제약만족 과정으로 부름), 그물조직을 통하여 낱개 지식들의 활성화가 확산되면서 큰 줄거리를 구성하게 된다. 킨취는 연결주의를 먼저 특정 제약들을 상정하여 글을 읽는 과정에서 그 제약들이 만족된다면, 더 큰 그물 조직으로 활성화가 확산되어 나가는 것으로 파악하는 것이다. 이는 점층적으로 낱개의 문장에서 시작하여, 작은 문단으로 확산되고, 전체 큰 문단으로 확산되는 것으로 말할 수 있다.

<표 1> 구성-통합 모형의 세 가지 층위

층위		대상	저장 장소	작용 방식
표면 구조		덩잇글 속의 문장들	종이 위의 글자	언어 해석 및 명제 구성
덩잇글 기 반	미시구조	미시명제와 인출구조	단기/장기 작업기억	인출단서의 활성화 확산
	거시구조	거시명제와 배경지식	장기 작업기억	안정된 지식 그물 조직
상황 모형		감각인상과 상위인지	장기기억	감각인상과 상위명 제 구성

　　표면 구조로부터 덩잇글 기반을 만드는 과정은, 이미 읽기 연구에서 익숙하게 시행해 온 내용이다. 용어가 비록 다르더라도, 문장들이 모여서 이룬 작은 단락을 놓고서 작은 주제문을 만드는 과정이, 덩잇글 기반에서 미시구조를 형성하는 일에 해당한다. 다시 여러 단락들을 놓고서 일관되게 묶어 하나의 큰 단락을 만들고, 그 글의 주제문을 결정하는 과정이 덩잇글 기반에서 거시구조를 형성하는 일에 해당한다.

　　그런데 표면 구조로부터 덩잇글 기반을 만들어 가는 과정은, 흔히 추론 또는 정교화 과정이라고 일컫는다. 이는 복잡하고 심오한 절차를 따르는 것이 아니다. 소략하게 말하여 정보를 덜어내고 정보를 더해 놓는 일이다.21) 표면구조는 문장들로 이뤄진다. 문장들은 먼저 명제 단위로 재구성되어야 한다. 이는 동사를 중심으로 하여 각 동사가 거느리는 논항들을 채워 놓은 것이다.

　　이제 각 명제들을 대상으로 하여 삭제와 추가를 진행해 나간다. 다

---

21) 뵌대익(Van Dijk, 1980), 『거시구조: 담화·상호작용·인지에 있는 전반적 구조들에 대한 통합 학문의 연구(Macrostructure: An Interdisciplinary Study of Global Structures in Discourse, Interaction, and Cognition)』(Lawrence Erlbaum)에서는 '거시구조'를 만드는 네 가지 거시규칙을 제안한 바 있다. ① 삭제(deletion), ② 선택(selection: 여기에 또한 그대로 놔두는 zero rule 규칙도 들어 있음), ③ 일반화(generalization), ④ 구성(construction)이다. 이를 더욱 간결하게 정리하여 킨취(1993: 193~202), "텍스트 이해에서 정보 더해 놓기와 덜어 내기: 추론(Information accretion and reduction in text processing: Inferences)", 『Discourse Processes』16에서는 두 종류의 작업으로 재분류하였다. 이 두 종류의 작업은 킨취의 구성-통합(CI) 모형에서 각각 구성과 통합에 상응한다.

시 말하여, 추론 작업이란 크게 정보를 덜어 내거나 더해 놓는 일인데, 중요성에 비춰서 값이 낮은 명제들을 쓸어 없애고, 이 과정을 통과하여 남은 명제들은 다시 새로운 상위 명제를 설정하여 통합해 나가는 것이다. 특히 후자의 통합 과정은 기계적이지 않고, 글을 읽는 사람의 소양이나 배경지식에 따라 많든 적든 편차가 나게 마련이다. 이 두 과정은 인출구조와 배경지식에 의해 조정된다. 여기서 인출구조란 주어진 한 낱말이나 어떤 주제와 관련하여, 읽는 주체가 평소에 그물조직의 모습으로 계층화하여 붙들어 둔 개개의 백과사전 지식이다(각주 22) 참고). 전문지식이나 배경지식이 많을수록 이에 비례하여 인출구조들이 풍부히 장기 기억 속에 저장되어 있다.

가장 중요한 층위이면서 가장 막연한 내용이 상황 모형을 형성이다. 상황 모형을 만드는 일이란, 이해 주체가 덩잇글로부터 얻어낸 덩잇글 기반을 놓고 장기 기억으로 저장하기 위하여, 그 내용과 관련된 감각 인상을 덧붙여 놓는 일이다. 감각 인상은 다섯 감각 수용기를 통해 저장해 놓은 감각 자료를 가리키지만, 주로 시지각과 관련된 심상을 다루고 있다. 덩잇글 기반과 관련하여, 모종의 심상 자료를 인출하여 한데 묶어 놓는 과정이다. 따라서 이들을 묶기 위해서 이해 주체는 스스로 상위 명제를 만들어 내야 하는 것이다(능동적 처리 과정임).

그런데 그 결과는 이해 주체마다 천차만별로 다양하게 달라질 수 있다. 이런 자의성이나 편의성이 얼마만큼 허용되는지는 제대로 다뤄지지 않고 있다. 그렇지만 감각 인상을 함께 덩잇글 기반과 묶어 두는 일이, 오직 장기 기억에 저장을 위한 방편이라면, 굳이 제약을 두어야 할 이유는 없을 것이다. 오정환(2010: 87쪽 이하) "덩잇글 이해에서 학습자의 상황모형 구성 사례들에 대한 분석"(경상대 박사논문)에 따르면, 다양한 상황모형 구성 사례들을 놓고서도 공통된 요소를 추출할 수 있음을 지적하고 있다. 배경지식이 풍부한 학습자들은 더 복잡하고 유기적인 상황모형을 보여 주었지만, 그렇지 않은 학습자들은 단촐하고 부실한 상황모형을 보여 주었다. 이것이 연구자의 요구로 말미암아 학습자들의 반응이 그렇게 된 것인지, 아니면 일반적인 이해 과정에서 언제나 그런 일이 일어나는지는 또 다른 연구거리이다.

킨취는 낱말의 의미를 고정하는 과정에서도 언어학의 가정과는 다른 실험 사례를 보여 준다. 언어는 상징이다. 그렇기 때문에 낱말은 기본적으로 외연의미와 내포의미를 지닌다. 이 두 의미 중에서 언어학에서는 기본의미로서 외연의미를 상정하고, 이 의미가 확장되어 내포의미를 지니는 것으로 설명해 왔다. 그렇지만 킨취의 실험에서는 한 낱말이 지닐 수 있는 모든 의미가 동시에 작업 기억에 인출되고, 해당 맥락에 대한 단서들이 추가되면서 무관한 낱말 의미들이 삭제됨을 보여 준다. 이를 '망라 접속'으로 부른다. 대략 한 낱말의 의미는 평균 시간이 350밀리초를 전후하여 고정된다.

이런 복잡한 일이 동시에 머릿속에서 처리되기 위해서는, 용량이 제약된 단기 작업기억만으로는 불가능하다. 작업기억의 용량은 밀러 (Miller, 1956)에서 제시된 신비의 숫자 실험에 따라, 대략 '7±2' 정도를 덩어리로 묶는 것으로 알려져 왔다. 덩잇글 처리 과정에서도 대략 대여섯 개의 명제가 작업기억에 대기하고 있는 것으로 추정되었다. 그렇지만 동시에 세 가지 층위가 가동되면서 이해가 진행되려면, 낱말의 의미를 모두 불러내기 위하여 이런 용량은 큰 제약으로 작용한다.

에뤽슨·킨취(Ericson and Kintsch, 1995)에서는 이를 극복하기 위한 방편으로, 장기 기억을 작업기억으로 이용한다는 주장을 한다. 다시 말하여 장기 기억 속에 덩잇글 이해와 관련된 배경지식으로서 위계화된 인출구조들이[22] 다수 저장되어 있다고 가정하는 것이다. 이는 우선 '전문가 지식 체계'에 대한 연구 등으로 쉽게 뒷받침된다. 소위 전문가들은 자신이 관여하는 영역의 덩잇글을 신속하고 쉽게 이해할 뿐만 아니라, 그런 내용을 곧잘 능동적으로 수정하고 재구성하기도 한다. 킨취의 구성–통합 모형에서 장기 작업기억의 역할은 용량 제약을 벗

---

22) 비유적으로 인출구조의 모습을 다음 그림처럼 나타내었다(해당 논문의 216쪽).

어나기 위하여 매우 중요한 개념이다.

그렇지만, 만일 이해의 과정에서 장기 작업기억이 실재하고, 덩잇글 이해를 촉진시켜 주는 실체라면, 과연 배경지식과 장기 작업기억이 어떻게 구별될 것인지에 대한 의문이 든다. 글 이해 과정에서 직관적으로 누구든지 간에 이해 주체의 배경지식의 중요성을 강조해 왔다. 장기 작업기억 속에 들어 있다고 상정된 인출구조는, 관련된 배경지식의 일부라는 점에서 두 영역이 상당히 겹치는 것으로 판단된다. 더군다나 장기 작업기억은 선천적으로 타고 나는 것이 아니라, 부단히 이해 주체가 스스로 능동적으로 구축해 놓아야 하는 것이다. 그러므로 어떤 의미에서 보면, 연구자들 사이에서 약방의 감초처럼 거론되어 온 배경지식이라는 막연한 개념을 좀 더 구체적으로 언급해 주기 위한 대안일 수 있다.

그렇다면 특히 읽기 교육에서의 가르쳐야 할 내용이 뚜렷이 부각될 수 있다. 읽기 교육이 바람직하게 진행될수록 특정한 영역에 대하여 위계화된 인출구조가 풍부하게 많아져야 한다. 이 명제가 사실이라면, 그런 교육을 촉진하기 위하여 읽기 과정에서 명시적으로 인출구조의 후보들을 풍부히 만들어 나가는 일을 자주 연습할 수 있어야 한다. 이런 연습 과정이 누적될수록 덩잇글 기반을 감각 인상과 맞물려 상황모형으로 바꾸는 일도 더욱 촉진될 것이기 때문이다.

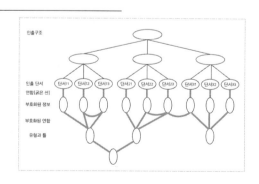

6. 과제 연속물을 이용하는 담화 교육

영국에서는 모국어 교육을 '담화 교육'이라고[23] 규정한다. 영국에서는 1975년 '불럭(Bullock) 보고서'로 알려진 모국어 교육 감사 보고서에서 이미 '참된 실생활 자료'(authenticity)를 이용하여 교육해야 함이 지적되었다.[24] 이 흐름은 기능주의 언어학을 거쳐서 1980년대에 의사소통 중심의 언어교육(CLT)이란 개념을 만들어 냈다. 그리고 유럽 연합체에서는 개념 기능 중심의 언어교육으로 발전하여, 이른바 외국어 교육을 위하여 유럽 공통 얼개가 마련되기에 이르렀다.[25] 이밖에도

---

23) 담화는 언어 및 비언어로 구성되어 있다. 다시 말하여 언어적 정보와 비언어적 정보가 함께 들어가 있는 것이다. 또한 담화가 전개되는 과정에서 큰 덩이들이 연결되는 방식은 언어 정보에 의존하는 것이 아니라, 배경지식에 의존하게 된다. 담화 교육에 대해서는 쿡(Cook, 1989; 김지홍 뒤침, 2003), 『옥스포드 언어교육 지침서: 담화』(범문사)가 쉬운 안내서이다. 또 페어클럽(Fairclough, 1995; 이원표 뒤침; 2004), 『대중매체 담화 분석』(한국문화사), 페어클럽(2001; 김지홍 뒤침, 2011), 『언어와 권력』(도서출판 경진)도 참고하기 바란다. 개론서 형식으로 미국 학자들이 마련한 그뢰이써·건스바커·골드먼 엮음(Graesser, Gernsbacher, and Goldman, 2003), 『담화 처리 소백과(Handbook of Discourse Processes)』(Lawrence Erlbaum)도 좋은 길잡이다. 일반적으로 언어교육에서는 굳이 담화 또는 담화교육이라고 말하지 않는다. 대신 참된 실생활 자료를 이용하는 교육이라고 말한다.

24) 영국 여왕 문서국(Her Majesty's Stationary Office, 1975), 『삶을 위한 언어(A Language for Life : Report of the Committee of Inquiry appointed by the Secretary of State for Education and Science under the Chairmanship of Sir Alan Bullock FBA)』(영국 교육·과학부, Department of Education and Science)이다. 609쪽이나 되는 방대한 분량이다. 필자는 개인적으로 영국의 모국어 교육에 대한 감사 보고서인 불럭 보고서(1975)·킹먼 보고서(1988)·콕스 보고서(1991)를 '언어교육의 3대 비판서'라고 부른다. 콕스 보고서는 브라이언 콕스(Brian Cox, 1991), 『콕스 보고서에 대한 콕스의 의견: 1990년대의 영어 교육과정(Cox on Cox: An English Curriculum for the 1990's)』(Hodder and Stoughton)를 참고할 수 있다. 또한 콕스(1995), 『영어 교육과정을 위한 전쟁에서 콕스의 의견(Cox on the Battle for the English Curriculum)』(Hodder and Stoughton)도 참고할 필요가 있다. 영국병을 고치면서 처음 시작된 영국의 국가 교육과정을 놓고서 무엇을 가르쳐야 할 것인지에 대해 뜨겁게 전개된 논쟁의 내용을 살펴볼 수 있어서 도움이 크다(콕스는 문학 전공자임). 우리나라에서도 제7차 국어과 개정 교육과정을 마련할 때에 비슷한 논란이 있었다. 듣기 말하기 읽기 쓰기의 네 가지 기능만을 국어교육에서 다루고 문학과 언어를 제외하자는 쪽과 이전처럼 문학과 언어를 포함하여 기존의 틀을 고수하자는 쪽 사이에 벌어진 논란이다. 국어교육 쪽에서는 월등한 세력에 밀려 후자의 승리로 싱겁게 끝나 버렸다.

25) 이는 외국어 교육에 대한 유럽 연합의 표준 모형이다. 유럽 연합 교육위원회(2001), 『언어 교육을 위한 유럽 공통 참고 얼개: 학습·교수·평가(Common European Framework of

참된 실생활 자료를 이용하는 담화 교육을 위하여, 사회생활에서 쓰이는 담화의 밑바닥에 깔린 이념적 의도들을 비판적으로 분석하는 '비판적 담화 분석'(CDA)도 중요한 흐름으로 자리 잡고 있는데, 일각에서는 언어 자각(language-awareness)으로도 부른다.

최근에 우리나라의 국어 교육에서도 언어 사용에 대한 자각을 높여 주기 위하여 두 방향의 의사소통을 직접 해 나가도록 권장하고 있다. 학급에서 두 방향의 의사소통은 짝끼리, 모둠에서, 전체 학급을 대상으로 이뤄질 수 있다. 두 방향의 의사소통을 통해서 언어가 학습된다는 주장은 의사소통 중심의 언어교육(CLT)에서 얻어낸 중요한 결론이다. 이 주장을 받아들인다면, 더 이상 기계적 암기 학습을 강요하는 과제들이 주기보다는, 오히려 참된 의사소통 동기가 들어 있는 과제들을 놓고서 학습자들끼리 직접 상호작용을 해 나가면서, 언어와 언어 사용을 체득해 나가도록 권장된다.

이런 과제들은 비단 언어 재료로만 되어 있지 않다. 비언어 재료들도 동일하게 중요한 정보를 표상해 주므로, 언어 재료를 비언어 재료로 바꾸거나, 비언어 재료를 언어 재료로 바꾸는 연습도 병행되어야 한다. 이런 측면에서 과제(task)라는 용어는 때로 입력물(input)이나 참된 실생활 자료라는 말로도 바뀌어 쓰인다.

입력물의 범위는 과거에 교사 중심의 언어교육에서 해 왔듯이 가장 훌륭한 언어 재료로서의 '정전'(正典, canon)만을 이용되는 것이 아니다.[26] 같은 수준이나 더 낮은 수준의 학습자가 산출한 결과물도 학습

Reference for Languages : Learning, Teaching, Assessment)(Cambridge Univ. Press)로 나와 있다. 또한 관련 책자로서 같은 출판사에서 세 권이 더 출간되었는데, 뵈넥·트림(van Ek and Trim, 1990), 『초보 단계(*Waystage 1990*)』; (1990), 『문턱 넘기(*Threshold 1990*)』; (2001), 『도약 지점(*Vantage*)』이다.

26) 이에 대한 좋은 사례가 5세기 초엽에 중국 양나라의 소통(蕭統, 소명태자로 불림)이 엮은 『문선』이다. 여기에 중국 주나라 때부터 육조 시대까지 800여 년 간에 걸쳐 만들어진 130여 편의 걸작들이 담겨 있는데, 결코 쉬운 글들이 아니다. 이는 우리나라에도 영향을 주어 1478년 『동문선』이 편찬되기에 이르렀다. 서양에서는 이른바 anthology (명작선) 불리는 책들이 편찬되었고, 지금도 편찬되고 있다. 이런 전통은 우리나라에서

을 위한 재료로 이용될 수 있다. 그런 재료들에 대해서 직접 일관된 의도가 잘 드러나도록 고쳐 보게 한다든지, 서로 토론을 통하여 어떻게 표현하는 것이 설득력을 지닐지에 대하여 비판적인 안목을 키워 나갈 수 있는 것이다.

윌리스 부부(Willis and Willis, 2007), 『과제 중심 언어교육 실행하기 (*Doing Task-based Teaching*)』(Oxford Univ. Press)에서는 과제 연속물(a sequence of tasks)이란 개념을 도입한다. 이를 놓고서 학습자들이 직접 상호작용을 해 나감으로써 언어 사용 능력이 향상된다고 본다. 그들은 다음과 같이 몇 가지 단계로 나누어 과제들의 갈래를 풀도록 제안한다. 그 과제들은 융통성 있게 여러 단계들로 분화되거나 통합되면서 다시 조절될 수 있다. 또한 과제 활동의 종류와 범주들도 학습자의 수준에 따라 다양한 내용들을 제시해 줄 수 있다.

① 예측 과제 연속물의 진행 단계
   1단계: 예측에 대한 점화 ⇨ 2단계: 예측 과제 제시 ⇨ 3단계: 학급에 보고할 준비를 하기 ⇨ 4단계: 보고하기 ⇨ 5단계: 본 과제 읽기 ⇨ 6단계: 언어 형식에 초점 모으기 ⇨ 7단계: 평가
② 조각맞춤 과제 연속물의 진행 단계
   1단계: 예비과제 풀기 ⇨ 2단계: 이야기를 모아 맞춰 놓기 ⇨ 3단계: 학급에 보고할 준비를 하기.... 이하 위 단계와 동일하게 진행됨
③ 질문 주관자로서의 학습자를 키우는 과제 연속물의 진행 단계
   1단계: 덩잇글/덩잇말 선택하기 ⇨ 2단계: 모둠별로 10가지 질문 마련

광복이 되자, 국어 교과서 편찬에 직접 영향을 끼쳤다. 그렇게 해서 뽑힌 글들 중에는, 한때 남들이 쉽게 알지 못하도록 어렵게 쓰여질수록 더 높은 평가를 받던 왜곡된 경우도 있었다. 서구에서도 상황은 비슷하였지만, 이에 대한 극적인 반전이 1975년 불력 보고서에 의해 시작되었다(앞의 각주 24)를 보기 바람). 그 맥을 의사소통 중심의 언어교육(CLT)이 잇고, 오늘날 과제 중심의 언어교육(TBLT)로 계승되고 있다. 이를 반영한 말로서 주위에서 흔히 '실용 영어'라는 표현을 자주 듣는다. 이 글에서는 '참된 실생활 언어/자료'라고 표현하였다.

하기 ⇨ 3단계: 다른 학습자들이 해당 질문들에 답을 적어 넣기 ⇨ 4단계: 언어 형식에 초점 모으기

④ 원형이 훼손된 덩잇글을 복원하는 과제 연속물의 진행 단계(크게 사실적 공백 채우기와 언어적 공백 채우기로 나뉨)

　(가) 사실적 공백이 들어 있는 과제를 진행시키는 단계

　　1단계: 예비과제 풀기 ⇨ 2단계: 개인별로 읽기 과제를 풀기 ⇨ 3단계: 모둠별로 해결책을 공유하기 ⇨ 4단계: 계획하기와 보고하기 ⇨ 5단계: 해결책들을 점검하고 비교하기

　(나) 언어적 공백이 들어 있는 과제를 진행시키는 단계

　　1단계: 점화하기 ⇨ 2단계: 읽기 과제 풀기 ⇨ 3단계: 보고하기와 해결책 비교 점검하기 ⇨ 4단계: 후속활동으로 기억 여부에 대한 도전

⑤ 새로 순서 짓기 과제 연속물의 진행 단계

　1단계: 이야기 소개하기 ⇨ 2단계: 순서가 뒤범벅이 된 덩잇글(부분)을 새로 정렬해 놓기 ⇨ 3단계: 학습자 재구성 순서를 같이 검토하기 ⇨ 4단계: 전체 덩잇글을 함께 구성해 보기

⑥ 모둠별 받아쓰기 과제(원래 덩잇글 재생 과제) 연속물의 진행 단계

　1단계: 전지에다 덩잇글의 부분들을 차례로 카드에 옮겨 적고 핀으로 고정시켜 교실 벽에 붙여 놓기 ⇨ 2단계: 모둠별로 받은 종이 위에 원래 덩잇글을 재구성하기 위해, 구성원 한 사람씩 읽고 와서 다른 구성원들에게 말해 주기 ⇨ 3단계: 덩잇글 재생이 끝나 교사에게 제출되면, 교사는 재생에 걸린 소요 시간과 재생의 오류들을 지적해 내기

또한 과제 연속물을 구성하는 범주를 다음과 같이 보여 줌으로써, 언어교육 현장에서 어떤 형태의 과제들을 어떻게 구성하여 연습시킬지에 대한 지침을 제안하고 있다.

〈그림 2〉 과제 활동의 유형

〈그림 3〉 참된 실생활의 과제 후보들

세계적/국제적 논제
- 밀수꾼들
- 불법 이민, 위장 결혼
- 고갈되는 자원(가령 기름, 석탄)

교실수업 또는 교수 중심의 문제
- 영어 수업 시 모국어가 대량으로 이용됨
- 숙제를 해 오는 학생의 수가 적음
- 수업에서 고르지 않은 학습자 참여
- 간이식당/매점 음식이 싸지만 해롭다

십대들의 문제
- 흡연과 급우 간 압력
- 말다툼
- 용돈 없음
- 부모와 십대 사이에 의사소통 결여
- 편히 지내며 중립 지대에서 친구를
  사귈 곳이 없음

과제의 후보

환경 문제
- 도심에서의 주차난
- 교통 체증
- 물 부족
- 강과 바다 오염
- 소음이 많은 풍력 발전에 대한
  반대 여론 극복

-
-
-

-
-
-

사회/집안 맥락
- 성인이 된 자식들이 출가하지 않을
  때…
- 외국 대학생활에서의 외로움
- 실직 상태
- 맹인/귀머거리 상태
- 죽은 이 장례 치르기

업무 맥락
- 취업 면담 준비
- 따분한 모임, 구제 방법
- 생산품 판매, 시장 경쟁자를 다루는 법
- 직장에서의 불평등 대우
- 직장 업무와 집안일을 모두 잘 처리하기

과제 연속물은 목표 언어의 생활세계를 그대로 반영해 주는 것이다. 이는 언어 사용에 대한 자각을 일깨워 주고, 실제 상황에서 일어나는 여러 가지 문제들을 미리 대비하여 해결해 본다는 장점을 지닌다. 만일 어떤 주제나 소재들이 많은 학습자들에게 흥미를 불러일으킬 경우에는, 집중적으로 네 가지 기술을 똑같이 연습시키면서 통합 활동을 진행할 수 있다.

그렇지만 비록 학습자들이 '혼자 스스로 활동·짝끼리 활동·모둠 활동·학급 전체 활동' 등을 반복해 나간다고 하더라도, 난이도가 점차 높아지지 않거나(과제 등급화의 문제임) 또는 과제 해결에 대한 평가표(어떻게 평가를 해야 할지에 대한 자세한 내용)가 주어지지 않는다면, 학습자들이 스스로 자신의 향상 과정을 되돌아볼 길이 없다. 이는 과제 활동의 의미를 반감시킬 뿐만 아니라, 왜 담화 자각 활동을 해야 하는지 의문을 갖도록 만들 소지가 충분하다. 따라서, 불가결하게 과제가 등급화되는 척도 및 평가 명세표가 과제 연속물과 함께 학습자들에 주어져야 하는 것이다. 이를 더 극적으로 표현한다면, 능력 있는 학습자들이 과제 설정과 진행에도 참여하여 발언할 수 있는 기회가 보장될 수 있어야 한다.

과제 등급화 원리는 어떤 합의점에 이르기 위해서는 앞으로 심도 있게 더 많은 논의가 필요하다.27) 평가 명세표는 바크먼·파머(Bachman and Palmer, 1996), 『실용적인 언어 시험 시행하기(*Language Testing in Practice*)』(Oxford Univ. Press), 바크먼·파머(2010), 『실용적인 언어 평가

---

27) 언어교육에서 처음 과제들의 난이도를 등급화해 놓은 사례는 앤더슨·브롸운·쉴록·율(Anderson, Brown, Shillock, and Yule, 1984), 『말하기 교육: 산출 및 평가를 위한 전략(Teaching Talk: Strategies for Production and Assessment)』(Cambridge Univ. Press)이다. 여기서 처음으로 의사소통이 크게 정보를 전달해 주는 영역과 친분을 쌓는 영역으로 나뉘어졌고, 특히 스코틀랜드 중학교 2학년 학생들을 놓고서 정보 전달용 말하기를 등급별로 가르칠 수 있음을 처음 예증해 놓았다. 그 후에 클락(1996; 김지홍 뒤침, 2009), 『언어사용 밑바닥에 깔린 원리』(도서출판 경진)에서 친분 쌓는 의사소통에도 중요한 원리가 들어 있음이 밝혀졌다. 필자는 이것들이 적절하게 교육될 수 있으며, 특히 전전두엽에 있는 작업기억이 완전히 발달된 사춘기 후년의 학습자들을 대상으로 하여 교육될 필요가 있다고 본다.

(*Language Assessment in Practice*)』(Oxford Univ. Press)에서 제안한 구성물의 정의를 응용할 수 있다. 그들은 크게 ① 조직화 지식으로 문법 지식과 텍스트 지식을 나누었고, ② 기능적 지식으로 화용 지식과 사회언어학 지식을 나눈 바 있다. 이는 학습자의 수준에 따라 특정 영역들이 더 세분되거나 추가될 수 있을 것이다.

언어 산출 및 이해의 과정에 대한 심리학적 논의 내용은, 아직 과제 중심 언어교육 속에 유기적으로 들어가 있지 않다. 이는 서로 간에 전혀 영향을 주고받음이 없이 독자적으로 발전해 왔기 때문이다. 그럼에도 불구하고 과제 중심 언어 교육은 참된 실생활 자료를 다루는 담화 교육이므로, 담화 조직 원리에 대한 자각을 키워 주려면, 불가결하게 심리학의 연구 성과를 반영해 주어야 할 것이다. 이것이 평가 명세표에 들어갈 수도 있고, 과제 등급화에 대한 변수로 들어갈 수도 있으며, 과제 연속물 속에 녹아들 수도 있다. 어떠한 선택을 하든지 간에, 우리가 직접 접하는 실제 담화를 언어교육에서 다루므로, 담화 이면의 작동원리를 깨닫도록 하기 위해서는, 이제 유기적으로 두 영역의 내용을 조화롭게 맞물리도록 하는 일이 숙제로 남아 있는 것이다.

7. 마무리

지금까지 가닥도 잘 잡지 못한 채 논의를 어수선하게 이끌어 왔다. 언어의 산출과 이해에 대한 심리학의 연구 성과는 우리 머릿속에서 여러 층위의 부서가 동시에 작동하고 있음을 보여 준다. 이를 이 글의 제목에서 '다중 층위'의 처리 모형으로 불렀다.

이 모형은 현재 언어교육의 주류를 이루는 참된 실생활 자료를 통한 교육 모형과 정합적으로 맞물려 들어간다. 이것이 담화 교육이기 때문이다. 담화가 언어 및 비언어로 이뤄져 있다. 뿐만 아니라, 이들을 엮어 가는 심층의 절차지식들을 하나하나 자각하고 연습시켜 나가야 한다. 이는 과제 중심의 언어교육(TBLT)에서는 과제를 등급화하여 수준별로 제시하고, 학습자들에게 스스로 향상을 점검할 수 있는 평가 명세표를 강조하는 까닭이다.

　과제 중심 언어교육에서는 외국어가 목표언어인 경우에, 기본적으로 수업 시간을 내용 중심으로 진행하되, 마무리를 짓기 전에 학습자들이 꼭 알아야 할 언어 형식을 간추려 재강조해 주도록 제안한다. 이와는 달리 모국어 화자를 대상으로 한 경우에는 굳이 언어 형식에 대한 강조가 없어도 되지만, 특히 언어 사용에 관련된 절차지식들을 학습자들이 자각하도록 미리 단계별로 내용을 잘 짜 두어야 하고, 학습자들이 스스로 평가하면서 향상됨을 체험할 수 있도록 담화 심리학의 연구 결과들을 수용하면서 여러 가지 일들이 마련되어야 할 것이다.

⟨부록 4 참고문헌⟩

김지홍(2010), 『언어의 심층과 언어교육』, 도서출판 경진.

김지홍(2011), 「르펠트의 언어 산출 모형에서 몇 가지 문제」, 『언어』 36-4.

김영정(1996), 『심리철학과 인지과학』, 철학과 현실사.

성영신·강영주·김성일 엮음(2004), 『마음을 움직이는 뇌, 뇌를 움직이는 마음』, 해나무.

이정모 엮음(1996), 『인지심리학의 제문제 I: 인지과학적 연관』, 성원사.

이정모·이재호 엮음(1998), 『인지심리학의 제문제 II: 언어와 인지』, 학지사.

이정모외 17인(1999, 2003 개정판), 『인지 심리학』, 학지사.

조명한 외 11인(2003), 『언어 심리학』, 학지사.

Baddeley, A.(2007), *Working Memory, Thought, and Action*, Oxford University Press

Clark, H.(1996, 김지홍 뒤침 2009), 『언어사용 밑바닥에 깔린 원리』, 도서출판 경진.

Ericson and Kintsch(1995), "Long-term Working Memory", *Psychological Review* #102-2

Galabuda, A., S, Koslyn, and Y. Christen(eds.)(2002), *The Language of the Brain*, Harvard University Press.

Ingram, J.(2007; 이승복·이희란 뒤침, 2010), 『신경 언어학: 언어처리와 언어장애의 신경과학적 이해』, 시그마프레스.

Kintsch, W.(1998; 김지홍·문선모 뒤침, 2010), 『이해: 인지 패러다임』 제1~2권, 나남.

LeDoux, J.(2002; 강봉균 뒤침, 2005), 『시냅스와 자아: 신경세포의 연결 방식이 어떻게 자아를 결정하는가?』, 소소.

Levelt, W.(1989; 김지홍 뒤침, 2008), 『말하기: 그 의도에서 조음까지』 제1~2권, 나남.

Levelt, W.(1999), "Producing spoken language: a blueprint of the speaker", in Brown and Hagoort(eds.), *Neurocognition of Language*, Oxford University Press

Pinker, S.(1997; 김한영 뒤침, 2007), 『마음은 어떻게 작동하는가?: 과학이 발견한 인간 마음의 작동 원리와 진화심리학의 관점』, 동녘 사이언스.

Searle, J.(1983; 심철호 뒤침, 2009), 『지향성: 심리철학 소론』, 나남.

Searle, J.(2004; 정승현 뒤침, 2007), 『마인드』, 까치.

Walker, M., A. Joshi, and E. Prince(eds.)(1998), *Centering Theory in Discourse*, Clarendon Press.

Tulving, E. and F. Craik(eds.)(2000), *The Oxford Handbook of Memory*, Oxford University Press.

〈부록 5〉 말하기에 드러난 '쉼(pause)' 인식 양상 연구※

서종훈

1. 들머리

우리 학교 현장의 말하기 교육은 최근 부쩍 높아진 사회적, 문화적 관심과 열의에 비해 그 교육 방법이나 효과 면에서 큰 진전을 보지 못하고 있다. 이는 그간 우리 국어 교육에서 말하기 교육의 영역이 지니는 정체성 수립의 문제와도 직결된다. 즉, 교육적으로 말하기를 어떻게 학습자들에게 잘 교육시킬 것인지의 문제가 제대로 고민되어 왔는지에 대한 문제 인식과 관련될 수 있다.

하지만 최근 언어 사용 영역의 중요성, 특히 말하기 교육과 그 중요성에 대한 인식이 학교 밖의 사회적 요구에서 날로 증가하고 있는 시점에서 학교 현장의 말하기 교육에 대한 전반적인 검토의 필요성이 증가하게 되었다. 또한 이 문제와 관련해서 어떻게 하면 학습자들의 실제 말하기 능력을 키워줄 수 있는지에 대한 면밀한 연구가 요구되는 시점이라고 할 수 있다.

말하기는 현장성이 매우 중요시되는 의사소통의 영역이다. 따라서

※ 이 글은 한국어문학회 학술지 『어문학』 제119호, 2013, 27~56쪽에 실린 논문임.

화자는 실시간으로 이루어지는 상황 맥락에 매우 민감해야 한다. 또한 여기서는 다양한 준언어적, 비언어적 요소들이 언어적 요소 이상으로 중요한 역할을 한다. 하지만 국어 교육의 틀 내에서는 이런 말하기의 내용 측면들은 제대로 부각되지도, 아울러 교수·학습되지도 못하고 있는 상황이다.

'말을 잘 한다'는 것은 현대 사회를 살아가는 현대인들이 갖추어야 할 매우 필수적인 능력이다. 이른바 자신을 잘 드러내고, 상대방을 잘 설득하고, 나아가 사회나 외교 차원에서도 중요한 수행 능력이기도 하다. 이른바 공동체의 의사소통 능력을 향상시켜 나간다는 것은 국가 경쟁력의 재고 차원에서도 매우 중요한 문제이다. 이런 점에서 말하기 교육의 중요성은 개인뿐만 아니라, 국가 차원에서도 강조될 수 있다.

하지만 이런 중요성에도 불구하고 학교 현장의 말하기 교육 현실은 어떠한가. 입시에 모든 것이 맞추어져 있어 실제로 말하기 교육은 일부 특수 대학의 구술 면접의 통과 의례를 위한 방편으로 실시되고 있다. 이는 상급학교로 진학해도 별반 차이가 없다. 구술 시험을 위한 전형적인 틀 아래에서 융통성 없는 암기식 질의, 응답 위주의 반복 교육이 실시되고 있을 따름이다.

이 연구는 이상과 같은 말하기 교육의 중요성에 대한 사회적 인식의 증가에 따라가지 못하고 있는 학교 현장의 말하기 교육을 조금이나마 개선해보고자 의도되었다. 즉, 실질적으로 말하기가 무엇인지를 제대로 학습자들이 인식할 수 있는 계기를 마련하고, 나아가 이런 과정을 통해 말하기 교육에서 무엇이 구체적으로 다루어져야 하는지에 대한 전반적인 검토와 대안 제시에 그 초점이 있다.

다만 이런 연구 동기는 말하기 교육에 대한 전반적인 인식의 제고를 위해 필요하지만, 보다 실제적인 말하기 교육의 효율성을 높이기 위해서는 세부적인 말하기 교육의 내용 지침이 마련되어야 한다. 이런 세부적인 내용 지침이야말로 말하기 교육의 목적을 달성하는 데 주요한 수단이 되기 때문이다.

말하기는 이른바 언어적, 준언어적, 비언어적 요인이 모두 관여되는 맥락 중심의 정보 전달 방식이다. 물론 말하기 방식이나 담화 양식에 따라 차이는 있지만, 상황 맥락이 중요하게 관련된다는 점에서 여타의 정보 전달 방식과 차별성이 있다. 즉, 여기서는 언어적 표현에 부가되는 다양한 준언어적, 비언어적 표현이 실제 미세한 맥락의 의미를 결정하는 중요한 요인이 된다.

하지만 이와 같은 준언어적, 비언어적 요인들이 실제 우리 말하기 교육 현장에서는 거의 다루어지지 못했다. 언어적 내용, 즉 명제 중심의 전달에만 초점이 있었을 뿐, 정작 모국어의 미세한 상황 맥락에 고려되는 준언어적, 비언어적 요인들에 대한 세부적인 교수·학습적인 측면에서의 내용과 평가 측면은 도외시되어 온 것이 사실이다.

따라서 이 논문은 모국어 말하기에서 미세한 맥락의 의미를 결정과 관련되는 준언어적, 비언어적 표현에 관심을 두었고, 특히 준언어적 표현의 한 양상인 '쉼(pause)'이 말하기 과정에서 어떤 양상으로 드러나고 있는지를 파악하는 것에 초점을 두었다. 이는 '쉼'이 말하기에서 일정한 의미 분절의 역할도 하지만, 때때로는 미세한 상황 맥락을 드러내는 중요한 역할을 하기 때문이다.

즉 이 논문은 학습자들의 말하기에 드러나는 '쉼(pause)'의 양상을 언어적 의사소통 이면에 작용하는 주요한 속성이라고 보고, 이런 '쉼'의 양상이 실제 학습자들의 말하기에서 어떤 식으로 표출되는지를 파악하는 데 연구의 목적이 있다. 이는 실제 말하기가 보다 원활하게 이루어지는 데 주요한 매개 변수가 무엇인지를 파악하는 것과도 관련된다.

이런 '쉼'의 양상은 모국어의 말하기 교육에서 주요하게 다루어질 수 있는 교육 내용으로 선정될 수 있다. 아울러 학교 현장에서 말하기 교육이 실질적으로 이루어질 수 있는 계기를 마련해 줄 수 있다. 특히 매체를 활용한 말하기 교육은 학습자들의 적극적인 반응을 유도할 수 있으며, 국어교육에서 말하기 교육이 차지하는 범위와 중요성을 확대시켜 줄 수 있는 효과도 거둘 수 있을 것이다.

2. 선행연구

이 장에서는 말하기 수행 양상에 대한 연구의 큰 틀을 바탕으로 국어 교육적 관점에서 몇몇 선행연구들을 살피고자 한다. 특히 '쉼'과 관련된 언어학적 분석을 중심으로, 교육 현장에서의 말하기 교육과 관련될 수 있는 언어 투식, 입말 담화의 전사 작업과 관련된 내용 등을 간략하게 다루고자 한다.

김성규(1999)는 우리말에 드러날 수 있는 잠재적 '쉼'을, 음성적이고 음운론적인 면뿐만 아니라, 형태, 통사적인 측면까지 두루 다루고 있어 '쉼'에 대한 개괄적인 접근으로 주요한 참고 자료가 된다. 아울러 교육적인 측면에서 초등학교 저학년 읽기에서의 '쉼'의 사용 가능성에 주목하면서 이를 교육적인 측면에서 보다 포괄적으로 확대하는 것이 바람직함을 주장하고 있다. 다만 이런 교육적인 측면을 초등학교의 저학년 읽기에 국한시키고 있다는 점은 한계로 파악된다.

이호영(1990), 임규홍(1997), 양영하(2002), 안종복 외(2005), 이창호(2010) 등도 언어적 측면에서 '쉼'의 기능에 대한 면밀한 분석을 통해 '쉼'이 지니는 다양한 언어 사용 현상의 부면을 드러내고 있다. 학습자들의 입말 사용의 교육에 그대로 적용시키기는 어렵지만, 언어 사용 영역에서 '쉼'의 기능적인 측면을 교육적인 측면에서 응용 가능할 수 있다는 점에서 의의가 있다.

전영옥(2005)에서는 발표 담화와 발표요지 간의 비교를 통해 글말과 입말의 변이 양상을 고찰하고 있는데, 발표요지가 전제하고 있는 다양한 내용 변이 양상을 발표 담화가 제대로 담아내고 있지 못한 한계가 드러나고 있다. 서종훈(2011)에서는 글말과 입말의 수행 과정을 일정 수준의 학습자들을 연속선상에서 고찰하고 있는데, 특히 여기에서는 글말의 과정을 입말로 수정하면서 글말과 입말의 변이 양상을 '쉼'을 중심으로 살펴보고 있다는 점에서 의의가 있다. 하지만 입말의 양상을 전사본이 아닌 말하기 대본을 중심으로 고찰하고 있다는 점에서 한계를 노출하고 있다.

이기갑(2010)과 김현강 외(2010)에서는 담화 자료의 전사 작업에 대한 문제를 논의하고 있다. 전자는 전사에 대한 규범적인 틀을 제시하고 있으며, 후자는 드라마를 대상으로 전사하면서 드러나는 여러 가지 어려움을 다루고 있어 참고가 된다. 쉼만을 전문적으로 다루지는 않지만, 쉼에 대한 전사의 기본적인 내용들을 참고할 수 있다.

Levelt, W. J. M(2008; 김지홍 옮김, 나남); Sari Lumoa(2004; 김지홍 옮김, 미발간); Anne Anderson 외(1984; 김지홍 옮김, 미발간)는 입말 산출과 관련된 전반적인 문제를 본격적으로 다룬 결과이다. 특히 말하기 산출과 평가에 대한 전반적인 사항들을 다루고 있으며, 학교 현장에서 사용할 수 있는 입말 본연의 다양한 연구조사 문제들을 제시하고 있어 참고가 된다. 다만 모국어 교육에 국한하지 않고, 다양한 언어를 토대로 구성되었기 때문에 국어 교육 현장에서는 이를 재구성해야 할 필요성이 제기된다.

이상의 다수 연구는 실제 학습자들의 다양한 말하기 결과에서 드러나는 '쉼(pause)'의 양상을 포착하기보다는, 특정 입말 말뭉치에 한정된 결과물을 토대로 하는 경우가 많았다. 아울러 실험실에서 성인 화자들을 대상으로 하는 경우가 많았다. 이는 교육적 관점으로 환원하기에 어려움이 따른다. 따라서 이 논문은 실제 학교 현장에서 학습자들의 말하기 수행 결과를 토대로 '쉼'의 양상을 파악하고, 이를 통해 국어 교육 현장에서 말하기 교육의 실천적인 내용을 구성한다.

아울러 이 논문은 학습자들의 준비된 말하기의 전 과정을 교육적 관점에서 관찰하고 그 의의를 이끌어낸다. 이는 말하기 과정이 단순히 실제 말하는 과정만을 중시하기보다는 말하기 이전 단계와의 연속성의 관점이 반영된 것이다. 즉, 말하기 이전 과정과 실제 말하기 과정을 모두 포함해서 접근한다는 점에서 또한 이전 연구들과 차별성이 있다.

3. 연구방법 및 연구가설

3.1. 연구방법

기존의 말하기 교육에 대한 논의들은 여러 가지 연구 환경의 어려움으로 인해 이론적 측면에서 이루어진 면이 많았고, 따라서 실제 학교 현장에서 이와 같은 논의들을 직접적으로 수용하기 어려운 면이 있었다. 이런 점을 감안해 이 논문은 우선 소단위 중심의 학습자들에게서 실시간으로 드러나는 말하기 수행 과정의 관찰과 수집, 그리고 분석에 초점을 두었다.

이를 위해서는 학습자들의 실시간 말하기 수행 과정을 담아 낼 수 있는 매체의 활용이 우선적으로 요구된다. 사용되는 매체는 교사와 학습자들을 쉽게 이어줄 수 있는 것이어야 하고, 아울러 학습자들이 쉽게 활용할 수 있어야 한다. 말하기는 실시간의 현장성을 반영하기 때문에 이런 과정을 쉽게 담아낼 수 있는 매체가 요구되는데, 이른바 순수 언어학이나 전산 언어학에서 요구되는 전자기기를 학교 현장에서는 사용하기가 현실적으로 매우 어렵다. 따라서 이 논문은 학습자들이 쉽게 활용할 수 있는 스마트폰을 말하기 수행 과정을 담아내는 주요한 매체로 사용하였다.[1]

이 매체를 통해 학습자들은 말하기 수행 과정에 드러나는 다양한 준언어적 표현 및 비언어적 표현을 담아낼 수 있다. 아울러 학습자들

---

[1] 이미 중·고등학교 현장에서는 스마트 교육이 하나의 교육 방법론 혹은 내용론으로 부각되고 있으며, 스마트 폰은 이런 교육의 주요한 매체로 자리매김 되고 있다.

은 이를 Cool Edit 2000 프로그램2)을 이용하여 음성 전사한 것을 쉼 위주로 분석하게 된다. 물론 이 프로그램이 정밀한 음성 전사 프로그램은 아니지만, 이 논문에서 분석하려는 준언어적 표현인 쉼의 지속 시간을 학습자들이 쉽게 측정할 수 있다는 측면에서 유용하다.

구체적으로 학습자들은 이런 매체의 활용을 통해 말하기 대본과 전사본을 비교함으로써 자신의 말하기 과정 전체를 돌아볼 수 있다. 특히 이 과정에서 말하기 계획상의 '전제한 쉼'과 실제 말하기에서의 '구현한 쉼', 아울러 '구현한 쉼'은 그 속성에 따라 '의도한 쉼'과 '의도하지 않은 쉼'으로 나뉜다. 학습자들은 이들의 비교, 분석을 통해 '쉼'의 말하기에서의 주요한 기능과 역할을 파악하게 된다. 이는 말하기 전 과정을 언어 자각의(language awareness) 관점에서 살필 수 있는 주요한 계기가 된다. 전체 과정을 간략하게 정리하면 〈표 1〉과 같다.

〈표 1〉 준비된 말하기 과정에 따른 쉼의 유형

	대본	전사본	
말하기 과정	머릿속 말하기 (소리읽기)	실제 말하기	
'쉼' 유형	전제한 쉼	구현한 쉼	의도한 쉼
			의도하지 않은 쉼

Levelt(1999: 87)에서는 말하기의 산출 과정을 '수사학적-의미론적-

---

2) 이는 음악 편집 프로그램으로 인터넷 상에서 손쉽게 내려 받을 수 있다. 무료로 사용할 경우, 일정 기간이 지나면 사용할 수 없는 셰어웨어 프로그램이다. 특히 이 프로그램은 다양한 음악이나 소리 파일을 손쉽게 수정, 편집, 변환할 수 있는 음성 편집기로 인기가 높다.

3) 〈표 1〉의 '쉼' 유형에서 '전제한 쉼'과 '의도한 쉼'의 구분에 자칫 구분상의 어려움이 따를 수 있다. 엄밀하게 전제한 쉼은 말하기 계획상의 쉼이고, 의도한 쉼은 실제 말하기 과정에서 발생한 쉼이다. 물론 전제한 쉼과 의도한 쉼이 일부 겹칠 수 있다. 하지만 실제 말하는 과정에서 화자는 다양한 발화 맥락 상황에 처하게 되고, 이 과정에 화자는 상위인지를 통해 쉼을 실시간으로 조정하게 된다. 즉 말하기 계획 구성물인 대본에서의 전제한 쉼과는 별도로 화자는 실제 말하기에서 의도적으로 쉼을 조정하여 발화의 유창성을 유지할 가능성이 높다.

통사론적 체계'와 '음운-음성 체계'의 두 단계로 간략하게 구분했다. 즉 산출의 과정을 언어화 이전과 이를 언어화하는 단계로 구분하고 있는데, 쉼은 여기에서 이들 두 단계를 연계해 줄 수 있는 주요한 하나의 요소가 될 수 있다. 이는 〈표 1〉에서 대본과 전사본을 연속선상에서 매개해 줄 수 있다. 〈그림 1〉은 Levelt(1999)에서 가져온 언어 산출 체계의 청사진이다.

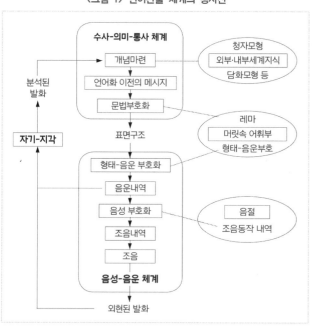

〈그림 1〉 언어산출 체계의 청사진

하지만 여기에서 부각되는 문제는 쉼의 속성에 대한 것이다. 쉼은 그 속성상 화자의 심리적 상태와 밀접하게 관련되면서 드러나기 때문에, 그 분포나 지속 시간, 형태 등에서 규칙성을 규명하기가 어렵다. 따라서 과학적이고 객관적인 잣대 하에서 그것의 속성을 제대로 밝혀내기 어려운 부분이 있다. 이런 면은 고스란히 국어교육 현장에도 반영되는데, 즉 이는 쉼과 관련된 명시적인 교육 내용이 없음과도 무관하지 않다.

이 논문에서는 음성학이나 음성 공학적 측면에서 쉼을 규명하는 것이 아니기 때문에, 쉼의 여러 속성을 모두 다룰 수는 없다. 다만 쉼의 지속 시간에 대한 규명이 쉼이 지니는 속성을 해명하는 데 주요한 측면으로 부각될 수 있다. 하지만 쉼에 대한 지속 시간은 학자들마다 다양한 견해를 제시하고 있다. 그만큼 쉼의 지속 시간에 대한 객관적 토대의 마련이 어려운 것이다. 〈표 2〉는 몇몇 국내·외 학자들의 쉼의 지속 시간과 그 기능에 대한 것을 정리한 것이다.

〈표 2〉 쉼에 대한 지속 시간과 유형

제시자	지속 시간	쉼의 유형과 의미
Goldman-Eisler(1958)	250ms, 500ms, 1초	생리적인 쉼, 의도적인 쉼
Boomer, D.S(1965)	평균 1.03초 평균 0.75초	문법적 접속어의 쉼 길이, 음소절 안에서의 쉼 길이
Beattie(1978)	0~200ms, 500ms 전후	발언권 넘김의 자연스러운 정도
Back(1987)	시간 미제시	짧은 쉼, 보통 쉼, 긴 쉼
Levelt, W.J.M(1989)	200ms 이하, 700ms 이상	pause(짤막한 쉼), gap(묵묵부답), lapse(긴 침묵)
Jefferson G.(1989)	1초 전후	쉼의 최대 허용 시간
양영하(2002)	0~200ms, 300~600ms, 700ms~	짧은 쉼, 중간 쉼, 긴 쉼
안종복 외(2005)	0.94초	정상적인 지각 대상의 쉼

어떤 연구에서는 지속 시간을 제시하지 않고 있는데, 이는 지속 시간을 기록할 수 있는 연구 기반이 형성되지 있지 않거나 혹은 직관적으로 쉼을 분류하는 데만 초점을 둔 경우이다. 하지만 대략적으로 인식상 혹은 지각상으로 의미 있는 쉼의 지속 시간은 대략적으로 1초 전후임을 다수의 연구를 통해 파악할 수 있다.

쉼은 그 지속 시간을 엄밀하게 구분하기 어렵다. 이는 화자의 발화 맥락에 따른 다양한 심리적 상황이 관련되기 때문이다. 하지만 중요한 것은 쉼이 화자의 생리적 호흡 조절에 따른 것인지, 아니면 화자의 자발적 의지가 반영된 것인지의 여부에 따라 그것의 발화에 따른 기능이 달라질 수 있다는 점이다.

이런 점을 감안하여, 이 논문은 쉼의 지속 시간을 엄밀하게 구분하기보다는 양영하(2002)에서 제시한 700ms 이상의 시간을 발화 맥락에서 유의미한, 혹은 말하기에서 내용과 형식상으로 일정하게 기능하는 것으로 간주하고자 한다. 따라서 생리적으로 발생하는 호흡과 삼키기에(嚥下) 따른 쉼은 논의의 대상으로 다루지 않는다.

이 연구의 참여 대상 학습자들은 필자가 재직하고 있는 대구 C대학교 국어교육과 및 국어 교직 과정 이수 학습자들이다. 이들은 대다수 학교 현장의 국어 교사를 목표로 하고 있으며, 특히 임용고사를 통해 학교 현장에 나기기를 원하고 있다. 때문에 우선적으로 중·고등학교 국어 교육 현장의 요구가 무엇인지를 정확하게 파악하고, 이를 실제 대학 교육 현장에서 훈련하는 과정이 필요하다.

이 연구는 기본적으로 소집단 중심의 질적 연구에 토대를 두고 있기 때문에 방대한 양의 입말 자료를 수집하는 데 그 목적이 있지 않다. 소집단 학습자들의 심층적인 말하기 수행 양상을 '쉼'을 중심으로 파악하고, 이를 교육 내용으로 환원시키는 데 역점을 두기 때문에 부득불 참여 연구 대상을 확대하기 어려운 점이 있다. 아울러 중·고등학교 현장의 학습자들로부터 말하기 수행 과정을 담은 다양한 말뭉치 자료를 수집하는 데는 교육 현장의 여러 여건상 많은 어려움이 따르기 때문에, 일정 기간 연구에 참여가 가능한 예비 국어 교사들을 대상으로 하였다.

이 연구에 소요되는 연구 기간은 대략 두 학기에 걸쳐 있다. 이는 학습자들이 말하기에 드러난 '쉼'에 대한 기본적인 내용들을 파악하고, 나아가 실제 말하기 양상에서 드러난 쉼을 수집하고 분석하는 데 일정한 시간이 필요하기 때문이다. 즉 학습자들은 의사소통 교육론이나 화법 교육론 등의 수업을 통해 말하기에 드러나는 다양한 준언어적 양상을 학습하며, 이를 통해 실제 말하기 양상을 매체를 통해 담고, 전사하게 된다. 최종적으로 전사된 입말 자료를 통해 쉼의 양상을 분석하게 된다. 이상의 점들을 간략하게 정리하면 〈표 3〉과 같다.

〈표 3〉 연구 개관

연구기간　　　연구내용	대상자	인원	참여 과정
(2012.04~2012.11)	예비 국어과 교사	60여명	① 음성 전사 작업에 대한 학습
			② '준비된 말하기' 주제 선정
			③ 실제 말하기 및 음성 전사 작업
			④ '쉼'과 관련된 음성 전사 작업 분석

연구 기간이 두 학기에 걸쳐 있는 것은 대상 학습자들을 한 학기에 모두 해당 연구 과정에 참여시킬 수 없었기 때문이다. '준비된 말하기'의 경우는 크게 말할 목적에 따라 정보 전달과 설득, 친교 및 정서 표현으로 크게 두 가지로 나뉘어 그 주제를 선정하도록 하였다. 아울러 말하기 목적에 따라 각 학년별로 각각 그 수를 균등하게 나누어 말하기가 실시되었다. 말하기 시간은 말하기 목적에 상관없이 3분 내외로 하였다. 또한 지면상으로는 A4 한 면 이내로 대본을 작성하도록 하였다.

3.2. 연구가설

이 논문은 기본적으로 소집단 학습자들의 말하기 과정에 대한 실험 연구이자 질적 연구로, 두 가지 연구가설을 중심으로 말하기 수행에 드러나는 쉼의 양상을 고찰하고자 한다. 이는 언어 산출의 공학적 혹은 순수 어학적 측면에서의 쉼의 규명이 아니라, 국어 교육의 관점에서 준언어적 표현의 일환으로서 쉼의 발화 기능적 의미를 조사 분석하는 데 초점이 있다.

3.2.1. '전제한 쉼'과 '구현한 쉼' 간의 속성에는 차이가 있을 것이다.

전제한 쉼은 말하기 대본에 상정된 양상이다. 이는 머릿속 말하기의 결과라 할 수 있다. 말하기 과정은 범박하게 말하기 이전의 내용 생성과 이를 형식화하는 단계로 나눌 수 있다. 즉, 이 두 단계는 긴밀하게 연관을 맺는다. 하지만 일반적으로 말하기 교육 현장에서는 형식화 단계에 초점을 많이 맞추고 있다. 즉 말하기 이전 단계와 실제 말하기 단계를 연속적으로 긴밀하게 연관시키는 경우는 많지 않다.[4)]

본 가설은 말하기 이전의 계획 단계와 실제 말하기 과정의 단계에 드러나는 '쉼'의 양상을 연속선상에서 견주어 봄으로써 말하기 전 과정에 드러나는 준언어적 표현으로서의 쉼의 속성 파악에 초점이 있다. 즉 말하기 이전 단계의 쉼에 대한 세밀한 계획이 실제 말하기 과정에 얼마만큼 유효하게 반영될 수 있는지를 살펴봄으로써 준언어적 표현에 대한 말하기 계획의 실효성을 검토하게 된다.

실제로 많은 학습자들은 준비된 말하기에서 말하기 대본을 그대로 외어서 발표에 임하는 경우가 많다. 특히 연령대가 어리거나 혹은 언어 수행 수준이 낮고 불안 의식이 높은 학습자들일수록 말하기 과정에서 쓰기의 결과물인 대본에 종속되는 경향이 있다. 즉, 글말에 종속되는 입말의 수행 양상을 보인다. 이는 실제 말하기에서 많은 어려움을 발생시키는 원인이 되기도 한다. 즉, 완벽하게 암기되고 연습되지 않은, 혹은 완벽하게 암기된 대본이 바탕이 된다고 할지라도 말하기 실제 과정에서 발생하는 미묘한 상황과 맥락에 따라 쉼과 같은 준언어적 표현은 언어적 표현에 비해 변화의 가능성이 더 클 것이다.

즉, 쉼과 관련하여 구체적으로 그 양상을 예상해 본다면, 대본에서는 쉼의 빈도수가 전사본에 비해 많지 않을 것이고, 발생 위치는 어느

---

4) 전영옥(2005)에서는 발표요지와 실제 발표된 담화의 비교를 통해 말하기 이전과 실제 말하기 과정 단계를 연속적으로 검토하고 있어 참고가 된다.

정도 정형화된 위치, 즉 문장 끝이나 의미가 전환되는 문단 등에 주로 놓일 것이다. 이는 화자가 쓰기에 종속된 글말의 틀을 벗어나지 못하고, 거기에 맞추어 입말 계획을 세울 것이기 때문이다. 하지만 말하기 실제 결과물인 전사본에서는 실시간 발화 맥락에 따른 여러 상황으로 인해 쉼의 빈도수가 대본에 비해 증가할 것이고, 아울러 그 위치도 다소 자의적으로 드러날 것이다.

3.2.2. '의도한 쉼'과 '의도하지 않은 쉼' 간의 빈도수에는 차이가 없을 것이다.

이 가설은 실제 말하기에서 발생하는 '쉼'과 관련된다. 실제 말하기에서 화자는 상위 인지적 틀에서 쉼을 조정할 수 있다. 이 과정에서 화자 자신은 말할 주제를 강조하거나 전환하기 위해서 혹은 청자의 반응을 유도하기 위해서 쉼을 의도적으로 사용한다. 아울러 화자는 실시간 말하기의 민감한 맥락과 상황을 통제하지 못해 의도하지 않은 '쉼'이 발생할 수도 있을 것이다.

즉, 의도한 '쉼'과 의도하지 않은 '쉼'은 화자가 실제 말하기 과정에서 겪는 인식의 차를 반영할 것이다. 이는 곧 실제 말하기에서 학습자들에게 '쉼'의 본질적인 측면이 무엇인지를 파악할 수 있게 해 주는 주요한 단서로 작용한다. 특히 실제 말하기에서 예기치 않은 상황과 맥락에 민감하게 영향을 받을 수 있는 화자는 실시간으로 죄여 오는 말하기 불안에서 벗어나기 어렵다. 학습자들은 암기된 언어적 표현이 청중에게 전달되는 과정 중에 청중의 예상하지 못한 반응을 접하게 된다. 이는 발화 맥락의 유창성을 저해하는 의도하지 않은 쉼의 발생을 초래할 것이다.

다만 이 논문의 말하기는 이른바 공식석상의 준비된 말하기이다. 즉, 말하기 계획의 결과물인 대본을 바탕으로 실제 말하기가 이루어지고, 그 결과가 전사물로 구성된다. 또한 조사 대상 학습자들도 예비 국어과 교사들로 언어 수행 능력이 전반적으로 우수한 편이다. 따라서 상위 인지적 측면에서 실시간 말하기의 전반적인 과정을 학습자들이 어느 정도 통제할 수 있는 측면도 있다. 아울러 이는 의도한 쉼의 발생과 관련될 수 있다.

결론적으로 학습자의 상위 인지적 측면에서의 능숙한 언어 수행 능력과 말하기의 전체 시간이나 분량 제한 등은 의도한 쉼으로 귀결될 수 있고, 언어적 표현의 전달 과정에서의 예기치 못한 청중의 반응, 실제 말하기 과정에서 끊임없이 개입되는 불안감 등은 화자의 의도하지 않은 쉼의 발생과 관련될 수 있다. 즉, 학습자의 언어 수행 수준이나 말하기 당시의 맥락과 상황에 따라 의도한 것과 의도하지 않은 쉼의 빈도수가 달라지겠지만, 전체적으로 드러나는 의도한 쉼과 의도하지 않은 쉼의 발생 빈도수 는 위의 여러 측면들이 복합적으로 작용해서 비슷한 양상이 될 것이다.

4. 연구결과 및 교육상 의의

4.1 연구결과 및 논의

이 절에서는 두 가지 연구가설을 토대로 말하기에 드러난 쉼의 양상을 논의한다. 우선 앞 절에서 논의한 대로 본 절에서 다룰 쉼은 그 지속 시간이 대략 700ms 이상인 것을 대상으로 하였다. 학습자들은 Cool Edit 2000 프로그램을 이용하여 전사 시에 쉼 지속 시간을 정확하게 측정하였으며, 이는 과제 제출 시에 점검과 평가의 주요 항목이 되었다.

아울러 학습자들은 말하기 대본과 전사본에서 '짧은 쉼'과 '긴 쉼'으로 구분해서 표기하였다. 이는 쉼의 지속 시간을 명확하게 구분하기 어려운 점이 있지만, 제시된 모든 쉼을 분석의 대상으로 삼을 수 없기 때문이다. 짧은 쉼은 생리적인 측면에서, 긴 쉼은 화자의 유창성 측면에서 드러난 의도적이거나 비의도적인 쉼이다. 본 절에서는 긴 쉼만을 분석 및 논의의 대상으로 삼는다.

첫째, "'전제한 쉼'과 '구현한 쉼' 간에는 차이가 있을 것이다"라는 연구가설1은, 이른바 언어화 이전의 쉼의 양상을 언어화 이후의 쉼과 비교하는 데 그 초점이 있다. 이는 쉼의 양상이 언어화 이후에만 단순히 고려될 수 있는 것이 아니라, 언어화 이전의 계획 단계에서도 잠정적으로 구성될 수 있다는 점을 감안한 것이다. 즉, 준언어적 표현 또한 발화 이전 단계에서 메시지의 구성과 함께 고려될 수 있다.5)

전체 결과는 말하기의 목적에 따라 정보 전달 및 설득과 친교 및 정서 표현으로 크게 구분되며, 이들 각각은 대본과 전사본으로 나뉘어 쉼의 빈도수가 제시된다. 참여 학습자들은 학년별로 각각 24명, 20명, 16명이고, 말하기 목적에 따라 각 학년별로 해당 참여자들이 반씩 나뉘어 조사에 참여하였다. 구체적 결과는 〈표 4〉와 같다.

〈표 4〉 대본과 전사본에서의 '쉼'

구분		정보 전달 및 설득		친교 및 정서		일치율 (%)
		대본	전사본	대본	전사본	
'쉼' 빈도수	1학년(24명)	77	135	83	105	17.8
	2학년(20명)	60	119	71	95	20.5
	3학년(16명)	52	91	60	81	25.6
합계		189	345	214	281	
평균		6.3	11.5	7.1	9.4	21.3

개별 학습자들 간에 일부 편차는 있지만, 〈표 4〉에서 드러나듯이 대본과 전사본의 전제한 쉼과 구현한 쉼 간에는 그 빈도수에서 일정한 차이를 보이고 있다. 전체적으로 전사본에서 구현한 쉼의 횟수가

---

5) Levelt, W. J. M(2008; 김지홍 옮김, pp. 177~181)에서는 연속 발화를 위한 음성계획의 생성에서 운율의 생성과 관련된 내용을 억양, 강세, 쉼 등의 준언어적 표현과 관련하여 상세하게 설명하고 있어 참고가 된다.

대본에서의 전제한 쉼보다 그 수치가 유의미할 정도로 많다. 아울러 전제한 쉼과 구현한 쉼 간의 일치율은 상당히 낮다. 이것은 말하기 계획에서 전제한 쉼이 실제 말하기에서 구현한 쉼으로 제대로 실현되지 못했음을 보여 주는 결과라 할 수 있다.

이는 이 논문의 조사에서 말하기 분량이 3분 이내의 A4 한 면 이내로 제한되어 있고, 대본에 근거한 준비된 말하기였다는 점을 감안한다면, 〈표 4〉의 결과는 의외이다. 즉, 참여 대상자들이 일정한 수준의 말하기 수행 역량을 갖춘 예비 국어과 교사들임에도 불구하고, 청중 앞에서의 공식적이고 준비된 말하기의 경우에도 계획된 말하기와 실제 말하기에서의 쉼의 결과가 현격하게 달라질 수 있음을 조사 결과는 보여 주고 있다.

또한 대본에서의 쉼은 문장 끝이나 문단으로 상정될 수 있는 곳에 위치하는 경우가 많았으나, 전사본에서의 쉼은 그 발생 위치가 정형화되어 드러나지 않았다. 특정한 낱말이나 구, 문장 등 다양한 위치에서 쉼이 발생하였다. 아울러 전사본에서의 쉼은 표지를 수반하는 음성적 쉼이 표지를 수반하지 않은 묵음의 쉼보다 많이 발생하는 것으로 드러났다.

즉, 전제한 쉼과 구현한 쉼 간에는 발생 빈도수, 발생 위치, 발생 유형 등 여러 측면에서 현격한 차이가 드러났다. 물론 준언어적 표현의 하나인 쉼만으로 계획된 말하기와 실현된 말하기 간의 차이를 논의할 수는 없다. 하지만 일반적으로 화자는 발화 산출을 위해 율격 정보를 발화 초기 단계에서 계획한다는 점을 감안한다면 이는 언어 자각의 측면에서 중요한 문제라 할 수 있다.

아울러 말하기 목적에 따른 대본과 전사본 간의 쉼의 빈도수에서 그 차이가 유의미하게 나고 있다. 즉, 정보 전달 및 설득의 경우가 친교 및 정서 표현의 경우보다 그 차이가 많이 나고 있음을 알 수 있다. 정보 전달 및 설득을 목적으로 하는 말하기는 기본적으로 학습자들이 그 주제에 관해 자료를 모으고, 재구성하는 과정이 필요하다. 특히 말하기 주제가 화자에게 익숙하지 않다면, 보다 많은 시간의 말하기 준비 과정이 요구된다.

그에 비해 친교 및 정서 표현의 말하기는 화자의 일상에서 그 주제를 이끌어 내기 때문에 정보 전달에 비해 말할 내용 구성이나 실제 말하기 전개 과정이 수월했던 것으로 판단된다. 즉, 친교 및 정서 표현의 말하기는 정보 전달에 생리적, 호흡적인 측면이 부각되는 말하기의 실제 과정에서도 화자에게 비교적 안정감을 주었고, 이는 쉼의 빈도수나 지속 시간에 영향을 주었던 것으로 판단된다.6)

일반적으로 말하기는 준비된 말하기와 즉흥적 말하기로 구분된다. 학교 현장에서의 말하기는 거의 준비된 말하기에 대한 교육이 이루어지는 실정이다. 이는 말하기 계획에 다양한 요소들이 고려되어야 하는데, 특히 모국어 말하기에서는 다양한 준언어적, 비언어적 표현에 대한 측면들이 중요하게 부각될 수 있다. 이 논문의 조사에서는 그와 같은 준비된 말하기에서, 준언어적 표현의 하나인 쉼에 대한 화자의 계획이 실제 말하기에서 많은 차이를 보이며 변화되는 것으로 드러났다.

물론 글말과 입말의 실제적인 짜임의 차이가 자연스럽게 언어 사용 상황에 많은 변이를 보이며 드러날 것이다. 하지만 말하기 계획의 전체 틀이 실제 말하기에서 지나치게 상이한 방향으로 진행된다면, 이는 학교 현장에서의 말하기 계획에 대한 교육적 타당성에 심각한 문제로 지적될 수 있다. 즉, 글말과 입말의 미세한 짜임이 고려되지 않은 말하기 계획은 오히려 말하기 계획과 실제 말하기 간의 구성물에 대한 인식의 단절을 초래할 수 있다.7)

---

6) Good, D. A., & Butterworth, B.(1980)에서는 대화에서 머뭇거림 비율을 조사하면서, 친숙한 내용과 그렇지 않은 내용 간의 침묵 시간에 유의미한 차이가 있음을 지적하고 있다. 아울러 친숙하지 않은 내용이라도 반복해서 이야기하도록 할 경우에 그 침묵 시간이 줄어들고 있음을 다양한 대화의 예들을 통해 제시하고 있다. 즉, 화자 자신에게 익숙한 내용일수록 쉼이 줄어들 것으로 예상할 수 있다.

7) 특히 준언어적 표현 등에서 이런 문제가 제대로 다루어져야 할 것이다. 따라서 언어 수행 수준이나 연령이 낮은 학습자들일수록 글말에 종속되는 말하기 계획 틀에 얽매이게 할 것이 아니라, 사적인 대화 등을 통해 자연스럽게 입말 사용을 이끌어 내는 과정이

이하 〈그림 2, 3〉은 정보 전달 및 설득과 관련하여 대본과 전사본 간의 차이가 현격하게 드러난 학습자의 예이다. 정보 전달 및 설득과 관련된 말하기에서는 이런 현상이 특히 두드러졌다. 〈그림 2〉은 '전제한 쉼'이 드러난 말하기 대본이다.

〈그림 2〉 정보 전달 및 설득과 관련된 대본

최근 들어 SNS를 통한 소통영역이 날로 확장되고 있습니다(대본)　　　　국어교▨

최근들어서/SNS를통한소통영역이/날로커지고있습니다//우리는길을걸으며/밥을먹으며/심지어아침에눈뜨는순간부터도/스마트폰을이용해SNS를확인하는것이일상이되어버렸는데요/SNS를통해기업마케팅을하는가하면/얼마전선거운동도SNS를통해이루어지기도하는등/우리의생활곳곳에스며들어/날로커지고있는SNS/과연이대로괜찮은것일까요//SNS란/소셜네트워크서비스의약자로/우리가주로쓰던싸이월드부터/요즘많이쓰기시작한페이스북트위터등/온라인상에서의인맥구축을목적으로만들어진/네트워킹서비스입니다/직접글을올리고/바로바로코멘트를달거나/서로대화하는등/언제어디서든손쉬운소통으로인맥관리를할수있고/어떤정보든빠르고쉽게얻을수있다는장점이있지만/개인의글이일파만파퍼져/사생활침해의우려가있고/바로바로얻는정보로인해비판적사고를마비시킨다는단점도있습니다//특히요즘사회적으로이SNS에서비롯된문제들이많이보입니다/누군가가앞뒤잘라먹고올린글하나도금방이슈가되어버리고/기자들은SNS에서카더라식의글을그대로가져와기사로만들어버립니다/또무슨무슨녀라는식의마녀사냥에/금방달아올랐다가금방시늉게이것저것받아들이고퍼나르기때문입니다//SNS를개인의사회적소통기구로만본다면/자신의일상과생각을지인들과소통하는사생활일뿐이니/그글로비롯된문제들에대해/개인에게책임을묻기란어렵습니다/그러나한개인의말하기로일상으로치부하기엔/사회에미치는파급력이너무나큽니다/여러글이넘쳐나고정보가넘쳐나는온라인세상에서/사람들은의구심없이모든것을받아들이기때문입니다/그렇기때문에SNS에서발생되는문제들을/나몰라라하는태도는/아주무책임한것입니다/우리의태도가SNS를위험한것으로만들고있습니다/사생활접근이쉽다고해서불순한의도로쓰지말아야할것이며/또자기자신이먼저사생활노출이되지않도록주의를해야합니다/또무분별하게주입되는정보들을/의심없이받아들이고퍼나르기보다는/그정보를좀더높은관점에서내려다볼줄아는안목을키워야합니다//매일더새롭고자극적인것이넘치는정보의바다속에서/질식하지않고/자신의기준에서가를수있는잣대를가지는것이무엇보다중요합니다/순간의용이성에현혹되지말고/올바른SNS문화가정착되도록/우리의태도부터점검합시다

우선적으로 필요하다.

〈그림 2〉에서는 짧은 쉼과 긴 쉼이 구분되어 드러났다.[8] 6군데에서 발생한 긴 쉼만을 대상으로 살펴본다면, 그 위치가 모두 문장 끝이나 문단 위주의 단위에서 이루어지고 있음을 알 수 있다. 즉 화자는 말하기 계획에서는 긴 쉼의 위치를 매우 정형화해서 드러내고 있음을 알 수 있다. 이는 대다수의 조사 대상 화자들에게 드러나는 보편적인 현

〈그림 3〉 정보 전달 및 설득과 관련된 전사본

최근 들어 SNS를 통한 소통영역이 날로 확장되고 있습니다(전사본)
국어교육과 10

안녕하세요sns에대해서발표를하게된국어교육과정은해입니다//최근들어서/sns를통한/소통능력/소통영역이날로커지고있는데요우리는길을걸으면서/아니면밥을먹으면서심지어는아침에눈을뜨는순간부터도스마트폰을이용해서/sns를확인하는등/이제일상이되었다고해도과언이아닙니다/또기업에서는sns를통해서/마케팅을하기도하면서/또얼마전에선거운동도/sns를통해서도이루어졌는데요/(손짓하다가 손을 치는 소리)이렇게우리일상/곳곳에스며들어/날로확장되고있는sns는/과연이대로펜찮은것인지/한번고민해봤습니다/먼저sns란소셜네트워크서비스란뜻으로/우리가주로쓰던싸이월드나/요즘많이쓰는페이스북/그리고/트위터같은/온라인상에서/다수와소통을할수있게하는/네트워크서비스인데요//뭐이것들은뭐//어디서나손쉽게/다른사람들과/소통할수있어서/인인맥관리가쉽다는장점도있고도//바로바로많은정보를/손쉽게또얻을수있다는/장점이있습니다그러나//한개인이쓴글이일파만파퍼져서이게또/사생활침해의우려가도/있고또바로바로얻어지는정보때문에/무분별하게/주입되는정보때문에사람들의/비판적인/어/비판적인태도가마비된다는/단점도있습니다/그러므로//어특히요즘사회적으로이sns를비롯/sns를비롯된/문제가많이보이는데요//뭐기자들은/그냥sns에있는/글을/뭐카더라통신이라고하죠그거를그냥가져와서/기사로만들어고/또앞뒤잘라갖고쓴글이/순식간에하루아침에이슈가되어버리기도하고//이런식으로사람들이무분별하게/받아들이기때문에이런문제점/점들이많다고생각합니다/그냥sns를/한개인이/지인들과/뭐자기생각이나감정/일상같은것들을소통하는사회적소통기구라만본다면/이글하나로비롯된문제를/개인에게책임을묻긴힘들지만/이글하나가사회적으로파급력이너무크기때문에/이/이런문제들에대해서나몰라라하는태도는무책임하다고생각합니다/그렇기때문에먼저우리의태도가먼저변해야된다고생각합니다/우리의태도가/sns를위험한것으로/만들고있다는/생각이듭니다/그러므로//어/사생활침해/남들의사생활접근이쉽다해서이거를좀//불순한의도로접근하거나이러지말아야하고또자기자신자기/자기정보나자기/사생활을먼저자기가주의해서/노출이잘안되도록/노력해야합니다/그리고무분별하게쏟아지는정보들을/아무잣대없이그냥/생각할겨를없이그냥/무분별하게//받아들이고퍼나르기보다는/자기/자신의기준에서가수있는/잣대가/필요하다고생각합니다/음순간의용이송에/여용이성에현혹되지말고/좋은sns문화가/정착되도록우리모두/태도를점검해야한다고생각합니다//이상입니다

---

8) 짧은 쉼은 '/'으로, 긴 쉼은 '//'으로 표시하도록 하였다.

상이다. 이에 비하여 〈그림 3〉은 대본과 동일한 학습자의 구현한 쉼이 드러난 전사본으로, 대본에서와 다른 양상으로 쉼이 드러나고 있다.

우선 〈그림 3〉과 같이 전사본에서는 긴 쉼의 횟수가 대본보다 훨씬 증가하고 있다. 총 14개 곳에서 긴 쉼이 발생하고 있다. 그 발생 위치도 문장 끝이나 문단 구분에 해당되는 경우도 있지만, 낱말 간에 발생하는 경우가 절반을 넘는다. 아울러 '뭐', '어', '음' 등의 음성 표지를 수반한 쉼이 다수 발견된다. 즉, 전사본에서는 화자가 대본에서 계획했던 언어적 내용에 관련되는 쉼을 제대로 통제하기 어려웠음을 보여 주고 있다.

"'의도한 쉼'과 '의도하지 않은 쉼' 간의 빈도수에는 차이가 없을 것이다"라는 연구가설 2는 전사본에서의 구현한 쉼의 속성을 살피고자 한 것이다. 즉, 실제 말하기에 드러난 쉼의 속성을 화자의 의도성 여부에 따라 구분하였다. 이는 실제 말하기에서 화자가 쉼을 어떻게 사용하고 있는지, 아울러 이와 같은 쉼의 사용 양상이 실제 말하기에서 언어 자각과 어떤 관련성을 지니는지를 파악하고자 한 것이다.

청중들 앞에서 말의 흐름이 유창하지 못하여 발생하는 쉼은 화자의 입장에서는 실시간 말하기의 불안 의식을 조장하거나 혹은 그것을 반영하는 양상으로 드러날 수 있다. 하지만 의도한 쉼은 발화 흐름과 관련된 유창성의 문제라기보다는 화자가 발화 흐름을 조절하려는 의도적인 측면의 심적 과정에서 발생한 것이라고 할 수 있다. 즉, 이런 의도한 쉼은 오히려 언어 자각의 측면에서 발화의 유창성을 높여 주는 역할을 할 수 있다. 전체 결과는 다음의 〈표 5〉와 같다.

〈표 5〉에서와 같이 의도하지 않은 쉼의 수가 의도한 쉼에 비해 그 빈도수가 유의미할 정도로 많다. 즉, 정보 전달 및 설득과 친교 및 정서 표현 말하기 모두에서 의도하지 않은 쉼이 의도한 쉼보다 유의미한 수치 이상으로 나왔다. 이는 연구가설에서 예상한 바와는 다른 결과이다. 즉, 대다수의 학습자들이 언어 자각의 측면에서 실시간 말하기의 준언어적 양상인 쉼을 제대로 조절하거나 통제하지 못한 것으로

<표 5> '의도한 쉼'과 '의도하지 않은 쉼'[9]

구분		구현한 쉼 (빈도수)	의도한 쉼 (빈도수)	의도하지 않은 쉼 (빈도수)
정보 전달 및 설득	1학년	135	41	94
	2학년	119	34	85
	3학년	91	31	60
	합계(수)	345	106	239
	비율(%)		30.7	69.3
친교 및 정서	1학년	105	33	72
	2학년	95	30	65
	3학년	81	33	48
	합계(수)	281	96	185
	비율(%)		33.8	66.2

볼 수 있다. 대다수의 학습자들은 실제 말하기에서 언어적 표현의 유창한 전개에 문제가 생기면, 곧이어 쉼이 이어졌고 이는 불안 상태로 이어졌다. 이는 준언어적 표현인 쉼이 언어적 표현과 매우 밀착되어 발생하는 현상이라 할 수 있다.

분명 말하기 대본에서 쉼의 양상이 일정하게 전제되고, 아울러 3분 이내의 A4 한 면이라는 분량 제한으로 언어적 표현인 내용상의 변화가 최대한 통제되었다. 그럼에도 불구하고 의도하지 않은 쉼의 양상이 다수를 차지하는 결과가 나왔다. 이는 그만큼 청중을 대상으로 한 실시간 말하기 수행 과정이 언어 자각의 측면에서 화자에게 완벽하게 통제되기 어렵다는 점을 보여 주는 것이라 할 수 있다.

다만 앞선 연구가설 1에서와 다르게 말하기 목적에 따른 의도한 쉼과 의도하지 않은 쉼 간의 차이는 크지 않은 것으로 드러났다. 즉, 정보 전달 및 설득에서 대본과 전사본 간에 쉼의 빈도수 격차가 컸던 것에 비해 차이가 있기는 하지만, 그 정도가 미미한 것으로 드러났다.

---

9) 학습자는 촬영된 말하기 동영상을 바탕으로 드러난 쉼의 의도성 여부를 전사본에 기술하였다. 즉, 짧은 시간에 이루어지는 쉼의 속성을 학습자 스스로가 동영상을 보면서 구성하였다. 이는 이후에 제출된 과제에서 재차 확인되었다.

〈그림 4〉 정보 전달 및 설득 말하기

말하기(전사본), 교▓

안 녕 하 십 니 까 / 교 육 학 과 1 1 학 번 / 반 규 백 입 니 다 / 에 저 는 에 스 엔 에 에 스 엔 에 스 에 대 해 설 명 을 할 건 데 에 스 엔 에 스 는 / 소 셜 네 트 워 크 서 비 스 의 약 자 로 / 1)인 터 넷 을 기 반 으 로 / 사 용 자 간 의 자 유 로 운 의 사 소 통 과 / / 2)정 보 교 류 / 그 리 고 인 맥 확 대 등 을 / / 스 / 인 맥 확 대 등 을 제 공 해 주 면 서 / 사 회 / 사 회 관 계 를 강 화 시 켜 주 는 서 비 스 입 니 다 / / 4)(코 홀 쩍 이 는 소 리) 이 / 이 에 스 엔 에 스 가 / 인 터 넷 이 발 달 하 / 아 / 그 리 고 스 마 트 폰 이 개 발 되 고 발 달 하 면 서 / 무 선 인 터 넷 의 확 장 으 로 / 에 스 엔 에 스 / 이 용 자 가 가 많 이 늘 었 는 데 / 그 로 인 해 서 / 에 스 엔 에 스 의 순 기 능 과 역 기 능 이 / 대 두 되 고 있 는 데 요 (헛 기 침) / 에 스 엔 에 스 의 순 기 능 으 로 는 / 그 빠 른 정 보 / / 5)정 보 수 집 / 이 가 능 하 다 는 장 점 이 있 습 니 다 / / 6)스 마 트 폰 을 이 용 하 면 은 / 7)언 제 어 디 서 든 / 빠 르 게 정 보 를 수 집 할 수 있 기 때 문 에 / 신 속 성 과 이 동 성 을 / 동 시 에 / 갖 출 수 있 어 서 / 정 보 수 집 이 빠 르 다 는 장 점 이 있 고 요 / (헛 기 침) (좋 이 넘 기 는 소 리) / 8)에 / 이 이 와 대 조 해 갖 / 이 와 대 조 해 서 / 역 기 능 이 있 는 데 / 그 것 은 / 정 보 의 신 뢰 성 이 떨 어 진 다 는 단 점 이 있 습 니 다 / / 9)에 이 에 스 엔 에 스 를 이 용 하 는 사 람 들 이 / / 10)모 두 / / 11)정 보 를 올 리 고 퍼 뜨 릴 수 있 기 때 문 에 / / 12)있 기 때 문 에 / 정 보 의 신 뢰 성 이 많 이 떨 어 진 다 는 단 점 이 있 습 니 다 / / 13)그 래 서 / 이 에 스 엔 에 스 를 잘 활 용 하 려 면 / 14)활 용 하 려 면 / / 15)그 / 제 (기 침 소 리) / 제 공 되 는 정 보 를 모 두 / 맹 신 하 고 받 아 들 이 는 것 이 아 니 라 / 자 기 자 신 의 의 견 을 갖 추 고 비 판 적 으 로 수 용 자 세 가 필 요 하 다 고 생 각 합 니 다 / 이 상 으 로 발 표 를 마 치 겠 습 니 다 / 감 사 합 니 다 (박 수)

1) 2.137초의 '쉼'이 지속됨-비의도적인 양상. 말 끝부분을 늘임. 시선을 청중 모두에게 두려고 노력했으나 좌측 청중에만 시선을 두며 긴장된 표정으로 바라봄. 손은 뒤로한 상태로 설명을 돕기위한 손짓은 사용하지 않음.
2) 1.032초의 '쉼'이 지속됨-비의도적. 침을 한번 삼키며 하늘을 보고 다음에 할 말을 생각함
3) 2.081초의 '쉼'이 지속됨-비의도적. 순간적으로 할 말을 잊어버림
4) 7.193초의 '쉼'이 지속됨-의도적. 처음엔 문장을 끝내고 잠깐 쉬려고 했으나 예상외로 쉬는 기간이 길어짐. 멋쩍게 웃고 옷매무새를 만지는 등 당황한 모습이 보임.
5) 1.13초의 '쉼'이 지속됨-비의도적. 말끝부분을 늘임. 몸은 계속 좌우로 건들거리며 왼쪽다리에 무게를 두고 빡다리를 짚음.
6) 1.279초의 '쉼'이 지속됨-의도적. 문장을 끝내고 다음 문장으로 넘어가기 위해 잠깐 숨을 고르며 침을 한번 삼킴. 손짓을 계속해서 뒷걸음을 진 상태.
7) 3.051초의 '쉼'이 지속됨-비의도적. 말 끝부분을 늘임. 억양은 계속 떨어지는 편. 시선은 좌, 우를 번갈아 이동하여 시선처리가 불안정함.
8) 1.162초의 '쉼'이 지속됨-의도적. 문장을 끝내고 잠깐 쉼. 목을 가다듬기 위해 헛기침을 함. 손이 잠깐 앞으로 나오다가 다시 뒷짐을 짐.
9) 1.034초의 '쉼'이 지속됨-의도적. 문장을 끝내고 잠깐 쉼.
10) 1.137초의 '쉼'이 지속됨-비의도적. 다음 할 말이 생각나지 않아 쉼. 침을 한번 삼키고 숨을 고름.
11) 1.288초의 '쉼'이 지속됨-비의도적. 다음 할 말이 생각나지 않아 쉼. 교수님 쪽을 한번 쳐다봄
12) 5.031초의 '쉼'이 지속됨-비의도적. 다음 할 말이 생각나지 않아 쉼. 시선 좌, 우를 번갈아 쳐다보며 시선처리가 불안정함. 당황한 모습이 역력함.
13) 1.231초의 '쉼'이 지속됨-의도적. 문장을 끝내고 다음 문장으로 넘어가기 위해 침을 삼기고 잠깐 숨을 고름.
14) 2.148초의 '쉼'이 지속됨-비의도적. 다음 할 말이 생각나지 않아 쉼. 고개를 오른쪽으로 한번 꺾음. 허공을 보며 잠시 명하게 있음.
15) 4.095초의 '쉼'이 지속됨-비의도적. 다음 할 말이 생각나지 않아 쉼. 숨을 고르고 입술에 침을 바르며 계속 생각함. 시선처리는 여전히 불안정.

이는 친교 및 정서 표현의 말하기에서도 의도하지 않은 쉼이 정보 전달 및 설득만큼이나 많이 발생한 것으로 볼 수 있다. 〈그림 4〉는 일부 학습자들의 정보 전달 및 설득 말하기에서의 의도한 쉼과 의도하지 않은 쉼의 양상이다.10)

---

10) 〈그림 4〉의 각주에 의도한 쉼과 의도하지 않은 쉼이 제시되고 있다. 이는 학습자 본인

〈그림 4〉에서는 총 15회의 쉼이 드러났다. 비의도적인 쉼이 압도적으로 많이 드러나고 있다. 대다수의 의도하지 않은 쉼은 말할 내용에 대한 망각으로 인한 불안 상태의 지속과 관련되고 있음을 알 수 있다. 특히 〈그림 4〉에 제시된 '각주 4)'의 쉼도 의도적이라고 제시되어 있지만, 지속 시간이 길어짐으로 인해 화자의 불안감이 비언어적 표현의 측면으로 전달되고 있어 의도적이지 않은 쉼의 양상으로 의심해 볼 수 있는 부분이다. 물론 의도성에 여부에 대해서는 전적으로 화자의 판단이 중요하다.

또한 대다수 학습자들의 의도한 쉼의 경우도 삼키기(swallowing)와 함께 발생하고 있는 생리적 쉼의 양상인데, 다만 이것의 지속 시간이 여타 생리적 쉼에 비해 상당히 길다. 따라서 의도적으로 쉼을 구성했다기보다는 오히려 화자가 제대로 쉼을 통제하지 못하고 발생한 생리적 현상, 즉 의도하지 않은 쉼의 양상으로 해석이 가능하다. 이에 비해 〈그림 5〉의 학습자는 몇몇 위치에서 의도한 쉼을 제대로 구현하고 있다.11)

여기에서는 총 7회의 쉼이 발생했다. 의도적인 쉼이 4회, 비의도적인 쉼이 3회로 화자가 의도적으로 쉼을 통제한 경우가 많다. 특히 이 학습자에게서는 의도한 쉼이 대다수 주요한 내용을 강조하거나 혹은 청중의 반응을 이끌어 내기 위해 사용되고 있다. 그에 비해 의도하지 않은 쉼은 앞선 학습자와 마찬가지로 내용 통제가 제대로 되지 않아 불안과 긴장감이 조성된 경우에 발생하고 있다.

학습자들에게서 제시된 의도한 쉼과 의도하지 않은 쉼은 말하기 전개상의 일정한 기능 양상으로 드러났다. 이를 구분해서 정리하면 〈표

이 실제 말하기 과정의 동영상 촬영본을 바탕으로 재구성한 것이다. 즉, 실제 말하기 과정에서 쉼의 의도성 여부는 학습자 본인이 가장 잘 자각하고 있다. 따라서 학습자 본인이 긴 쉼에 국한해서 그 의도성을 여부를 표기하고, 그 이유를 제시하도록 하였다.

11) 이와 같은 의도한 쉼이 실시간 말하기에서 발화의 유창성과 관련하여 적절하게 잘 이루어졌는지의 여부는 말하기 평가에서 검증되어야 할 중요한 부분이다. 이 논문은 여기까지는 나아가지 못했다. 차후 연구과제로 남겨두고자 한다.

〈그림 5〉 친교 및 정서 표현 말하기

<국어교육론 - 전사본, 국어 ▮▮▮▮▮▮▮▮>

안녕하십니까국어교육과12학번손용형입니다/어/제가이말하기주제를받고/한번생각해봤는데/
아마자신의정체성을가장잘드러낼수있는것은아마/본인의꿈이아닌가//1)싶습니다/저희국어교육
과에들어온모든친구들의꿈이//2)대부분은아마국어교사일거라고생각됩니다/저도그중에한명이
고요/근데제가국어교사의꿈을키우기까지는조금특별한경험으로인해서/그꿈을키우게됬습니다/
그게중학교2학년땐데//3)어느때와다름없이그냥전과목다가르쳐주는그런입시학원에드가서국어
수업을하고있어요/근데그국어수업을담당하시는국어선생님이랑저랑은매우친했던사이였어요
장난도치고반말도하는그런사이였어요//4)근데그러는도중에수업을하고있는데갑자기선생님이용
형아니가나와서수업을해봐라근데저는그게당연히장난인줄알고아나알았어요내가해볼게요/그래서
선생님저앞으시고내가나와서이케수업을했었어요/요지금도아직도생생히기억나요김기림의바다와
나비라는그런시가있어요/뭐공주처럼지쳐서돌아온다이런내용의그런시가있었어요//5)그때당시
에는그냥장난이니까애들하고같이뭐장난치면서놀고또참고서를보시면아시겠지만/그시가한줄있
으면밑에파란색해설이있어요그냥그거읽는게다였어요그때시에는근데그수업을하니까뭐가장
난이였지만조금이나마가르치게내적성에맞나//6)맞는가라는생각이좀들었어요/그래서이야기
를하니까한번더해보자국어선생님의말씀이계셔서한번더해봤어요근데그러니까아정말맞는거같
다라는생각이들게됬어요그렇게해서교사의꿈을가지게되었어요근데중학교3학년때또국어선생님
과어떻게하다보니까또친해졌어요근데중학교2학년때애기를선생님이들으신거에요/그래서//7)
용형아지금내가삼학년오육칠팔구반을다가잖아니가한번씩드가서수업을해보자/라는이야기를하
셨어요/근데처음에는당황했죠/아내가나나도아직잘모르는데어에내가거든가서수업을하겠노라
는생각을했었는데근데어떻게생각해보니까/뭐괜찮은경험인거같았어요내꿈을좀더확실하게해주
는/그래서수락했어요그래서삼학년오육칠팔구반에드가서수업을했을때마하니까꿈이더확실
해지고이제교사보다는국어과목이그때더재밌어지고그러다보니까이제국어교사의꿈을완전하게
키우게된거에요그래서저는이/음/대구가톨릭대학교국어교육과에입학하게됬습니다/이상입니다/
감사합니다/

1) 0.844초의 쉼이 지속됨. 비의도적인 양상으로 쉼이 이루어짐. 원래는 정체성을 잘 드러낼 수 있는 것이 꿈이 다 라는 것을 강조하고 싶어서 꿈이 아닌가 싶습니다 에서 긴 쉼을 주려 했으나 긴장한 탓에 조금 앞에서 긴 쉼을 주게 되었다.
2) 1.013초의 쉼이 지속됨. 의도적인 양상으로 쉼이 이루어짐. 정체성을 잘 드러낼 수 있는 것이 꿈이란 애기를 앞에 하면서 국어교육과 친구들의 꿈이 국어교사라는 것에 대한 공감을 얻고자 과 친구들과 눈을 마주치면서 의도적으로 쉼을 주었다.
3) 1.296초의 쉼이 지속됨. 의도적인 양상으로 쉼이 이루어짐. 중학교 2학년 때부터 교사의 꿈을 키워왔다는 것 을 부각시키기 위해 손동작을 하면서 의도적으로 쉼을 주었다.
4) 0.685초의 쉼이 지속됨. 비의도적인 양상으로 쉼이 이루어짐. 말을 빠르게 한 탓에 잠깐 숨을 돌리기 위해 비 의도적으로 쉼을 주게 되었다.
5) 0.622초의 쉼이 지속됨. 의도적인 양상으로 쉼이 이루어짐. 처음으로 가르쳐본 작품이 김기림의 바다와 나비 라는 것을 부각시키고 청중들이 한번 쉼은 접봤냐을 작품이라 생각하고 공감을 얻어내려고 시선들을 마주치 면서 의도적으로 쉼을 주게 되었다.
6) 0.911초의 쉼이 지속됨. 의도적인 양상으로 쉼이 이루어짐. 가르치는 것이 적성에 맞아 교사라는 꿈이 나에게 어울리는것이 맞는가 라는 것을 그때 당시의 심정으로 표현하기 위해 검지손가락을 피면서 내밀듯이 손짓을 하면서 의도적으로 쉼을 주게 되었다.
7) 1.259초의 쉼이 지속됨. 비의도적인 양상으로 쉼이 이루어짐. 원래는 그래서 라고 말하기 전에 긴 쉼을 주려 했으나 긴장한 탓에 그 후에 쉼을 주게 되었다.

6〉과 같다.12)

---

12) 연구가설 1과 2에서 제시된 쉼들은 말하기의 유창성 논의와 관련해서 혼란의 소지가 있을 가능성이 있다. 즉, 쉼의 빈도수가 잦다는 것은 분명 말하기의 유창성에 문제가 있음과 관련된다. 하지만 쉼 속성의 측면에서 의도한 것과 의도하지 않은 쉼은 분명 차이가 있다. 의도한 쉼은 화자가 실시간 말하기 과정을 언어 자각의 측면에서 제대로 통제하고 있는 상황에서 드러나며, 의도하지 않은 쉼은 그렇지 못한 상황에서 드러난 다. 따라서 유창성의 측면에서 의도한 쉼이 실제 말하기에 많이 제시된다는 것이, 단순

<표 6> 의도한 쉼과 의도하지 않은 쉼의 기능 및 역할

구분	기능 및 역할
의도한 쉼	• 말하기의 속도를 조절하기 위함 • 청중의 반응을 이끌어 내기 위함 • 화제 제기와 내용 강조를 드러내기 위함
의도하지 않은 쉼	• 말할 내용이 생각나지 않는 경우의 시간적 여백을 채우기 위한 비음성적 머뭇거림이나 더듬거림에 수반됨 • 청중 앞에서의 긴장 고조에 따른 생리적 불안 표출에 수반된 침 삼키기 등에 수반됨

이상 두 가지 연구가설을 바탕으로 학습자들의 말하기에 드러난 쉼의 양상을 살펴보았다. 연구가설 1은 말하기 계획의 결과물인 대본에서의 전제한 쉼과 실제 말하기 과정의 결과물인 전사본에서의 구현한 쉼 간에는 그 발생 빈도수, 발생 위치, 발생 유형 등에서 많은 차이를 보이는 것으로 그 결과가 드러났다. 즉, 준언어적 표현으로서의 쉼은 언어적 표현에 비해 실제 말하기 과정에서 그 변화가 상당히 심한 것으로 드러났다.

연구가설 2는 실제 말하기 과정에서 드러난 화자의 의도성 여부에 따른 쉼의 양상을 다룬 것으로, 의도한 쉼과 의도하지 않은 쉼이 발생 빈도수는 차이가 없을 것으로 상정되었다. 이는 학습자의 상위 인지 능력상의 언어 수행 능력과 말하기 분량 제한 등의 문제를 고려한 것이었다. 결과는 의도하지 않은 쉼이 의도한 쉼보다 유의미한 수치 이상으로 나왔다. 즉, 조사 대상 학습자들이 상위 인지적 측면에서 말하기의 과정을 의도적으로 통제하지 못했음을 보여 준 것이라 할 수 있다.

히 쉼의 빈도수가 많아 말하기가 유창하지 못한 것과 동일 선상에 놓일 수 없다는 점이다. 물론 이는 말하기 평가의 측면에서 과연 청자들이 그와 같은 화자들의 의도적인 쉼을 제대로 인식하고 이를 유창성의 관점에서 인정할 수 있을지의 문제와 관련될 것이다.

4.2 교육상 의의

이 연구는 학교 현장에서 말하기 교육의 현장 연구조사에 초점을 두고 진행되었다. 학교 내·외의 말하기 교육에 대한 관심이 날로 증가하고 있으나, 기존 학교 현장의 말하기 교육은 여전히 제대로 이루어지지 않고 있다는 문제의식이 연구 동기가 되었다. 이는 기존의 말하기 교육의 교수·학습 내용, 방법, 평가 측면 등의 이론적 측면이 여전히 학교 현장에 정착되는 과정에 많은 어려움이 있는 것과 관련된다.

이런 점을 감안하여 본고에서는 매체를 활용하여 학습자들이 보다 쉽게 말하기와 그에 대한 언어 사용의 자각 문제를 이끌어 낼 수 있도록 연구 방법을 고안하였다. 우선 모국어를 말하기답게 하려면, 언어적 표현 이외에 준언어적, 비언어적 표현의 중요성에 강조가 이루어져야 하는데, 정작 실제 학교 현장에서는 이런 측면들이 매우 부족하게 인식되었던 것이 사실이다.

따라서 이 논문은 준언어적 표현의 하나인 쉼을 말하기 과정의 주요한 인식의 요소로 상정하였다. 이는 실제로 학습자들이 말하기 이전 단계에서부터 실제 말하기 단계까지를 모두 고려하는 총체적인 인식 과정이 될 수 있도록 하였다. 결론적으로 이 연구의 교육상 의의는 두 가지 정도로 요약할 수 있다.

첫째, 학교 현장에서의 말하기 교육은 대부분 준비된 말하기에 초점을 둔다. 즉, 학습자들에게 일정 시간을 실제 말하기를 위한 준비 과정으로 제시하고, 말할 내용이나 여러 가지 말하기 형식 등에 대해 고민하도록 한다. 아울러 동료 학습자들을 청중으로 둠으로써 말하기의 사회적 관계를 자연스럽게 고려하도록 한다. 즉, 말하기 계획의 과정에서 학습자들은 머릿속으로 말할 내용을 전개할 수 있다.

하지만 머릿속에 기억되거나 암기된 내용들은 실제 말하기 과정에서 왜곡되거나 부적합한 양상으로 전개되는 경우가 많다. 이는 언어적 표현, 즉 메시지만을 말하기 계획상에 초점을 둘 경우, 실제 말하기에서는 그와 같은 언어적 표현들이 실시간 맥락이나 상황에 따라 변화될 수 있다. 혹은 소리읽기에 가까운 말하기 형식으로 변질될 가능성이 높다. 따라서 언어적 표현, 즉 전달 내용 자체의 계획만으로 완벽한 말하기 수행을 이끌어 내기는 어렵다.

이 논문은 이런 점에 착안하여, 준언어적 표현의 하나인 쉼을 말하기 계획과 실제 말하기의 연속선상에 드러나도록 하였다. 조사 결과는 준비된 말하기와 실제 말하기 간의 쉼에는 여러 측면에서 많은 차이가 있는 것으로 드러났다. 특히 친교 및 정서 표현의 말하기에 비해 정보 전달 및 설득의 목적을 지닌 말하기에서 그런 현상이 더 두드러졌다. 이는 학습자들이 말하기 계획을 세울 때, 입말이 아닌 글말 중심의 언어 투식(language register)에 익숙해져 있음과도 관련된다.

즉, 학교 현장의 말하기 교육에 드러나는 문제점 중의 하나는 말하기 계획을 세울 때 사용된 글말 중심의 원고가 그대로 실제 말하기에 반영된다는 점이다. 이는 곧 말하기가 쓰기가 종속되는 결과를 초래하고 결국 학습자들의 말하기 본령의 언어 사용에 대한 감각을 잃게 만든다. 따라서 말하기 계획을 세울 때에는 무엇보다 말하기 본령에 맞는, 즉, 입말 중심의 맥락과 상황에 대한 고려가 필요하다. 이런 점에서 쉼은 입말 맥락과 관련된 발화 유창성을 결정짓는 주요한 요소로 부각될 수 있음이 이 논문의 조사와 논의를 통한 교육적 의의로 제기될 수 있다.

둘째, 말하기는 화자의 언어 자각(language awareness)에 대한 문제와 매우 결부되는 언어 사용 양상이다. 언어 자각의 문제는 모국어 교육에서 특히 강조되어야 하는 것인데, 이는 언어 사용자가 자신의 언어와 언어 사용에 대한 상위 인지(meta cognition) 능력을 어느 정도 지니고 있는지와 직접적으로 관련된다.

특히 청중을 대상으로 하는 공식적인 말하기는 특정한 맥락과 상황에서 실시간으로 전개되기 때문에 화자에게 고도의 인지적 능력을 요구한다. 이는 실제 언어 사용 상황에 대한 상위 인지적 측면의 조정과 통제의 문제라고 할 수 있다. 아울러 이는 언어적 표현뿐만 아니라 그에 수반되는 다양한 준언어적, 비언어적 표현 등이 모두 간여될 수 있다. 특히 맥락이나 상황에 더 민감할 수 있는 준언어적 표현은 그 중요성이 더 부각된다고 할 수 있다.

이 논문은 이런 점을 감안하여 준언어적 표현의 하나인 쉼의 사용에 대한 화자의 의도성 여부의 문제를 다루었다. 이는 조사 대상 학습자들이 실시간으로 전개되는 말하기 과정에서 쉼을 맥락과 상황에 맞게 적절하게 통제하는지의 여부와 관련될 수 있다. 결과는 다수의 학습자들이 실시간으로 전개되는 말하기 과정에서 쉼을 의도적으로 통제하지 못하고 있음을 보여 주었다.

즉 기본적인 언어 수행 능력을 갖추고 있는 대다수의 학습자들조차도 실제 말하기에서 상위 인지적 측면의 기제를 제대로 사용하지 못하고 있는 것이다. 물론 쉼의 사용에 대한 의도성 여부 하나만으로 말하기 전체의 질적 수준을 판가름할 수는 없지만, 대다수 학습자들이 말하기의 전개 과정에서 유창성과 밀접한 관련을 맺는 쉼을 의도적으로 제대로 사용하지 못한다는 점은 청중을 대상으로 한 말하기 교육에 시시하는 바가 크다고 할 수 있다.

5. 마무리

이 논문은 준언어적 표현의 한 요소인 '쉼'의 양상을 다루었다. 현장 조사의 관점에서 일부 학습자들을 조사 대상자로 선정하고, 말하기의 목적을 크게 정보 전달 및 설득, 친교 및 정서 표현으로 구분해서 준비된 말하기의 형식으로 진행되었다. 즉, 준언어적 표현의 하나인 쉼이 말하기 계획과 실제 말하기에서 어떻게 관련을 맺고 드러나는지, 그리고 실제 말하기에서 쉼의 의도성 여부가 어떻게 실현되는지를 학습자들의 대본과 전사본을 통해 구체적으로 검토되었다.

두 가지 가설이 상정되었고 그 결과가 논의되었다. 첫째, 준비된 말하기와 실제 말하기, 즉 대본과 전사본에 드러난 쉼은 여러 측면에서 많은 차이를 보였다. 발생 빈도수, 발생 유형, 발생 위치 등에서 차이가 났다. 이는 준비된 말하기에서 계획과 실제 상의 차이를 단적으로 보여 주는 것으로, 말하기 계획과 실제 말하기 간의 간격을 줄이기 위해서는 입말과 글말 투식에 대해 교육적 필요성을 상기시켰다고 할 수 있다.

둘째, 실제 말하기에서는 상위 인지적 측면에서 의도한 쉼과 의도하지 않은 쉼이 상정되었는데, 의도하지 않은 쉼이 유의미한 수치 이상으로 많이 발생했다. 즉, 학습자들이 상위 인지적 측면에서 쉼을 제대로 조정하고 통제하지 못한 결과이다. 이는 말하기의 상위 인지적 측면에서의 언어 자각에 대한 교육적 필요성을 제기했다고 볼 수 있다.

하지만 이 논문은 보다 과학적이고 정밀한 연구 토대 하에 쉼을 측정, 분석하지 못했으며, 아울러 대상 학습자들이 일부 대학생들에 국한되었다는 한계를 드러냈다. 쉼은 학교 현장의 말하기 교육에서 지금까지 제대로 다루어진 적이 없다. 따라서 그 연구 기반도 미약할 수밖에 없다. 이 논문은 그 점에서 미약하나마 준언어적 표현으로서 쉼에 대한 연구의 시발점이 되었다는 점에서 그 의의가 있다.

〈부록 5 참고문헌〉

교육과학기술부(2011), 『2011 개정 국어과 교육과정』, 교육과학기술.

김성규(1999), 「잠재적 휴지의 실현」, 『선청어문』 27, 831~859쪽.

김지홍(2011), 「르펠트의 언어 산출 모형에서 몇 가지 문제」, 『언어』 36권 4호, 887~901쪽.

김현강(2010), 「담화 자료의 비언어적 요소의 전사 방법 연구」, 『어문론총』 53호, 85~106쪽.

박인기(2010), 「국어교육과 매체언어 문화」, 『국어교육학연구』 37, 137~158쪽.

서종훈(2011), 「글말과 입말에 대한 수행 사례 연구」, 『국어교육학연구』 41, 505~541쪽.

신지영(2006), 「말하기의 조음 및 운율 요소에 대한 평가」, 『한국어학』 38, 109~143쪽.

안종복 외(2005), 「정상적인 쉼의 길이와 빈도에 대한 규준 확립을 위한 예비 연구」, 『언어치료연구』 14권3호, 229~237쪽.

양영하(2002), 「구어담화에 나타난 '쉼'의 기능」, 『담화와 인지』 제9권 2호, 79~100쪽.

이기갑(2010), 「구술발화의 전사와 분석」, 『배달말』 47, 71~95쪽.

이창덕 외(2010), 『화법교육론』, 역락.

이창호(2010), 「발화 중 휴지 시간이 갖는 의미」, 『한국어학』 46, 353~386쪽.

이호영(1990), 「한국어의 억양체계」, 『언어학』 제113호. 129~151쪽.

임규홍(1997), 「'쉼'의 언어 기능에 대한 연구」, 『한글』 235, 93~125쪽.

임칠성(2010), 「바람직한 화법 교육과정 구조와 내용 체계 연구」, 『국어교육』 131, 119~140쪽.

전영옥(2005), 「발표담화와 발표요지 비교 연구」, 『텍스트언어학』 19, 209~246쪽.

_____(2006), 「국어의 발화 단위 연구」, 『한말연구』 19호, 271~299쪽.

홍기선(1995), 「비언어 커뮤니케이션 분류에 대한 연구」, 『커뮤티케이션 과학』

13권 15호. 3~23쪽.

Anne Anderson, Gillian Brown, Richard Shillcock & Gorege Yule(1984), *Teaching talk*. (김지홍 옮김, 『말하기 교육: 산출 전략 및 평가』, 미발간.

Levelt, W. J. M.(1989), *Speaking*, 김지홍 옮김, 『말하기』, 나남.

Sari Lumoa(2004), *Assessing speaking*, 김지홍 옮김, 『말하기 평가』, 미발간.

Back Eung-Jin(1987), "The Pause in Middle Korean", *Harvard Studies in Korean Linguistics* II, Hanshin Publishing Company.

Beattie, G.(1978), "Floor apportionment and gaze in conversational dyads", *British Journal of Social and Clinical Psychology* 17. pp. 7~16.

Boomer, D. S.(1965), Hesitation and grammatical encoding. *Language and Speech* 8, pp. 148~158.

Goldman Eisler, F.(1972), "Pauses, Clauses, Sentences", *Language and Speech*, 15, pp. 103~113.

Good, D.A., & Butterworth, B.(1980), "Hesitancy as a conversational resource: Some methodological implications", In H.W. Dechert & M. Raupach(eds), *Temporal variables in speech*, The Hague: Mouton.

Jefferson, G.(1989). "Preliminary notes on a possible metric which provides for a'standard maximum' silence of approximately one second in conversation", *Multilingual Matters*, Clevedon, pp. 166~196

Levelt, W. J. M.(1999), "Producing spoken language: a blue print of speaker", Colins M. Brown and Peter Hagoort(eds.)(1999), *The Neurocognition of Language*, Oxford: Oxford University Press, pp. 83~122

참고문헌 및 †더 읽을거리

Anderson, A. H.(forthcoming), "Successful reference", *Journal of Semantics*.

Anderson, A. H., G. Yule, and G. Brown(forthcoming), "Hearer-effects on speaker performances", *First Language*.

Bereiter, C. and S. Englemann(1966), *Teaching Disadvantaged Children in the Preschool*, Prentice Hall.

Bernstein, B.(1959), "A public language: some sociological implications of a linguistic form", *British Journal of Sociology* Vol. 10, pp. 311~326.

Brown, A. L. and J. D. Day(1983), "Macro rule for summarising texts: The development of expertise", *Journal of Verbal Learning and Verbal Behaviour* Vol. 22, pp. 1~14.

Brown, G. and G. Yule(1983), *Teaching the Spoken Language*, Cambridge University press, 김지홍·서종훈 뒤침(2014), 『영어 말하기 교육』, 글로벌콘텐츠.

†Brown, S.(1980), *What do They Know?*: A Review of Criterion-referenced Assessment, HMSO.

Bullock Report(1975), *A Language for Life*, HMSO.

†Carter, R.(ed.)(1982), *Linguistics and the Teacher*, Routledge and Kegan Paul.

Dickson, W. P.(1980), "Referential communication activities in research and in the curriculum: a meta-analysis", in W. P. Dickson(ed.) *Children's Oral Communication Skills*, Academic Press.

†Donaldson, M.(1982), *Children's Minds*, Fontana.

†Doughty, P., J. Pierce, and G. Thornton(1971), *Language in Use*, Edward Arnold.

Dunning Report(1979), *Assessment for All: A Report of the Committee to Review Assessment in the Third and Fourth Years of Secondary Education in Scotland*, SED/HMSO.

Edwards, J. R.(1979), *Language Disadvantage*, Edward Arnold.

Labov, W.(1973), "The logic of non-standard English", in N. Keddie(ed.) *Tinker, Tailor, ··· The Myth of Cultural Deprivation*, Penguin.

Munn Report(1977), *The Structure of the Curriculum in the Third and Fourth Years of the Scottish Secondary School*, SED/HMSO.

Osborn, V.(1968), "Teaching language to disadvantaged children", in M. Brottman (ed.) *Language Remediation for the Disadvantaged Pre-school Child*, Monographs of the society for research in child development, 33, No. 8.

Rosen, C. and H. Rosen(1973), *The Language of Primary School Children*, Penguin Education.

†Stubbs, M.(1976), *Language, Schools and Classrooms*, Methuen.

†Trudgill, P.(1975), *Accent, Dialect and the School*, Edward Arnold.

찾아보기

감각박탈(sensory deprivation)　80, 81
겉보기(face) 타당도　338
격식 갖춘 언어　72
계량적(quantitative) 평가　232
골자(gist)　255
공식적 언어　72
과제 난이도　281
과제 유형　195
과제 중심(task-based) 접근　117, 118,
　119, 120, 121, 122, 265, 278, 281,
　325
교과과정　48, 129
교육과정　182
구조화되지 않은 채점　183, 184
구조화되지 않은 채점표　349, 357
구조화된 채점　183, 184, 185
구조화된 채점표　349, 357
글말　30, 54, 59, 67, 78, 84, 87
긴 발언기회　51, 52, 54, 57~59, 90, 95,
　109
긴 발화 기회　180
난이도 수준　337
녹취 기록(transcribing)　221
녹취 기록(transcripts, 녹음 전사)　194,
　195
논술 유형(essay type)　112

눈 접촉(eye-contact)　104
더 많은 이야기(more talk)　309
더닝 보고서(the Munn and Dunning
　Report in Scotland　29
도형 그리기 과제　131, 198, 267, 303,
　331, 333
도형 꾸미기 과제　267
도형 만들기 과제　131
로우즌·로우즌(Rosen and Rosen)　93
말투　72, 73, 74, 75
먼 보고서(the Munn and Dunning Report
　in Scotland)　29
모국어　65
문화박탈　81, 82
반복과 잉여성　278
발언기회　31, 32, 34, 49, 50, 52
방언 발화　89
배경지식　108, 109, 110, 112
배선 기판 과제　132
버롸이터·엥글먼(Bereiter and Engelman,
　1966)　81, 84
번스따인(Basil ernstein)　72, 73
병렬 구조　211
부정 호응요소　69, 70, 71
분산 분석(analysis of variance)　362
불럭 보고서(Bullock Report)　29, 253

브라운·데이(Brwon and Day) 167, 172, 175, 233, 259, 318, 322
브라운·율 62
비표준 흑인 영어(NNE) 70
사교적 말하기 96
사소한 세부사항의 생략 172
사회계층 73
상관 자료(correlated data) 366
상위 범주 260
상위 범주로 묶기 259
생략 규칙 172
서사 이야기 217, 220, 229
서사 이야기 과제 189, 206, 220, 221, 229, 233, 235, 237, 238, 241, 255, 282, 339
세련된 말투 72, 73, 74
소표본 검사(t-test) 366
수사적 전개 능력 160
시간 표시 217, 220
아즈본(Osborn) 90
앤더슨·율·브롸운(Anderson·Yule and Brown, 1984) 268
언어 결손 28
언어 사용 133
언어 치료 91, 92
언어결함 90
언어능력 79, 93, 94
언어박탈 83, 85, 92
언어수행 79
엄마 말투 31
에드위즈(Edwards) 89
앵글먼 81, 84
외부 검토 194
요약 과제 165, 195, 255
요약 규칙 167

요약 기술 167, 256
요약 순서 321
요약(summary) 255
요약하기 과제 322, 326
요약하여 말하기 166
유동적 과제 139, 141, 148, 151, 154, 157, 161, 162, 195, 200, 238, 241, 255, 263, 282, 284, 303, 305, 307
유창성 160
유창성·명백성·어휘·자신감 186
유창성·명백성·의미 전개의 일관성 186
의견 개진 과제 189
의사소통 과제 325
의사소통 기술 93, 95, 122, 124, 127, 131, 232
의사소통 능력 93, 94
의사소통 부담 133
의사소통 압박감 52, 97, 105
의사소통 요구사항 132
의사소통 주체 156
의사소통 중압감 163
의사소통의 실패 164
이야기-말하기(story-telling) 153
이야기로 만들어 내기(make a story) 111
이중 부정 69
이중방언 접근 76
입력물 113, 115, 116, 118, 208
입말 27, 30, 54, 59, 67, 114
입말 과제 133, 165, 186, 318
입말 교육 117, 327
입말 기술 30, 182
입말 능력 29, 93, 96
입말 사용 117
입말 산출 29
입말 수행 194, 269, 281

입말 영어 127
입말 요약 169, 256
입말 요약하기 319
입말 의사소통 기술 281, 282
입말 의사소통 능력 284
입말 표준 영어 76
자기-내보이기 38, 39
자기중심적 수행 내용 268
자동차 충돌 과제 345
자유롭게 말하기(free talk) 119, 121, 124, 125, 126
잡담 35, 38
잡담 가르치기 38
절대 기준에 근거한 평가 233
정보 관련 말하기 48, 129, 131
정보 관련 이야기 39~41, 44
정보 전달용 말하기 90, 95, 96, 185, 186, 191
정보 전달용 의사소통 42
정보 흠 197, 198, 205
정보간격 97, 100, 108, 109
정보의 지위 258
정태적 과제 134, 137, 140, 153, 154, 157, 161, 162, 195, 208, 255, 263, 267, 269, 279, 282, 296, 306, 307
정합적 연결(coherence) 237
제한된 말투 72, 73, 75
지시 표현(reference) 151, 229, 237, 286, 291, 305
직무 관련 이야기 40
짧은 발언기회 51

참된 실생활 의사소통의 상황 100
참된 의사소통 동기 101
채점 절차 206
채점표 119, 165, 180, 189, 232, 336, 349
청자 관련 말하기 48
청자 관련 언어 42
청자 관련 이야기 44
청자의 역할 269, 278, 286, 289, 291, 303
총괄 평가 233
촴스키(Chomsky) 79
추상적 과제 155, 157, 160, 162, 163, 166, 195, 255, 263
출력물 208
친분용 의사소통 42
켄들(Kendall)의 일치 계수(W) 362
태(voice) 222
토박이말 62, 65
평가 기록철 264
평가내용 윤곽(profile) 263
표준 영어 64, 70, 75, 76, 88
필수성 여부 258
협동 과제 165, 308
협동 작업 261
협동 해결 과제 180
협동 해결 방식 177
형성 평가 233
화자의 역할 286, 289
확장된 어휘 160

지은이와 뒤친이 소개

지은이 ✦

- 앤 앤더슨(Anne Anderson), 글라스고 대학교 심리학과 교수
- 쥘리언 브라운(Gillian Brown), 케임브리지 대학교 영어 및 응용언어학 연구소 교수
- 뤼처드 쉴콕(Richard Shillcock), 에딘브뤄 대학교 심리학과 강사
- 조어쥐 율(Gorege Yule), 미국 미네소타 대학교, 루이지애나 주립 대학 언어학과 교수

뒤친이 ✦

- 김지홍(Kim, Jee-Hong)
경상대학교 국어교육과 교수. 저서로서 도서출판 경진에서 『언어의 심층과 언어교육』
(2010, 문화체육관광부 우수학술도서), 『국어 통사·의미론의 몇 측면』(2010, 대한민국학
술원 우수학술도서), 『제주 방언의 통사 기술과 설명』(2014)이 있다.
언어교육 분야 번역서로 글로벌콘텐츠에서 『말하기 평가』(루오마, 2013), 『듣기 평가』
(벅, 2013)를 펴냈다.

- 서종훈(Suh, Jong-Hoon)
대구가톨릭대학교 사범대학 국어교육과 조교수. 저서로는 도서출판 경진에서 『국어
교육과 단락: 단락 중심의 국어교육 실천사례 연구』(2014)가 있고, 번역서로는 『영어
말하기 교육』(브롸운 외, 2014)이 있고, 『텍스트의 거시구조』(폰대익)를 출간 중이다.

모국어 말하기 교육: 산출 전략 및 평가
Teaching Talk: Strategies for Production and Assessment

ⓒ 글로벌콘텐츠, 2014

1판 1쇄 인쇄_2014년 12월 15일
1판 1쇄 발행_2014년 12월 25일

지은이_앤더슨·브라운·쉴콕·율(Anne Anderson, Gillian Brown, Richard Shillcock, and Gorege Yule)
뒤친이_김지홍·서종훈
펴낸이_홍정표
펴낸곳_글로벌콘텐츠
　　　　등록_제25100-2008-24호
　　　　이메일_edit@gcbook.co.kr

공급처_(주)글로벌콘텐츠출판그룹
　　　　대표_홍정표
　　　　편집_송은주 노경민 김현열 김다솜　**디자인**_김미미 최서윤　**기획·마케팅**_이용기　**경영지원**_안선영
　　　　주소_서울특별시 강동구 천중로 196 정일빌딩 401호
　　　　전화_02) 488-3280　**팩스**_02) 488-3281
　　　　홈페이지_http://www.gcbook.co.kr

값 30,000원
ISBN 979-11-85650-74-6 93370